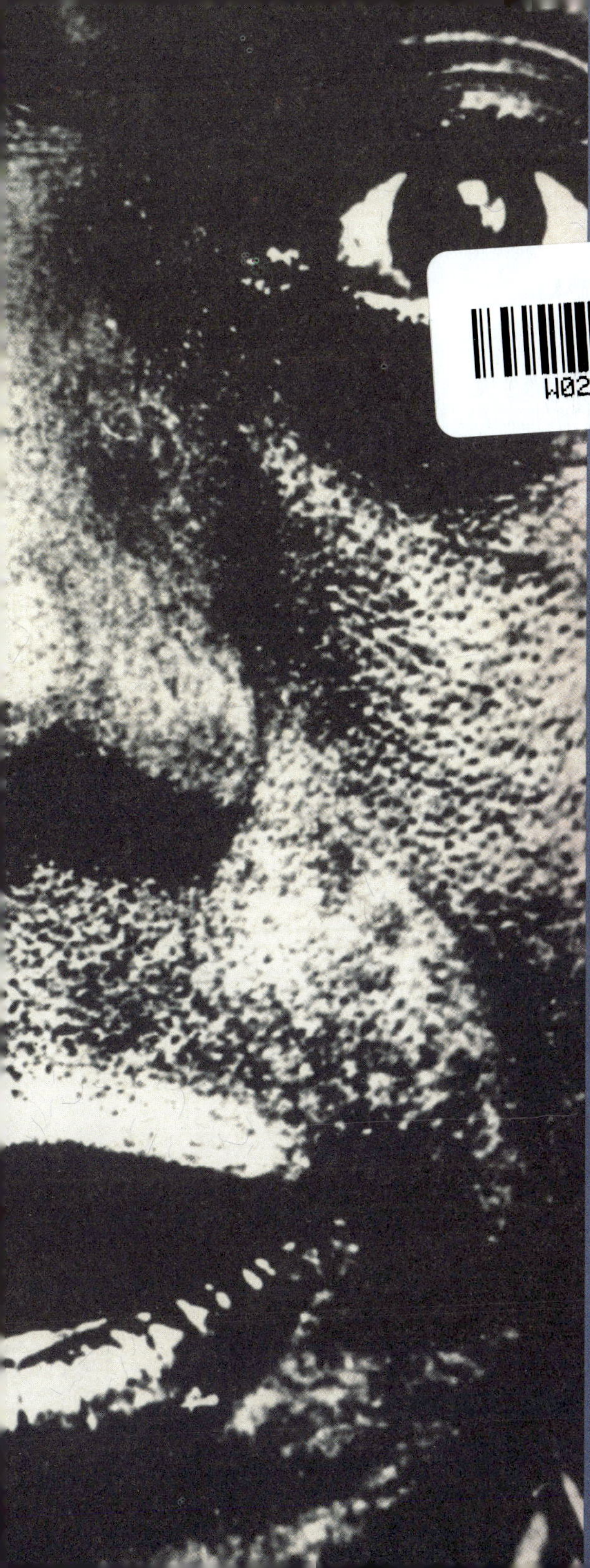

Ryszard Kapuściński
Afrikanisches Fieber

ERFAHRUNGEN AUS VIERZIG JAHREN

Aus dem Polnischen von Martin Pollack

Eichborn Verlag
Frankfurt am Main 1999

ISBN 3-8218-4177-X

Ich habe einige Jahre in Afrika gelebt. Zum ersten Mal fuhr ich im Jahre 1957 dorthin. In den folgenden vierzig Jahren kehrte ich jedesmal dorthin zurück, wenn sich eine Gelegenheit ergab. Ich reiste viel herum. Ich mied offizielle Routen, Paläste, wichtige Gestalten und die große Politik. Viel lieber fuhr ich mit zufälligen Lastwagen herum, zog mit Nomaden durch die Wüste oder war bei Bauern der tropischen Savanne zu Gast. Ihr Leben ist eine Plackerei, eine Mühsal, die sie jedoch mit erstaunlicher Ausdauer und Gleichmut hinnehmen.

Dies ist daher kein Buch über Afrika, sondern über einige Menschen von dort, über die Begegnungen mit ihnen, die gemeinsam verbrachte Zeit. Dieser Kontinent ist zu groß, als daß man ihn beschreiben könnte. Er ist ein regelrechter Ozean, ein eigener Planet, ein vielfältiger, reicher Kosmos. Wir sprechen nur der Einfachheit, der Bequemlichkeit halber von Afrika. In Wirklichkeit gibt es dieses Afrika gar nicht, außer als geographischen Begriff.

R. K.

Anfang, Kollision, Ghana 1958. Vor allem anderen fällt das Licht auf. Überall Licht. Überall Helligkeit. Überall Sonne. Noch gestern das regentriefende, herbstliche London. Das regentriefende Flugzeug. Kalter Wind und Dunkelheit. Und hier seit dem Morgen der ganze Flughafen in der Sonne, wir alle – in der Sonne.

Früher einmal, als die Menschen noch zu Fuß durch die Welt zogen, auf Pferden ritten oder auf Schiffen segelten, bereitete die Reise selber sie auf die Veränderungen vor. Die Bilder der Erde zogen langsam an ihren Augen vorüber, die Weltbühne drehte sich ganz, ganz langsam. Die Reise dauerte Wochen, Monate. Der Mensch hatte genug Zeit, um sich in eine andere Umgebung, eine andere Landschaft einzuleben. Auch das Klima veränderte sich in Etappen, stufenweise. Bevor der Reisende aus dem kühlen Europa zum glühend heißen Äquator gelangte, hatte er schon das angenehm warme Las Palmas, die Hitze von El-Mahary und die Gluthölle von Kap Verde hinter sich.

Heute ist von diesen Abstufungen nichts mehr geblieben! Das Flugzeug reißt uns unvermittelt aus Schnee und Eis und schleudert uns noch am selben Tag in den glühenden Abgrund der Tropen. Wir haben kaum Zeit, uns die Augen zu reiben, da sind wir schon inmitten der feuchten Hölle. Sofort beginnen wir zu schwitzen. Wenn wir im Winter aus Europa ankommen – reißen wir uns den Mantel vom Leib, ziehen den Pullover aus. Das ist die erste Geste der Initiation von uns Menschen aus dem Norden nach unserer Ankunft in Afrika.

Menschen aus dem Norden. Haben wir je darüber nachgedacht, daß die Menschen aus dem Norden auf unserem Planeten eindeutig in der Minderheit sind? Kanadier und Polen, Litauer und Skandinavier, ein Teil der Amerikaner und Deutsche, Russen und Schotten, Lappen und Eskimos, Ewenken und Jakuten, die Liste ist nicht besonders lang. Ich weiß nicht, ob sie insgesamt mehr als fünfhundert Millionen Menschen umfaßt: weniger als zehn Prozent der Bewohner der Erde. Die überwiegende Mehrzahl hingegen ist in warmen Regionen zu Hause, brät ihr ganzes Leben in der Sonne. Im übrigen wurde der Mensch unter der Sonne geboren, seine ältesten Spuren wurden in warmen Ländern gefunden. Welches Klima herrschte zur Zeit des biblischen Paradieses? Es war ständig warm, ja heiß, so daß Eva und Adam nackt gehen konnten und nicht einmal im Schatten der Bäume fröstelten.

Schon auf der Treppe des Flugzeugs begegnet uns eine weitere Neuheit: der Geruch der Tropen. Eine Neuheit? Das ist doch der Duft, der den kleinen Laden mit »Kolonialwaren und anderen Produkten« von Herrn Kanzman in der Perez-Straße in Pinsk erfüllte. Mandeln, Gewürznelken, Datteln, Kakao. Vanille, Lorbeerblätter, Orangen und Bananen nach Stück, Kardamom und Safran nach Gewicht. Und Drohobycz? Das Innere der Zimtläden von Bruno Schulz? »Schwach beleuchtet, dunkel und feierlich schwelgten ihre Eingeweide im tiefen Geruch von Farben, Lack, Weihrauch, dem Aroma ferner Länder und seltener Materialien...!« Der Geruch der Tropen ist aber doch ein wenig anders. Schon nach kurzer Zeit spüren wir seine Schwere, seine klebrige Körperlichkeit. Dieser Geruch macht uns sofort bewußt, daß wir uns in den Breiten unserer Erde befinden, wo die üppige und rastlose Biologie ständig am Werk ist, etwas hervorbringt, wuchert und blüht, und gleichzeitig krank wird, sich zersetzt, vermodert und verfault.

Es ist der Geruch erhitzter Körper und dörrender Fische, verfaulenden Fleisches und gerösteter Kassawa, frischer Blumen und faulender Wasserpflanzen, mit einem Wort ein Geruch von allem, was gleichzeitig angenehm und eklig ist, was anzieht und abstößt, was verlockt und Abscheu erweckt. Dieser Geruch weht aus den nahen Palmenhainen zu uns herüber, er entströmt der heißen Erde, steigt aus den fauligen Rinnsteinen der Stadt. Er läßt uns nicht los, ist ein Teil der Tropen.

Und schließlich die wichtigste Entdeckung – die Menschen. Die Einheimischen, die Eingeborenen. Wie gut sie zu dieser Landschaft, dieser Welt, diesem Geruch passen. Wie das alles eine Einheit darstellt. Wie Menschen und Landschaft eine unzertrennliche, einander ergänzende, harmonische Gemeinschaft, eine Übereinstimmung bilden. Wie jede Rasse ihrer Landschaft, ihrem Klima angepaßt ist! Wir gestalten unsere Landschaft, und diese formt wieder unsere Gesichtszüge. Der weiße Mensch ist unter diesen Palmen, diesen Lianen, in diesem Busch und Dschungel ein seltsamer, auffallender Eindringling. Bleich, schwach, das Hemd verschwitzt, die Haare verklebt, ständig von Durst geplagt, vom Gefühl der Kraftlosigkeit, der Trübsal. Dauernd hat er Angst, fürchtet Moskitos, Amöben, Skorpione, Schlangen – alles, was sich bewegt, erfüllt ihn mit Furcht, Schrecken, Panik.

Ganz anders die Eingeborenen: Sie bewegen sich mit Kraft, Anmut und Ausdauer ganz natürlich und frei, in einem von Klima und Tradition diktierten Tempo, einem etwas langsameren, bedächtigen Tempo, weil man im Leben ohnehin nicht alles erreichen kann, was würde denn sonst für die anderen bleiben?

Ich bin seit einer Woche hier. Ich versuche Accra kennenzulernen. Es wirkt wie eine vervielfältigte, vergrößerte Kleinstadt, die aus dem Busch, aus dem Dschungel gekrochen ist und am Ufer des Golfs von Guinea haltgemacht hat. Accra ist flach, ebenerdig, elend, doch es gibt auch Häuser, die ein oder mehrere Stockwerke besitzen. Keine raffinierte Architektur, keinerlei Aufwand, kein Pomp. Der Verputz ist einfach, die Wände sind pastellfarben, hellgelb, hellgrün. Und überall Wasserflecken. Unmittelbar nach der Regenzeit noch frisch, bilden sie zahllose Konstellationen und Collagen von Flecken, Mosaike, phantastische Landkarten, Arabesken. Die Innenstadt ist eng verbaut. Dichter, lärmender Verkehr, alles spielt sich auf der Straße ab. Die Straße besteht aus der Fahrbahn, die der offene Rinnstein vom Randstreifen trennt. Es gibt keine Gehsteige. Auf der Straße mischen sich Autos mit Menschen. Alles bewegt sich gleichzeitig dahin. Fußgänger, Autos, Fahrräder, Träger mit ihren Handwagen, Kühe und Ziegen. Am Rand, hinter dem Rinnstein, spielt sich auf der ganzen Länge der Straße das häusliche Leben und das Geschäftsleben ab. Frauen stampfen Maniok, rösten über Kohlen Taro-Knollen, bereiten irgendwelche Gerichte zu, handeln mit Kaugummi, Keksen und Aspirin, waschen und trocknen ihre Wäsche. Alles sichtbar, als gelte hier die Vorschrift, daß alle um acht Uhr morgens das Haus verlassen und sich auf der Straße aufhalten müssen. In Wahrheit ist der Grund ein anderer: Die Wohnungen sind klein, eng und ärmlich. Sie sind dumpf, es gibt keine Ventilation, es stinkt, man bekommt kaum Luft. Außerdem kann man, wenn man sich auf der Straße aufhält, am sozialen Leben teilnehmen. Die Frauen unterhalten sich die ganze Zeit über, sie schreien und gestikulieren, dann lachen sie wieder. Während sie sich über ihre Töpfe oder Schüsseln beugen, haben sie alles im Blick. Sie können die Nachbarn beobachten, die Passanten, die Straße, sie können Streitigkeiten und Tratsch belauschen, Unfälle verfolgen. Der Mensch ist den ganzen Tag über unter Menschen, in Bewegung und an der frischen Luft.

Durch diese Straßen fährt ein roter Ford mit einem Lautsprecher auf dem Dach. Eine heisere, weit hallende Stimme lädt ein, zu einer Versammlung zu kommen. Attraktion der Versammlung wird Kwame Nkrumah Osagyefo sein, Premierminister und Führer von Ghana, Führer von ganz Afrika, aller unterdrückten Völker. Nkrumahs Fotografien sieht man überall – in den Zeitungen (täglich), auf Plakaten, auf Fähnchen, auf den bis zu den Knöcheln reichenden Kattunkleidern. Das energische Gesicht eines Mannes mittleren Alters, lächelnd oder auch ernst, mit einem Ausdruck, der suggerieren soll, daß der Führer in die Zukunft schaut.

»Nkrumah ist der Erlöser!« sagt der junge Lehrer Joe Yambo mit Begeisterung in der Stimme zu mir. »Hast du gehört, wie er spricht? Wie ein Prophet!«

Ja, ich habe ihn gehört. Er kam zu einer Versammlung, die hier im Stadion abgehalten wurde. Mit ihm kamen seine Minister – jung und rührig, machten sie den Eindruck von Menschen, die sich gut amüsierten, die Freude empfanden. Die Veranstaltung begann damit, daß Priester mit Ginflaschen in der Hand das Podium mit Alkohol besprühten – das war ein Opfer für die Geister, der Versuch, Kontakt mit ihnen aufzunehmen, ihr Wohlwollen, ihre Gunst zu erlangen. Natürlich kommen vor allem Erwachsene zu diesen Versammlungen, aber es gibt auch viele Kinder – von Säuglingen angefangen, die von den Müttern auf dem Rücken getragen werden, über solche, die gerade krabbeln können, bis zu Kleinen und Schulkindern. Um die Jüngsten kümmern sich die Älteren, und um diese Älteren – noch Ältere. Diese Hierarchie des Alters wird streng eingehalten, der Gehorsam ist absolut. Ein Vierjähriger hat die volle Gewalt über einen Zweijährigen, ein Sechsjähriger über den Vierjährigen. Dadurch, daß Kinder von Kindern beaufsichtigt werden, die Älteren für die Jüngeren verantwortlich sind, können sich die Erwachsenen ihren eigenen Angelegenheiten widmen, zum Beispiel aufmerksam Nkrumah zuhören.

Der Osagyefo sprach kurz. Er sagte, das wichtigste sei es, die Unabhängigkeit zu erringen – alles übrige komme dann schon irgendwie von alleine, alles Wohlergehen resultiere eben aus dieser Unabhängigkeit.

Er war stattlich, mit energischen Bewegungen, gut geformten, ausdrucksvollen Gesichtszügen und großen, lebhaften Augen, die aufmerksam über das Meer der schwarzen Köpfe schweiften, als wollte er alle genau zählen.

Nach der Versammlung mischten sich die Leute vom Podium unter die Menge, es entstand ein Gedränge, man konnte keine Bedeckung, keine Leibwächter, keine Polizisten ausmachen. Joe kämpfte sich zu einem jungen Mann durch (wobei er mir mitten im Gewühl sagte, daß der ein Minister sei) und fragte ihn, ob ich ihn am nächsten Tag aufsuchen könne. In dem allgemeinen Lärm war kaum zu verstehen, was Joe eigentlich wollte, doch der andere sagte, vielleicht, um uns loszuwerden: »In Ordnung! In Ordnung!«

Am nächsten Morgen fand ich nach einigem Suchen das unter Palmen liegende neue Gebäude des Ministeriums für Bildung und Information. Es war Freitag. Am Samstag schrieb ich in meinem kleinen Hotel die Eindrücke vom Vortag nieder:

»Der Weg ist frei, kein Polizist, keine Sekretärin, keine Tür. Ich hebe den durchscheinenden Vorhang und trete ein. Das Kabinett des Ministers liegt im warmen Halbdunkel. Er selber steht neben dem Schreibtisch und ordnet irgendwelche Papiere. Die einen werden zusammengeknüllt und in den Papierkorb geworfen. Die anderen geglättet und in eine

Mappe gelegt. Eine schlanke, feingliedrige Gestalt in Sporthemd, kurzen Hosen, Sandalen, eine blumige Kente über die linke Schulter geworfen, nervöse Bewegungen.

Das ist Kofi Baako, der Minister für Bildung und Information.

Er ist der jüngste Minister in Ghana und im gesamten Britischen Empire. Er ist 32 Jahre alt und versieht seit drei Jahren sein Amt. Sein Kabinett liegt im zweiten Stock des Ministeriums. Hier entspricht die Höhe der Stockwerke dem jeweiligen Rang. Je höher der Rang einer Person, um so höher das Stockwerk. Denn oben herrscht Zugluft, während unten die Luft schwer und unbeweglich steht. Im Erdgeschoß bekommen die niedrigen Beamten kaum Luft, einen Stock darüber genießen die Abteilungsleiter bereits eine leichte Brise, und ganz oben verschafft ein Durchzug den Ministern die ersehnte Kühlung.

Zum Minister kann kommen, wer will. Und wann er will. Wenn jemand etwas zu besprechen hat, fährt er nach Accra, fragt, wo hier der Minister zum Beispiel für Landwirtschaft ist, geht zu dem hin, hebt den Vorhang, nimmt vor der Amtsperson Platz und legt ihr dar, was ihn beschäftigt. Wenn er den Minister nicht im Ministerium antrifft, dann findet er ihn zu Hause. Das ist sogar noch besser, weil er dort etwas zu essen und zu trinken bekommt.

Gegenüber der weißen Administration verspürten die Menschen eine Distanz. Doch nun herrschen die eigenen Leute, und man kann sich locker geben. Das ist meine Regierung, also muß sie mir helfen. Damit sie helfen kann, muß sie wissen, um was es geht. Damit sie das erfährt, muß ich hingehen und ihr das erklären. Am besten mache ich das selber, persönlich und ohne viel Umschweife. Die Besuche dieser Interessenten reißen nicht ab.

»Guten Tag!« sagte Kofi Baako. »Von wo bist du?«

»Aus Warschau.«

»Weißt du, es hat nicht viel gefehlt, und ich wäre dorthin gekommen. Ich habe ganz Europa bereist: Frankreich, Belgien, England, Jugoslawien. In der Tschechoslowakei wartete ich auf die Weiterreise nach Polen, als Kwame ein Telegramm schickte, ich solle zum Parteitag unserer regierenden Convention People's Party zurückkommen.«

Wir saßen am Tisch, in seinem Kabinett ohne Tür und Fenster. An Stelle der Fenster gab es nur Fensterläden mit offenen Sparren, durch die eine leichte Brise wehte. Das kleine Zimmer war vollgestopft mit Papieren, Akten und Broschüren. In der Ecke stand ein Panzerschrank, an den Wänden hingen ein paar Bilder von Nkrumah, auf einem Regal stand ein Lautsprecher, den man bei uns Kolchosnik nannte. Aus diesem Lautsprecher erklangen die Rhythmen von Tam-Tams, bis Baako ihn schließlich abstellte.

Ich bat ihn, von sich und seinem Leben zu erzählen. Baako genoß großes Ansehen bei der Jugend. Sie liebte ihn, weil er ein guter Sportler war. Er spielte Fußball und Cricket, und war Tischtennismeister von Ghana.

»Gleich«, unterbrach er mich, »ich bestelle nur ein Gespräch nach Kumasi, weil ich morgen zu einem Match dorthin fahre.«

Er rief das Postamt an, sie sollten ihm eine Verbindung geben. Sie gaben ihm keine und sagten, er solle warten.

»Gestern habe ich zwei Filme gesehen«, sagte er zu mir, den Hörer am Ohr. »Ich wollte sehen, was sie spielen. Sie führen Filme vor, die Schulkinder besser nicht sehen sollten. Ich muß eine Verordnung erlassen, die es der Jugend verbietet, solche Dinge anzuschauen. Und heute habe ich seit dem Morgen die Verkaufsbuden mit Büchern in der Stadt besucht. Die Regierung hat niedrige Preise für Schulbücher festgesetzt. Doch die Leute sagen, daß die Verkäufer diese Preise heraufsetzen. Ich wollte das überprüfen. Es stimmt, sie verkaufen sie teurer, als sie sollten.«

Er rief wieder beim Postamt an.

»Hört einmal zu, was macht ihr dort eigentlich? Wie lange soll ich noch warten? Wißt ihr denn nicht, wer hier spricht?«

Eine Frauenstimme tönte aus dem Hörer: »Nein.«

»Und wer bist du?« fragte Baako.

»Die diensthabende Telefonistin.«

»Nun, und ich bin der Minister für Bildung und Information, Kofi Baako.«

»Guten Tag, Kofi! Gleich bekommst du deine Verbindung.«

Und schon sprach er mit Kumasi.

Ich betrachtete seine Bücher, die in einem kleinen Schrank standen: Hemingway, Lincoln, Koestler, Orwell. *Eine populäre Geschichte der Musik, Wörterbuch des Amerikanischen,* Taschenausgaben, Kriminalromane.

»Lesen ist meine Leidenschaft. In England habe ich die *Encyclopaedia Britannica* gekauft, die lese ich jetzt nach und nach. Ich kann nicht essen, ohne zu lesen, immer muß ich ein offenes Buch vor mir liegen haben.«

Und nach einer Weile:

»Noch mehr Spaß bereitet mir die Fotografie. Ich mache immer und überall Aufnahmen. Ich habe mehr als zehn Fotoapparate. Wenn ich in ein Geschäft gehe und einen neuen Apparat sehe, muß ich den sofort kaufen. Für meine Kinder habe ich einen Projektor angeschafft, und am Abend führe ich ihnen Filme vor.«

Er hat vier Kinder, zwischen drei und neun Jahren. Alle gehen in die Schule, auch das jüngste. Es ist nicht ungewöhnlich, daß ein dreijähriger Knirps die Schule besucht. Vor allem wenn er schlimm ist, dann steckt ihn die Mutter in die Schule, um ihre Ruhe zu haben.

Auch Kofi Baako besuchte schon mit drei Jahren die Schule. Sein Vater war Lehrer und wollte den Jungen lieber unter seiner Aufsicht wissen. Als er die Grundschule beendet hatte, wurde er ans Gymnasium nach Cape Coast geschickt. Er wurde zuerst Lehrer, später Beamter. Ende 1947 kehrte Nkrumah von seinem Studienaufenthalt in Amerika und England nach Ghana zurück. Baako hörte, was dieser Mann sagte. Er sprach über die Unabhängigkeit. Da schrieb Baako einen Artikel mit dem Titel: »Mein Haß gegen den Imperialismus«. Er wurde von seiner Arbeitsstelle entlassen. Er fand keine neue Stelle mehr, nirgends wollte man ihm Arbeit geben, er lungerte untätig in der Stadt herum. Es kam zu einer Begegnung mit Nkrumah. Kwame übertrug ihm den Posten des Chefredakteurs der *Cape Coast Daily Mail.*

Zu diesem Zeitpunkt ist Kofi zwanzig Jahre alt. Er schreibt einen Artikel unter dem Titel »Wir rufen nach Freiheit«, für den er ins Gefängnis wandert. Neben ihm werden noch Nkrumah und ein paar andere Aktivisten verhaftet. Sie sitzen dreizehn Monate, dann werden sie freigelassen. Heute bildet diese Gruppe die Regierung von Ghana.

Dann sprach er über allgemeine Fragen: »Nur dreißig Prozent der Menschen in Ghana können lesen und schreiben. Wir wollen in den nächsten fünfzehn Jahren den Analphabetismus liquidieren. Dabei gibt es Probleme: Es fehlt an Lehrern, Büchern und Schulen. Es gibt zwei Arten von Schulen: Missionsschulen und staatliche. Doch alle unterstehen der Regierung, und es gibt eine einheitliche Bildungspolitik. Außerdem studieren fünftausend Studenten im Ausland. Mit denen ist es in vielen Fällen so, daß sie zurückkommen und sich dann mit den einfachen Menschen nicht mehr verständigen können. Schau dir doch nur mal die Opposition an. Die Führer der Opposition sind Absolventen von Oxford und Cambridge.«

»Was will die Opposition?«

»Ich habe keine Ahnung. Aber wir sind der Ansicht, daß wir eine Opposition brauchen. Der Führer der Opposition im Parlament bezieht ein staatliches Gehalt. Wir haben es allen oppositionellen Kleinparteien, Gruppen und Grüppchen gestattet, sich zu einer Partei zusammenzuschließen, damit sie stärker sind. Wir stehen auf dem Standpunkt, daß jeder, der will, in Ghana das Recht hat, eine politische Partei zu gründen. Sie darf sich allerdings nicht auf Kriterien der Rasse, der Religion oder des Stammes berufen. Jede Partei hat bei uns die Möglichkeit, alle konstitutionellen Mittel zu nützen, um die politische Macht zu erringen. Aber es ist trotzdem nicht klar, was die Opposition will, verstehst du. Die Oppositionellen berufen Versammlungen ein und schreien: Wir haben Oxford, und so ein Kofi Baako hat nicht einmal das Gymnasium abgeschlossen. Er ist heute Minister, und ich bin niemand. Aber wenn ich einmal Minister bin, dann wird Baako für mich zu dumm sein, um mir als Bürobote zu dienen. – Die Leute hören gar nicht auf dieses Geschwafel, denn solche Kofi Baakos gibt es bei uns mehr als alle Oppositionellen zusammengenommen.«

Ich sagte, ich müsse gehen, denn es sei Zeit zum Essen. Er fragte, was ich am Abend vorhätte. Ich wollte nach Togo fahren.

»Aber wozu denn«, winkte er ab. »Komm zu unserem Fest. Heute gibt der Rundfunk ein Fest.«

Ich hatte keine Einladung. Er suchte ein Stück Papier und schrieb: »Empfangt Ryszard Kapuściński, Journalist aus Polen, zu Eurem Fest – Kofi Baako, Minister für Bildung und Information.«

»Hier, bitte, ich werde auch dort sein, wir machen ein paar Aufnahmen.«

Die Wache vor dem Tor zum Rundfunkgebäude salutierte schneidig vor mir, und ich nahm an einem separaten Tisch Platz. Das Fest war in vollem Gang, als ein grauer Peugeot bis zum Tanzparkett vorfuhr (es war im Garten), dem Kofi Baako entstieg. Er war genauso gekleidet wie im Ministerium, nur daß er jetzt einen roten Trainingsanzug über dem Arm trug, weil er noch in der Nacht nach Kumasi fahren wollte und es kalt werden konnte. Alle hier kannten ihn. Baako war Minister für die Schulen, die Hochschulen, die Presse, den Rundfunk, das Verlagswesen, die Museen, kurz, für alles, was in diesem Land mit Wissenschaft, Kultur, Kunst und Propaganda zu tun hat.

Wir tauchten gleich ins dichte Gedränge ein. Etwas später setzte er sich, um eine Cola zu trinken. Gleich sprang er wieder auf.

»Komm, ich zeig dir meine Apparate.«

Er öffnete den Kofferraum des Wagens und holte einen Koffer heraus. Er legte ihn auf den Boden, kniete nieder und klappte ihn auf. Wir nahmen die Apparate heraus und legten sie auf den Rasen. Es waren insgesamt fünfzehn.

In diesem Moment kamen zwei leicht angetrunkene Burschen auf uns zu.

»Kofi«, setzte der eine zu einer Beschwerde an. »Wir haben Karten gekauft, und jetzt wollen sie uns nicht erlauben, hierzubleiben, weil wir keine Jacken haben. Warum haben sie uns dann überhaupt Karten verkauft?«

Baako stand auf, um ihm zu antworten.

»Hört einmal zu, ich bin zu wichtig, um mich um solche Angelegenheiten zu kümmern. Hier gibt es jede Menge kleiner Typen, sollen die sich auch um diese kleinen Dinge kümmern. Ich habe schließlich die Probleme des ganzen Staates am Hals.«

Die beiden zogen schwankend ab, und wir gingen los, um Aufnahmen zu machen. Es genügte, daß er mit den umgehängten Fotoapparaten auftauchte. Sofort riefen ihn die Leute von den Tischen an, sie zu knipsen.

Er ging herum, suchte die hübschesten Mädchen, zeigte ihnen, wie sie sich hinstellen sollten, wies sie an zu lächeln und blitzte. Er kannte alle beim Vornamen: Abena, Ekwa, Esi. Sie begrüßten ihn, indem sie ihm ohne aufzustehen die Hand reichten, wobei sie mit den Schultern zuckten, ein Zeichen der raffiniertesten Koketterie. Baako ging weiter, und wir machten zahlreiche Aufnahmen. Schließlich schaute er auf die Uhr.

»Ich muß fahren.«

Er wollte zum Match zurechtkommen.

»Komm morgen, dann entwickeln wir die Bilder.«

Der Peugeot blinkte mit den Lichtern und verschwand in der Dunkelheit, und das Fest tanzte, oder besser wiegte sich und schwankte bis zum frühen Morgen.

DER WEG NACH KUMASI. Woran erinnert der Autobusbahnhof von Accra? Am ehesten erinnert er an den Wagenpark eines großen Zirkus, der für kurze Zeit sein Lager aufgeschlagen hat. Er ist bunt und dröhnt von Musik. Die Autobusse ähneln eher Zirkuswagen als den Luxusbussen, die über die Straßen Europas und Amerikas gleiten.

Die Busse in Accra schauen aus wie Lastwagen mit hölzernen Aufbauten, die ein auf Säulen ruhendes Dach besitzen. Dank der Tatsache, daß es keine Wände gibt, kühlt uns während der Fahrt eine erfrischende Brise. Überhaupt ist Zugluft in diesem Klima ein vielgesuchter Wert. Wenn wir eine Wohnung mieten wollen, lautet unsere erste Frage an den Besitzer: »Aber gibt es hier auch Zugluft?« Darauf öffnet er weit die Fenster, und gleich umfängt uns ein lindernder Windhauch: Wir atmen tiefer, verspüren Erleichterung – wir beginnen wieder zu leben.

In der Sahara wurden die Paläste der Herrscher nach den raffiniertesten Konstruktionsprinzipien errichtet – überall gibt es dort Öffnungen, Spalten, Windungen und Korridore, die so ausgeklügelt, angelegt und gebaut wurden, daß sie möglichst viel Zugluft erzeugen. In der mittäglichen Hitze liegt der Herrscher dann bei der Mündung einer solchen Brise auf einer Matte und atmet voll Genuß die hier etwas kühlere Luft ein. Die Brise ist auch eine finanziell meßbare Größe: Die teuersten Häuser werden dort errichtet, wo es die meiste Zugluft gibt. Stehende Luft ist wertlos, doch es genügt, daß sie sich ein wenig bewegt – und sofort steigt sie im Preis.

Die Autobusse sind grell, phantasievoll und bunt bemalt. Auf den Kühlerhauben und an den Seiten blecken Krokodile ihre scharfen Zähne, machen sich Schlangen zur Attacke bereit, tollen Herden von Pavianen durch Bäume, hetzen von Löwen gejagte Gazellen über die Savanne. Überall gibt es Unmengen von Vögeln und dazu Girlanden und Bukette von Blumen. Kitsch, allerdings voll Leben und Phantasie.

Am wichtigsten sind jedoch die Aufschriften. Sie laufen in großen Buchstaben, verziert mit kunstvollen Blumengirlanden, um den ganzen Wagen und sind schon von weitem zu sehen, weil sie Verlockungen oder Warnungen darstellen sollen. Sie betreffen Gott, die Menschen, Gebote und Verbote.

Die geistige Welt der Afrikaner (ich bin mir bewußt, daß die Verwendung dieses Begriffes eine unzulässige Vereinfachung darstellt) ist reich und komplex, ihr Innenleben ist von tiefer Religiosität durchdrungen. Sie glauben, daß es gleichzeitig drei verschiedene, wenn auch miteinander verbundene Welten gibt.

Die erste Welt ist diejenige, die sie umgibt, also die greifbare und sichtbare Wirklichkeit, die sich aus den lebenden Menschen, Tieren und Pflanzen zusammensetzt, aber auch aus toten Dingen – Steinen, Wasser und Luft. Die zweite ist die Welt der Ahnen, jener, die vor uns gestorben sind, aber gleichsam nicht gänzlich, nicht vollständig, nicht endgültig. Im metaphysischen Sinn existieren sie weiter, und sie können sogar teilhaben an unserem realen Leben, dieses beeinflussen, es gestalten. Daher ist es eine Voraussetzung für ein erfolgreiches Leben, ja manchmal für das Leben überhaupt, gute Beziehungen zu den Ahnen aufrechtzuerhalten. Und schließlich die dritte Welt – das vielfältige Reich der Geister; jener Geister, die unabhängig existieren, doch gleichzeitig in jedem Dasein, jedem Wesen, jedem Ding, in allem und überall leben.

An der Spitze dieser drei Welten steht das Höchste Wesen, die Höchste Existenz, Gott. Daher sind viele Aufschriften der Autobusse geprägt von tiefschürfender Transzendenz: »Gott ist überall«, »Gott weiß, was er tut«, »Gott ist ein Geheimnis«. Es gibt auch erdgebundenere, menschlichere Aufschriften: »Lächle!« »Sag mir, daß ich schön bin«, »Was sich liebt, das neckt sich«.

Wir brauchen nur den Platz zu betreten, auf dem Dutzende Autobusse eng nebeneinanderstehen, und schon umringt uns eine Schar von Kindern, die einander mit der Frage überschreien, wohin unsere Reise gehen soll: nach Kumasi, nach Takoradi oder nach Tamale?

»Nach Kumasi.«

Diejenigen, die auf die Passagiere nach Kumasi lauern, greifen nach unserer Hand und führen uns, vor Freude hüpfend, zu dem entsprechenden Autobus. Sie freuen sich, weil sie dafür, daß sie einen Passagier gefunden haben, vom Fahrer eine Banane oder Orange erhalten.

Wir steigen in den Autobus und nehmen unseren Platz ein. In diesem Augenblick kann es zur Konfrontation zweier Kulturen, zur Kollision und zum Konflikt kommen. Das geschieht, wenn der Passagier ein Neuankömmling ist, der Afrika nicht kennt. So ein Mensch beginnt sich umzudrehen, umzuschauen und zu fragen: »Wann fährt der Autobus ab?« »Was heißt wann?« sagt der Fahrer erstaunt. »Wenn so viele Leute beisammen sind, daß er bis auf den letzten Platz besetzt ist.«

Europäer und Afrikaner haben völlig unterschiedliche Zeitbegriffe, sie nehmen die Zeit anders wahr, haben eine andere Einstellung ihr gegenüber. In der Überzeugung des Europäers existiert die Zeit außerhalb des Menschen, objektiv, gleichsam außerhalb unserer selbst, und besitzt eine meßbare, lineare Qualität. Nach Newton ist die Zeit absolut: »Die absolute, wirkliche und mathematische Zeit fließt in sich und in ihrer Natur gleichförmig, ohne Beziehung zu irgend etwas außerhalb ihrer Liegenden…« Der Europäer sieht sich als Diener der Zeit, er ist von ihr abhängig, ihr untertan. Um existieren und funktionieren zu können, muß er ihre ehernen, unverrückbaren Gesetze, ihre starren Prinzipien und Regeln achten. Er muß Termine einhalten, Daten, Tage und Stunden. Er bewegt sich innerhalb des Getriebes der Zeit, kann außerhalb dieses Getriebes nicht existieren. Dieses Getriebe drückt ihm seine Zwänge, Anforderungen und Normen auf. Zwischen dem Menschen und der Zeit besteht ein unlösbarer Konflikt, der immer mit der Niederlage des Menschen endet – die Zeit zerstört ihn.

Ganz anders sehen die Eingeborenen, die Afrikaner die Zeit. Für sie ist die Zeit eine ziemlich lockere, elastische, subjektive Kategorie. Der Mensch hat Einfluß auf die Gestaltung der Zeit, auf ihren Ablauf und Rhythmus (natürlich nur der Mensch, der im Einvernehmen mit den Vorfahren und Göttern handelt). Die Zeit ist sogar etwas, was der Mensch selbst schaffen kann, weil die Existenz der Zeit zum Beispiel in Ereignissen zum Ausdruck kommt, ob es aber zu diesem Ereignis kommt oder nicht, hängt schließlich vom Menschen ab. Wenn zwei Armeen auf eine Schlacht verzichten, dann hat diese Schlacht nicht stattgefunden (das heißt, die Zeit hat ihre Existenz nicht unter Beweis gestellt, existierte nicht).

Die Zeit macht sich als Folge unseres Handelns bemerkbar, und sie verschwindet, wenn wir etwas unterlassen oder überhaupt nichts tun. Sie ist eine Materie, die unter unserem Einfluß immer zum Leben erweckt werden kann, jedoch in einen Zustand des Tiefschlafs oder sogar der Nicht-Existenz versinkt, wenn wir ihr unsere Energie versagen. Die Zeit ist eine passive Kategorie und vor allem vom Menschen abhängig.

Eine völlige Umkehrung des europäischen Denkens.

In Umsetzung auf praktische Situationen bedeutet das: Wenn wir in ein Dorf kommen, wo am Nachmittag eine Versammlung stattfinden soll, aber am Versammlungsort niemanden antreffen, ist es sinnlos zu fragen: »Wann wird die Versammlung stattfinden?« Die Antwort ist nämlich von vornherein bekannt: »Wenn sich die Menschen versammelt haben.«

Daher wird auch ein Afrikaner, der in einen Autobus steigt, niemals fragen, wann dieser abfährt, sondern wird einsteigen, sich auf einen freien Platz setzen und sofort in jenen Zustand versinken, in dem er einen großen Teil seines Lebens zubringt – in den Zustand reglosen Wartens.

»Diese Menschen besitzen eine phantastische Fähigkeit zu warten!« sagte mir ein Engländer, der seit Jahren hier lebt. »Eine Fähigkeit, eine Ausdauer, irgendwie einen ganz anderen Sinn!«

Irgendwo in der Welt kreist und fließt eine geheimnisvolle Energie, die uns, wenn sie näher kommt und uns erfüllt, die nötige Kraft verleiht, um die Zeit in Bewegung zu setzen – etwas nimmt seinen Anfang. Solange aber das nicht der Fall ist, sind wir gezwungen zu warten – jedes andere Verhalten wäre müßig und eine Donquichotterie.

Worin besteht dieses reglose Warten? Die Menschen verfallen in diesen Zustand im Wissen, was dann erfolgen wird: Sie richten sich so bequem wie möglich ein, an einem möglichst angenehmen Platz. Manchmal legen sie sich hin, oder sie hocken sich einfach auf die Erde, auf einen Stein oder auf die Fersen. Sie hören auf zu sprechen. Eine Menge reglos Wartender ist stumm. Sie gibt keinen Laut von sich, sie schweigt. Die Muskeln entspannen sich. Der Körper wird schlaff, rutscht tiefer, neigt sich nach vorn. Der Hals wird steif, der Kopf bewegt sich nicht mehr. Der Mensch schaut sich nicht um, er sieht nichts, ist nicht neugierig. Manchmal hält er die Augen geschlossen, aber nicht immer. Meist sind die Augen offen, doch der Blick ist abwesend, ohne einen Funken Lebens. Ich habe stundenlang Ansammlungen von Menschen in diesem Zustand reglosen Wartens beobachtet und kann daher sagen, daß sie dabei in einen tiefen physiologischen Schlaf verfallen: Sie essen nicht, trinken nicht, schlagen kein Wasser ab. Sie reagieren nicht auf die erbarmungslos niederbrennende Sonne, auf die lästigen, gefräßigen Fliegen, die sich auf die Lider, den Mund setzen.

Was geht in dieser Zeit in ihren Köpfen vor sich?

Ich weiß es nicht, ich habe keine Ahnung. Denken sie vielleicht nach? Träumen sie? Erinnern sie sich? Planen sie etwas? Meditieren sie? Befinden sie sich in einer anderen Welt? Es ist schwer zu sagen.

Endlich, nach zwei Stunden Wartens, verläßt der volle Autobus die Station. Auf der holprigen Landstraße erwachen die

Passagiere, durchgerüttelt, zum Leben. Der eine greift nach einem Zwieback, der andere beginnt eine Banane zu schälen. Die Menschen blicken sich um, wischen über ihre verschwitzten Gesichter, legen die feuchten Tücher präzise zusammen. Der Chauffeur redet unablässig, mit einer Hand hält er das Lenkrad, mit der anderen gestikuliert er. Alle brechen von Zeit zu Zeit in Lachen aus, er selber am lautesten, die anderen etwas leiser: vielleicht nur aus Höflichkeit, weil sich das so gehört?

Wir fahren. Die Leute, die mit mir im Autobus sitzen, sind erst die zweite, oft sogar die erste Generation von Glücklichen, die in Afrika fahren. Durch Tausende und Abertausende Jahre ging Afrika zu Fuß. Die Menschen hier kannten das Rad nicht, konnten sich dieses nicht zu eigen machen. Sie gingen zu Fuß, sie wanderten, und was sie tragen mußten, das schleppten sie auf dem Rücken, auf den Schultern und in den meisten Fällen auf dem Kopf.

Wie sind die Schiffe in die Seen in der Tiefe des Kontinents gekommen? Sie wurden in den Ozeanhäfen in Teile zerlegt, diese Teile wurden auf dem Kopf transportiert und an den Ufern der Seen zusammengebaut. Ganze Städte, Fabriken, Grubeneinrichtungen, Elektrizitätswerke, Spitäler wurden, in ihre Bestandteile zerlegt, ins Innere von Afrika befördert. Die gesamte technische Zivilisation des neunzehnten Jahrhunderts wurde auf den Köpfen seiner Bewohner ins Landesinnere geschafft.

Die Bewohner Nordafrikas, sogar der Sahara, hatten mehr Glück: Sie konnten Zugtiere verwenden – die Kamele. Doch die Kamele oder Pferde konnten in Afrika südlich der Sahara nicht heimisch werden – sie fielen massenweise den Tsetsefliegen und anderen tödlichen Krankheiten der feuchten Tropen zum Opfer.

Das Problem Afrikas ist der Widerspruch zwischen Mensch und Umwelt, zwischen der unermeßlichen afrikanischen Weite (über dreißig Millionen Quadratkilometer!) und dem wehrlosen, bloßfüßigen, armen Menschen – dem Bewohner Afrikas. Wohin man sich auch wendet, überallhin hat man es weit, überall ist es leer, ohne Menschen, endlos weit. Früher mußte man Hunderte, ja Tausende von Kilometern wandern, um anderen Menschen zu begegnen (man kann nicht sagen, einem anderen Menschen, weil der einzelne Mensch unter diesen Bedingungen nicht überleben konnte). Es gab keine Information, kein Wissen, keinen technischen Fortschritt, keinen Reichtum, keine Waren, keine Erfahrungen anderer – diese drangen nicht bis hierher vor, fanden den Weg nicht. Es gab keinen Austausch als Form der Beteiligung an der Weltkultur. Wenn diese hier und da auftrat, dann bloß zufällig, als Einzelereignis, so wie ein Feiertag. Doch ohne Austausch kann es keinen Fortschritt geben.

Die kleinen Gruppen, Klans, Völker lebten meist isoliert, verloren, zerstreut über die endlosen, feindlichen Weiten, tödlich bedroht durch Malaria, Dürre, Hitze und Hunger.

Andererseits ermöglichte es ihnen gerade die Tatsache, daß sie in kleinen Gruppen lebten und wanderten, aus bedrohten Gebieten zu fliehen, zum Beispiel aus Regionen, die von Dürre oder von Seuchen heimgesucht wurden, und auf diese Weise zu überleben. Diese Stämme wählten dieselbe Taktik wie früher auf dem Schlachtfeld die leichte Kavallerie. Ihr Prinzip war die Beweglichkeit, die Fähigkeit, frontalen Konfrontationen auszuweichen, Übel zu meiden und zu überlisten. Das hatte zur Folge, daß der traditionelle Afrikaner ständig unterwegs war. Selbst wenn er ein seßhaftes Leben führte, in einem Dorf lebte, war er unterwegs, weil sich auch das ganze Dorf von Zeit zu Zeit auf die Wanderschaft machte. Einmal versiegte das Wasser, dann wurde der Boden unfruchtbar, ein andermal brach eine Seuche aus, also hieß es weiterziehen, auf der Suche nach Rettung, in der Hoffnung auf eine Verbesserung. Erst das Leben in der Stadt brachte etwas mehr Stabilität in diese Existenz.

Die afrikanische Bevölkerung war wie ein riesiges, miteinander eng verknüpftes, sich überkreuzendes und den ganzen Kontinent bedeckendes Netz, dauernd in Bewegung, unablässig hin und her wogend, sich einmal hier zusammenziehend, dann dort ausdehnend, ein üppiges Gewebe, ein farbenfroher Knüpfteppich.

Diese erzwungene Beweglichkeit der Menschen brachte es mit sich, daß es im Inneren von Afrika keine alten Städte gibt, die etwa so alt wären wie manche Städte in Europa oder im Nahen Osten, die bis in unsere Tage existieren. Und noch ein Gegensatz zu Europa und Asien: Große Teile der Bevölkerung (manche meinen sogar die gesamte) bewohnen heute Gebiete, in denen sie früher nicht zu Hause waren.

Alle sind Zuwanderer aus anderen Gebieten – alle sind Immigranten. Ihre gemeinsame Welt ist Afrika, doch innerhalb seiner Grenzen zogen sie jahrhundertelang herum und vermischten sich (in verschiedenen Regionen des Kontinents dauert dieser Prozeß bis heute an). Ein auffallendes Kennzeichen dieser Zivilisation ist daher ihr vorübergehender Zustand, das Provisorium, das Fehlen jeder materiellen Kontinuität. Die Hütte aus Lehm wurde erst gestern errichtet, und heute ist sie schon wieder verschwunden. Das Feld, das erst vor drei Monaten bestellt wurde, liegt heute schon wieder brach.

Die Kontinuität, die hier besteht und die einzelnen Gesellschaften zusammenschweißt, ist die Kontinuität heimischer Traditionen und Sitten, der tiefe Ahnenkult. Daher verbindet die geistige Gemeinschaft den Afrikaner mit seinen Nächsten stärker als jede materielle oder territoriale Gemeinschaft.

Der Autobus fährt immer tiefer in den dichten, hohen Tropenwald. In den gemäßigten Zonen beweist die Biologie Disziplin und Ordnung: An dieser Stelle haben wir Tannenwald, dort wachsen Eichen, anderswo Birken. Sogar die Mischwälder sind übersichtlich und statisch. In den Tropen hingegen lebt die Biologie in einem Rauschzustand, in der Ekstase ungehemmter Befruchtung und Vermehrung. Hier springt uns die schamlose, aufdringliche Fülle ins Auge, diese unablässige Eruption wuchernder, erstickender Massen von Grün, deren einzelne Teile – Bäume, Sträucher, Lianen und andere Kletterpflanzen, die üppig ins Kraut schießen, einander überwuchern, stimulieren und zu weiterem Wachstum anregen – sich miteinander verschlingen, zusammenwachsen, einander durchdringen, so daß nur der schärfste Stahl, und der nur mit Hilfe schweißtreibender Arbeit, imstande ist, Durchgänge, Pfade und Tunnel in dieses Dickicht zu schlagen.

Weil es keine Fahrzeuge mit Rädern gab, gab es in der Vergangenheit auf diesem unermeßlichen Kontinent auch keine

Straßen. Als zu Beginn des zwanzigsten Jahrhunderts die ersten Autos eingeführt wurden, konnten sie nirgends richtig fahren. Gepflasterte oder asphaltierte Straßen sind in Afrika eine Neuheit, die man erst seit ein paar Jahrzehnten kennt. Statt Fahrstraßen gab es Pfade. Für Menschen, für das Weidevieh, meist für beide gemeinsam. Daß der Verkehr über Pfade verläuft, erklärt auch, warum sich die Menschen hier für gewöhnlich im Gänsemarsch vorwärts bewegen; sogar wenn sie eine breite Überlandstraße benützen, bleiben sie im Gänsemarsch. Eine Gruppe, die dahinmarschiert, schweigt daher – der Gänsemarsch erschwert die Unterhaltung.

Man muß ein großer Kenner der Geographie dieser Pfade sein. Wer diese nicht kennt, läuft in die Irre; und wenn er lange ohne Wasser und Essen in die Irre läuft, kommt er ums Leben. Das Problem liegt darin, daß die verschiedenen Klans, Stämme und Dörfer Pfade besitzen können, die einander kreuzen, und wer das nicht weiß, der kann so einem Pfad folgen, in der Meinung, dieser werde ihn an sein Ziel bringen, dabei führt er ihn in die Irre und ins Verderben. Am geheimnisvollsten und gefährlichsten sind die Pfade durch den Dschungel. Immer wieder stößt der Mensch gegen Dornen und Zweige, und bis er an sein Ziel gelangt, ist er über und über zerkratzt und verschwollen. Es lohnt sich, einen Stock mitzuführen, wenn nämlich eine Schlange auf dem Weg liegt (was häufig der Fall ist), muß man sie verjagen, und das besorgt man am besten mit einem Stock. Ein anderes Problem stellen die Fetische dar. Die Menschen des Tropenwaldes, die in unzugänglichen Gegenden hausen, sind von Natur aus mißtrauisch und abergläubisch. Daher bringen sie entlang des Weges verschiedene Fetische an, um alle bösen Dämonen zu vertreiben. Wenn man daher auf eine über den Weg hängende Echsenhaut stößt, auf einen Vogelkopf, ein Büschel Gras oder den Zahn eines Krokodils – weiß man nicht, wie man sich in diesem Fall verhalten soll: Soll man es wagen weiterzugehen, oder soll man besser umkehren, weil hinter solchen Warnzeichen echte Gefahren lauern können.

Immer wieder hält unser Autobus am Straßenrand, weil jemand aussteigen möchte. Wenn eine junge Frau mit einem oder zwei Kindern aussteigt (eine junge Frau ohne Kinder ist ein seltener Anblick), bekommen wir eine Szene voll Anmut und Grazie geboten. Zuerst bindet sich die Frau mit einem Tuch aus Kattun den Säugling auf den Rücken (das Kind schläft die ganze Zeit und reagiert nicht). Dann kniet sie nieder und hebt ihren unerläßlichen Topf oder die Schüssel voll Essen oder anderen Waren auf den Kopf. Nun richtet sie sich auf und macht mit dem Körper eine Bewegung wie ein Seiltänzer, der den ersten Schritt auf dem Seil über den Abgrund tut: Sie balanciert und erlangt so das Gleichgewicht.

In die linke Hand nimmt sie die geflochtene Schlafmatte, und an der rechten führt sie das zweite Kind. Und so geht sie – sofort mit gleichmäßigen, rhythmischen Schritten – den Waldpfad entlang, der in eine Welt führt, die ich nicht kenne und vielleicht nie begreifen werde.

Mein Nachbar im Autobus. Ein junger Mensch. Buchhalter in einer Firma in Kumasi, deren Name ich nicht verstanden habe. »Ghana ist unabhängig!« sagt er aufgeregt, voll Begeisterung. »Morgen wird ganz Afrika unabhängig sein!« versichert er. »Wir sind frei!«

Und er reicht mir die Hand mit einer Geste, die bedeuten soll: Nun kann ein Schwarzer einem Weißen ohne jeden Komplex die Hand geben. »Hast du Nkrumah gesehen?« fragt er neugierig. »Ja? Dann bist du ein glücklicher Mensch! Weißt du, was wir mit den Feinden Afrikas machen werden?«

Er lacht, ha, ha, ha, führt jedoch nicht genauer aus, was sie machen werden.

»Das wichtigste ist jetzt die Bildung. Wir sind ja so unterentwickelt, so schrecklich unterentwickelt! Ich glaube, daß uns die ganze Welt zu Hilfe kommen wird. Wir müssen den entwickelten Ländern ebenbürtig sein! Nicht nur frei – auch ebenbürtig! Einstweilen atmen wir die Luft der Freiheit. Und das ist himmlisch. Das ist wunderbar!«

Diesem Enthusiasmus begegnet man hier überall. Enthusiasmus und Stolz, daß Ghana an der Spitze der Bewegung steht, ganz Afrika ein Beispiel gibt, ganz Afrika anführt.

Mein anderer Nachbar, der links von mir sitzt (der Autobus hat drei Sitze in einer Reihe) ist anders: verschlossen, wortkarg, abwesend. Damit zieht er sofort die Aufmerksamkeit auf sich, weil die Menschen hier in der Regel offen sind, bereit zum Gespräch, begierig, etwas zu erzählen und ihre Meinung zu äußern. Bisher sagte er nur so viel, daß er nicht arbeitet und Probleme mit der Arbeit hat. Welche – das sagte er nicht.

Am Ende jedoch, als der große Wald schon lichter und niedriger wird, ein Zeichen, daß wir uns Kumasi nähern, entschließt er sich, mir etwas anzuvertrauen. Er hat Sorgen. Er ist krank. Er ist nicht ständig und pausenlos krank, aber manchmal, von Zeit zu Zeit. Er hat bereits die verschiedensten heimischen Spezialisten aufgesucht, doch keiner konnte ihm helfen. Die Sache ist die, daß er in seinem Kopf, unter der Schädeldecke, Tiere sitzen hat. Es ist nicht so, daß er diese sehen, sich über sie den Kopf zerbrechen würde und Angst vor ihnen hätte – nein. Nichts dergleichen. Es geht darum, daß diese Tiere in seinem Kopf sind, dort hausen, herumlaufen, äsen, jagen oder auch einfach schlafen. Wenn es sich um sanfte Tiere handelt, etwa um Antilopen, Zebras oder Giraffen, ist das für ihn leicht zu ertragen, ja sogar angenehm. Doch manchmal kommt ein hungriger Löwe daher. Er ist hungrig, ist zornig – und daher brüllt er. Und das Brüllen dieses Löwen zerreißt ihm dann den Kopf.

DIE STRUKTUR DES KLANS. Ich kam ohne bestimmtes Ziel nach Kumasi. Im allgemeinen sagt man, es sei gut, ein genau umrissenes Ziel zu haben, weil der Mensch dann etwas will und anstrebt; andererseits legt ihm eine solche Situation Scheuklappen an: Er hat nur mehr sein Ziel vor Augen und sonst nichts. Dabei kann dieses Mehr, dieses Weitere, Tiefere viel interessanter und wichtiger sein. In eine andere Welt einzudringen bedeutet, in ein Geheimnis einzudringen, und dieses kann so viele Labyrinthe und Schlupfwinkel, so viele Rätsel und Unbekannte in sich bergen!

Kumasi liegt auf sanften Hügeln, eingebettet in Grün und Blumen. Es ist wie ein riesiger botanischer Garten, in dem man Menschen gestattet hat, sich anzusiedeln. Hier scheint alles dem Menschen entgegenzukommen – das Klima, die Vegetation, die anderen Menschen. Die Sonnenaufgänge sind von atemberaubender Schönheit, obwohl sie nur wenige Minuten dauern. Es ist Nacht, und aus dieser Nacht taucht mit einemmal die Sonne. Sie taucht? Dieses Zeitwort suggeriert eine gewisse Langsamkeit, einen gewissen Prozeß. Dabei wird sie von jemandem wie ein Ball nach oben geschleudert! Wir sehen sofort eine feurige Kugel vor uns, so nah, daß wir beinahe Angst verspüren. Und noch dazu gleitet diese Kugel direkt auf uns zu. Sie kommt immer näher.

Der Anblick der Sonne wirkt wie ein Startschuß: Sofort ist die Stadt auf den Beinen! Als hätten alle die ganze Nacht über nur in ihren Startblöcken darauf gelauert, und jetzt, auf dieses Signal, diesen Sonnenschuß hin, laufen sie los, stürmen sie vorwärts. Es gibt keine Übergangsstadien, keine Vorbereitungen. Die Straßen sind sofort voller Menschen, die Läden offen, Feuerstellen und Kochherde rauchen.

Die Geschäftigkeit in Kumasi ist jedoch anders als in Accra. Die Geschäftigkeit in Kumasi ist lokal, regional, irgendwie in sich geschlossen. Die Stadt ist die Hauptstadt des Königreichs Aschanti (das zu Ghana gehört) und wacht eifersüchtig über ihre Andersartigkeit, ihre bunte, lebendige Tradition. Hier kann man Stammesführer sehen, die durch die Straßen spazieren, und Sitten beobachten, die aus uralten Zeiten stammen. Hier lebt auch die in dieser Kultur gewachsene Welt der Magie, der Zaubersprüche und Verwünschungen.

Der Weg von Accra nach Kumasi, das sind nicht nur die fünfhundert Kilometer von der Atlantikküste ins Landesinnere, das ist auch eine Reise in jene Gebiete des Kontinents, in denen es weniger Spuren und Merkmale des Kolonialismus gibt als am Küstenstreifen. Denn die Ausdehnung Afrikas, die geringe Anzahl schiffbarer Flüsse, das Fehlen befahrbarer Straßen und dazu noch das schwierige, mörderische Klima waren zwar Hindernisse für seine Entwicklung, gleichzeitig aber auch ein natürlicher Schutz gegen Invasionen; diese Faktoren sorgten dafür, daß die Kolonialisten nicht allzu tief eindringen konnten. Sie blieben an den Küsten, bei ihren Schiffen und bewaffneten Forts, ihren Vorräten an Nahrungsmitteln und Chinin. Wenn im neunzehnten Jahrhundert einer wie zum Beispiel Stanley es wagte, den Kontinent von Osten nach Westen zu durchqueren, dann war dieses Unternehmen für viele Jahre ein Thema für die Presse und die Literatur.

Dank dieser Verkehrshindernisse konnten viele afrikanische Kulturen und Sitten bis in unsere Zeit in unveränderter Form überdauern.

Formal, aber nur formal, herrschte der Kolonialismus in Afrika von der Berliner Konferenz (1884/1885), bei der die europäischen Kolonialmächte die Spielregeln für den Wettkampf um Kolonien festlegten, bis zur Befreiung Afrikas in der zweiten Hälfte des zwanzigsten Jahrhunderts. In Wirklichkeit aber begann die koloniale Penetration schon viel früher, nämlich bereits im fünfzehnten Jahrhundert, und blühte in den folgenden fünfhundert Jahren. Die schändlichste und brutalste Phase dieser Unterwerfung war der rund vierhundert Jahre währende Handel mit afrikanischen Sklaven.

Zum Zeitpunkt des Ausbruchs des Zweiten Weltkriegs erlebte der Kolonialismus seinen Höhepunkt. Doch der Verlauf dieses Krieges und seine Symbolsprache leiteten in Wirklichkeit den Niedergang und das Ende dieses Systems ein.

Wie und warum ist das so gekommen? Vieles kann ein kurzer Ausflug in das kalte Reich des Denkens in rassischen Kategorien erklären. Zentrales Thema, Essenz, Wurzel der Beziehungen zwischen Europäern und Afrikanern, die wichtigste Form, die diese Beziehungen in der Kolonialepoche annahmen, war der Unterschied der Rasse, der Hautfarbe. Alles, alle Beziehungen, alle Abhängigkeiten, alle Konflikte werden auf den Gegensatz Weiß – Schwarz zurückgeführt, wobei selbstverständlich der Weiße besser, höherstehend und stärker ist als der Schwarze. Der Weiße ist der *Sir*, der *Master*, *Sahib*, *Bwana Kubwa*, der unbestrittene Herr und Herrscher, den Gott gesandt hat, über die Schwarzen zu regieren. Den Afrikanern wurde eingehämmert, der Weiße sei unantastbar, unbesiegbar, die Weißen stellten eine einheitliche, geschlossene Kraft dar. Das war die Ideologie, die das System der kolonialen Herrschaft stützte, die Ideologie, auf der die Überzeugung gründete, daß es völlig sinnlos sei, dieses System in Frage zu stellen oder sich dagegen aufzulehnen.

Und plötzlich sehen die Afrikaner, die zur englischen und französischen Armee angeworben werden, daß in diesem Krieg, an dem sie in Europa teilnehmen, Weiße gegen Weiße kämpfen, daß die Weißen aufeinander schießen, daß sie einander die Städte zerstören. Das ist eine erstaunliche Entdeckung, eine Überraschung, ein Schock. Die afrikanischen Soldaten in der französischen Armee sehen, daß ihre Kolonialmacht – Frankreich – besiegt und unterworfen wird. Die afrikanischen Soldaten in der britischen Armee sehen, wie die Hauptstadt des Imperiums – London – bombardiert wird, sie sehen, wie die Weißen in Panik fliehen, wie sie um etwas bitten, wie sie weinen. Sie sehen abgerissene, hungrige Weiße, die um Brot betteln. Und je weiter sie nach Osten vorrücken und gemeinsam mit den weißen Engländern den weißen Deutschen Niederlagen zufügen, um so öfter begegnen sie hier und dort Kolonnen weißer Menschen, gehüllt in Sträflingskleidung, Menschen, die nur mehr Skelette sind, menschliche Fetzen.

Der Schock, den ein Afrikaner erlebte, als die Bilder des Krieges der Weißen an seinen Augen vorbeizogen, war um so tiefer, als es den Bewohnern Afrikas (mit wenigen Ausnahmen, und im Falle etwa von Belgisch-Kongo ausnahmslos) verboten war, nach Europa zu reisen oder überhaupt ihren Kontinent zu verlassen. Über das Leben der Weißen hatten sie daher bisher nur auf Grund der luxuriösen Umstände urteilen können, welche die Weißen in den Kolonien genossen.

Und noch etwas kommt dazu: Bis zur Mitte des zwanzigsten Jahrhunderts hat der Bewohner Afrikas keine anderen Informationsquellen als die Erzählungen seines Nachbarn oder Stammesherrschers oder des kolonialen Beamten. Er weiß also von der Welt gerade so viel, wie er selbst in seiner nächsten Umgebung sieht oder was er von anderen während der abendlichen Plauderstunde am Feuer hört.

Allen diesen Veteranen des Zweiten Weltkriegs, die zurückkehren von Europa nach Afrika, begegnen wir später in den Reihen der verschiedenen Bewegungen und Parteien, die um die Unabhängigkeit ihrer Länder kämpfen. Die Zahl dieser Organisationen wächst jetzt sprunghaft, sie schießen wie die Pilze nach dem Regen aus dem Boden. Sie haben verschiedene Orientierungen und setzen sich unterschiedliche Ziele.

Die Organisationen in den französischen Kolonien stellen zu Beginn gemäßigte Forderungen. Sie sprechen noch nicht von Freiheit. Sie wollen nur, daß alle Bewohner der Kolonien zu französischen Bürgern gemacht werden. Paris lehnt diese Forderung ab. Natürlich, Franzose wird derjenige, der in die französische Kultur hineinwächst, sich zu ihrem Niveau aufschwingt – der sogenannte *évolué*. Doch diese sind nur vereinzelte Ausnahmen.

Die Organisationen in den britischen Kolonien sind radikaler. Inspiration, Impuls und Programm liefern ihnen die kühnen Zukunftsvisionen, die von den Nachkommen der Sklaven beschworen werden, den afro-amerikanischen Intellektuellen der zweiten Hälfte des neunzehnten und der ersten Hälfte des zwanzigsten Jahrhunderts. Diese formulieren eine Doktrin, die sie Panafrikanismus nennen. Ihre wichtigsten Begründer sind der Aktivist Alexander Crummwell, der Schriftsteller W. E. B. DuBois und der Journalist Marcus Garvey (der aus Jamaika stammt). Sie vertreten unterschiedliche Ansichten, doch in zwei Punkten stimmen sie miteinander überein: 1) daß alle Schwarzen der Welt – in Nordamerika und Afrika – eine Rasse und eine Kultur darstellen und auf ihre Hautfarbe stolz sein müssen; 2) daß ganz Afrika unabhängig und vereinigt sein soll. Ihre Losung lautet: »Afrika den Afrikanern!« In einem dritten, ebenfalls wichtigen Punkt vertritt W. E. B. DuBois die Überzeugung, daß die Schwarzen in den Ländern bleiben sollen, in denen sie wohnen, während Garvey meint, alle Schwarzen, egal, wo sie leben, sollten nach Afrika zurückkehren. Eine Zeitlang verkauft er sogar eine Fotografie von Haile Selassie, von der er behauptet, es handle sich dabei um ein Visum für die Rückkehr. Er stirbt im Jahre 1940, ohne je Afrika gesehen zu haben.

Zu einem Enthusiasten des Panafrikanismus wurde ein junger Aktivist und Theoretiker aus Ghana – Kwame Nkrumah. Im Jahre 1947, nach Beendigung seiner Studien in Amerika, kehrte er in sein Land zurück. Er gründete eine Partei, in die er die Veteranen des Zweiten Weltkriegs, aber auch die Jugend holte, und auf einer der Versammlungen in Accra verkündete er die kämpferische Losung: »Unabhängigkeit jetzt!« Das klang damals in Kolonialafrika wie die Explosion einer Bombe. Doch zehn Jahre später war Ghana das erste unabhängige Land Afrikas südlich der Sahara, und Accra wurde auf der Stelle das provisorische, informelle Zentrum für alle Bewegungen, Ideen und Aktivitäten des ganzen Kontinents.

Hier herrschte ein wahres Befreiungsfieber, und man konnte Menschen aus ganz Afrika antreffen. Auch viele Journalisten aus aller Welt kamen angereist. Sie wurden getrieben von Neugierde, von Unsicherheit und sogar von der Angst der europäischen Hauptstädte, daß Afrika vielleicht explodieren, daß hier das Blut der Weißen vergossen oder gar eine Armee aufgestellt werden könnte, die dann, ausgerüstet mit sowjetischen Waffen, versuchen könnte, aus Rache und Haß den Marsch gegen Europa anzutreten.

Am Morgen kaufte ich die Zeitung *Ashanti Pioneer* und machte mich auf die Suche nach der Redaktion. Die Erfahrung hatte mich gelehrt, daß man in so einer Redaktion in einer Stunde mehr erfährt, als wenn man eine ganze Woche lang durch die verschiedenen Institutionen und Kabinette der Notabeln wandert. So war es auch diesmal.

In einem kleinen, finsteren Zimmer, in dem sich der Geruch reifer Mangos mit dem von Druckerschwärze vermengte, begrüßte mich freudig – als hätte er seit undenklicher Zeit auf diesen Besuch gewartet – ein freundlicher, korpulenter Mann (»Ich bin auch Reporter«, sagte er einleitend): Kwesi Amu.

Verlauf und Atmosphäre der Begrüßung sind für das weitere Geschick einer Bekanntschaft von großer Bedeutung, weshalb man hier großen Wert auf die Art und Weise legt, mit der man einander begrüßt. Am wichtigsten ist es, von Anfang, von der ersten Sekunde an große, spontane Freude und Herzlichkeit zu zeigen. Daher strecken wir zuerst die Hand aus. Aber nicht formell, abwartend, höflich, sondern ganz im Gegenteil, wir machen energisch eine ausladende Bewegung, als wollten wir nicht nur die Hand des Begrüßten ergreifen, sondern ihm diese gleich ausreißen. Wenn er jedoch seine Hand behält, dann deshalb, weil auch er, der ebenfalls mit Sitte und Regeln der Begrüßung vertraut ist, seinerseits eine ebenso ausladende und energische Bewegung vollführt und seine in Schwung versetzte Hand in Richtung unserer ebenfalls in Schwung versetzten Hand lenkt. Die beiden mit ungeheurer Energie aufgeladenen Extremitäten treffen sich nun auf halbem Weg und erfassen einander mit rasendem Schwung, wobei sich allerdings die gegensätzlich wirkenden Kräfte aufheben und gegen Null sinken. Zur selben Zeit, da unsere in Bewegung versetzten Hände aufeinander losschnellen, lassen wir das erste laute, lang anhaltende, dröhnende Lachen ertönen. Das soll bedeuten, daß wir uns über die Begegnung freuen und der Person, die wir begrüßen, wohlgesinnt sind.

Nun folgt eine lange Liste höflicher Fragen und Antworten nach dem Schema: »Wie geht es dir? Bist du gesund? Wie fühlt sich deine Familie? Sind alle gesund? Und der Großvater? Die Großmutter? Die Tante? Der Onkel?« Usw. usf., denn die Familien hier sind umfangreich und weit verzweigt. Die Sitte erfordert, daß wir jede erfreuliche Antwort mit einer weiteren lauten und herzlichen Lachsalve quittieren, die bei dem Fragenden ein ähnliches, wenn nicht sogar noch lauteres homerisches Lachen hervorruft.

Oft sehen wir zwei (oder auch mehr) Menschen auf der Straße stehen und sich vor Lachen biegen. Das bedeutet nicht, daß sie einander Witze erzählen. Sie begrüßen einander nur. Wenn dann das Lachen verstummt, ist entweder der Begrüßungsakt abgeschlossen und man kann zum eigentlichen Gegenstand der Unterhaltung übergehen, oder die einander Begrüßenden sind nur etwas stiller geworden, um ihrem Zwerchfell für einen Moment eine Ruhepause zu gönnen.

Als ich endlich mit Kwesi das ganze umfangreiche und fröhliche Begrüßungsritual absolviert hatte, begannen wir ein Gespräch über das Königreich Aschanti. Die Aschanti wehrten sich gegen die Engländer bis zum Ende des neunzehnten Jahrhunderts, und wenn man es genau nimmt, haben sie ihren Widerstand nie völlig aufgegeben. Auch jetzt noch, unter den Verhältnissen der Unabhängigkeit. Sie halten Distanz zu Nkrumah und den Leuten von der Küste, die ihn unterstützen und deren Kultur sie nicht besonders hoch einschätzen. Sie sind tief mit ihrer reichen Geschichte, ihren Traditionen, ihrem Glauben und ihren Gesetzen verbunden.

In ganz Afrika hat jede größere Gemeinschaft ihre eigene, gesonderte Kultur, ein eigenständiges System von Werten und Sitten, ihre eigene Sprache und ihre Tabus, und das alles ist ungeheuer kompliziert, verwickelt und geheimnisvoll. Daher haben die großen Anthropologen nie von einer »afrikanischen Kultur« oder einer »afrikanischen Religion« gesprochen, weil sie wußten, daß es so etwas nicht gibt, daß das Wesen Afrikas in seiner unendlichen Vielfalt liegt. Sie betrachteten die Kultur jedes Volkes als eigene Welt, einzigartig und nicht wiederholbar. Nach diesem Muster schrieben E. E. Evans-Pritchard seine Monographie über die Nuere, M. Gluckman über die Zulu, G. T. Basden über die Ibo usw. Das europäische Denken hingegen, das nach rationaler Reduktion strebt, danach, alles einzuordnen und zu vereinfachen, wirft alles Afrikanische gern in einen Topf und begnügt sich mit simplen Stereotypen.

»Wir glauben«, sagte mir Kwesi, »daß sich der Mensch aus zwei Elementen zusammensetzt. Aus dem Blut, das er von der Mutter erbt, und aus dem Geist, den ihm der Vater verleiht. Das stärkere Element ist das Blut, daher gehört das Kind zur Mutter und ihrem Klan – nicht zum Vater. Wenn der Klan der Mutter dieser befiehlt, den Mann zu verlassen und in ihr Heimatdorf zurückzukehren, nimmt sie alle Kinder mit (denn die Frau wohnt zwar im Dorf und Haus des Mannes, doch sie ist dort gleichsam nur zu Gast). Weil sie zu ihrem Klan zurückkehren kann, steht die Frau, die von ihrem Mann verlassen wird, nicht heimatlos da. Sie kann auch selbst ausziehen, wenn er sich als Despot erweist. Doch das sind Ausnahmefälle, denn für gewöhnlich ist die Familie eine starke und lebendige Zelle, in der alle die ihnen zugewiesenen Rollen ausfüllen und jeder einzelne seine Pflichten genau kennt.

Die Familie ist immer zahlreich – ein paar Dutzend Personen. Mann, Frau (Frauen), Kinder, Cousins und Cousinen. Die Familie kommt so oft wie möglich zusammen und verbringt die Zeit gemeinsam. Gemeinsam die Zeit zu verbringen ist einer der höchsten Werte, den alle zu achten versuchen. Es ist wichtig, gemeinsam oder in großer Nähe zueinander zu wohnen: Es gibt viele Arbeiten, die man nur gemeinsam bewältigen kann – andernfalls hat man keine Chance, zu überleben.

Das Kind wächst innerhalb der Familie auf, doch je größer es wird, um so deutlicher sieht es, daß die Grenzen seiner

Gesellschaft viel weiter gesteckt sind, daß neben der eigenen Familie auch noch andere leben, und daß viele dieser Familien zusammen einen Klan bilden. Den Klan bilden alle diejenigen, die daran glauben, daß sie einen gemeinsamen Ahnen besitzen. Wenn ich glaube, daß du und ich irgendwann denselben Vorfahren hatten – dann gehören wir demselben Klan an. Aus dieser Überzeugung ergeben sich ganz wichtige Konsequenzen. So dürfen zum Beispiel Frauen und Männer desselben Klans keine sexuellen Beziehungen unterhalten. Das ist mit dem strengsten Tabu belegt. In der Vergangenheit wurden bei Verletzung dieses Tabus beide Personen zum Tode verurteilt. Aber auch heute noch ist es ein schweres Vergehen, das die Geister der Ahnen erzürnen und jede Menge Unheil über den Klan bringen kann.

An der Spitze des Klans steht sein Führer. Dieser wird von einer Versammlung des Klans gewählt, welcher der Rat der Ältesten vorsteht. Die Ältesten sind die Dorfhäuptlinge, Führer der Unterklans, Funktionäre jeglicher Art. Es kann mehrere Kandidaten und zahlreiche Abstimmungen geben, weil diese Wahl von Bedeutung ist: Die Position des Führers ist sehr wichtig. Mit dem Augenblick seiner Wahl wird der Führer zur heiligen Person. Von diesem Zeitpunkt an darf er nicht mehr barfuß gehen, noch darf er sich direkt auf den nackten Boden setzen. Man darf ihn nicht berühren und kein böses Wort über ihn sagen. Daß der Führer kommt, sieht man schon von weitem an einem aufgespannten Schirm. Ein großer Führer hat einen riesigen, imponierenden Schirm, den ein eigener Diener trägt; ein kleinerer Führer trägt einen gewöhnlichen Schirm, den er bei einem Araber auf dem Markt gekauft hat.

Dem Führer des Klans kommt eine Funktion von größter Bedeutung zu. Im Mittelpunkt des Glaubens der Aschanti steht der Kult der Ahnen. Der Klan umfaßt eine riesige Zahl von Personen, von denen wir nur einen Teil sehen und treffen können, jene nämlich, die auf der Erde leben. Die anderen – die Mehrheit – sind die Ahnen, die zwar von uns gegangen sind, in Wirklichkeit aber weiter an unserem Leben teilhaben. Sie sehen uns und beobachten unser Verhalten. Sie sind überall und beobachten alles. Sie können uns helfen, uns aber auch bestrafen. Uns Glück bringen oder uns ins Verderben stürzen. Sie entscheiden alles. Daher ist es eine wichtige Voraussetzung für den Erfolg des Klans und unserer eigenen Person, daß wir gute Beziehungen zu den Ahnen unterhalten. Und für die Qualität und Intensität dieser Beziehungen ist eben der Führer des Klans verantwortlich. Er ist der Mittler und das Verbindungsglied zwischen den beiden integralen Teilen des Klans: der Welt der Ahnen und der Welt der Lebenden. Er übermittelt den Lebenden den Willen und die Entscheidung der Ahnen in einer bestimmten Angelegenheit und erfleht auch deren Vergebung, wenn die Lebenden die Sitten oder Gesetze verletzt haben.

Diese Vergebung kann man erlangen, indem man den Ahnen Opfer darbringt: Man besprüht den Boden mit Wasser oder Palmwein, schlachtet ein Schaf, um Essen für sie hinzulegen. Doch das alles kann sich als unzureichend erweisen und die Ahnen zürnen vielleicht immer noch, was für die Lebenden weiteres Unglück und Krankheiten bedeuten kann. Den größten Zorn rufen hervor: Blutschande, Mord, Selbstmord, Raub, Beleidigung des Führers, Zauberei.«

»Selbstmord?« fragte ich verwundert. »Wie kann man jemanden bestrafen, der Selbstmord verübt hat?«

»Unser Gesetz verlangte, daß ihm der Kopf abgeschnitten wurde. Der Selbstmord war eine Verletzung des Tabus, und es ist das oberste Prinzip im Kodex des Klans, daß jedes Vergehen bestraft wird. Wenn ein Vergehen nicht bestraft wird, steuert der Klan auf die Katastrophe zu, droht ihm die Vernichtung.«

Wir saßen auf der Veranda einer der vielen Bars, die es hier gibt. Wir tranken Fanta; die Firma besitzt offenbar eine Monopolstellung in dieser Region. Hinter dem Tresen döste die junge Barfrau, den Kopf auf die Arme gebettet. Es war heiß und ich war schläfrig.

»Der Führer hat noch eine Menge anderer Pflichten«, fuhr Kwesi fort. »Er entscheidet Streitigkeiten und schlichtet Konflikte, er ist also auch ein Richter. Von großer Bedeutung, vor allem in den Dörfern, ist die Tatsache, daß der Führer den Boden an die Familien verteilt. Er kann ihnen den Boden nicht schenken oder verkaufen, weil der Boden Eigentum der Ahnen ist – diese wohnen im Boden, in seinem Inneren. Der Führer kann ihn nur zur Bearbeitung verteilen. Wenn ein

Feld unfruchtbar wird, teilt er der Familie ein anderes Stück Boden zu, und das unfruchtbare Feld kann sich erholen und neue Kräfte für die Zukunft sammeln. Der Boden ist heilig. Der Boden gibt den Menschen das Leben, und was Leben gibt, ist heilig.

Der Führer erfreut sich der höchsten Achtung. Ihm steht der Rat der Ältesten zur Seite, und er darf keine Entscheidung treffen, ohne dessen Meinung und Einverständnis einzuholen. Das verstehen wir unter Demokratie. Am Morgen besucht jedes Mitglied des Rates das Haus des Führers, um den Hausherrn zu begrüßen. Das ist für ihn der Beweis, daß er gut regiert und Unterstützung genießt. Wenn diese morgendlichen Besuche ausbleiben, bedeutet das, daß er das Vertrauen verloren hat und abtreten muß. Das geschieht, wenn er sich eines von fünf Vergehen schuldig macht. Diese sind: Trunksucht, Freßsucht, Kungelei mit Zauberern, schlechtes Verhalten gegenüber den Menschen und Regieren, ohne die Meinung des Ältestenrates einzuholen. Der Führer muß auch abtreten, wenn er erblindet, an Lepra erkrankt oder den Verstand verliert.

Mehrere Klans bilden eine Einheit, die von den Europäern Stamm genannt wird. Die Aschanti sind die Vereinigung von acht Klans. An der Spitze steht der König – Aschantehene, dem der Rat der Ältesten zur Seite steht. So eine Verbindung wird nicht nur durch die gemeinsamen Ahnen geschaffen. Sie ist auch eine territoriale, kulturelle und politische Gemeinschaft. Manchmal ist so ein Volk riesig groß, zählt viele Millionen, mehr als so manches europäische Volk.«

Ich zögerte lange, doch endlich bat ich ihn: »Erzähl mir etwas über die Zauberei.« Ich hatte gezögert, weil es sich dabei um ein Thema handelt, über das man hier nicht gerne spricht, das man oft einfach mit Schweigen übergeht.

»Nicht alle glauben mehr daran«, sagte Kwesi. »Aber viele Menschen tun das noch. Viele haben einfach Angst, nicht daran zu glauben. Meine Großmutter ist der Meinung, daß es Hexen gibt, die sich in der Nacht auf den großen Bäumen treffen, die vereinzelt in der Gegend stehen. Aber hat Großmutter je mit eigenen Augen eine Hexe gesehen? habe ich sie gefragt. – Das ist unmöglich, antwortete sie fest überzeugt.

Die Hexen wickeln in der Nacht Spinnfäden um die ganze Erde. Die einen Enden der Fäden halten sie in der Hand, die anderen befestigen sie an allen Türen auf der Welt. Wenn dann jemand eine Tür öffnet, um hinauszugehen, bewegt sich dieser Faden. Das spüren die Hexen und machen sich eilig in der Dunkelheit davon. Am Morgen sieht man dann nur mehr die zerrissenen Fäden, die von den Zweigen und Türen baumeln.«

ICH, DER WEISSE. In Daressalam kaufte ich von einem Engländer, der nach Europa zurückkehrte, einen alten Landrover. Es war das Jahr 1962, ein paar Monate zuvor hatte Tanganjika die Unabhängigkeit erlangt, und viele Engländer aus dem Kolonialdienst verloren ihre Beschäftigung, ihre Posten und sogar ihre Häuser.

In ihren immer leerer werdenden Klubs konnte man diesen oder jenen erzählen hören, wie er am Morgen in sein Zimmer im Ministerium gekommen war, wo ihm von seinem Schreibtisch ein Einheimischer entgegengelacht hatte: »Sorry. Tut mir aufrichtig leid!«

Diese durch die Umstände bedingte Wachablöse nennt man Afrikanisierung. Die einen begrüßen sie als Symbol der Befreiung mit Applaus, andere bringt dieser Prozeß in Rage. Man braucht nicht lange zu raten, wer sich freut und wer dagegen ist. Um ihre Beamten zur Arbeit in den Kolonien zu ermutigen, hatten London und Paris für die Willigen die besten Bedingungen geschaffen. Ein kleiner, bescheidener Postbeamter aus Manchester bekam nach seiner Ankunft in Tanganjika eine Villa mit Garten und Swimmingpool, Autos, Diener, Urlaub in Europa usw. Die Kolonialbürokratie lebte tatsächlich in Saus und Braus. Und dann erlangten die Bewohner der Kolonien von einem Tag auf den anderen die Unabhängigkeit. Sie übernahmen den Kolonialstaat in unveränderter Form. Sie waren sogar darauf bedacht, nichts zu verändern, weil dieser Staat den Bürokraten die herrlichsten Privilegien einräumt, auf welche die neuen Besitzer natürlich nicht gerne verzichten wollen. Gestern noch arm und erniedrigt, sind sie heute Auserwählte des Schicksals, haben hohe Positionen und einen prall gefüllten Geldbeutel. Diese koloniale Genese des afrikanischen Staates hatte zur Folge, daß der Kampf um die Macht im unabhängigen Afrika von Anfang an ungeheuer verbissen und erbarmungslos geführt wurde. In einem Augenblick, mit einem Staatsstreich, entsteht eine neue herrschende Klasse, eine bürokratische Bourgeoisie, die nichts hervorbringt, nichts produziert, nur über die Gesellschaft herrscht und Privilegien genießt. Das Gesetz des zwanzigsten Jahrhunderts, das Gesetz der rasenden Beschleunigung, galt auch in diesem Fall – früher einmal brauchte es Jahrzehnte, sogar Jahrhunderte für das Entstehen einer gesellschaftlichen Klasse, und hier genügten ein paar Tage. Die Franzosen, die diesen Kampf um die Plätze innerhalb der neuen Klasse mit einem Augenzwinkern beobachteten, nannten dieses Phänomen *la politique du ventre* (Politik des Bauches), weil die politischen Posten so eng mit unermeßlichen materiellen Vorteilen verbunden waren.

Aber wir sind in Afrika, und der glückliche Neureiche darf nicht die alte Klanstruktur außer acht lassen, deren oberstes Gesetz lautet: Teile alles, was du hast, mit deinen Brüdern, mit den anderen Mitgliedern des Klans, oder, wie man hier sagt, mit den Cousins (in Europa ist die Bindung zwischen Cousins ziemlich lose und schwach, in Afrika ist ein Cousin mütterlicherseits wichtiger als der eigene Ehepartner). Das heißt, wenn du zwei Hemden hast, gib ihm eines ab, wenn du eine Schüssel Reis hast, gib ihm davon die Hälfte. Wer gegen dieses Prinzip verstößt – verurteilt sich selbst zum Außenseiter, dazu, aus dem Klan ausgestoßen zu werden, zum Status des einsamen Individuums, ein Zustand, der jeden mit Schrecken erfüllt. In Europa wird der Individualismus hoch geschätzt, in Amerika sogar höher als alles andere; in Afrika hingegen ist der Individualismus ein Synonym für Unglück, ein Fluch, eine Tragödie. Die afrikanische Tradition ist kollektivistisch, weil man den hier ständig auftretenden Widrigkeiten der Natur nur in der Gruppe die Stirn bieten kann. Und eine Bedingung für das Überleben der Gruppe ist eben, daß ich alles, was ich besitze, bis zum Letzten teile. Einmal umringte mich hier eine Schar Kinder. Ich hatte nur ein Bonbon, das ich auf meine Handfläche legte. Die Kinder standen reglos da und wandten keinen Blick ab. Schließlich nahm das älteste Mädchen das Bonbon, zerbiß es vorsichtig und verteilte die Stückchen gerecht an alle.

Wenn jemand an Stelle eines Weißen Minister wird und dessen Villa mit Garten, Gehalt und Autos erhält, verbreitet sich die Kunde davon rasch bis zu dem Ort, von wo dieser Glückspilz stammt. Die Nachricht eilt wie ein Lauffeuer durch die umliegenden Dörfer. Freude und Hoffnung machen sich in den Herzen seiner Cousins breit. Und wenig später setzt ihre Wanderung in die Hauptstadt ein. Hier finden sie den glücklichen entfernten Verwandten ohne viel Mühe. Sie tauchen vor dem Tor seines Hauses auf, begrüßen ihn, besprühen den Boden der Sitte zufolge mit Gin, um den Ahnen für diese glückliche Wendung des Schicksals zu danken, und dann machen sie es sich in der Villa, im Hof und im Garten bequem. Bald darauf sehen wir, wie es in der ruhigen Residenz, die vorher ein älterer Engländer mit seiner wortkargen Frau bewohnt hatte, eng und laut wird. Vor dem Haus brennt Tag und Nacht ein Feuer, Frauen zerstoßen in hölzernen Mörsern Kassawa, eine Schar Kinder tobt durch Beete und Rabatten. Am Abend hockt sich die ganze Familie zum Essen auf den Rasen. Denn obwohl ein neues Leben angebrochen ist, sind die Gewohnheiten die alten geblieben, aus den Zeiten der ewigen Armut: Man ißt nur einmal, am Abend.

Wer einen mobileren Beruf besitzt und die Tradition weniger achtet, versucht seine Spuren zu verwischen. So traf ich einmal in Dodoma einen Straßenhändler, der Orangen verkaufte (damit läßt sich nicht viel verdienen), der mir vorher in Daressalam diese Früchte ins Haus gebracht hatte. Ich war erfreut und fragte ihn, was er hier mache, fünfhundert Kilometer von der Hauptstadt entfernt. Er mußte vor seinen Cousins fliehen, erklärte er. Er hatte lange alles mit ihnen geteilt, bis er das am Ende gründlich satt hatte und sich aus dem Staub machte. »Für einige Zeit werde ich ein paar Cents mein eigen nennen«, freute er sich. »Bis sie mich auch hier aufstöbern!«

Die genannten Fälle eines durch die Unabhängigkeit bedingten Aufstiegs sind in jener Zeit noch nicht so häufig. Im

Viertel der Weißen dominieren nach wie vor die Weißen. Daressalam setzt sich, ähnlich wie andere Städte in diesem Teil des Kontinents, aus drei voneinander (meist durch Wasser oder einen Streifen unbebauten Bodens) getrennten Vierteln zusammen.

Das beste, dem Meer am nächsten gelegene Viertel gehört selbstverständlich den Weißen. Das ist Oyster Bay: prachtvolle Villen, Gärten, die in Blumen versinken, weiche Rasen, gleichmäßige, mit Kies bestreute Alleen. Ja, hier lebt man wahrhaftig im Luxus, um so mehr, als man selber nirgends Hand anlegen muß: um alles kümmert sich die diskrete, aufmerksame, sich leise bewegende Dienerschaft.

Jenseits der Brücke, über der Lagune, schon bedeutend weiter vom Meer entfernt, drängt sich das steinerne, geschäftige Handelsviertel. Seine Bewohner sind Inder, Pakistaner, Goaner, Einwanderer aus Bangladesch und Sri Lanka, die hier alle zusammen Asiaten genannt werden. Obwohl es unter ihnen einige Schwerreiche gibt, lebt die Mehrheit im Mittelmaß, ohne jeden Luxus. Sie beschäftigen sich mit dem Handel. Sie kaufen, verkaufen, vermitteln, spekulieren. Sie rechnen, pausenlos rechnen sie, rechnen etwas nach, wackeln mit den Köpfen, zanken sich. Dutzende, Hunderte Läden, sperrangelweit offen, die Ware auf dem Gehsteig, auf der Straße ausgebreitet. Stoffe, Möbel, Lampen, Töpfe, Spiegel, Flitterwerk, Spielzeug, Reis, Sirup, Gewürze – buchstäblich alles. Vor dem Laden sitzt ein Inder auf einem Sessel, einen Fuß auf der Sitzfläche, mit den Fingern bohrt er pausenlos zwischen den Zehen.

An jedem Samstagnachmittag machen sich die Bewohner dieses stickigen, engen Viertels zum Meer auf. Sie legen ihre Feiertagskleidung an – die Frauen golddurchwirkte Saris, die Männer saubere Hemden. Sie fahren mit dem Auto hin. Im Inneren drängt sich die ganze Familie zusammen, die einen sitzen auf den Knien der anderen, auf deren Schultern und Köpfen: 10 bis 15 Personen. Sie stellen den Wagen am steilen Meeresufer ab. Um diese Tageszeit herrscht hoher, ohrenbetäubender Wellengang. Sie öffnen die Fenster des Wagens. Sie atmen die Seeluft ein. Sie kühlen sich ab. Auf der anderen Seite des großen Wassers, das sie vor sich sehen, liegt ihr Land, das sie oft selber gar nicht mehr kennen – Indien.

Sie bleiben zehn, fünfzehn Minuten hier, vielleicht eine halbe Stunde. Dann fährt die Kolonne der überfüllten Wagen ab, und am Ufer wird es wieder leer.

Je weiter weg vom Meer, um so größer die Hitze, die Trockenheit, um so schlimmer der Staub. Dort, im Sand, auf dem nackten, unfruchtbaren Boden, stehen die Lehmhütten des afrikanischen Viertels. Die einzelnen Teile haben die Namen ehemaliger Sklavendörfer des Sultans von Sansibar – Kariakoo, Hala, Magomeni, Kinondoni. Die Namen sind verschieden, doch der Standard der Lehmhütten ist überall gleich erbärmlich, und das Leben ihrer Bewohner gleich elend, ohne jede Hoffnung auf Verbesserung.

Für die Menschen dieser Viertel besteht die Freiheit darin, daß sie jetzt frei durch die Hauptstraßen dieser hunderttausend Einwohner zählenden Stadt gehen und sich sogar in das Viertel der Weißen wagen dürfen. Das war eigentlich nie wirklich verboten, denn ein Afrikaner konnte sich dort immer zeigen, doch er mußte ein klares, konkretes Ziel haben: Er mußte zur Arbeit gehen oder von der Arbeit heimkehren. Das Auge des Polizisten unterschied mit Leichtigkeit den Gang eines Menschen, der zur Arbeit eilte, von einem, der verdächtig ziellos herumschlenderte. Jeder hatte hier, je nach Hautfarbe, die ihm zugeschriebene Rolle, den ihm angewiesenen Platz.

Die Autoren, die über die Apartheid schrieben, unterstrichen, daß dieses System in Südafrika erfunden wurde und in einem von weißen Rassisten beherrschten Land regierte. Doch nun konnte ich mich davon überzeugen, daß die Apartheid ein viel universellerer, allgemeinerer Begriff ist. Seine Kritiker sagten, dieses System sei von den vernagelten Buren eingeführt worden, um ungeteilt herrschen und die Schwarzen in Ghettos halten zu können, die dort Bantustans genannt werden. Die Ideologen der Apartheid setzten sich dagegen zur Wehr: Wir sind dafür, verkündeten sie, daß es allen Menschen immer besser geht und sie sich entwickeln können, doch alle sollten sich nach jeweiliger Hautfarbe und ethnischer Zugehörigkeit getrennt entwickeln. Natürlich war diese Idee ein Betrug, denn wer die Wirklichkeit kannte, wußte, daß sich hinter dieser Ermunterung, alle sollten sich gleichmäßig entwickeln, ein zutiefst ungerechter Zustand verbarg: Auf der einen Seite waren da die Weißen, die über die besten Böden, die Industrie und die reichen Viertel der Städte verfügten, und auf der anderen Seite die Schwarzen, die zusammengedrängt auf unfruchtbaren Flecken Landes, zur Hälfte Wüste, elend dahinvegetierten.

Die Idee der Apartheid war insoweit betrügerisch, daß manchmal sogar noch ihre größten Opfer in ihr gewisse Vorteile zu entdecken glaubten, eine Chance auf Unabhängigkeit, auf ein sicheres Leben unter ihresgleichen. Der Afrikaner konnte sich nämlich sagen: Nicht nur ich, der Schwarze, kann nicht zu dir, dem Weißen, gehen, auch du, der Weiße, bleibst besser meinem Viertel fern, wenn dir dein Leben lieb ist und du dich nicht bedroht fühlen willst.

In eine solche Stadt kam ich für ein paar Jahre als Korrespondent der Polnischen Presseagentur. Als ich durch ihre Straßen wanderte, wurde mir bald klar, daß ich ins Netz der Apartheid geraten war. Vor allem entstand für mich wieder das Problem der Hautfarbe. Ich bin ein Weißer. In Polen, in Europa, hatte ich nie darüber nachgedacht, das wäre mir nie in den Kopf gekommen. Hier, in Afrika, wurde das zur wichtigsten Determinante, und für einfache Menschen – zur einzigen. Ein Weißer. Ein Weißer, das heißt ein Kolonialist, Eroberer, Okkupant. Ich habe Afrika unterjocht, habe Tanganjika unterjocht, habe dem, der jetzt vor mir steht, nach dem Leben getrachtet, habe seine Vorfahren über die Klinge springen lassen. Ich habe ihn zum Waisen gemacht. Noch dazu zu einem unterdrückten, hilflosen Waisen. Ständig hungrig und krank. Ja, wenn er mich ansieht, muß er sich denken: Ein Weißer, derjenige, der mir alles genommen hat, der meinen Großvater mit dem Knüppel auf den Rücken geschlagen, meine Mutter vergewaltigt hat. Jetzt hast du ihn vor dir, schau ihn dir genau an!

Ich konnte für mich, mit meinem eigenen Gewissen, dieses Problem der Schuld nicht lösen. In ihren Augen war ich als Weißer schuldig. Sklaverei, Kolonialismus, fünfhundert Jahre Unrecht – das war schließlich alles das üble Werk der Weißen. Der Weißen? Also auch mein Werk. Meines? Ich war nicht imstande, in mir dieses reinigende, befreiende Gefühl wachzurufen: mich schuldig zu fühlen. Reue zu zeigen.

Mich zu entschuldigen. Im Gegenteil! Von Anfang an versuchte ich zum Gegenangriff überzugehen: Ihr habt unter dem Kolonialismus gelitten? Wir Polen auch! Hundertdreißig Jahre lang waren wir eine Kolonie von drei fremden Mächten. Im übrigen ebenfalls von Weißen, so wie ihr. Sie lachten, tippten sich an die Stirn und gingen ihres Weges. Ich hatte sie wütend gemacht, weil sie den Verdacht hegten, ich wollte sie betrügen. Ich wußte, daß ich trotz meines inneren Wissens um meine Unschuld für sie schuldig war. Diese bloßfüßigen, hungrigen und analphabetischen Jungen genossen mir gegenüber einen ethischen Vorteil, den die Geschichte ihren Opfern verleiht. Sie, die Schwarzen, hatten keinen unterjocht, keinen okkupiert, keinen in Sklaverei gehalten. Sie konnten mich mit einem Gefühl der Überlegenheit mustern. Sie waren schwarz, aber rein. Ich stand schwach vor ihnen, hatte dem nichts entgegenzusetzen.

Überall fühlte ich mich elend. Die weiße Hautfarbe ist zwar privilegiert, gleichzeitig hielt sie mich jedoch im Käfig der Apartheid gefangen. In diesem Fall zwar in einem goldenen Käfig, aber immer noch einem Käfig – der Oyster Bay. Ein herrliches Viertel. Schön, voller Blumen und – langweilig. Selbstverständlich konnte man hier unter Kokospalmen wandeln, die üppigen Bougainvilleen bewundern, die eleganten, delikaten Thunbergien, die von dichten Wasserpflanzen überwucherten Felsen. Aber was sonst noch? Was außerdem? Die Bewohner des Viertels waren Kolonialbeamte, die nur daran dachten, bis zum Auslaufen ihres Vertrags auszuharren, als Erinnerungsstück eine Krokodilhaut oder das Horn eines Nashorns zu kaufen und wegzufahren. Ihre Frauen unterhielten sich entweder über die Gesundheit der Kinder oder über eine kommende oder vergangene Party. Ich aber sollte jeden Tag Meldungen schicken! Worüber? Woher das Material nehmen? Hier erschien eine einzige kleine Zeitung – *Tanganyika Standard.* Ich besuchte die Redaktion, doch die Leute, die ich dort antraf, waren ebenfalls Engländer aus der Oyster Bay. Und sie waren schon dabei, ihre Sachen zu packen.

Ich machte mich auf ins indische Viertel. Doch was sollte ich dort tun? Wohin gehen? Mit wem reden? Im übrigen herrscht hier eine entsetzliche Hitze und man kann nicht lange herumlaufen: man bekommt kaum Luft, die Beine versagen den Dienst, das Hemd ist völlig durchnäßt. Eigentlich hat man nach einer Stunde dieses Herumlaufens alles gründlich satt. Man hat nur mehr einen einzigen Wunsch: sich irgendwo hinzusetzen, unbedingt in den Schatten zu setzen, am besten direkt unter einen Ventilator. In solchen Augenblicken denkt man: Wissen die Bewohner des Nordens, was für eine Kostbarkeit dieser graue, leinfarbene, ständig bedeckte Himmel ist, der einen riesigen, unübertrefflichen Vorteil besitzt – es gibt in ihm keine Sonne?

Mein wichtigstes Ziel waren natürlich die afrikanischen Vorstädte. Ich hatte mir irgendwelche Namen notiert. Ich hatte die Adresse des Lokals der regierenden Partei – TANU (Tanganyika African National Union). Doch ich konnte es nicht finden. Alle Straßen sind gleich, Sand bis über die Knöchel, die Kinder lassen einen nicht durch, sie umringen einen fröhlich, voll drängender Neugierde – ein Weißer ist in diesen für Fremde unzugänglichen Winkeln immer noch eine Sensation und ein Schauspiel. Mit jedem Schritt verliert man an Selbstsicherheit. Lange spüre ich, wie mir die aufmerksamen Blicke der Männer folgen, die vor den Hütten sitzen. Die Frauen schauen nicht, sie wenden die Köpfe ab: Sie sind Mohammedanerinnen, in die schwarze, lose übergeworfene Tracht gekleidet, die Bou-Bou heißt und sorgfältig den ganzen Körper und einen Teil des Gesichts verhüllt. Das Paradoxe an der Situation war, daß ich, selbst wenn ich einem einheimischen Afrikaner begegnet wäre, mit dem ich mich länger unterhalten wollte, gar nicht gewußt hätte, wohin ich mit ihm gehen sollte. Die besseren Restaurants waren für Europäer reserviert – die schlechten für Afrikaner. Die einen saßen nicht mit den anderen zusammen, das war nicht üblich. Jeder fühlte sich unbehaglich, wenn er sich an einem Ort befand, der nicht den Regeln der Apartheid entsprach.

Da ich nun schon einen starken Geländewagen besaß, konnte ich durch die Gegend fahren. Es gab auch einen Anlaß dazu: Anfang Oktober sollte das an Tanganjika grenzende Land – Uganda – die Unabhängigkeit erhalten. Die Welle der Unabhängigkeit spülte über den ganzen Kontinent: In einem einzigen Jahr – 1960 – hatten 17 Länder in Afrika ihren Status der Kolonie verloren. Und dieser Prozeß ging, wenn auch etwas verlangsamt, weiter.

Von Daressalam bis zur Hauptstadt Ugandas, Kampala, wo die Unabhängigkeitsfeiern stattfinden sollten, sind es drei Tage Fahrt, wenn man vom Morgengrauen bis in die Nacht mit Höchstgeschwindigkeit dahinprescht. Die Hälfte des Weges ist Asphalt, der Rest sind mit Laterit bedeckte Naturstraßen, die man die afrikanischen Reibeisen nennt, weil sie eine geriffelte Oberfläche besitzen, über die man nur mit hoher Geschwindigkeit jagen kann, auf der Spitze der Rippen, wie das im Film »Lohn der Angst« gezeigt wird.

Mit mir fuhr ein Grieche namens Leo, ein bißchen Makler, ein bißchen Korrespondent verschiedener Zeitungen in Athen. Wir nahmen vier Ersatzreifen mit, zwei Fässer Benzin, ein Faß Wasser, Proviant. Wir fuhren im Morgengrauen los und hielten uns nach Norden, wobei wir zu unserer Rechten den von der Straße aus nicht sichtbaren Indischen Ozean hatten, und zur Linken zuerst das Nguru-Massiv und dann die ganze Zeit die Massai-Steppe. Auf beiden Seiten der Straße war es grün, ohne Unterbrechung. Hohes Gras, dichte, krause Büsche, die ausladenden Schirme der Bäume. Und so weiter bis zum Kilimandscharo und den an seinem Fuß liegenden Städtchen Moshi und Arusha. In Arusha bogen wir nach Westen, in Richtung Viktoriasee. Nach zweihundert Kilometern begannen die Probleme. Wir kamen in die riesige Ebene der Serengeti, die größte Ansammlung wilder Tiere auf Erden. Überall, wohin man schaut, riesige Herden von Zebras, Antilopen, Büffeln, Giraffen. Alles das äst, hopst herum, galoppiert. Und direkt neben der Straße reglose Löwen, etwas weiter – eine Herde Elefanten, und noch weiter, am Horizont, ein in großen Sprüngen dahinjagender Leopard. Das alles ist wirklich unglaublich. Als würde man die Geburt der Welt miterleben, diesen speziellen Moment, da es schon die Erde und den Himmel gibt, das Wasser, die Pflanzen und die wilden Tiere, aber noch nicht Adam und Eva. Man hat hier, an diesem Ort, also die eben geschaffene Welt vor sich, eine Welt ohne Menschen und daher auch ohne Sünde, und das ist wirklich ein großartiges Erlebnis.

DAS HERZ DER KOBRA. Aus diesem Gefühl der Begeisterung und Ekstase führten uns die Realien und Geheimnisse unseres Weges rasch wieder auf den Boden der Tatsachen zurück. Die erste und wichtigste Frage lautete: Wohin sollen wir fahren? Denn kaum waren wir in der großen Ebene, als sich unser bisher breiter Weg plötzlich gabelte, in mehrere ganz identisch aussehende Feldwege auseinanderlief, die allerdings in völlig unterschiedliche Richtungen führten. Und nirgends ein Wegweiser, eine Aufschrift, ein Pfeil. Eine Ebene, glatt wie ein Tisch, bewachsen von hohem Gras, ohne Berge und Flüsse, ohne natürliche Orientierungspunkte und Zeichen, nur von diesem nicht enden wollenden, immer schwerer lesbaren, verwirrenderen, geheimnisvolleren Netz von Wegen überzogen.

Nicht einmal Kreuzungen gab es, nur alle paar Kilometer, und manchmal sogar alle paar hundert Meter, tauchten Sterne, Knäuel und Knoten auf, von denen gleich aussehende Abzweigungen chaotisch in die verschiedensten Richtungen liefen.

Ich fragte den Griechen, was wir machen sollten, doch er schaute sich nur unsicher um und wiederholte, statt einer Antwort, meine Frage. Lange Zeit fuhren wir einfach blind drauflos, immer den Weg wählend, der uns nach Westen zu führen schien (also zum Viktoriasee), doch kaum waren wir ein paar Kilometer weit gefahren, als die von uns gewählte Abzweigung plötzlich, ohne ersichtlichen Grund, in eine ganz andere Richtung bog. Ich hatte völlig die Orientierung verloren und hielt den Wagen an, um zu überlegen, in welche Richtung wir uns wenden sollten – zu allem Überfluß besaßen wir weder eine genaue Karte noch zumindest einen Kompaß.

Wenig später tauchte noch eine weitere Schwierigkeit auf, denn es wurde Mittag, die Zeit der schlimmsten Hitze, in der die Welt in absoluter Reglosigkeit und Stille erstarrt. Um diese Zeit suchen die Tiere im Schatten der Bäume Zuflucht. Doch eine Büffelherde kann nirgends Zuflucht finden. Die Tiere sind zu groß, sind zu zahlreich. Eine einzige Herde kann tausend Stück umfassen. Eine solche Herde bleibt in den Stunden der größten Hitze einfach bewegungslos stehen, wie leblos. Und so bleibt sie zum Beispiel mitten auf dem

Weg stehen, den wir entlangkommen. Wir kommen näher: Vor uns stehend tausend dunkle, granitene, machtvoll in der Erde verwurzelte, versteinerte Figuren.

In einer solchen Herde wohnt eine ungeheure, mächtige und, wenn sie irgendwo in unserer direkten Nähe explodiert, tödliche Kraft. Es ist die Kraft einer Berglawine, nur daß diese hier von schäumendem Blut entfesselt, losgejagt, angetrieben wird. Bernhard Grzimek hat beschrieben, wie er von einem kleinen Flugzeug aus monatelang in der Serengeti das Verhalten der Büffel studierte. Ein einzelner Büffel reagierte überhaupt nicht auf das Brummen des im Sturzflug niedergehenden Flugzeugs: Er graste ungestört weiter. Anders war es, wenn Grzimek über eine große Herde flog. Es genügte, daß sich in ihr ein Überempfindlicher befand, ein Hysteriker, eine Mimose, die, durch das Motorengeräusch aufgeschreckt, losstürmte, floh. Sofort wurde die ganze Herde von Panik erfaßt und raste verängstigt auf und davon.

Und jetzt steht vor mir genau so eine Herde. Was tun? Anhalten und stehenbleiben? Aber wie lange stehenbleiben? Umkehren? Dafür ist es bereits zu spät: Ich habe Angst, umzukehren, weil sie uns verfolgen könnten. Das sind höllisch schnelle, leicht in Rage zu bringende, ausdauernde Tiere. Ich bekreuzige mich und fahre langsam, ganz langsam, im ersten Gang, mit schleifender Kupplung, in die Herde hinein. Sie ist groß und reicht fast bis zum Horizont. Ich beobachte die Büffel, die ganz vorne sind. Diejenigen, die im Weg des Wagens stehen, weichen träge zurück, um ihn durchzulassen. Wobei sie nicht einen Zentimeter mehr Platz machen, als unbedingt nötig ist – der Landrover scheuert unablässig an ihren Flanken entlang. Ich bin völlig durchnäßt. Es ist so, als würde man über eine verminte Straße fahren. Aus dem Augenwinkel werfe ich Leo einen Blick zu. Er hält die Augen geschlossen. Meter um Meter, Meter um Meter. Die ganze Herde steht stumm da. Reglos. Hunderte Paare hervorquellender Augen in massiven Leibern. Die Augen sind feucht, stumpf, ohne Ausdruck. Das Abenteuer der Durchfahrt scheint nicht enden zu wollen, doch schließlich haben wir das sichere Ufer erreicht – wir haben die Herde hinter uns gelassen, der kräftige dunkle Fleck vor dem Hintergrund der grünen Oberfläche der Serengeti wird kleiner und kleiner.

Je mehr Zeit verging, je weiter wir fuhren, in immer neuen Schleifen nach dem richtigen Weg suchend, um so unruhiger wurde ich. Seit dem Morgen waren wir keinem Menschen mehr begegnet. Wir waren auch auf keine Straße und schon gar nicht auf einen Wegweiser gestoßen. Die Hitze war entsetzlich, wurde von Minute zu Minute schlimmer, als würde der Weg, als würden vielleicht sogar alle möglichen Wege geradewegs in die Sonne hinein führen und wir uns unausweichlich dem Moment nähern, in dem wir als Opfer auf ihrem Altar verbrannten. Die erhitzte Luft begann zu zittern, sich zu kräuseln. Alles wurde flüssig, die Bilder bewegten sich und verschwammen wie auf einem unscharfen Film. Der Horizont entfernte sich und kam wieder näher, als unterläge er dem ozeanischen Gesetz von Ebbe und Flut. Die grauen, staubbedeckten Schirme der Akazien wogten rhythmisch und änderten ihre Positionen – es schien, als würden sie von irgendwelchen Narren hochgehalten, die hier herumwanderten, ohne zu wissen, wohin.

Doch am schlimmsten war, daß auch das ganze verwirrende Wegnetz zu zittern begann, das uns seit ein paar Stunden in seiner trügerischen, beängstigenden Gewalt gefangenhielt. Ich sah, wie dieses Netz, diese komplizierte Geometrie, die ich nicht entziffern konnte, obwohl sie ein festes, unbewegliches Element in dieser Savanne darstellte, nun ebenfalls zu schwanken und zu driften begann. Wohin driftete es? Wohin zog es uns, die wir uns in seinen Maschen verfangen hatten und darin zappelten? Wir waren irgendwohin unterwegs, Leo, der Wagen und ich, unsere Wege, die Savanne, die Büffel und die Sonne, in eine unbekannte, blendende, glühende Weite.

Plötzlich starb der Motor ab, und der Wagen blieb mit einem Ruck stehen. Als Leo sah, daß mit mir etwas nicht stimmte, hatte er den Zündschlüssel herumgedreht. »Gib her«, sagte er, »ich fahre weiter.« Wir fuhren, bis die Hitze nachließ und wir in der Ferne zwei afrikanische Hütten sahen. Als wir näher kamen, stellten wir fest, daß die Hütten, die weder Türen noch Fenster besaßen, leer waren. Im Inneren standen Pritschen. Diese Hütten gehörten vermutlich niemandem, sie sollten nur zufälligen Reisenden dienen.

Ich weiß nicht, wie ich auf die Pritsche gelangte. Ich war halb tot. Die Sonne rumorte in meinem Kopf. Um die

Schläfrigkeit zu überwinden, zündete ich eine Zigarette an. Sie schmeckte mir nicht. Ich wollte sie ausdrücken, und als ich instinktiv der Hand nachblickte, die sich dem Boden näherte, sah ich, daß ich die Zigarette auf dem Kopf einer unter der Pritsche liegenden Schlange ausdrücken wollte.

Ich erstarrte. Ich wurde so steif, daß ich die Hand mit der glühenden Zigarette, statt sie rasch zurückzuziehen, weiter über dem Kopf des Reptils hielt. Endlich wurde ich mir vollends meiner Situation bewußt: Ich war ein Gefangener einer tödlichen Schlange. Ich wußte nur eines: Ich durfte mich unter keinen Umständen bewegen. Sie würde sofort losschnellen und mich beißen. Es war eine ägyptische Kobra, graugelb, die in einer präzis gewickelten Spirale auf dem Lehmboden lag. Ihr Gift wirkt rasch tödlich, und in unserer Situation – ohne Medikamente, an einem Ort, von dem man bis zum nächsten Spital vielleicht einen ganzen Tag brauchte – war dieser Tod unausweichlich. Vielleicht befand sich die Kobra zu diesem Zeitpunkt in einem kataleptischen Zustand (angeblich ein für diese Reptilien typischer Zustand der Reglosigkeit und Lethargie), denn sie bewegte sich nicht und lag reglos da. Heiliger Himmel, dachte ich panisch, inzwischen hellwach, was soll ich tun?

»Leo«, zischte ich laut, »Leo, eine Schlange!« Leo war im Wagen, er holte gerade das Gepäck heraus. Wir sprachen zunächst kein Wort, weil wir nicht wußten, wie wir vorgehen sollten, dabei hatten wir keine Zeit zu verlieren, wenn die Schlange nämlich aus ihrer Erstarrung erwachte, würde sie unverzüglich angreifen. Da wir keine Waffe besaßen, keine Machete, nichts, hielten wir es für das Beste, daß Leo aus dem Wagen einen Kanister holte, mit dem wir versuchen wollten, die Schlage zu zerquetschen. Dieser Plan war riskant, doch überrumpelt von der unerwarteten Situation, waren wir unfähig, uns etwas anderes auszudenken. Und irgend etwas mußten wir schließlich tun. Unsere Tatenlosigkeit hätte nur der Kobra die Initiative überlassen.

Wir führten Kanister von der englischen Armee mit, groß, mit deutlich vorstehenden Kanten. Leo, ein kräftig gebauter Mann, nahm einen Kanister und schlich damit in die Hütte. Er packte den Kanister am Griff, hob ihn hoch und wartete. Er stand da, berechnete, nahm Maß, zielte. Ich lag währenddessen reglos auf der Pritsche, angespannt, bereit. In der nächsten Sekunde stürzte sich Leo, den Kanister vor den Körper haltend, mit seinem ganzen Gewicht auf die Schlange. Und im selben Moment drückte ich meinen Kollegen mit meinem eigenen Körper zu Boden. Wir wußten, daß diese Sekunden über Leben und Tod entschieden. Doch in Wirklichkeit dachten wir erst später darüber nach, weil sich im selben Moment, da der Kanister, Leo und ich die Schlange unter uns begruben, das Innere der Hütte in die reine Hölle verwandelte.

Ich hätte nie geglaubt, daß in so einer Kreatur so viel Kraft stecken könnte. So viel schreckliche, monströse, kosmische Kraft. Ich war überzeugt, die Kante des Kanisters würde die Schlange mit Leichtigkeit zerquetschen, doch das war keineswegs der Fall! Mir wurde sofort klar, daß das da unter uns keine Schlange war, sondern eine in Vibrationen, in Schwingungen versetzte stählerne Feder, die nichts zerbrechen oder zerdrücken konnte. Die Kobra warf sich hin und her und peitschte den Boden mit solch einer entfesselten Wut und Furie, daß sich das Innere der Lehmhütte vom Staub verfinsterte. Sie schlug ihren Schwanz mit solcher Energie und Kraft gegen den Lehmboden, daß dieser splitterte und hochspritzte, bis uns dichte Staubwolken alle Sicht nahmen. Für einen Augenblick dachte ich schon voll Entsetzen, wir würden es nicht schaffen, das Reptil würde uns entgleiten und, verletzt und rasend vor Schmerzen, uns beide beißen. Ich drückte meinen Kollegen noch kraftvoller zu Boden. Leo begann zu stöhnen, weil er mit dem Brustkorb auf dem Kanister lag und keine Luft mehr bekam.

Schließlich, doch das dauerte lang, eine ganze Ewigkeit lang, verloren die Schläge der Kobra an Kraft, wurden seltener. »Schau, Blut!« ächzte Leo. Und wirklich, in einer Ritze im Boden, der jetzt aussah, als hätte man hier Tongeschirr zerdeppert, sickerte ein schmaler Faden Blut. Die Kobra wurde schwächer, auch das Vibrieren des Kanisters wurde schwächer, das wir die ganze Zeit über verspürten, ein Vibrieren, mit dem sie uns ihren Schmerz und ihren Haß mitteilte und das uns mit Angst und Panik erfüllte. Doch jetzt, als alles vorbei war, als Leo und ich uns erhoben, als sich der Staub in der Lehmhütte zu setzen begann und ich wieder auf dieses jetzt schon rascher fließende Bächlein Blut starrte, verspürte ich keine Zufriedenheit, keine Freude, sondern nur Leere, ja sogar so etwas wie Trauer, daß dieses Herz, das am Grund der Hölle lag, in der wir uns durch einen seltsamen Zufall alle noch vor wenigen Momenten befunden hatten, aufgehört hatte zu schlagen.

Am nächsten Morgen trafen wir auf eine breite, rostrote Lateritpiste, die in weitem Bogen um den Viktoriasee lief. Auf dieser Piste gelangten wir nach ein paar hundert Kilometern Fahrt durch das grüne, üppige, fruchtbare Afrika an die Grenze von Uganda. Eigentlich gab es gar keine Grenze. Neben der Straße stand eine leere Hütte, an deren Tür ein Schild mit der Aufschrift »Uganda« befestigt war. Die Hütte war leer und versperrt. Grenzen, um die Blut vergossen wurde, sollten erst später entstehen.

Wir fuhren weiter. Es war bereits Nacht. Alles, was man in Europa Dämmerung und Abend nennt, dauert hier nur wenige Minuten, existiert eigentlich gar nicht. Eben noch ist es Tag, und im nächsten Moment schon Nacht, als hätte jemand mit einer Schalterdrehung plötzlich den Dynamo der Sonne abgestellt. Die Nacht ist tatsächlich sofort rabenschwarz. In einem Moment sind wir in ihrem finstersten Inneren. Wenn uns die Nacht überrascht, während wir durch den Busch gehen, müssen wir augenblicklich stehenbleiben. Man sieht nichts mehr, es ist, als hätte einem jemand unvermutet einen Sack über den Kopf gestülpt. Man verliert jede Orientierung und weiß nicht, wo man sich befindet. In einer solchen Dunkelheit unterhalten sich die Menschen miteinander, ohne daß einer den anderen sieht. Einer will den anderen rufen, dabei steht der direkt neben ihm. Die Dunkelheit trennt die Menschen, und verstärkt dadurch nur um so mehr den Wunsch nach Beisammensein, in der Gruppe zu sein, in der Gemeinschaft.

Die ersten Stunden der Nacht sind die geselligste Zeit in Afrika. Keiner will da allein sein. Allein sein? Das ist ein Unglück, ein Fluch! Auch die Kinder gehen hier nicht früher schlafen. Wir alle begeben uns gemeinsam ins Land der Träume – die ganze Familie, der Klan, der Stamm.

Wir fuhren durch ein Uganda, das bereits schlief, hinter dem Vorhang der Nacht verborgen. Irgendwo in der Nähe mußte der Viktoriasee sein, irgendwo die Königreiche Ankole und Toro, die Weiden von Mubende, die Murchison-Fälle. Alles das in der Tiefe einer Nacht, so schwarz wie Ruß. Einer Nacht voller Stille. Die Scheinwerfer des Wagens schnitten tief in die Dunkelheit, in ihrem Schein taumelten entfesselte Schwärme von Fliegen, Bremsen und Moskitos, die wie aus dem Nichts auftauchten, den Bruchteil einer Sekunde lang vor unseren Augen die Rolle ihres Lebens – den rasenden Tanz der Insekten – vorführten, um schließlich, erbarmungslos vom Kühler des dahinjagenden Wagens zerquetscht, den Tod zu finden.

Nur hin und wieder tauchte aus dieser einförmigen schwarzen Masse eine helle Oase, eine kirtagsbunte Bude, die schon aus der Ferne blinkte: der Laden eines Inders, Duka genannt. Über die Türme von Zwiebäcken, Teepäckchen, Zigaretten- und Zündholzschachteln, Sardinendosen und Seifen ragte, beleuchtet vom Schein der Glimmlampen und Petroleumfunzeln, der Kopf des Besitzers – ein reglos dasitzender Inder, der geduldig und hoffnungsvoll auf verspätete Kundschaft wartete. Der Schein dieser Läden, die wie auf Bestellung aufblitzten und dann gleich wieder verloschen, leuchtete uns, wie einsame Laternen an einer leeren Straße, den Weg nach Kampala.

Kampala bereitete sich auf den Festtag vor. In wenigen Tagen – am 9. Oktober – sollte Uganda seine Unabhängigkeit erhalten. Komplizierte Verhandlungen und Lizitationen dauerten bis zum letzten Augenblick.

Alles in der Innenpolitik Afrikas und seiner einzelnen Staaten ist vertrackt und schwer durchschaubar. Das kommt vor allem daher, daß die europäischen Kolonialisten, als sie Afrika unter sich aufteilten, ungefähr zehntausend kleine Königreiche, Föderationen und nicht staatliche, aber doch selbständige Stammesverbände, die in der zweiten Hälfte des neunzehnten Jahrhunderts auf diesem Kontinent existierten, in die Grenzen von knapp vierzig Kolonien preßten. Dabei hatten viele dieser Königreiche und Stammesverbände eine lange Geschichte gegenseitiger Konflikte und Kriege hinter sich. Und plötzlich fanden sie sich, ohne daß sie gefragt worden wären, innerhalb der Grenzen ein und derselben Kolonie wieder, regiert von derselben (im übrigen fremden) Macht, denselben Gesetzen.

Doch nun hatte die Epoche der Entkolonialisierung begonnen. Die alten zwischenethnischen Beziehungen, die von den fremden Mächten bloß eingefroren oder ganz einfach ignoriert worden waren, lebten plötzlich wieder auf, wurden wieder aktuell. Da bot sich die Chance der Befreiung, aber einer Befreiung unter der Bedingung, daß die gestrigen Gegner und Feinde gemeinsam einen Staat bildeten, dem sie einig dienten, wirtschaftlich, patriotisch, militärisch. Die ehemaligen kolonialen Metropolen und die Führer der afrikanischen Befreiungsbewegungen gingen von dem Prinzip aus, daß Kolonien, in denen blutige interne Konflikte ausbrachen, keine Unabhängigkeit erhalten sollten. Der Prozeß der Entkolonialisierung sollte – wie das genannt wurde – mittels konstitutioneller Methoden herbeigeführt werden, am runden Tisch, ohne große politische Dramen, unter Wahrung des wichtigsten Grundsatzes: daß nämlich der Umlauf von Ressourcen und Waren zwischen Afrika und Europa ohne vermeidbare Komplikationen weiterging.

Die Situation, in der dieser Sprung ins Königreich der Freiheit erfolgen sollte, stellte viele Afrikaner vor eine schwierige Entscheidung. Er löste einen Konflikt zweier Erinnerungen, zweier Loyalitäten aus, die einen schmerzlichen, schwer zu entscheidenden Kampf miteinander ausfochten. Auf der einen Seite war da die tief wurzelnde Erinnerung an die Geschichte des eigenen Klans und Volkes, das Wissen um Bündnisse, die man in Zeiten der Not gefunden hatte, und um Feinde, denen man mit Haß begegnen mußte, und auf der anderen Seite ging es darum, sich in die Familie der modernen Gesellschaften einzugliedern – und eine Bedingung dafür war die Absage an ethnischen Egoismus und blinden Haß.

Genau dieses Problem existierte auch in Uganda. In den gegenwärtigen Grenzen war es ein junges Land, gerade ein paar Jahrzehnte alt. Doch dieses Territorium umfaßte vier alte Königreiche: Ankole, Buganda, Bunyoro und Toro. Die Geschichte ihrer gegenseitigen Auseinandersetzungen und Konflikte war genauso bewegt und reich wie die Geschichte der Kämpfe zwischen Kelten und Sachsen oder Ghibellinen und Guelfen.

Das stärkste dieser Königreiche war Buganda, dessen Hauptstadt Mengo eines der Viertel von Kampala bildete. Mengo ist gleichzeitig der Name eines Hügels, auf dem ein Königspalast steht. Kampala ist eine Stadt von ungewöhnlicher Schönheit, voller Blumen, Palmen, Mangobäume und Poinsettien, und liegt auf sieben sanften, grünen Hügeln, von denen einige direkt zum See hin abfallen.

Früher einmal wurden auf diesen Hügeln nacheinander die Königspaläste errichtet: Wenn ein König starb, blieb der leere Palast stehen, und auf dem nächsten Hügel wurde ein neuer Palast gebaut. Es ging darum, daß man den Verstorbenen nicht daran hindern wollte, weiterhin seine Herrschaft auszuüben, die er nach wie vor innehatte, wenn auch im Jenseits. Auf diese Weise lag die Macht in Händen der gesamten Herrscherdynastie – der jeweilige König war nur ihr ausübender, einstweiliger Vertreter.

Im Jahre 1960, zwei Jahre vor der Befreiung, gründeten Leute, die sich nicht als Untertanen von König Buganda betrachteten, die Partei UPC (Uganda People's Congress), die auch die ersten Wahlen gewann. An ihrer Spitze stand der junge Beamte Milton Obote; ihn hatte ich noch in Daressalam kennengelernt.

Die Journalisten, die in Kampala erwartet wurden, sollten in Baracken des in einiger Entfernung außerhalb der Stadt liegenden alten Spitals wohnen (das neue – ein Geschenk von Königin Elizabeth – wartete gerade auf seine Eröffnung). Wir kamen als erste an, die Baracken, weiß und sauber, standen noch leer. Im Hauptgebäude vorn bekam ich den Schlüssel zu meinem Zimmer. Leo fuhr nach Norden weiter, um die Murchison-Fälle zu sehen. Ich beneidete ihn darum, doch ich mußte bleiben, um Material für meine Reportage zu sammeln. Ich fand meine Baracke, die ein wenig abseits stand, tief in üppigen Zimtstauden und Tamarinden versteckt. Die Tür zu meinem Zimmer lag am Ende eines langen Ganges. Ich trat ein, stellte den Koffer und die Tasche hin und schloß die Tür. Im selben Moment sah ich, wie das Bett, das dort stand, der Tisch und der Schrank in die Höhe schwebten und oben, unter der Decke, immer rascher zu kreisen begannen.

Ich verlor das Bewußtsein.

Im Inneren des Eisbergs. Als ich die Augen öffnete, sah ich einen weißen, großen Bildschirm, und auf seinem hellen Hintergrund das Gesicht eines schwarzen Mädchens. Ihre Augen musterten mich für einen Moment aufmerksam, dann verschwanden sie zugleich mit dem Gesicht. Nach einiger Zeit erschien der Kopf eines Inders auf dem Bildschirm. Er mußte sich über mich gebeugt haben, weil ich das Gesicht plötzlich in Großaufnahme sah, gleichsam mehrfach vergrößert.

»Gott sei Dank, du lebst«, hörte ich. »Aber du bist krank. Du hast Malaria. *Malaria cerebralis.*«

Ich kam sofort zu mir und wollte mich sogar aufsetzen, doch ich spürte, daß ich keine Kraft besaß, daß ich völlig kraftlos dalag. Malaria cerebralis ist der Schrecken des tropischen Afrika. Früher einmal ging sie in jedem Fall tödlich aus. Aber auch heute noch ist sie gefährlich und oft genug tödlich. Auf der Fahrt hierher waren wir bei Arusha an einem Friedhof ihrer Opfer vorbeigekommen, den Spuren einer Epidemie, die vor ein paar Jahren hier durchgezogen war.

Ich versuchte mich umzusehen. Der weiße Bildschirm über mir war die Decke des Zimmers, in dem ich lag. Ich war im eben erst eröffneten Mulago Hospital als einer seiner ersten Patienten. Das Mädchen war eine Krankenschwester und hieß Dora, und der Inder war Arzt, Doktor Patel. Sie sagten mir, ich sei am Vortag von einer Ambulanz eingeliefert worden, die Leo gerufen hatte. Leo war nach Norden gefahren, hatte die Murchison-Fälle besichtigt und war nach drei Tagen nach Kampala zurückgekehrt. Er kam in mein Zimmer und fand mich dort bewußtlos liegend. Er lief zur Portiersloge, um Hilfe zu rufen, aber das war gerade an dem Tag, da die Unabhängigkeit Ugandas ausgerufen wurde, weshalb die ganze Stadt tanzte, sang und in Bier und Palmwein schwamm. Leo war ratlos und wußte nicht, was er tun sollte. Schließlich fuhr er selber zum Spital und holte die Ambulanz. Und so lag ich hier, in einem Einzelzimmer, alles war ruhig, wohlgeordnet, alles roch frisch, sauber und nach Ordnung.

Das erste Signal eines bevorstehenden Malariaanfalles ist eine innere Unruhe, die uns plötzlich und ohne ersichtlichen Grund befällt. Etwas ist mit uns geschehen, etwas Schlimmes.

Wenn wir an Geister glauben, wissen wir, was das ist: Ein böser Dämon ist in uns gefahren, weil jemand einen Zauber gegen uns gesprochen hat. Dieser Dämon hat uns überwältigt und gefesselt. Wenig später überkommt uns dann auch schon eine Stumpfheit, Lähmung, Trägheit. Gleichzeitig geht uns alles auf die Nerven. Vor allem das Licht stört uns, das Licht hassen wir. Und die anderen Menschen stören uns – ihre lauten Stimmen, ihr abstoßender Geruch, ihre rauhe Berührung.

Doch wir haben nicht viel Zeit für unseren Abscheu und Ekel. Denn wenig später, manchmal ganz plötzlich, ohne jede Vorwarnung, packt uns der Anfall. Es ist eine plötzliche, gewaltsame Attacke von Kälte. Subpolarer, arktischer Kälte. Da hat uns jemand, nackt und eben noch in der Hölle des Sahels oder der Sahara schmorend, gepackt und mit einemmal in die eisigen Höhen Grönlands und Spitzbergens geschleudert, mitten in den Schnee hinein, in Eisstürme und Wächten. Was für ein Schlag! Was für ein Schock! Blitzschnell überfällt uns entsetzliche, durchdringende, höllische Kälte. Wir beginnen zu zittern, zu beben, zu bibbern. Doch wir spüren gleich, daß dieses Zittern nicht von der Art ist, wie wir es aus früheren Erfahrungen kennen, aus Zeiten, als wir im winterlichen Frost froren, sondern daß es sich dabei um Zuckungen und Konvulsionen handelt, die uns so gründlich durchschütteln, daß sie uns im nächsten Moment in Stücke reißen werden. Und um uns irgendwie davor zu bewahren, beginnen wir um Hilfe zu rufen.

Was verschafft uns in einem solchen Augenblick die größte Erleichterung? Es gibt eigentlich nur eines, was uns auf der Stelle helfen kann: Jemand muß uns zudecken. Aber nicht so, daß er einfach einen Kotzen, eine Satteldecke oder ein Plaid über uns breitet. Es handelt sich darum, daß uns dieses Material, mit dem wir zugedeckt werden, mit seinem ganzen Gewicht niederdrücken soll, daß es uns in eine Preßform einschließt, uns zermalmt. Ja, genau davon träumen wir in diesem Moment: daß wir zermalmt werden. Wir wünschen uns nichts sehnlicher, als daß uns eine Straßenwalze überrollt!

Einst erlitt ich in einem armen Dorf, wo es keine wärmenden Decken gab, einen starken Malariaanfall. Die Bauern packten mich schließlich unter den Deckel einer Kiste und blieben geduldig so lange darauf sitzen, bis mein ärgster Schüttelfrost vorüber war. Am ärmsten sind Menschen, die einen Anfall von Malaria erleben, aber nichts haben, um sich zuzudecken. Wir sehen sie oft am Wegrand, im Busch oder in den Lehmhütten halb ohnmächtig auf dem nackten Boden liegen, in Schweiß gebadet, wie von Sinnen, während ihre Körper von den rhythmischen Wellen der Malariakrämpfe geschüttelt werden. Doch selbst wenn wir uns in ein Dutzend Decken, Jacken und Mäntel hüllen, klappern wir immer noch mit den Zähnen und stöhnen vor Schmerzen, weil wir spüren, daß diese Kälte nicht von außen kommt – draußen hat es eine Hitze von vierzig Grad! – sondern daß wir sie in unserem Inneren haben, daß dieses Grönland und Spitzbergen in uns selber sitzt, daß alle diese Eisschollen, Eistafeln und Eisberge durch unseren Körper driften, durch unsere Adern, Muskeln und Knochen. Dieser Gedanke würde uns vielleicht mit Furcht erfüllen, wenn wir uns dazu aufraffen könnten, überhaupt noch etwas zu fühlen. Doch dieser Gedanke kommt uns in einem Moment, da der Höhepunkt des Anfalls nach vielen Stunden langsam abflaut und wir kraftlos in einen Zustand der äußersten Erschöpfung und Ohnmacht versinken.

Ein Malariaanfall bedeutet nicht nur Schmerzen, sondern er ist, wie jeder Schmerz, auch ein mystisches Erlebnis. Wir betreten eine Welt, von der wir noch vor einem Moment nichts wußten, dabei stellt sich jetzt heraus, daß sie gleich neben uns existierte, bis sie uns schließlich übermannte und wir zu einem Teil ihrer selbst wurden: Wir entdecken in unserem Inneren eisige Täler, Spalten und Abgründe, deren Existenz uns mit Leid und Schrecken erfüllt. Doch dieser Moment der Erkenntnis geht vorüber, die Dämonen verlassen uns, machen sich wieder davon und verschwinden, was aber zurückbleibt, unter diesem Gebirge der seltsamsten Entdeckungen, ist wirklich erbarmungswürdig.

Ein Mensch unmittelbar nach einem starken Malariaanfall ist ein körperliches Wrack. Er liegt in einer Pfütze von Schweiß, immer noch fiebernd, kann weder Arme noch Beine rühren. Alles tut ihm weh, er verspürt ein Schwindelgefühl und Übelkeit. Er ist erschöpft, schwach und schlaff.

Wenn man so einen Menschen auf Händen trägt, hat man den Eindruck, er besäße keine Knochen oder Muskeln. Und es vergehen viele Tage, ehe er wieder auf die Beine kommt.

Jahr für Jahr leiden in Afrika viele Millionen Menschen an Malaria, und dort, wo sie am häufigsten vorkommt – in niedrig gelegenen, feuchten Gebieten, in Sumpfregionen – stirbt jedes dritte Kind daran. Es gibt verschiedene Arten von Malaria, manche, die harmloseren, macht man wie eine Grippe durch. Aber sogar diese zerstören jeden, der ihnen zum Opfer fällt. Zum einen, weil einem in diesem mörderischen Klima noch das kleinste Unwohlsein schwer zu schaffen macht, und zum anderen, weil die Afrikaner oft schlecht ernährt und geschwächt sind und dauernd Hunger leiden. Es geschieht oft, daß wir hier Menschen begegnen, die schläfrig wirken, apathisch, wie betäubt. Sie sitzen oder liegen stundenlang an Straßen und Wegen herum, ohne etwas zu tun. Wir sprechen sie an, doch sie hören uns nicht, wir schauen sie an, doch wir haben den Eindruck, daß sie uns nicht sehen. Wir wissen nicht, ob sie uns einfach nicht beachten, ob sie Faulpelze und Nichtstuer sind, die nur herumlungern, oder ob sie gerade ein Anfall von Malaria gepackt hat und fertigmacht. Wir wissen nicht, was wir davon halten sollen, was wir tun sollen.

Ich lag zwei Wochen im Mulago Spital. Die Anfälle wiederholten sich, aber immer weniger intensiv und quälend. Ich wurde punktiert und erhielt eine Menge Spritzen. Täglich kam Doktor Patel, untersuchte mich und sagte, wenn ich wieder gesund sei, würde er mich seiner Familie vorstellen. Er kam aus einer reichen Familie, die in Kampala und in der Provinz eine Reihe großer Geschäfte besaß. Sie hatte es sich erlauben können, ihn zum Studium nach England zu schikken, wo er in London das Medizinstudium abschloß. Auf welche Weise seine Vorfahren nach Uganda gekommen waren? Sein Großvater wurde gegen Ende des neunzehnten Jahrhunderts zusammen mit Tausenden anderen jungen Indern von den Engländern nach Ostafrika gebracht, damit sie die Eisenbahnlinie von Mombasa nach Kampala bauten.

Das war eine neue Etappe in der kolonialen Expansion – man drang in die Tiefe des Kontinents vor, eroberte und unterjochte die Gebiete in seinem Inneren. Wenn man eine alte Landkarte von Afrika betrachtet, fällt einem sofort eines ins Auge – es sind Dutzende, ja Hunderte Namen von Häfen und anderen Städten und Siedlungen entlang der Küsten verzeichnet, während der Rest, der riesige, unermeßliche Rest, also 99 Prozent der Fläche dieses Erdteils, ein fast unberührter, nur wenig gekennzeichneter weißer Fleck ist.

Die Europäer blieben an den Küsten, in ihren Hafenstädten, ihren Schenken und Schiffen, und wagten sich nur ungern und sporadisch ins Innere vor. Es fehlte nämlich an Wegen, und sie hatten Angst vor feindseligen Völkern und tropischen Krankheiten wie Malaria, Schlafkrankheit, Gelbfieber und Lepra. Und obwohl sie über vierhundert Jahre an den Küsten hockten, ließen sie sich immer noch von einem Geist des Provisoriums leiten, von einem engstirnigen Denken, ausgerichtet allein auf rasche Gewinne und leichte Eroberungen. Das hatte zur Folge, daß ihre Häfen nur so etwas wie Saugnäpfe am Organismus von Afrika darstellten, Orte zum Abtransport von Sklaven, Gold und Elfenbein. Daher erinnerten auch viele europäische Siedlungen an die Elendsviertel des alten Liverpool oder Lissabon. In Luanda, das zu Portugal gehörte, bauten die Portugiesen in vierhundert Jahren keine Trinkbrunnen und sorgten nicht dafür, die Straßen mit Laternen zu beleuchten.

Der Bau der Eisenbahnlinie nach Kampala war schon ein Symbol für ein neues, wirtschaftlicheres Denken in den kolonialen Metropolen. Vor allem in London und Paris. Jetzt, da Afrika bereits unter den europäischen Staaten aufgeteilt war, konnten diese in Ruhe in die Gebiete ihrer Kolonien investieren, deren reiche und fruchtbare Böden saftige Gewinne aus den Kaffee-, Tee-, Baumwoll- und Ananasplantagen, oder, anderswo, aus den Diamanten-, Gold- und Kupferminen versprachen. Es fehlte jedoch an Transportmitteln. Die früheren Methoden, wonach Träger alles auf dem Kopf schleppten, reichten nicht mehr aus. Es mußten Straßen, Eisenbahnlinien, Brücken gebaut werden. Ja, doch wer sollte diese Arbeiten durchführen? Weiße Arbeiter holte man nicht: Der Weiße war der Herr, er durfte keine körperliche Arbeit verrichten. Anfangs kamen auch keine afrikanischen Arbeiter in Frage: Es gab sie einfach nicht. Die einheimische Bevölkerung konnte nicht zur Lohnarbeit angehalten werden, weil sie den Begriff des Geldes noch nicht kannte (der Handel, den man in diesen Regionen jahrhundertelang betrieben hatte, war ein Tauschhandel gewesen, so wurde für Sklaven mit Feuerwaffen, Salzbrocken oder Kattun bezahlt).

Mit der Zeit führten die Engländer ein System der Zwangsarbeit ein: Ein Stammeshäuptling mußte so und so viele Leute zur unentgeltlichen Arbeit stellen. Diese wurden in Lagern untergebracht. Die Gebiete, in denen sich auf der Landkarte Afrikas dichtere Konzentrationen solcher Gulags befanden, waren Hinweise darauf, daß sich der Kolonialismus dort endgültig festgesetzt hatte. Doch bevor das der Fall war, mußte man provisorische Lösungen finden. Eine bestand darin, billige Arbeitskräfte aus anderen britischen Kolonien – zum Beispiel aus Indien – nach Afrika zu bringen. Auf diesem Weg kam der Großvater von Doktor Patel zuerst nach Kenia und dann nach Uganda, wo er sich endgültig niederließ.

Während einer seiner Visiten erzählte mir der Doktor, daß die Inder, nachdem sich der Bau der Eisenbahnlinie immer weiter von der Küste des Indischen Ozeans entfernt hatte und in den weiten, dichten Busch vorgedrungen war, von einem Schrecken heimgesucht wurden: Sie wurden häufig von Löwen überfallen.

Ein Löwe im besten Alter kann der Jagd nach Menschen nicht viel abgewinnen. Er hat seine Jagdgewohnheiten, seine bevorzugten Leckerbissen und kulinarischen Vorlieben. Am meisten schätzt er das Fleisch von Antilopen und Zebras. Auch Giraffen frißt er gern, obwohl es ihm nicht leichtfällt, diese zu jagen, weil sie so hoch und groß sind. Er ist auch kein Verächter von Rindfleisch, weshalb die Hirten ihre Herden über Nacht in Einzäunungen sperren, die sie aus Büschen mit dornigen Zweigen errichten. So eine Einzäunung – sie nennen diese Goma – ist nicht immer ein ausreichendes Hindernis, weil der Löwe ein ausgezeichneter Springer ist und über diese Goma setzen oder auch unter einem solchen Verhau durchkriechen kann.

Der Löwe jagt nachts, für gewöhnlich im Rudel, wobei er sich anschleicht oder im Hinterhalt lauert. Unmittelbar vor der Jagd werden innerhalb des Rudels die Rollen verteilt. Ein

Teil betätigt sich als Treiber und jagt die auserkorenen Opfer in die Fänge der Jäger. Am aktivsten sind die Löwinnen, diese greifen am häufigsten an. Die Männchen sind die ersten beim Schmaus: Sie schlürfen das frischeste Blut, fressen die leckersten Bissen, holen sich das fette Knochenmark.

Die Löwen verbringen den Tag mit dem Verdauen. Sie liegen träg im Schatten von Akazien. Wenn man sie nicht reizt, greifen sie nicht an. Sogar wenn wir uns ihnen nähern, stehen sie auf und trollen sich davon. Doch das ist ein riskantes Manöver, denn so ein Raubtier ist im Bruchteil einer Sekunde zum Sprung bereit. Einmal platzte uns auf dem Weg durch die Serengeti ein Reifen. Instinktiv sprang ich aus dem Wagen, um ihn zu wechseln, doch im selben Moment sah ich, daß ringsum im hohen Gras, um den blutigen Kadaver einer Antilope, einige Löwinnen lagen. Sie betrachteten uns, ohne sich jedoch zu rühren. Leo und ich saßen in unseren Wagen gesperrt, warteten ab und überlegten, was sie machen würden. Nach einer Viertelstunde erhoben sie sich, fahlgelb, stattlich und schön, und trotteten in aller Ruhe durch den Busch davon.

Wenn Löwen zur Jagd aufbrechen, künden sie das durch lautes Brüllen an, das über die ganze Savanne tönt. Diese Stimme versetzt die Tiere in Angst und Panik. Nur die Elefanten lassen sich von diesem Kriegsgetöse keinen Schrecken einjagen: Die Elefanten haben vor niemandem Angst. Die übrigen Tiere machen sich aus dem Staub, wenn ihnen das gelingt, oder sie bleiben wie gelähmt vor Furcht stehen und warten, bis der Räuber aus der Dunkelheit auftaucht und ihnen den tödlichen Schlag versetzt.

Ungefähr zwanzig Jahre lang ist der Löwe ein geschickter und gefährlicher Jäger. Dann wird er alt. Seine Muskeln werden schwächer, seine Geschwindigkeit läßt nach, seine Sprünge werden immer kürzer. Es fällt ihm schwer, die flüchtige Antilope, das flinke und wachsame Zebra einzuholen. Er bleibt hungrig und wird für sein Rudel zu einer Last. Das ist ein gefährlicher Moment für ihn – das Rudel toleriert keine Schwachen und Kranken, er kann also selber zum Opfer werden. Er muß immer öfter fürchten, daß die Jungen ihn totbeißen. Nach und nach löst er sich vom Rudel, bleibt hinten, bis er am Ende allein zurückbleibt. Der Hunger quält ihn, doch er ist nicht mehr imstande, sich Tiere zu erjagen. Und dann bleibt ihm nur mehr eines: die Jagd auf den Menschen. So ein Löwe, den man hier allgemein Menschenfresser (*man-eater*) nennt, wird zum Schrecken der einheimischen Bevölkerung. Er lauert an Flüssen, zu denen die Frauen gehen, um dort ihre Wäsche zu waschen, an Pfaden, auf denen die Kinder zur Schule laufen (denn wenn er hungrig ist, jagt er auch am Tag). Die Menschen haben Angst, ihre Lehmhütten zu verlassen, aber sogar dort greift er sie an. Er ist unerschrocken, erbarmungslos und immer noch stark.

Solche Löwen, fuhr Doktor Patel fort, begannen auch über die Inder herzufallen, als diese die Eisenbahnlinie nach Kampala bauten. Die Inder wohnten in Zelten aus Leinwand, und die Raubtiere hatten keine Mühe, die Planen zu zerfetzen und aus der Schar der Schläfer immer neue Opfer fortzuschleppen. Keiner schützte diese Menschen, und sie besaßen auch keine Feuerwaffen. Im übrigen ist man beim Kampf gegen den Löwen in der afrikanischen Dunkelheit ohne Chance. Der Großvater des Doktors und seine Genossen hörten in den Nächten die Schreie der zerfleischten Opfer, weil die Löwen furchtlos gleich neben den Zelten ihren Hunger stillten, um dann, vollgefressen, wieder in der Dunkelheit zu verschwinden.

Der Doktor fand immer Zeit für mich und unterhielt sich gern mit mir, um so mehr, als ich noch ein paar Tage nach dem Anfall nicht lesen konnte, weil der Druck vor meinen Augen verschwamm, die Buchstaben tanzten hin und her, als würden sie von unsichtbaren Wellen hochgehoben und gewiegt. Einmal fragte er mich: »Hast du schon viele Elefanten gesehen?« »Ach, Hunderte!« antwortete ich. »Weißt du«, sagte er, »als vor langer Zeit die Portugiesen hierherkamen und damit begannen, Elfenbein aufzukaufen, fiel ihnen bald auf, daß die Afrikaner eigentlich nicht viel Elfenbein besaßen. Warum? Die Stoßzähne sind doch aus sehr widerstandsfähigem und dauerhaftem Material, wenn sie es daher schon nicht fertigbrachten, lebende Elefanten zu jagen – im allgemeinen machten sie das, indem sie die Tiere in Fallgruben trieben –, dann könnten sie doch die Stoßzähne der Elefanten nehmen, die gestorben sind und tot herumliegen. Sie machten ihren afrikanischen Mittelsleuten diesen Vorschlag. Doch die Antwort, die sie zu hören bekamen, verblüffte sie: Es gibt keine toten Elefanten, keine Elefantenfriedhöfe. Die Portugiesen begannen sich für dieses Rätsel zu interessieren. Wie kommen Elefanten um? Wo liegen ihre Gebeine? Wo sind ihre Friedhöfe? Es ging um Stoßzähne, um Elfenbein, um viel Geld, das dafür bezahlt wurde.«

Wie die Elefanten sterben, war ein Geheimnis, das die Afrikaner lange vor den Weißen verborgen hielten. Der Elefant ist ein heiliges Tier, und daher ist auch sein Tod heilig. Und alles, was heilig ist, wird von einem undurchdringlichen Geheimnis umgeben. Die größte Bewunderung weckte immer die Tatsache, daß der Elefant in der Tierwelt keine Feinde besitzt. Keiner konnte ihn besiegen. Er konnte (früher) nur eines natürlichen Todes sterben. Der Tod erfolgte im Morgengrauen, wenn die Elefanten zur Tränke gingen. Sie standen am Ufer eines Sees oder Flusses, jeder streckte weit den Rüssel aus und trank. Doch es kam eine Zeit, da ein alter, müder Elefant seinen Rüssel nicht mehr heben konnte, weshalb er immer weiter in den See hinauswaten mußte, um zu trinken. Seine Beine versanken tiefer und tiefer im Schlamm. Der See zog ihn in seine abgründige Tiefe. Eine Zeitlang setzte er sich zur Wehr, kämpfte und versuchte, sich aus dem Schlamm zu befreien und ans Ufer zurückzukommen, doch seine eigene Masse war zu groß und die Saugkraft des Grundes so lähmend, daß das Tier schließlich das Gleichgewicht verlor, umstürzte und für immer im Wasser verschwand.

»Genau dort«, beendete Doktor Patel seine Erzählung, »auf dem Grund unserer Seen, liegen die ewigen Friedhöfe der Elefanten.«

DOKTOR DOYLE. Meine Wohnung in Daressalam besteht aus zwei Zimmern, Küche und Badezimmer im ersten Stock eines Hauses, das in der Nähe der Ocean Road unter Kokospalmen und üppigen, gefiederten Bananenpalmen liegt. In einem Zimmer gibt es einen Tisch und ein paar Sessel, im zweiten ein Bett, über das ein Moskitonetz gespannt ist: dessen feierliche Anwesenheit – denn es erinnert in seinem

Aussehen an eine weiße, durchsichtige Hochzeitsschleppe – soll eher den Bewohner bei Laune halten, als daß es wirklich die Moskitos abschreckt: Ein Moskito schlüpft überall durch. Die kleinen, lästigen Aggressoren scheinen am Abend jedesmal einen Kriegsplan auszuhecken, wie sie ihr Opfer fertigmachen können, denn wenn sie zum Beispiel zehn an der Zahl sind, dann greifen nie alle auf einmal an – was uns ermöglichen würde, sie alle mit einem Schlag zu erledigen und für den Rest der Nacht unsere Ruhe zu haben –, sondern sie gehen einzeln vor: Zuerst startet quasi ein Kundschafter mit einer Aufklärungsmission, während die übrigen offenbar zuschauen, was weiter passiert. Dieser eine, wunderbar ausgeruht nach einem durchschlafenen Tag, macht uns nun mit seinem verrückten Gesumse rasend, bis wir schließlich, schlaftrunken und wütend, auf die Jagd nach ihm gehen, den Angreifer erschlagen und uns schon wieder niederlegen wollen, in der Überzeugung, daß wir nun endlich schlafen können, doch kaum haben wir das Licht gelöscht, da beginnt schon der nächste Moskito seine Kreise, Spiralen und Schleifen zu ziehen.

Nach langen, viele Jahre (oder eher Nächte) dauernden Beobachtungen der Moskitos kam ich zum Schluß, daß in diesen Geschöpfen ein tief wurzelnder selbstmörderischer Instinkt sitzen muß, ein unbezähmbarer Trieb der Selbstzerstörung, der bewirkt, daß sie keineswegs, den Tod ihrer Vorgängerin (denn es sind die Weibchen, die uns attackieren und mit Malaria infizieren) vor Augen, von ihrem Vorhaben ablassen und die Sache aufgeben, nein, ganz im Gegenteil, dieser Tod scheint sie sogar anzustacheln, so daß sie sich in verzweifelter Entschlossenheit, eine nach der anderen, ins sichere und rasche Verderben stürzen.

Wann immer ich von einer langen Reise in meine Wohnung zurückkehre, bringe ich größte Verwirrung und Ungemach in das Leben, das ich hier antreffe. Denn die Wohnung ist während meiner Abwesenheit keineswegs leer. Kaum habe ich nämlich die Tür hinter mir geschlossen, nimmt schon eine ganze Welt unzähliger flinker und vorwitziger Insekten die Wohnung in Besitz. Aus Spalten in Fußböden und Wänden, aus Rahmen und Ecken, unter Leisten und Fensterbrettern hervor kommen ganze Armeen von Ameisen und Hundertfüßlern, Spinnen und Käfern gekrochen und Wolken von Fliegen und Motten geflattert, die Räume füllen sich mit den verschiedensten Winzlingen, die ich weder zu beschreiben noch zu benennen vermag, und das alles regt seine Flügel, malmt mit den Kauwerkzeugen und bewegt trippelnd die Beinchen. Die größte Bewunderung rang mir stets eine gewisse Unterart der roten Ameisen ab, deren Vertreter unvermutet wie aus dem Nichts auftauchten, in ideal ausgerichteten Reihen und perfektem Gleichschritt zu einem Schrank marschierten, alles auffraßen, was sie dort an Süßem fanden, worauf sie die Futterstelle verließen und in ebenso mustergültiger Ordnung wie zuvor wieder spurlos verschwanden, keiner wußte, wohin.

So war es auch diesmal, als ich aus Kampala zurückkehrte. Bei meinem Anblick machte sich ein Teil der Gesellschaft ohne lange zu überlegen und zu zögern davon, während die anderen eher unwillig und ungehalten das Feld räumten. Ich trank etwas Saft, schaute meine Briefe und Zeitungen durch und legte mich schlafen. Am Morgen konnte ich mich nur mit Mühe erheben – ich fühlte mich völlig kraftlos. Noch dazu hatten wir die Trockenzeit, das heißt die Zeit der schlimmsten, mörderischsten Hitze, die schon am Morgen einsetzt. Ich überwand meine Schwäche, schrieb ein paar Depeschen über die Situation in Uganda in den ersten Wochen der Unabhängigkeit und trug sie zum Postamt. Der Beamte, der sie entgegennahm, notierte in einem Heft Datum und Stunde. Dann wurden sie per Fernschreiben an unser Büro nach London geschickt und von dort weiter nach Warschau, so kam das am billigsten. Mich verblüffte jedesmal die Geschicklichkeit der hiesigen Mädchen an den Fernschreibern, die einen polnischen Text auf den Lochstreifen schrieben, ohne einen Fehler zu machen. Ich fragte sie einmal, wie das möglich sei? Weil man uns beigebracht hat, nicht die Worte oder Sätze abzuschreiben, sondern Buchstabe um Buchstabe, antworteten sie. Daher ist es für uns ganz egal, in welcher Sprache die Depesche verfaßt ist, was uns betrifft, schicken wir nicht den Sinn, sondern nur Zeichen.

Obwohl schon einige Zeit verstrichen war, seit ich Kampala verlassen hatte, ging es mir nicht besser, sondern immer schlechter. Das sind die Reste der Malaria, suchte ich mich zu beruhigen, und dazu kommt noch die unerträgliche Temperatur der Trockenzeit. Und obwohl ich in meinem Inneren eine mir bis dahin unbekannte intensive Wärme verspürte, dachte ich nur, das sei die äußerliche Hitze, die in mich hineinkroch und von dort auf meinen Organismus ausstrahlte. Ich war ständig schweißgebadet, aber auch die anderen Menschen kamen ganz naß daher – der Schweiß bewahrte die Menschen davor, auf dem feurigen Scheiterhaufen des Sommers zu verglühen.

So vegetierte ich einen Monat elend und apathisch dahin, als ich eines Nachts erwachte, weil ich spürte, daß mein Kissen feucht war. Ich machte Licht und erstarrte: Das Kissen war blutig. Ich lief ins Badezimmer und schaute in den Spiegel: Mein ganzes Gesicht war blutverschmiert. Im Mund spürte ich etwas Klebriges, einen salzigen Geschmack. Ich wusch mich, konnte jedoch bis zum Morgen nicht mehr einschlafen.

Ich erinnerte mich, daß in einem der Häuser an der Hauptstraße, der Independence Avenue, eine Tafel mit dem Namen eines Arztes hing – John Laird. Dort ging ich hin. Der Arzt, ein großer, hagerer Engländer, lief geschäftig durch ein Zimmer, das mit Kisten und Paketen vollgeräumt war. In zwei Tagen wollte er nach Europa zurückkehren, doch er gab mir Name und Adresse eines Kollegen, bei dem ich mich melden sollte. Nicht weit von hier, neben dem Bahnhof, dort würde ich ihn antreffen. Der Kollege heiße Ian Doyle und sei Ire, fügte er hinzu (als wäre in der Medizin, zumindest in diesem Land, weniger die Spezialisierung als die Nationalität von Bedeutung).

Die Klinik war in einer alten Baracke untergebracht, die den Deutschen zur Zeit, als Tanganjika ihre Kolonie war, als Kaserne gedient hatte. Vor dem Gebäude lagerte eine apathische Menge von Afrikanern, die vermutlich an allen nur erdenklichen Krankheiten litten. Ich drängte mich durch und fragte drinnen nach Doktor Doyle. Ich wurde von einem müden, erschöpften Mann mittleren Alters empfangen, der vom ersten Moment an große Herzlichkeit und Wärme bewies. Allein seine Anwesenheit, sein Lachen, seine Freundlichkeit wirkten auf mich wie Balsam. Er sagte, ich sollte am

Nachmittag zum Ocean Road Hospital kommen, weil es nur dort einen Röntgenapparat gebe.

Ich wußte, daß es schlecht um mich stand, doch ich machte für alles die Malaria verantwortlich. Und ich wünschte mir sehnlichst, daß der Arzt meine Diagnose bestätigte. Als wir die Abteilung verließen, in der sich der Röntgenapparat befand – Doyle hatte mich selber durchleuchtet –, legte er mir den Arm um die Schulter und führte mich auf einen sanften Hügel mit hohen Palmen. Hier war es angenehm, denn die Palmen spendeten Schatten und vom Ozean her wehte eine leichte Brise.

»Ja«, sagte Doyle schließlich und drückte leicht meine Schulter, »es ist eindeutig Tuberkulose.«

Und er verstummte.

Meine Beine gaben unter mir nach und wurden auf einmal so schwer, daß ich sie nicht mehr heben konnte. Wir blieben stehen.

»Wir stecken dich ins Spital«, sagte er.

»Ich kann nicht ins Spital gehen«, erwiderte ich. »Ich habe kein Geld.« (Ein einmonatiger Aufenthalt im Spital kostete mehr als mein vierteljährliches Gehalt betrug.)

»Dann mußt du in dein Land zurückkehren«, sagte er.

»Ich kann nicht in die Heimat zurückkehren«, erwiderte ich. Ich spürte, wie das Fieber an mir zehrte, ich war durstig und fühlte mich schwach.

Ich entschloß mich auf der Stelle, ihm alles zu sagen. Dieser Mensch hatte von Anfang an mein Vertrauen geweckt, und ich war überzeugt, daß er mich verstehen würde. Ich sagte, dieser Aufenthalt in Afrika stelle für mich eine einmalige Chance dar. So etwas habe es in meinem Land noch nie gegeben: Wir hätten noch nie einen ständigen Korrespondenten in Schwarzafrika gehabt. Das sei nur den unermüdlichen Bemühungen meiner Redaktion zu verdanken, doch diese sei arm, in unserem Land werde jeder Dollar mit Gold aufgewogen. Wenn ich die Leute in Warschau von meiner Krankheit benachrichtigte, sähen sich die außerstande, für meinen Spitalaufenthalt aufzukommen, weshalb sie mich auffordern würden, nach Hause zu kommen, und ich könnte nie mehr hierher zurückkehren. Damit hätte sich der Traum meines Lebens, nämlich in Afrika zu arbeiten, ein für allemal zerschlagen.

Der Arzt hörte sich das alles schweigend an. Wir spazierten immer noch unter den Palmen, zwischen Büschen und Blumen, in der ganzen Schönheit der Tropen, die mir aber jetzt wie eine von meiner Niederlage und Verzweiflung vergiftete Schönheit erschien.

Das Schweigen dauerte lange. Doyle wälzte einen Gedanken hin und her, bis er schließlich sagte:

»Eigentlich gibt es nur einen Ausweg. Du warst am Morgen in der städtischen Klinik. Dort werden die armen Afrikaner behandelt, weil die Behandlung kostenlos ist. Die Bedingungen dort sind leider ziemlich betrüblich. Ich selber komme nur selten hin, weil ich der einzige Lungenspezialist in diesem ganzen riesigen Land bin, in dem die Tuberkulose eine weit verbreitete Krankheit ist. Dein Fall ist ziemlich typisch: Eine starke Malaria schwächt den Organismus dermaßen, daß der Mensch dann leicht eine andere Krankheit einfängt, häufig ist das gerade Tuberkulose. Ab morgen setze ich dich auf die Liste der Patienten der Klinik. Ich stelle dich dem Personal vor. Du mußt jeden Tag hingehen, um eine Injektion zu bekommen. Wir wollen es versuchen, wir werden ja sehen.«

Doktor Doyles Personal bestand aus zwei Personen, die in Wahrheit alles machten: Sie räumten auf, gaben Injektionen, vor allem aber lenkten sie den Strom der Kranken, die einen ließen sie ein, die anderen jagten sie, aus unerfindlichen Gründen, noch an der Schwelle der Baracke davon (ein Verdacht von Korruption war auszuschließen, weil hier keiner Geld besaß).

Der Ältere und Dicke hieß Edu, der Jüngere, Kleinere und Muskulöse – Abdullahi. In vielen afrikanischen Gesellschaften gibt man einem Kind einen Namen in Verbindung mit irgendeinem Ereignis, das am Tag seiner Geburt geschah. Edu war die Abkürzung für *education*, weil an dem Tag, da Edu geboren wurde, in seinem Dorf die erste Schule eröffnet worden war.

Daher war dort, wo sich Christentum oder Islam noch nicht endgültig durchgesetzt haben, die Vielfalt an Namen unermeßlich. Darin kam die Poesie der Erwachsenen zum Ausdruck, die ihren Kindern Namen verliehen wie etwa Frischer Morgen (wenn es im Morgengrauen geboren wurde), oder Akazienschatten (wenn es unter einer Akazie zur Welt kam). In Gesellschaften, die keine Schrift kennen, werden mit Hilfe von Namen bedeutende Ereignisse aus der früheren oder aktuellen Geschichte aufgezeichnet. Wenn das Kind zur selben Zeit geboren wurde, als Tanganjika die Unabhängigkeit erlangte, wurde es Unabhängigkeit genannt (in Kiswahili: Uhuru). Wenn die Eltern begeisterte Anhänger von Nyerere waren, konnten sie das Kind Nyerere nennen.

Auf diese Weise war seit Jahrhunderten eine nicht geschriebene, sondern gesprochene Geschichte entstanden, mit einem besonders starken, weil sehr persönlichen Grad der Identifizierung: Die Identifizierung mit meiner eigenen Gesellschaft bringe ich dadurch zum Ausdruck, daß der Name, den ich trage, den Ruhm von jemandem verkündet, der im Gedächtnis meines Volkes bewahrt wird.

Die Einführung des Christentums und des Islams reduzierte diese blühende Welt der Poesie und Geschichte auf ein paar Dutzend Namen aus Bibel und Koran. Seither gibt es nur mehr Namen wie James und Patrick oder Ahmed und Ibrahim.

Edu und Abdullahi waren wirklich wunderbare Menschen. Wir schlossen rasch Freundschaft. Ich bemühte mich, den Eindruck zu erwecken, daß mein Leben in ihren Händen lag (was ja auch tatsächlich der Fall war), und sie nahmen sich das sehr zu Herzen. Sie ließen alles liegen und stehen, wenn ich Hilfe brauchte. Ich kam jeden Tag um vier Uhr nachmittags zu ihnen, wenn die mittägliche Hitze nachließ, die Klinik schon geschlossen war und die beiden die alten Holzböden fegten, wobei sie unglaubliche Staubfahnen hochwirbelten. Alles weitere erfolgte genau so, wie Doktor Doyle es angeordnet hatte. In einem Glasschrank in seinem Zimmer stand eine riesige Blechdose (eine Spende des Dänischen Roten Kreuzes), in der sich graue, große Tabletten eines Medikaments namens PAS befanden. Von denen nahm ich 24 täglich. Während ich sie in meine Tasche abzählte, holte Edu aus dem Kocher eine massive, metallene Spritze, setzte die Nadel auf und zog zwei Zentimeter Streptomyzin aus der

Flasche. Dann machte er eine weit ausholende Bewegung, als wollte er einen Speer werfen, und jagte mir die Nadel hinein. Ich machte jedesmal – das hatte sich im Verlauf der Zeit schon zum Ritual entwickelt – einen Luftsprung und quiekte laut, worauf Edu und Abduhalli, der das alles mit ansah, in brüllendes Gelächter ausbrachen.

Es gibt nichts, was die Menschen in Afrika so miteinander verbindet wie die Tatsache, daß sie gemeinsam über etwas lachen können, was wirklich umwerfend komisch ist, wie zum Beispiel ein Weißer, der wegen einer Lappalie wie einer Injektion einen Luftsprung vollführt. Daher teilte ich später auch diese Freude mit ihnen und hielt mir, obwohl ich mich vor Schmerzen krümmte, weil mir Edu die Nadel mit so entsetzlicher Wucht in den Körper rammte, gemeinsam mit ihnen vor Lachen die Seite.

In dieser verrückten, paranoiden Welt rassischer Ungleichheit, in der die Hautfarbe (oder auch nur deren Schattierungen) alles entscheidet, verschaffte mir meine Krankheit, obwohl ich sie körperlich so schlecht ertrug, unverhofft einen Vorteil: dadurch, daß sie mich so schwach und leidend machte, setzte sie meinen prestigeträchtigen Status als Weißer, der höher steht, herab und gab den Schwarzen die Chance, sich mir ebenbürtig zu fühlen. Nun konnten sie mit mir per du sein, denn ich war immer noch ein Weißer, aber ein reduzierter Weißer, ein Ausschußweißer, ein mit Fehlern behafteter Weißer. In meiner Beziehung zu Edu und Abdullahi kam jene Herzlichkeit zum Ausdruck, die nur unter Gleichen möglich ist. Sie wäre völlig undenkbar gewesen, wenn ich ihnen als starker, gesunder, herrischer Europäer gegenübergetreten wäre.

Vor allem luden sie mich nun zu sich nach Hause ein. Ich wurde mit der Zeit zu einem ständigen Besucher der afrikanischen Viertel der Stadt und lernte deren Leben besser kennen als je zuvor. In der afrikanischen Tradition genießt der Gast die höchste Achtung. Das Sprichwort »Gast im Haus heißt Gott im Haus«, wird hier wirklich wörtlich verstanden. Die Gastgeber treffen sorgfältige Vorkehrungen für einen solchen Anlaß. Sie räumen auf und bereiten die besten Speisen zu. Ich spreche hier vom Haus eines Menschen wie Edu, eines Aufwärters in der städtischen Klinik. Als ich ihn kennenlernte, war sein Status ziemlich gut. Gut, weil Edu eine ständige Arbeit hatte, und solche Menschen gibt es nicht viele. Die meisten Menschen in der Stadt arbeiten nur von Zeit zu Zeit, eher selten, über lange Zeiträume hinweg haben sie überhaupt keine Beschäftigung. Das größte Rätsel der afrikanischen Städte besteht tatsächlich darin, wovon diese vielen Menschen leben. Wovon und wie? Denn sie sind ja nicht gekommen, weil die Stadt sie braucht, sondern weil die Armut sie aus ihrem Dorf vertrieb. Die Armut, der Hunger, ihre hoffnungslose Existenz. Sie sind also Flüchtlinge, die Rettung und Heil suchen, Ausgestoßene des Schicksals, Vertriebene. Wenn wir eine Gruppe von Menschen beobachten, die aus einer von Dürre und Hunger heimgesuchten Gegend endlich an die Grenze der Stadt gelangen, können wir in ihren Augen Furcht und Panik erkennen. Hier, zwischen diesen Slums und Lehmhütten, müssen sie nun ihr Eldorado finden. Was sollen sie jetzt tun? Wie werden sie das anstellen?

Nehmen wir Edu und ein paar Cousins seines Klans. Sie gehören dem im Landesinneren lebenden Stamm der Sangu an. Früher arbeiteten sie im Dorf, doch ihre Böden wurden unfruchtbar, daher sind sie vor ein paar Jahren nach Daressalam gezogen. Ihr erster Schritt: Sie machten sich auf, andere Sangus zu suchen. Oder Mitglieder anderer Stämme, mit denen die Sangus Freundschaft verbindet. Ein Afrikaner kennt ganz genau diese Geographie von Freundschaften und Haßgefühlen zwischen den Stämmen, die ebenso lebendig sind wie jene, die es heute noch auf dem Balkan gibt.

Nach einigem Suchen kommen sie schließlich zum Haus eines ihrer Landsleute. Das Viertel heißt Kariakoo und ist ziemlich planmäßig angeordnet. Gerade verlaufende Sandstraßen, die Gebäude monoton und schematisch: Hier dominiert das sogenannte *Swahili house*, eine Art sowjetisches Gemeinschaftshaus. In einem ebenerdigen Gebäude gibt es acht bis zwölf Zimmer, in denen jeweils eine Familie wohnt. Küche, Waschraum und Toilette sind gemeinsam. Die Enge ist unbeschreiblich, weil die Familien hier sehr kinderreich sind. Jedes Haus gleicht einem Kindergarten. Die ganze Familie schläft gemeinsam auf dem Lehmboden und deckt sich mit dünnen Raffiamatten zu.

Vor so einem Haus bleiben Edu und seine Genossen in einer gewissen Entfernung stehen, und Edu ruft: *»Hodi!«* In diesen Vierteln gibt es entweder überhaupt keine Türen, oder diese stehen die ganze Zeit offen, doch man darf nicht eintreten, ohne um Erlaubnis zu fragen, weshalb man schon aus einiger Entfernung *»Hodi!«* ruft, was soviel bedeutet wie die Frage: »Kann ich eintreten?« Wenn jemand zu Hause ist, antwortet er: *»Karibu!«* Das heißt: »Komm herein. Willkommen.« Und Edu tritt ein.

Dann beginnt eine lange Litanei ritueller Begrüßungen. Gleichzeitig ist das auch die Stunde, in der man einander abtastet. Denn beide Seiten sind bemüht festzustellen, welcher Verwandtschaftsgrad sie eigentlich miteinander verbindet. Gespannt und ernst treten sie nun in den dichten Wald der Stammbäume, aus denen sich jede Gemeinschaft eines Klans und eines Stammes zusammensetzt. Für einen Außenstehenden ist es unmöglich, sich darin zurechtzufinden, doch für Edu und seine Genossen ist das ein wichtiger Moment der Begegnung: Ein naher Cousin bedeutet viel Hilfe, ein entfernter schon bedeutend weniger. Aber auch in diesem zweiten Fall werden sie nicht mit leeren Händen weggeschickt. Mit Sicherheit finden sie hier ein Dach über dem Kopf. Auf dem Boden gibt es immer noch ein wenig Platz, denn obwohl es warm ist, ist es beinahe unmöglich, im Freien, im Hof zu schlafen – dort quälen einen noch mehr Moskitos, stechen einen noch mehr Spinnen, Laufkäfer und alle möglichen anderen tropischen Insekten.

Am nächsten Morgen beginnt für Edu sein erster Tag in der Stadt. Und obwohl er in dieser Umgebung neu ist, erregt er, wenn er durch die Straßen von Kariakoo geht, kein Erstaunen, stellt er keine Sensation dar. Wenn ich hingegen von Zeit zu Zeit in die weiter vom Zentrum entfernten, abgelegenen und selten besuchten Winkel dieses Viertels komme, laufen die kleinen Kinder in panischer Angst vor mir davon und verstecken sich irgendwo. Das hat seinen Grund, weil ihnen ihre Mütter, wenn sie schlimm sind, sagen: »Seid artig, sonst frißt euch der *msungu*!« (*Msungu* bedeutet in Kiswahili: ein Weißer, ein Europäer.)

Einmal erzählte ich in Warschau Kindern von Afrika. Im Verlauf dieser Begegnung stand ein kleiner Junge auf und fragte: »Haben Sie dort viele Menschenfresser gesehen?« Er wußte nicht, daß auch in Afrika, wenn jemand aus Europa zurückkommt und in Kariakoo von London, Paris und anderen von *msungus* bewohnten Städten erzählt, einer seiner afrikanischen Altersgenossen aufstehen und fragen kann: »Und hast du dort viele Menschenfresser gesehen?«

SANSIBAR. Ich fuhr nach Westen – von Nairobi nach Kampala. Es war ein früher Sonntagmorgen und die Straße, die durch welliges und hügeliges Land führte, war leer. Die Sonnenstrahlen erzeugten auf der Straße vor mir blitzende, zitternde Lichtseen. Wenn ich näher kam, verschwand das Licht, der Asphalt wurde für einen Moment grau, dann schwarz, doch gleich darauf blitzte der nächste See auf, und dann der nächste. Die Reise wurde zu einer Fahrt durch eine Welt glänzenden Wassers, das plötzlich aufblitzte und wieder erlosch, wie das Blinken von Spots in einer aus den Fugen geratenen Diskothek. Auf beiden Seiten der Straße wucherte üppiges Grün, Eukalyptuswälder, die weitläufigen Plantagen der »Tea and Bond Co.«, hier und da leuchteten zwischen Zypressen und Zedern die weißen Häuser englischer Farmer. Plötzlich sah ich in großer Entfernung, am Ende der Straße, eine gleißende Kugel, die mit rasender Geschwindigkeit größer wurde und auf mich zukam. Es gelang mir gerade noch, an den Straßenrand zu lenken, als auch schon eine Kolonne von Motorrädern und Autos an mir vorbeijagte, in ihrer Mitte ein schwarzer Mercedes, in dem Jomo Kenyatta saß. Kenyatta hielt sich nur selten im Gebäude des Premierministers in Nairobi auf, die meiste Zeit verbrachte er in Gatundu – seiner privaten Residenz 160 Kilometer von der Hauptstadt entfernt. Seine liebste Zerstreuung war es, Tanzgruppen der verschiedenen kenianischen Stämme zuzuschauen, die ihn aufsuchten, um ihrem Führer die Zeit zu vertreiben. Trotz allen Lärms, den Trommeln, Pfeifen und Schreie der Tanzenden verursachten, nickte Kenyatta bei diesen Gelegenheiten, auf einen Stock gestützt im Fauteuil sitzend, regelmäßig ein. Er erwachte erst wieder, wenn die Tänzer nach vollbrachter Vorführung auf Zehenspitzen hinausschlichen und Stille einzog.

Doch Kenyatta hier, jetzt? An einem Sonntagmorgen? Und seine Wagen rasen mit solcher Geschwindigkeit dahin? Da mußte etwas Außergewöhnliches geschehen sein!

Ohne lange zu überlegen, wendete ich und jagte hinter der Kolonne her. Nach einer Viertelstunde waren wir in der Stadt. Die Wagen fuhren zum Amtsgebäude des Ministerpräsidenten – ein neues, zwölfstöckiges Bauwerk am City Square im Zentrum Nairobis; doch Polizisten stellten sich mir in den Weg – ich mußte anhalten. Ich blieb allein zurück, auf der leeren Straße, es gab keinen, den ich hätte ausfragen können. Jedenfalls hatte es nicht den Anschein, als wäre in Nairobi selber etwas vorgefallen: Die Stadt war verschlafen, sonntäglich lethargisch, menschenleer.

Ich dachte, es wäre vielleicht eine gute Idee, bei Felix vorbeizuschauen – der könnte etwas wissen. Felix Naggar war Chef des Büros von Agence France Presse in Ostafrika. Er bewohnte eine Villa in Ridgeways – ein exklusives, äußerst elegantes Viertel von Nairobi. Felix war eine Institution. Er wußte alles, das Netz seiner Zuträger reichte von Mosambik bis zum Sudan, vom Kongo bis nach Madagaskar. Er selbst ging nur selten aus dem Haus. Entweder überwachte er seine Köche – er führte die beste Küche in ganz Afrika –, oder er saß im Speisezimmer vor dem Kamin und las Krimis. Ständig hatte er eine Zigarre im Mund. Die nahm er nie heraus, höchstens für einen Moment, um ein Stück gebratenen Hummer in den Mund zu stecken oder einen Löffel Pistaziensorbet zu probieren. Von Zeit zu Zeit läutete das Telefon. Naggar hob den Hörer ab, notierte etwas auf einem Zettel Papier und ging dann zum anderen Ende des Hauses, wo an Fernschreibern seine Helfer saßen (es waren die bestaussehenden jungen Inder, die er in Afrika auftreiben konnte). Er diktierte ihnen flüssig, in einem Atemzug und ohne jegliche Korrekturen den Text der Depesche. Und kehrte in die Küche zurück, um in den Töpfen zu rühren, oder vor den Kamin, um seinen Krimi weiterzulesen.

Auch jetzt traf ich ihn im Lehnstuhl sitzend an, wie immer mit einer Zigarre und einem Kriminalroman.

»Felix«, rief ich noch von der Schwelle aus. »Es ist irgend etwas passiert, Kenyatta ist gerade nach Nairobi zurückgekehrt!« Und ich erzählte ihm von der Regierungskolonne, der ich auf dem Weg nach Uganda begegnet war.

Naggar lief zum Telefon und begann nach allen Seiten zu telefonieren. Ich drehte in der Zwischenzeit sein Radio auf. Es war ein Zenith, ein Weltempfänger, ein phänomenales Gerät, von dem ich seit Jahren träumte. Der Apparat konnte ein paar hundert Stationen empfangen, sogar Funkstationen von Schiffen. Zuerst erwischte ich ein paar Übertragungen von Messen – Sonntagspredigten und Orgelmusik. Dann Werbung, Sendungen in unverständlichen Sprachen, die Rufe von Muezzins. Bis plötzlich, durch Krachen und Rauschen, eine kaum verständliche Stimme zu hören war: ».... die Tyrannei des Sultans von Sansibar ist ein für allemal beendet .... die Regime von Blutsaugern, die .... unterzeichnet, der Generalstab der Revolution, Feldmarschall ....«

Wieder Krachen und Rauschen, vereinzelte Worte, die immer leiser wurden, und dann die Rhythmen der hier so populären Gruppe Mount Kenya. Das war alles, doch nun wußten wir das Wichtigste – in Sansibar hatte es einen Umsturz gegeben! Es mußte in dieser Nacht geschehen sein. Das erklärte auch, warum Kenyatta in solcher Eile nach Nairobi zurückgekehrt war. Die Revolte konnte auf Kenya und ganz Ostafrika übergreifen. Sie konnte das Land in ein zweites Algerien, in einen zweiten Kongo verwandeln. Doch für uns, für Felix und mich, war in diesem Augenblick nur eines wichtig: Wir mußten nach Sansibar gelangen.

Wir begannen mit einem Anruf bei der East African Airways. Sie sagten, das nächste Flugzeug nach Sansibar fliege am nächsten Montag. Wir reservierten Plätze. Doch eine Stunde später riefen sie zurück und sagten, der Flughafen in Sansibar sei gesperrt, alle Flüge seien storniert worden. Was sollten wir jetzt machen, wie konnten wir nach Sansibar kommen? Es gab eine Maschine, die am Abend nach Daressalam flog. Von dort war es nicht mehr weit bis zur Insel – 40 Kilometer über den Ozean. Es gab keine andere Wahl, wir beschlossen, nach Dar zu fliegen und von dort irgendwie zur Insel überzusetzen. In der Zwischenzeit hatten sich in Felix' Haus die übrigen in Nairobi stationierten Korrespondenten versammelt. Wir waren insgesamt vierzig. Amerikaner, Engländer, Deutsche, Russen, Italiener. Alle wollten dieselbe Maschine nehmen.

In Daressalam quartierten wir uns im *Hotel Imperial* ein. Ein altes Hotel mit einer großen Veranda, von der aus man über die Bucht sieht. Im Wasser schaukelte die weiße Yacht des Sultans von Sansibar. Der junge Sultan Seyyid Jamshid bin Andulla bin Khalifa bin Harub bin Thwain bin Said war mit dieser Yacht geflohen und hatte seinen Palast, die Schatzkammer und seinen roten Rolls Royce zurückgelassen. Angehörige der Besatzung der Yacht berichteten uns von einem gigantischen Massaker auf der Insel. Überall lägen Tote. Blut fließe in Strömen durch die Straßen. Der Mob plündere, vergewaltige die Frauen, stecke die Häuser an. Keiner könne sich retten.

Einstweilen war Sansibar von der übrigen Welt abgeschnitten. Ihr Radio verkündete jede Stunde, daß sie jedes Flugzeug, das auf der Insel zu landen versuchte, abschießen würden. Und sie würden jedes Boot oder Schiff versenken, das sich nähere. Diese Warnungen verlautbarten sie, weil sie eine Intervention befürchten mußten. Wir hörten diese Kommuniqués, zur Untätigkeit, zu endlosem Warten verurteilt. Noch am selben Morgen hatten wir Nachricht erhalten, daß englische Kriegsschiffe Kurs auf Sansibar genommen hätten. Tom von Reuters rieb sich schon die Hände, weil er damit rechnete, daß sie ihn mit einem Helikopter auf ein Schiff bringen würden und er mit der ersten Abteilung der Marineinfanterie auf der Insel landen könnte.

Wir alle dachten nur an eines – wie kommen wir auf die Insel? Ich selber war am schlimmsten dran, weil ich kein Geld besaß. In solchen Fällen, wie Revolutionen, Umstürzen oder Kriegen, fragen die großen Agenturen nicht nach der Höhe der Ausgaben. Sie zahlen so viel, wie nötig ist, damit sie die Nachricht aus erster Hand bekommen. Ein Korrespondent von AP, AFP oder BBC mietet ein Flugzeug, ein Boot, kauft ein Auto, das er nur für ein paar Stunden braucht, alles nur, um an den Ort des Geschehens zu gelangen. Gegenüber einer solchen Konkurrenz war ich chancenlos, ich konnte nur auf einen Zufall, ein Quentchen Glück hoffen.

Am Nachmittag landete ein Fischkutter in der Nähe des Hotels. Er hatte ein paar amerikanische Korrespondenten an Bord; ihre Gesichter waren von der Sonne rot gebrannt, und sie sahen aus wie gesottene Krebse. Sie hatten am selben Morgen versucht, mit dem Boot zur Insel zu gelangen, sie waren schon ganz nahe gewesen, als vom Ufer her so dichtes Feuer einsetzte, daß sie aufgeben und umkehren mußten: Der Seeweg war abgeschnitten.

Nach dem Mittagessen fuhr ich zum Flughafen, um zu schauen, was sich dort tat. In der Halle wimmelte es von Journalisten, überall türmten sich Kameras und Koffer. Die meisten Reporter dösten in den Lehnsesseln, andere tranken in der Bar Bier, tropisch nachlässig gekleidet, schweißgebadet, matt von der Hitze. Das Flugzeug nach Kairo flog ab, und ringsum trat Stille ein. Eine Herde Kühe spazierte über das Rollfeld. Sonst war keine Spur von Leben in dieser glühenden, toten Weite, dieser menschenleeren Wüste am Ende der Welt zu entdecken.

Ich wollte schon in die Stadt zurückkehren, als plötzlich Naggar auftauchte, mich anhielt und zur Seite nahm. Er schaute sich um, ob uns auch keiner belauschte, und obwohl wir ganz allein waren, flüsterte er mir geheimnisvoll zu, daß er und Arnold (ein Kameramann von NBC) ein kleines Flugzeug gemietet und einen Piloten bezahlt hätten, der sich einverstanden erklärt habe, nach Sansibar zu fliegen, doch sie könnten nicht aufbrechen, weil der Flughafen dort immer noch gesperrt sei. Sie waren gerade im Kontrollturm gewesen und hatten mit dem Turm des Flughafens in Sansibar gesprochen und angefragt, ob sie hinfliegen könnten, doch die hatten geantwortet, das sei ausgeschlossen, sie würden das Feuer eröffnen.

Als er mir das erzählte, war Naggar offenbar ungeheuer erregt, denn mir fiel auf, daß er die kaum entzündete Zigarre wegwarf und sofort eine neue hervorholte.

»Was meinst du«, sagte er, »was kann man da machen?«

»Was ist das für eine Maschine?« fragte ich.

»Eine Cessna«, antwortete er. »Viersitzig.«

»Felix«, sagte ich, »wenn es mir gelingt, die Genehmigung für die Landung zu bekommen, nimmst du mich dann ohne Bezahlung mit?«

»Selbstverständlich!« erklärte er sich sofort einverstanden.

»Gut. Ich brauche eine Stunde.«

Während ich das sagte, wußte ich, daß ich bluffte, doch später stellte sich heraus, daß es mehr war als ein Bluff. Ich sprang ins Auto und jagte in die Stadt.

Mitten im Zentrum, auf halber Höhe der Independence Avenue, steht ein vierstöckiges Gebäude, auf allen Seiten umsäumt von schattigen Balkons mit durchbrochenen Balustraden – das *New Africa Hotel*. Auf dem Dach befindet sich eine große Terrasse. Dort gibt es eine Bar mit ein paar Tischen. Das ist der Ort, wo das heutige Afrika konspiriert. Hier treffen sich die Flüchtlinge, Vertriebenen und Emigranten aus allen Teilen des Kontinents. An einem Tisch sitzen für gewöhnlich Mondlane aus Mosambik, Kaunda aus Sambia, Mugabe aus Zimbabwe. An einem anderen Karume aus Sansibar, Chisiza aus Malawi, Nujoma aus Namibia usw.; Tanganjika ist in diesen Breiten der erste unabhängige Staat, daher zieht es Menschen aus allen Kolonien hierher. Am Abend, wenn es kühler wird und oben vom Meer her eine erfrischende Brise weht, füllt sich die Terrasse mit Menschen, die diskutieren, Aktionspläne beschließen, ihre Kräfte und Chancen abschätzen. Die Terrasse wird dann zu einem Führungszentrum, zu einer provisorischen Kapitänsbrücke. Wir Korrespondenten kommen oft hierher, um etwas in Erfahrung zu bringen. Wir kennen schon alle Leader und wissen, bei wem es lohnt, sich mit an den Tisch zu setzen. Wir wissen, daß ein freundlicher, offener Mondlane gern redet, während ein geheimniskrämerischer, verschlossener Chisiza kaum den Mund aufbekommt.

Auf der Terrasse ist immer Musik zu hören, die von unten heraufdringt. Zwei Stockwerke tiefer führt Herr Henryk Subotnik aus Łódź das Nachtlokal *Paradise*. Als der Weltkrieg ausbrach, war Subotnik in der Sowjetunion, dann gelangte er, über den Iran, mit einem Schiff nach Mombasa. Dort erkrankte er an Malaria, und statt nach Europa zu dampfen und sich der Anders-Armee anzuschließen, landete er schließlich in Tanganjika.

In seinem Lokal herrscht stets dichtes Treiben, Geschiebe und Lärmen. Die Kunden werden von den Reizen der schokoladenfarbenen Miriam angelockt, einer schönen Stripteasetänzerin von den fernen Seychellen. Ihre beste Nummer besteht darin, eine Banane zu schälen und zu essen – auf ganz ausgefallene Weise.

»Wissen Sie, Herr Henryk«, fragte ich Subotnik, den ich gerade in der Bar antraf, »daß es in Sansibar einen Aufruhr gibt?«

»Ob ich das weiß?« wunderte er sich. »Ich weiß alles!«

»Herr Henryk«, fragte ich weiter, »glauben Sie, daß Karume dort ist?«

Obeid Karume war in Sansibar der Führer der Afro-Shirazi Party. Obwohl diese Partei, ein Zusammenschluß der schwarzen, afrikanischen Bevölkerung der Insel, bei den letzten Wahlen die Mehrheit errungen hatte, wurde die Regierung von der von London unterstützten Partei der arabischen Minderheit, der Zanzibar Nationalist Party, gebildet. Die Afrikaner gerieten darüber in Wut, machten eine Revolte und stürzten die Regierung der Araber. Genau das war vor zwei Tagen auf der Insel passiert.

»Ob Karume dort ist?« Subotnik brach in Lachen aus, so daß ich eines genau wußte: Der war ganz sicher dort.

Und mehr brauchte ich nicht.

Ich kehrte zum Flughafen zurück. Vorsichtig, damit keiner sah, wohin wir gingen, schlichen Felix und ich zum Kontrollturm. Dort ersuchte Felix einen der Diensthabenden, uns telefonisch mit dem Kontrollturm des Flughafens von Sansibar zu verbinden. Als sich von der anderen Seite eine Stimme meldete, nahm ich den Hörer und fragte, ob ich Karume sprechen könne. Er war nicht in der Nähe, sollte aber jeden Moment eintreffen. Ich legte den Hörer auf, und wir beschlossen zu warten. Eine Viertelstunde später läutete das Telefon. Ich erkannte seine dröhnende, heisere Stimme. Karume war zwanzig Jahre lang als einfacher Matrose zur See gefahren und brüllte immer noch, sogar wenn er jemandem etwas ins Ohr sagen wollte, so laut, als müßte er einen Sturm auf offener See übertönen.

»Obeid«, sagte ich, »wir haben hier ein kleines Flugzeug und sind zu dritt: ein Amerikaner, ein Franzose und ich. Wir würden gern zu euch hinüberfliegen. Ist das möglich? Wir werden keine Schweinereien schreiben, das verspreche ich. Ich schwöre – keine Lügen. Kannst du dafür sorgen, daß sie nicht auf uns schießen, wenn wir landen?«

Es war lange still, bis ich wieder seine Stimme hörte. Er sagte, wir hätten die Genehmigung, sie würden uns am Flughafen erwarten. Wir rannten zur Maschine und waren in wenigen Augenblicken in der Luft, über dem Meer. Ich saß neben dem Piloten, Felix und Arnold saßen hinten. In der Kabine herrschte Schweigen. Natürlich waren wir froh, daß wir es geschafft hatten, die Blockade zu durchbrechen, daß wir die ersten auf der Insel sein würden, gleichzeitig wußten wir nicht wirklich, was uns erwartete.

Einerseits hatte mich die Erfahrung gelehrt, daß solche Krisensituationen aus der Entfernung für gewöhnlich schlimmer und gefährlicher aussehen, als sie sich dann aus der Nähe erweisen. Unsere Phantasie lechzt nämlich nach der kleinsten Sensation, dem geringsten Signal einer Bedrohung, dem schwächsten Pulvergeruch, saugt alles gierig auf, um es dann unverzüglich zu monströsen, überwältigenden Ausmaßen aufzublasen. Andererseits wußte ich aber auch, daß alle sozialen Eruptionen, jene Momente, da sonst ruhige, träge Wasser zu brodeln und zu sieden beginnen, Momente des allgemeinen Chaos, heilloser Unordnung, wahnwitziger Verwirrung sind.

Bei solchen Gelegenheiten kann man leicht nur wegen des herrschenden Durcheinanders sein Leben verlieren, durch einen Irrtum, weil einer etwas nicht richtig verstanden oder nicht rechtzeitig bemerkt hat. In solchen Tagen erlebt der Zufall seine große Stunde, wird zum wahren Herrn und Meister der Geschichte.

Nach etwa einer halben Stunde in der Luft nähern wir uns dem Flughafen. Sansibar: die weiße, steinerne, kunstvoll gearbeitete Brosche der arabischen Altstadt und dahinter Haine von Kokospalmen, riesige, weit ausladende Nelkenbäume und Felder mit Mais und Kassawa, und das alles gesäumt vom glitzernden Sand des Strandes mit seinen Einwölbungen blaßgrüner Buchten, in denen Flottillen von Fischerbooten schaukeln.

Als wir zur Landung ansetzen, sehen wir Bewaffnete, die das Rollfeld von beiden Seiten umstellen. Ein Gefühl der Erleichterung, weil sie ihre Waffen nicht auf uns richten, nicht schießen. Es sind ein paar Dutzend Mann, und man sieht auf den ersten Blick, wie erbärmlich und schlecht sie gekleidet sind, eigentlich sind sie halb nackt. Der Pilot steuert die Maschine zum Hauptgebäude. Karume ist nicht da, aber andere Leute, die sich als seine Helfer vorstellen. Sie sagen, sie würden uns zum Hotel bringen, und ersuchen uns, das Flugzeug gleich wieder zurückzufliegen.

Wir fahren in zwei Polizeiwagen in die Stadt. Die Straße ist leer, es sind kaum Menschen zu sehen, wir kommen an zerstörten Häusern vorüber, an einem zertrümmerten, ausgeweideten Laden. In die Stadt fährt man durch ein großes, mächtiges Tor, hinter dem sofort Gassen beginnen, die so schmal sind, daß ein Wagen kaum Platz hat. Wenn einem ein Fußgänger entgegenkommt, muß der in eine Einfahrt treten und warten, bis man vorbei ist.

Doch nun liegt die Stadt stumm da, die Türen der Häuser sind geschlossen oder eingeschlagen, die Fensterläden verrammelt. Ein heruntergerissenes Schild mit der Aufschrift »Maganlal Yejchand Shah«, die Schaufenster bei »Noorbhai Aladin and Sons« zerschlagen, auch das benachbarte Geschäft von »M. M. Bhagat and Sons, Agents for Favre Leuba-Geneva«, steht offen und leer.

Ein paar bloßfüßige Jungen ziehen durch die Gasse, einer trägt einen Karabiner.

»Das ist unser Problem«, sagt einer unserer Führer. Er heißt Ali. Er arbeitete in einer Nelkenplantage. »Wir besaßen nur ein paar Dutzend alte Karabiner, die wir der Polizei weggenommen haben. Ganz wenige automatische Waffen. Die Bewaffnung besteht meist aus Macheten, Messern, Brechstangen, Prügeln, Stöcken, Äxten, Hämmern. Im übrigen werdet ihr das ja selber sehen.«

Wir bekommen Zimmer im *Zanzibar Hotel* im leergefegten arabischen Viertel. Das Haus war so gebaut, daß es seinen Bewohnern immer Kühle und Schatten spendet. Wir lassen uns in der Bar nieder, um Atem zu schöpfen. Unbekannte Menschen kommen, um uns zu mustern und zu begrüßen. Dann tritt eine kleine, rüstige Alte auf uns zu. Sie fragt uns aus: Was wir hier wollten, wozu, woher. Als sie auf mich zutritt und ich ihr sage, von wo ich komme, faßt sie meine Hand, verharrt reglos und beginnt in fließendem Polnisch zu deklamieren:

Hell aufgegangen ist die Maiensonne.
Des Taues Perlen über allem liegen;
Die Gräser beben still in Schauerwonne,
Wie Leiber, die dem frischen Bad entstiegen.

Naggar, Arnold, unsere Bewachung, und alle bloßfüßigen Kämpfer, die jetzt schon die Hotelhalle füllen, bleiben verblüfft stehen.

Als ob die Erde selbst sich wohl gefalle,
So liegt sie da, so rein, wie junge Blüten,
Und gleicht fast einer weiten Himmelshalle,
Wo gute Engel treu die Ordnung hüten.

»Staff?« frage ich zögernd.

»Natürlich Staff. Leopold Staff«, sagt sie triumphierend. »Ich heiße Helena Trembecka. Aus Podolien. Ich habe hier nebenan ein Hotel. Es heißt *Pigalle.* Kommen Sie. Dort finden Sie Karume und alle seine Leute, weil ich ihnen das Bier gratis gebe!«

Was war in Sansibar geschehen? Warum waren wir überhaupt hier, in diesem Hotel, bewacht von ein paar bloßfüßigen Fanatikern mit Macheten? (Ihr Anführer besaß zwar einen Karabiner, doch ich war nicht sicher, ob eine Patrone im Magazin steckte.)

Nun, wenn man aufmerksam eine genaue Karte von Afrika betrachtet, erkennt man, daß dieser Kontinent von zahlreichen Inseln umlagert ist. Manche sind so klein, daß sie nur auf detaillierten Navigationskarten eingetragen werden, doch andere sind schon so groß, daß man sie in gewöhnlichen Atlanten finden kann. Auf der westlichen Seite des Kontinents liegen: die Kanarischen Inseln, Kap Verde, Gorée und Fernando Poo, die Herzogsinsel und São Tomé, Tristan da Cunha und Annobón, und im Osten – Schaduan und Gifatun, Schuakin und Dahlak, Sokotra, Pemba und Sansibar, Mafia und die Amiranten, die Komoren, Madagaskar und die Maskarenen. In Wirklichkeit gibt es noch viel mehr Inseln, sehr viel mehr, man kann Dutzende, wenn nicht Hunderte aufzählen, denn viele von ihnen sind in ganze Archipele zerstreut, andere wieder werden von den herrlichsten Korallenriffen und Sandbänken umsäumt, die uns nur zur Zeit der Ebbe ihre ganze bezaubernde Fülle von Farben und Formen zeigen. Diese Inseln und Halbinseln sind so zahlreich, daß man meinen könnte, in Afrika sei das Werk der Schöpfung irgendwie unterbrochen, nicht ganz zu Ende geführt worden, und die heute sichtbaren und greifbaren Gebiete des Kontinents stellten nur den aus dem Ozean ragenden Teil des geologischen Afrikas dar, während die übrigen Teile unter Wasser blieben, und die vielen Inseln seien deren Gipfel, die aus dem Meer schauen.

Dieses geologische Phänomen hatte historische Folgen. Denn Afrika stellte seit frühesten Zeiten zugleich eine Abschreckung und eine Verlockung dar. Auf der einen Seite weckte es bei Fremden Furcht, blieb für sie unbekannt und unzugänglich. Sein Inneres wurde jahrhundertelang durch verschiedene Faktoren erfolgreich abgeschirmt: durch das schwierige tropische Klima, durch einst unheilbare, mörderische Krankheiten (Malaria, Blattern, Schlafkrankheit, Lepra usw.), durch das Fehlen von Wegen und Transportmitteln, aber häufig auch durch den wütenden Widerstand seiner Bewohner. Diese Unzugänglichkeit Afrikas ließ seinen geheimnisvollen Mythos entstehen: Joseph Conrads Herz der Finsternis begann schon an den sonnigen Küsten des Kontinents, gleich nachdem man vom Schiff an Land gegangen war.

Doch gleichzeitig übte Afrika auch große Anziehung aus, lockte durch die Trugbilder riesiger Schätze und leichter Beute.

Wer sich zu seinen Küsten aufmachte, ließ sich auf ein gewagtes Spiel ein, in dem es um alles ging, um Leben und Tod. Noch in der ersten Hälfte des neunzehnten Jahrhunderts starb die Hälfte der Europäer, die hierherkamen, an Malaria, doch zur selben Zeit kehrten schon viele der Überlebenden mit rasch erworbenen, ungeheuren Reichtümern zurück – mit Ladungen von Gold, Elfenbein und vor allem: schwarzen Sklaven.

Und dabei kamen dieser Internationale von Seeleuten, Kauffahrern und Räubern genau diese vor den Küsten verstreut liegenden Inseln zugute. Sie dienten ihnen als Stützpunkte, Zufluchtsorte, Landeplätze und Faktoreien. Vor allem boten die Inseln Sicherheit: Sie lagen weit genug von den Küsten entfernt, daß die Afrikaner sie mit ihren schwankenden Einbäumen, gefertigt aus ausgehöhlten Stämmen, nicht erreichen konnten, gleichzeitig aber waren sie nahe genug, um Kontakt mit den Afrikanern aufnehmen zu können.

Diese Inseln gewannen vor allem in der Epoche des Sklavenhandels an Bedeutung – viele wurden in Konzentrationslager verwandelt. Dort mußten die Sklaven auf die Schiffe warten, mit denen sie nach Amerika, Europa oder Asien gebracht wurden.

Der Sklavenhandel: Er dauert vierhundert Jahre, er setzt Mitte des fünfzehnten Jahrhunderts ein, und er endet? Offiziell in der zweiten Hälfte des neunzehnten Jahrhunderts, manchmal allerdings auch später, so etwa im nördlichen Nigeria erst im Jahre 1936. Diesem Handel kommt eine zentrale Position in der Geschichte Afrikas zu. Millionen (nach verschiedenen Zählungen 15 bis 30 Millionen Menschen) werden verschleppt und unter den schlimmsten Bedingungen über den Atlantik geschafft. Man schätzt, daß allein während der Überfahrt (sie dauerte zwei bis drei Monate) fast die Hälfte der Sklaven vor Hunger, Hitze oder Durst umkam, manchmal starben auch alle auf so einem Schiff. Die Überlebenden schufteten dann auf Zuckerrohr- und Baumwollplantagen in Brasilien, der Karibik und in den Vereinigten Staaten, und halfen mit, den Reichtum jenes Erdteils zu begründen. Die Sklavenhändler (vor allem Portugiesen, Holländer, Engländer, Franzosen, Amerikaner, Araber und ihre afrikanischen Verbündeten) entvölkerten den Kontinent und verurteilten ihn dazu, apathisch vor sich hin zu vegetieren: noch in unseren Zeiten sind ganze Landstriche menschenleer und wüst. Afrika hat sich bis heute nicht von dieser Tragödie, diesem Alptraum erholt.

Doch der Sklavenhandel hatte auch psychologisch verheerende Folgen. Er vergiftete die zwischenmenschlichen Beziehungen unter den Bewohnern Afrikas, schürte gegenseitigen Haß, löste oft Kriege aus. Die Stärkeren waren bestrebt, die Schwächeren zu überwältigen und auf dem Markt zu verkaufen, die Könige handelten mit ihren eigenen Untertanen, Sieger mit Besiegten, Richter mit Verurteilten.

Die vielleicht tiefsten und schmerzlichsten Spuren hinterließ dieser Handel jedoch in der Psyche des einzelnen Afrikaners – nämlich einen tiefen Minderwertigkeitskomplex: Ich bin ein Schwarzer, das heißt, einer, den der Häscher aus der Hütte, vom Feld wegschleppen, in Fußeisen schlagen, auf ein Schiff zerren, zum Verkauf ausstellen und dann mit Peitschenhieben zur härtesten Arbeit antreiben kann.

Die Ideologie der Sklavenhändler war getragen von der Überzeugung, der Schwarze sei kein Mensch, die Menschheit zerfalle in Menschen und Untermenschen, und mit den Untermenschen könne man tun und lassen, was man wolle, am besten beute man ihre Arbeitskraft aus und vernichte sie dann. In den Notizen und Aufzeichnungen der Sklavenhändler ist (wenn auch in primitiver Form) die ganze spätere Ideologie des Rassismus und Totalitarismus dargelegt, mit ihrer Grundthese, wonach der Andere ein Feind ist, schlimmer noch, nicht einmal ein Mensch. Diese Philosophie der obsessiven Verachtung und des Hasses, der Gemeinheit und Verwilderung wurde, Jahrhunderte bevor sie den Bau von Kolyma und Auschwitz inspirierte, von den Kapitänen der *Martha* und der *Progresso*, der *Mary Ann* und der *Rainbow* in ihren Kabinen formuliert und niedergeschrieben, während sie aus den Bullaugen ihrer Schiffe, die vor den Inseln Sherbro, Kwale oder Sansibar vor Anker lagen, auf Palmwälder und heiße Strände blickten und darauf warteten, daß eine weitere Partie schwarzer Sklaven geladen wurde.

In diesem Handel, der eigentlich die ganze Welt umspannt – denn daran sind Europa, beide Amerika sowie zahlreiche Länder des Nahen Ostens und Asiens beteiligt –, ist Sansibar ein trauriger, schwarzer Stern, eine düstere Adresse, eine verfluchte Insel. Hierher ziehen durch Jahre, ja Jahrhunderte Karawanen mit Sklaven, die im Inneren des Kontinents frisch gefangen wurden, im Kongo und in Malawi, in Sambia, Uganda und im Sudan. Oft sind sie mit Stricken aneinander gefesselt, damit sie nicht davonlaufen können, und fungieren gleichzeitig als Träger – sie schleppen wertvolle Ware zum Hafen, auf die Schiffe: Tonnen von Elfenbein, Palmöl, die Felle wilder Tiere, Edelsteine, Ebenholz.

Nachdem man sie mit Booten vom Festland zur Insel gebracht hat, werden sie dort auf dem Markt zum Verkauf feilgeboten. Der Markt heißt Mkunazini und ist auf einem Platz, nicht weit von meinem Hotel, wo heute der anglikanische Dom steht. Die Preise sind verschieden: von einem

Dollar für ein Kind bis zu zwölf Dollar für ein junges, schönes Mädchen. Das ist ziemlich teuer, denn in Senegambien bekamen die Portugiesen für ein Pferd zwölf Sklaven.

Die gesündesten und kräftigsten Sklaven werden dann von Mkunazini zum Hafen getrieben: das ist nicht weit, ein paar hundert Meter. Und von dort werden sie mit Schiffen, die eigens für den Sklaventransport eingerichtet sind, entweder nach Amerika oder in den Nahen Osten gebracht. Die Schwerkranken, für die keiner auch nur ein paar Cent zahlen will, werden, wenn der Markttrubel vorbei ist, auf den felsigen Strand geworfen, wo sie von Horden wilder Hunde zerrissen werden. Diejenigen, die sich mit der Zeit wieder erholen und zu Kräften kommen, bleiben in Sansibar und arbeiten als Sklaven bei den Arabern – Besitzer großer Plantagen von Nelkenbäumen und Kokospalmen. Viele Enkel dieser Sklaven nehmen jetzt an der Revolution teil.

Am frühen Morgen, wenn der Wind vom Meer her noch frisch und ziemlich kühl ist, mache ich mich auf den Weg in die Stadt. Knapp hinter mir marschieren zwei junge Männer mit Macheten. Leibwächter? Bewacher? Polizisten? Ich mache keinen Versuch, mich mit ihnen zu verständigen. Die einfachen und primitiven Macheten, die sie besitzen, bereiten ihnen offensichtlich Probleme. Wie sollen sie diese tragen? Mit Stolz und drohend oder eher verschämt und versteckt? Die Machete war bisher ein Werkzeug eines Taglöhners, Parias gewesen, ein Zeichen des niedrigen Standes, und nun ist sie seit ein paar Tagen plötzlich zu einem Symbol für Prestige und Macht geworden. Wer eine Machete trägt, muß der Klasse der Sieger angehören, denn die Besiegten kommen mit leeren Händen daher, ohne Waffen.

Vom Hotel tritt man sofort in enge Gassen, wie sie für alte arabische Städte typisch sind. Ich kann nicht sagen, warum diese Menschen so eng und dicht gebaut, sich so zusammengedrängt haben, daß einer dem anderen auf dem Kopf hocken mußte. Damit man es nirgendhin weit hatte? Damit die Stadt leichter zu verteidigen war? Ich weiß es nicht. Andererseits machte diese Masse von an einem Ort angehäuften Steinen, diese Vielzahl von Wänden, verwinkelten Kreuzgängen, Nischen, Rinnen und Dächern es möglich, in den Stunden der unerträglichsten Hitze, nämlich zu Mittag, Schatten, ein wenig Kühle und Zugluft zu bewahren und wie in einer Schatzkammer zu horten.

Mit ähnlicher Voraussicht und Phantasie wurden auch die Straßen geplant. Diese sind nämlich so angelegt und verteilt, daß man, egal welche man wählt und welche Richtung man einschlägt, am Ende immer am Meeresufer herauskommt, auf einem breiten Boulevard, wo es luftiger ist und angenehmer als in der engen Innenstadt.

Jetzt ist die Stadt leer und tot. Was für ein Gegensatz zu dem Anblick, den sie früher bot, noch vor ein paar Tagen! Denn Sansibar war ein Ort, wo sich die halbe Welt traf. Vor Jahrhunderten ließen sich auf dieser von eingeborenen Stämmen bewohnten Insel moslemische Flüchtlinge aus dem iranischen Schiras nieder, die sich zunehmend mit der lokalen Bevölkerung vermischten, zu einem Teil derselben wurden, obwohl sie sich ein gewisses Gefühl von Eigenheit bewahrten: Sie stammten nicht aus Afrika, sondern aus Asien. Dann kamen Araber vom Persischen Golf. Sie besiegten die Portugiesen, die über die Inseln herrschten, und rissen die Macht an sich, die sie zweihundertsechzig Jahre lang ausüben sollten. Sie sicherten sich die wichtigsten Positionen in den einträglichsten Gebieten – im Handel mit Sklaven und mit Elfenbein. Ihnen gehörten die besten Böden und größten Plantagen. Sie besaßen eine große Flotte. Eine wichtige Stellung im Handel eroberten später auch Inder und Pakistani, und auch Europäer – vor allem Engländer und Deutsche.

Formal wurde die Insel vom Sultan regiert, einem Nachfahren von Arabern aus Oman, in Wirklichkeit war sie jedoch eine britische Kolonie (offiziell ein Protektorat).

Die üppigen, fruchtbaren Plantagen von Sansibar locken Menschen vom Festland an. Sie finden hier Arbeit in den Nelken- und Kokosplantagen. Immer öfter bleiben sie und lassen sich hier nieder. In diesem Klima und dieser Armut ist es nicht schwer, von einem Ort zum anderen zu ziehen. In wenigen Stunden kann man eine Hütte aufschlagen und dort alle seine Habe unterbringen: ein Hemd, einen Topf, eine Wasserflasche, ein Stück Seife und eine Schlafmatte. Auf diese Weise hat der Mensch schon einmal ein Dach über dem Kopf und vor allem einen Platz in der Welt, und nun kann er sich nach etwas Eßbarem umschauen. Das ist schon schwieriger. Arbeit kann man nur in der Plantage eines Arabers bekommen – die halten alles in Händen. Diese Ordnung der Dinge ist für den Ankömmling vom Festland jahrelang völlig normal, bis ein Leader auftaucht, ein Agitator, der ihm sagt, daß dieser Araber anders ist als er selber, und daß dieser Begriff des Anderen düstere, satanische Konsequenzen nach sich zieht, weil nämlich dieser Andere – der Fremde ist, der Blutsauger und Feind. Die Welt, die für unseren Ankömmling von Göttern und Ahnen ein für allemal so eingerichtet wurde, wie sie ist, sieht er nun plötzlich als Realität, die ihn benachteiligt und erniedrigt, eine Realität, die er – um weiterleben zu können – verändern muß.

Darin liegt die Attraktivität ethnischer Agitation – in ihrer leichten Verständlichkeit: Den Anderen kann man sehen, jeder kann ihn anschauen und sich sein Bild einprägen. Man braucht keine Bücher zu lesen, muß nicht nachdenken, diskutieren: Man muß nur schauen.

Auf Sansibar bilden diese ethnische Dichotomie, die sich zunehmend verschärft, die herrschenden Araber (20 Prozent der Bevölkerung) einerseits und ihre Untertanen andererseits: die schwarzen Afrikaner von der Insel und vom Festland, also kleine Farmer und Fischer, eine unbestimmte und wandelbare Masse von Tagelöhnern, Hausangestellten, Eseltreibern und Trägern.

Was ich hier beschreibe, vollzieht sich just zu einem Zeitpunkt, da die arabische Welt und Schwarzafrika gleichzeitig auf die Unabhängigkeit zusteuern. Doch was bedeutet das auf Sansibar? Hier sagen die Araber: Wir wollen die Unabhängigkeit (darunter verstehen sie: Wir wollen an der Macht bleiben). Die Afrikaner sagen dasselbe: Wir wollen die Unabhängigkeit, doch sie verleihen dieser Losung eine andere Bedeutung, nämlich die: Wir sind die Mehrheit, daher müssen wir die Macht in die Hände bekommen.

Das ist der Zankapfel und der Ursprung des Konflikts. Und die Engländer gießen noch zusätzlich Öl ins Feuer. Weil sie gute Beziehungen zu den Sultanaten am Persischen Golf unterhalten (von wo der Sultan von Sansibar stammt) und Angst vor einem revoltierenden Afrika haben, erklären sie Sansibar zu einem Teil der arabischen, nicht der afrikanischen

Welt und verleihen der Insel die Unabhängigkeit, wobei sie gleichzeitig die Araber an der Macht bestätigen. Dagegen protestiert die afrikanische Partei, die Afro-Shirazi Party, deren Führer Obeid Karume ist, doch sie protestiert legal, unter Wahrung der Gesetze, weil sie sich zwar als Opposition betrachtet, aber als parlamentarische Opposition.

Aber in der Zwischenzeit ist in Sansibar ein junger Mann aus Uganda aufgetaucht – John Okello. Er ist gerade 25 Jahre alt geworden. Wie das in Afrika oft der Fall ist, hat er viele Berufe ausgeübt oder er gibt es vor –, er ist Steinmetz, Maurer und auch noch Zimmermaler. Er ist ein halber Analphabet, aber er besitzt Charisma, er ist ein Autodidakt mit Sendungsbewußtsein. Er läßt sich von ein paar einfachen Gedanken leiten, die ihm durch den Kopf gehen, wenn er auf einem Stein herumklopft oder Ziegel legt:

– Der Herrgott hat Sansibar den Afrikanern geschenkt und mir versprochen, daß die Insel jetzt wieder uns gehören soll.

– Wir müssen die Araber besiegen und hinauswerfen, von selber werden sie nie nachgeben und uns immer weiter unterdrücken.

– Man muß wissen, auf welcher Seite das Brot mit Butter beschmiert ist: Man darf nicht auf die Unterstützung jener zählen, die Arbeit haben, nur die Hungrigen können die Sache vorantreiben.

– Wir wollen nicht Politiker wie Karume und andere in die Sache hineinziehen. Das sind große Männer, und es wäre jammerschade, wenn sie, im Falle, daß wir den kürzeren ziehen, getötet würden.

– Wir warten ab, bis die Engländer abgezogen sind. Die Engländer können wir nicht besiegen. Wenn nur mehr die Araber da sind, schlagen wir am nächsten Tag los.

Diese Gedanken beschäftigen ihn so intensiv, daß er oft allein in den Wald gehen muß, um sich ihnen dort in Ruhe hingeben zu können. Zur selben Zeit beginnt jedoch Okello schon ein Jahr vor der Unabhängigkeit Sansibars damit, auf eigene Faust eine eigene geheime Armee zu organisieren. Er fährt über die Insel, durch die Dörfer und kleinen Städte, und stellt Abteilungen zusammen, die schließlich insgesamt dreitausend Mann umfassen. Sie beginnen sofort mit der Schulung. Diese umfaßt ein Training im Umgang mit Bogen,

Messern, Knüppeln und Wurfspießen. Andere Abteilungen üben den Kampf mit Äxten, Macheten, Ketten und Hämmern. Ein zusätzliches Training umfaßt eine Schulung in Ringen, Boxen und Steinewerfen.

Am Vortag des Aufstandes ernennt sich Okello selbst zum Feldmarschall, einigen seiner engsten Mitarbeiter, meist Plantagenarbeiter und ehemalige Polizisten, verleiht er den Rang von Generälen der Armee.

Drei Wochen, nachdem Prinz Philipp im Namen von Königin Elizabeth die Insel in die Hände der arabischen Regierung gelegt hat, erobert Feldmarschall John Okello in einer einzigen Nacht die Macht auf Sansibar.

Am Vormittag fahren Felix, Arnold und ich mit unseren Bewachern zum Quartier des Feldmarschalls. Im Hof eines arabischen Hauses (ich weiß nicht, was für ein Haus das ist) drängen sich Dutzende Menschen, Frauen kochen auf Feuerstellen Kassawa und Gemüse, braten Hühner und Hammel-Schaschliks. Unsere Führer bugsieren uns durch die Menge ins Innere. Die Menschen machen unwillig Platz, sie mustern uns mißtrauisch, gleichzeitig aber auch neugierig, weil sich alle Weißen in diesen Stunden in irgendwelchen Winkeln verkrochen haben. In einer großen orientalischen Halle sitzt Okello auf einem Lehnstuhl aus Ebenholz und raucht eine Zigarette. Er hat eine ganz dunkle Haut und ein massiges Gesicht mit groben Zügen. Auf dem Kopf trägt er eine Polizeimütze, die ihm zu klein ist – sie haben nämlich die Polizeimagazine erobert und dort ein paar Karabiner und Uniformen gefunden. Um den Mützenrand ist ein Stück blauer Stoff gewickelt (warum ausgerechnet blau, kann ich nicht sagen). Okello erscheint irgendwie abwesend, als stehe er unter Schock, er macht den Eindruck, als nehme er uns gar nicht wahr. Die Menschen drängen sich um ihn, schieben und rempeln, alle reden durcheinander und gestikulieren, es herrscht ein totales Chaos, das keiner zu ordnen versucht. Von einer Unterhaltung kann selbstverständlich keine Rede sein. Uns geht es nur mehr darum, von ihm die Genehmigung für unseren weiteren Aufenthalt auf der Insel zu erhalten. Unsere Führer setzen ihm das auseinander. Okello nickt zustimmend. Im nächsten Augenblick geht ihm plötzlich etwas durch den

Kopf, denn er drückt seine Zigarette aus und macht Anstalten, uns wegzuführen. Er schultert einen alten Karabiner, einen zweiten trägt er in der Hand. Mit der anderen Hand richtet er erst die Pistole, die in seinem Gürtel steckt, dann nimmt er noch eine Pistole in die Hand. Und so, bis an die Zähne bewaffnet, drängt er uns vor sich her und führt uns in den Hof hinaus, wie zu einer Erschießung.

Eines der Merkmale der Krankheit, die mich plagt, ist ständiges auslaugendes Fieber. Es steigt am Abend, und dann hat man das seltsame Gefühl, als wären es die eigenen Knochen, die diese hohe Temperatur ausstrahlten. Als hätte uns jemand an Stelle des Knochenmarks eine Metallspirale eingepflanzt und sie an den elektrischen Strom angeschlossen. Die Spirale erhitzt sich bis zur Weißglut und unser ganzes Skelett, in dem ein unsichtbares, inneres Feuer lodert, beginnt zu brennen.

Man kann nicht einschlafen. An solchen Abenden liege ich in Daressalam für gewöhnlich im Zimmer und schaue zu, wie die Geckos auf die Jagd gehen. Diejenigen, die durch die Wohnung huschen, sind in der Regel klein, ungemein flink und ziegelfarben oder hellgrau. Geschickt und behende laufen sie mühelos über Wände und Decke. Nie bewegen sie sich normal und ruhig dahin. Zuerst stehen sie unbeweglich und wie paralysiert, bis sie plötzlich in rasendem Tempo lossausen, auf irgendein nur ihnen bekanntes Ziel zu, um gleich darauf wieder zu erstarren. Wir sehen nur an ihrem rasch pulsierenden Rumpf, daß dieser Sprint, diese rasende Bewegung des Körpers auf ein unsichtbares Zielband zu, sie so erschöpft hat, daß sie nun tatsächlich nach Luft schnappen, ausruhen und neue Kräfte vor dem nächsten blitzartigen Schuß sammeln müssen.

Mit ihrer Jagd beginnen sie am Abend, wenn im Zimmer bereits das Licht brennt. Objekt ihres Interesses und ihrer Attacken sind alle möglichen Insekten – Fliegen, kleine Käfer, Motten, Nachtfalter, Eintagsfliegen und vor allem Moskitos. Die Geckos tauchen plötzlich auf, als hätte sie jemand mit einem Katapult geschleudert und an die Wand geklebt. Sie schauen herum, ohne dabei den Kopf zu bewegen. Jetzt hat ein Gecko plötzlich einen Moskito entdeckt. Er läuft auf ihn zu. Der Moskito erkennt die Gefahr, fliegt auf und flüchtet.

Es ist bemerkenswert, daß ein Moskito nie nach unten flieht, in den Abgrund, dorthin, wo die Bodenbretter liegen, sondern sich in die Luft schraubt, aufgeregt und böse herumkreist und dann immer höher fliegt, bis er schließlich an der Decke landet. Er weiß noch nicht, kann das wohl nicht voraussehen, daß diese Entscheidung für ihn tödliche Folgen nach sich ziehen wird. Denn wenn er einmal am Plafond hängt, mit dem Kopf nach unten, verliert er die Orientierung, den Richtungssinn, bringt die Himmelsgegenden durcheinander. Statt aus der Gefahrenzone, wie die Zimmerdecke sie für ihn darstellt, abzuhauen, benimmt er sich gerade so, als wäre er in eine ausweglose Falle geraten.

Nun, da der Gecko den Moskito an der Decke hat, kann er sich freuen und das Mäulchen lecken: Der Sieg ist nicht mehr fern. Doch er ruht sich nicht auf den Lorbeeren aus – er ist immer noch konzentriert, aufmerksam und voll Entschlossenheit. Er läuft zur Decke hoch und beginnt nun, im Lauf, immer enger und enger werdende Kreise um den Moskito zu ziehen. Hier muß ein gewisses Element der Magie, der Zauberei, der Hypnose mit im Spiel sein, weil sich der Moskito, statt sich durch Flucht in den freien Raum zu retten, wo ihn kein Verfolger einholen kann, von dem Gecko immer enger einkreisen läßt, der weiterhin gelassen seinem eigenen Rhythmus folgt: ein Sprung – und regloses Verharren, ein Sprung – und regloses Verharren. Plötzlich bemerkt der Moskito voll Entsetzen, daß der Gecko schon ganz nahe ist, daß ihm kein Raum mehr bleibt für irgendwelche Manöver, und diese Erkenntnis scheint ihn zusätzlich zu betäuben und zu lähmen, so daß er sich schließlich, resigniert und besiegt, ohne den geringsten Widerstand verschlucken läßt.

Alle Versuche, sich mit Geckos anzufreunden, enden erfolglos. Sie sind äußerst mißtrauische und scheue Geschöpfe, die ihre eigenen Wege gehen (oder eher – laufen). Unsere Erfolglosigkeit hat auch einen gewissen metaphorischen Sinn: Sie bestätigt, daß es möglich ist, mit jemandem unter einem Dach zu leben, ohne daß man sich mit ihm verständigen, eine gemeinsame Sprache finden kann.

In Sansibar ist es mir unmöglich, das Treiben der Geckos zu beobachten, weil hier am Abend der Strom abgeschaltet wird und ich geduldig im Finstern warten muß, bis der Tag anbricht. Diese langen, leeren Stunden, die man im Halbschlaf damit verbringt, untätig nach dem ersten Lichtschimmer Ausschau zu halten, sind schwer zu ertragen.

Gestern tönte in der Morgendämmerung (die hier nie blaß ist, sondern auf Anhieb purpurn, farbig, feurig) eine kleine Glocke durch die Gasse. Anfangs weit entfernt und gedämpft, kam ihr Klang immer näher, bis er deutlich, laut und hoch zu hören war. Ich schaute aus dem Fenster. In der engen Gasse sah ich einen Araber, einen Verkäufer heißen Kaffees. Auf dem Kopf trug er ein gesticktes islamisches Käppchen und über die Schulter eine lose weiße Galabija. In einer Hand hatte er ein kegelförmiges Metallgefäß mit Schnabel, in der anderen einen Korb voll Porzellantassen.

Das Trinken des Morgenkaffees ist hier ein uraltes Ritual, mit dem die Moslems – zusammen mit dem Gebet – den Tag beginnen. Das Glöckchen des Kaffeeverkäufers, der in der Morgendämmerung Straße um Straße seines Reviers abschreitet, war ihr traditioneller Wecker. Beim Klang dieses Wecksignals erhoben sie sich und traten vor das Haus, um zu warten, bis der Mann erschien, der den frischen, starken Kaffee brachte. Das Trinken des Morgenkaffees ist der Moment, da man Begrüßungen und Glückwünsche austauscht. Ein Moment der gegenseitigen Versicherung, daß die Nacht glücklich verlaufen ist, und ein Ausdruck des Glaubens, daß sich – wenn es Allah gefällt! – ein guter Tag ankündigt.

Als wir hier ankamen, hatte es keinen Kaffeeverkäufer gegeben. Und nun, nach nicht einmal fünf Tagen, ist er wieder aufgetaucht: Das Leben verläuft wieder in seinen alten Bahnen, die Norm, der Alltag sind zurückgekehrt. Das Schöne und Ermutigende am Menschen ist dieses hartnäckige, heroische Streben nach Normalität, dem er beinahe instinktiv und gegen alle Widerstände folgt. Denn die durchschnittlichen Menschen in diesen Regionen betrachten politische Kataklysmen – Staatsstreiche, Militärputsche, Revolutionen und Kriege – als ganz natürliche Erscheinungen. Und sie nehmen sie auch mit derselben apathischen Resignation, demselben Fatalismus hin. Wie einen Orkan oder ein Unwetter. Man kann nichts dagegen machen, muß dieses Ereignis abwarten, sich unter einem Dach in Sicherheit bringen und von Zeit zu Zeit zum Himmel hinaufschauen – ob die Blitze schon vorbei sind, ob die Wolken abziehen? Wenn ja, kann man herauskommen und sich wieder dem zuwenden, was man vorher unterbrochen hat – der Arbeit, einer Reise, in der Sonne zu sitzen.

Die Rückkehr zur Normalität kann in Afrika insofern problemlos und rasch erfolgen, weil hier alles weitgehend provisorisch, wenig dauerhaft ist, man kann daher ein Dorf, eine Plantage oder eine Straße blitzschnell zerstören, aber dann auch schnell wieder aufbauen.

Für gewöhnlich gingen wir am Vormittag zur Post, um unsere Berichte abzuschicken. Wir waren jetzt schon zehn, denn sie hatten noch weitere sieben Auslandskorrespondenten hereingelassen. Das kleine Postgebäude, verziert mit kunstvollen Arabesken, konnte auf eine reiche Geschichte zurückblicken: Von hier hatten große Reisende ihre Depeschen abgeschickt – Livingstone und Stanley, Burton und Speke, Cameron und Thomson. Die Fernschreiber erinnerten übrigens deutlich an diese längst vergangenen Zeiten. Ihre offen liegenden Innereien sahen aus wie die Mechanismen großer, alter Uhren auf mittelalterlichen Rathäusern, so viele Räder, Antriebe, Getriebe und Hebel gab es dort.

John von UPI, ein großer, immer geschäftiger Blonder, hatte gerade eine Depesche abgeholt: Nachdem er sie gelesen hatte, griff er sich an den Kopf und nahm mich, schon vor dem Postamt, zur Seite und zeigte mir den alarmierenden Inhalt des Fernschreibens. Die Redaktion informierte John, daß es in derselben Nacht in Kenia, Tanganjika und Uganda Militärputsche gegeben hatte, er solle sofort hinfahren. »Sofort!« rief John. »Sofort, aber wie?«

Die Nachricht kam überraschend. Die Armeen putschten! Das schaute ernst aus, obwohl wir keine Details kannten. Vor kaum einer Woche – Sansibar. Und heute schon ganz Ostafrika! Offensichtlich brach für den Kontinent eine unruhige Phase von Aufruhren, Revolten und Umstürzen an. Doch wir, die Bewohner des *Zanzibar Hotels*, hatten jetzt andere Probleme – wie sollten wir von hier wegkommen? Ein weiterer Aufenthalt war sinnlos geworden – die Leute von Feldmarschall Okello ließen uns nicht aus der Stadt hinaus, in die

Provinz, an Orte, wo früher gekämpft worden war und wo man, angeblich, zahlreiche Gefangene hielt. Und in der Stadt selber? Hier herrschte einschläfernde Ruhe, die Tage flossen ereignislos dahin.

Nach der Rückkehr zum Hotel trafen wir uns zu einer Beratung, bei der John alle über das Fernschreiben informierte. Alle wollten zum Festland zurück, doch keiner wußte, wie. Die Insel war immer noch von der Welt abgeschnitten, es gab keinen Transport von hier weg. Und was noch schlimmer war, es hatte den Anschein, als würden uns die Leute, die nach wie vor eine Intervention befürchteten, hier als Geiseln festhalten. Karume, der einzige Mensch, der uns helfen konnte, war nicht greifbar, meist hielt er sich am Flughafen auf, doch jetzt hatte man ihn auch dort schon seit einiger Zeit nicht mehr gesehen.

Eigentlich gab es nur die Möglichkeit, es auf dem Seeweg zu versuchen. Einer las aus einem Führer vor, daß es von hier nach Daressalam 75 Kilometer waren. Mit einem Boot war das sicher eine angenehme Reise, doch woher ein Boot nehmen? Ein Fischerboot kam auch nicht in Frage. Man konnte die hiesigen Besitzer von Booten nicht einweihen, denn die saßen entweder im Gefängnis (wenn sie überhaupt noch lebten), oder sie hätten es nicht gewagt und uns sogar verraten können. Vor allem bestand die Gefahr, daß die unerfahrenen und zufällig ausgewählten Leute des Feldmarschalls, die über die ganze Küste verstreut waren, das Feuer eröffnen würden, wenn sie ein Boot sahen – denn es gab eigentlich niemanden, der sie wirklich unter Kontrolle hatte.

Während wir noch berieten, brachte ein Bote von der Post eine neue Depesche. Die Redaktion mahnte John zur Eile: Die Militärs hatten bereits die Flughäfen und Regierungsgebäude eingenommen, und die Premierminister der drei Länder waren irgendwohin verschwunden, vielleicht hielten sie sich versteckt, doch es war nicht sicher, ob sie überhaupt noch am Leben waren. Wir hörten diese Sensationen und knirschten – eingesperrt auf der Insel – vor Ratlosigkeit und Wut mit den Zähnen. Die Beratung endete ergebnislos. Es blieb nur eines: Abwarten. Zwei Engländer – Peter von Reuters und Aidan von Radio Tanganjika – gingen in die Stadt, um ihre Landsleute zu suchen und vielleicht mit deren

Hilfe einen Ausweg zu finden. In unserer Verzweiflung griffen wir nach jedem Strohhalm.

Am Abend kehrten Peter und Aidan zurück und beriefen eine neue Beratung ein. Sie hatten einen alten Engländer aufgetrieben, der bei nächster Gelegenheit von hier weg wollte, aus diesem Grund war er gewillt, sein Motorboot zu verkaufen, das sich in gutem Zustand befand. Das Boot lag nicht weit von hier, im Hafen, in einem abseits gelegenen Becken. Dieser Mann würde uns am Abend auf Schleichwegen, im Schutz der Dunkelheit, hinbringen. Dann sollten wir, im Boot versteckt, bis Mitternacht warten, bis die Wachen eingeschlafen waren. Der Engländer, ein alter Kolonialist, habe gesagt, ein Neger ist und bleibt ein Neger. Was immer passiert, auf seinen Schlaf verzichtet der nicht. – »Wenn Mitternacht vorüber ist, werfen wir den Motor an und machen uns auf und davon. Die Nächte sind jetzt stockdunkel, selbst wenn sie versuchen sollten, auf uns zu schießen, ist es zweifelhaft, ob sie etwas treffen.«

Als sie geendet hatten, trat Stille ein. Dann meldeten sich die ersten Stimmen. Wie das meist der Fall ist, fanden sich Befürworter und Gegner des Plans. Es hagelte Fragen, eine Diskussion setzte ein. Wenn es andere Möglichkeiten gegeben hätte, wäre die Flucht mit dem Boot sicher als zu riskant und verrückt verworfen worden, doch wir standen mit dem Rücken zur Wand und waren in unserer Verzweiflung davon überzeugt, daß wir um jeden, wirklich um jeden Preis dieser Falle entkommen mußten. Der Boden brannte uns unter den Füßen und die Zeit drängte. Sansibar? Mit derselben Entschlossenheit, mit der wir zuerst versucht hatten, hierherzugelangen, strebten wir jetzt von hier weg. Nur Felix und Arnold waren dagegen. Felix hielt den Plan für unsinnig, er sei schon zu alt für solche Abenteuer, und Arnold hatte ganz einfach eine Unmenge teures Kamerazeug dabei und Angst, dieses zu verlieren. Sie willigten jedoch ein, daß sie, damit niemand Verdacht schöpfte, das Hotel für uns bezahlen wollten, wenn wir schon auf See sein würden.

Am Abend kam ein kleiner, grauhaariger Mann in der traditionellen Kleidung der britischen Kolonialbeamten: weißes Hemd, weite weiße Shorts und weiße Kniestrümpfe. Wir folgten ihm. Die Finsternis war so dicht, daß seine undeutliche Silhouette vor uns kaum auszumachen war: Sie tauchte auf und verschwand wie eine Erscheinung. Endlich spürten wir Bretter unter den Füßen – offenbar hatten wir den Landungssteg erreicht. Nun sagte der Alte im Flüsterton, wir sollten über die Stufen zum Boot hinuntersteigen. Über welche Stufen? Man konnte nichts sehen. Doch der alte Kolonialist trieb uns an, seine Stimme klang jetzt befehlend, außerdem konnten in der Nähe Leute des Feldmarschalls lauern. Mark, ein Australier, ein großer, massiger Bursche mit breitem, offenem Gesicht, stieg als erster hinunter, er hatte bei der Beratung versichert, er sei ein Segler und daher imstande, das Boot zu lenken. Er hatte auch den Schlüssel für die Kette, mit der das Boot am Landungssteg festgemacht war, und wußte, wie der Motor angeworfen wurde. Als Mark den Fuß ins Boot setzte, war ein Plätschern zu hören, und alle zischten, er solle leiser sein. Leiser! Nun stiegen wir einer nach dem anderen hinein: die beiden Engländer Peter und Aidan, der Deutsche Thomas, der Amerikaner John, der Italiener Carlo, der Tscheche Jarek und ich. Jeder versuchte blind die Gestalt des Bootes auszumachen, mit der Hand nach dem Rand zu tasten, nach den Schotten, und sich dann auf eine Bank zu setzen oder einfach am Boden auszustrecken.

Der alte Engländer hatte es eilig zu verschwinden, und wir blieben allein zurück. Nirgends waren Lichter zu sehen. Es herrschte völlige Stille, die wir immer eindringlicher empfanden. Manchmal war das Plätschern von Wellen zu hören, die an den Landungssteg schlugen, und von weit, weit draußen das Rauschen des unsichtbaren Ozeans. Um uns nicht zu verraten, saßen wir schweigend da, ohne ein Wort zu sprechen. John besaß eine phosphoreszierende Uhr, die er von Zeit zu Zeit herumgehen ließ – der kleine, leuchtende Punkt wanderte von Hand zu Hand: 22.30 – 23.00 – 23.30. So verharrten wir im Inneren der Finsternis, reglos vor uns hin dösend, doch gleichzeitig unruhig. Bis Johns Uhr endlich die zweite Morgenstunde anzeigte. Mark zerrte an der Leine, mit der man den Motor anwarf. Der Motor heulte auf und brüllte, wie ein Tier, dem man unerwartet einen Schlag versetzt hatte. Das Boot schwankte, hob den Bug und brauste los.

Der Hafen von Sansibar ist an der Westküste, die näher zum Festland liegt. Es war daher logisch, daß wir uns, um zum Festland zu gelangen, nach Westen halten mußten, im Fall von Daressalam sogar nach Südwesten. Doch für den Augenblick hatten wir nur eines im Sinn – den Hafen möglichst weit hinter uns zu lassen. Mark ließ den Motor mit voller Kraft laufen, das Boot zitterte leicht, rauschte jedoch schnell über das ruhige, glatte Wasser dahin. Immer noch war es völlig dunkel, und von der Insel waren keine Schüsse zu hören. Die Flucht war geglückt, wir befanden uns in Sicherheit. Diese Gewißheit riß uns aus unserer Apathie, machte uns froh. Und so fuhren wir in diesem Wohlgefühl über eine Stunde lang dahin, als sich plötzlich alles veränderte. Die bisher glatte Wasseroberfläche wurde unruhig und rauh. Wellen erhoben sich und schlugen gegen die Bordwand, immer stärker und drängender. Es war, als würde jemand mit einer mächtigen Faust gegen das Boot hämmern. Das hatte etwas von großer Entschlossenheit, entfesseltem Zorn, blindwütiger Verbissenheit an sich, aber auch von eiskalter Berechnung. Nun brach auch noch ein Sturm los, und es ging ein dichter Regenschauer nieder, wie es ihn nur in den Tropen gibt: ein Regen wie ein Wasserfall, eine Wasserwand. Weil es ringsum immer noch finster war, verloren wir völlig die Orientierung, wo wir uns befanden und in welche Richtung wir steuerten. Doch das war bald auch nicht mehr so wichtig, weil das Boot von dem immer stärker und höher werdenden Wellengang auf und ab geschleudert wurde, der so gefährlich und entfesselt war, daß wir nicht wußten, was in der nächsten Minute, im nächsten Moment mit uns geschehen würde. In einem Moment wurde das Boot mit einem Dröhnen hochgeschleudert, verharrte kurz auf dem unsichtbaren Kamm der Welle, um dann pfeilschnell in den Abgrund zu stürzen, in ein brüllendes Loch, in heulende Schwärze.

Plötzlich starb der vom Wasser überflutete Motor ab. Nun brach die Hölle los. Das Boot wurde nach allen Seiten geworfen, drehte sich hilflos und wehrlos im Kreis, und wir warteten nur mehr voll Schrecken darauf, daß die nächste Welle es zum Kentern bringen würde. Jeder hielt sich krampfhaft an der Bordwand fest. Einer begann hysterisch zu schreien, einer rief Gott um Hilfe an, ein anderer lag jammernd am

Boden und kotzte sich die Galle aus dem Leib. Der Orkan tauchte uns ein ums andere Mal unter Wasser, immer neue Anfälle von Seekrankheit rissen uns schon die Eingeweide aus dem Leib, und wenn wir noch etwas in unserem Inneren hatten, dann nur mehr Angst, tierische, eiskalte Angst. Wir besaßen weder Rettungsringe noch Schwimmwesten, jede neue Welle konnte unseren Tod bedeuten.

Der Motor blieb tot und ließ sich nicht mehr anwerfen. Plötzlich brüllte Peter über den Sturm: »Öl!« Er hatte sich erinnert, daß so ein Motor nicht nur Benzin braucht, sondern auch Öl, das man damit vermischt. Er und Mark begannen im Laderaum zu suchen. Sie fanden eine Dose und schütteten das Öl in den Tank. Mark zog ein paarmal an der Leine, und der Motor sprang an. Alle schrien vor Freude, obwohl der Sturm immer noch tobte. Doch wenigstens gab es jetzt einen Funken Hoffnung.

Das Morgengrauen war anfangs düster, die Wolken hingen tief, doch der Regen hatte aufgehört und schließlich hellte es auf. Wir schauten uns um – wo waren wir? Ringsum Wasser und wieder Wasser, dunkel, immer noch aufgewühlt. In der Ferne hob und senkte sich der Horizont, schaukelte in kosmischem Rhythmus. Dann, als die Sonne schon hoch stand, sahen wir am Horizont eine dunkle Linie. Land! Wir steuerten in diese Richtung. Vor uns tauchte eine flache Küste auf, Palmen, Gruppen von Menschen, dann Hütten. Es stellte sich heraus, daß wir wieder in Sansibar waren, nur ein wenig oberhalb der Stadt. Wir waren mit dem Meer nicht vertraut und wußten nicht, daß uns der um diese Jahreszeit wehende Monsun mitgerissen hatte, der unser Boot zum Glück hier ausspuckte, denn er hätte uns auch bis zum Persischen Golf, nach Pakistan oder Indien treiben können. Doch eine solche Reise hätte keiner von uns überlebt – wir wären verdurstet oder hätten einander vor Hunger aufgefressen.

Alle stiegen aus dem Boot und fielen halbtot in den Sand. Ich konnte mich gar nicht beruhigen und fragte die Umstehenden, wie ich in die Stadt gelangen könnte. Einer von ihnen hatte ein Motorrad und erklärte sich bereit, mich mitzunehmen. Wir jagten durch grüne, duftende Tunnels, an Bananen, Mangos und Nelkenbäumen vorbei. Der Fahrtwind trocknete das Hemd und die Hose an meinem Körper – sie waren weiß und salzverkrustet vom Meerwasser. Nach einer Stunde kamen wir zum Flughafen, wo ich hoffte, Karume zu treffen, der mir helfen sollte, nach Dar zu gelangen. Plötzlich sah ich, daß auf der Startbahn ein kleines Flugzeug stand und Arnold seine Geräte in die Kabine lud. Im Schatten des Flügels stand Felix. Als ich auf ihn zurannte, musterte er mich, grüßte und sagte:

»Dein Platz ist frei. Er hat auf dich gewartet. Du kannst einsteigen.«

ANATOMIE EINES STAATSSTREICHS. Aus meinem Notizbuch, wie ich es 1966 in Lagos niederschrieb:

Am Samstag, den 15. Januar führte die Armee in Nigeria einen Staatsstreich durch. Um ein Uhr nachts wurden alle Militäreinheiten des Landes in Alarmbereitschaft versetzt. Die vorgesehenen Einheiten gingen daran, ihre jeweiligen Aufgaben zu erfüllen. Die Durchführung eines erfolgreichen Staatsstreichs war insofern schwierig, als dieser in fünf Städten gleichzeitig losschlagen mußte: in Lagos, der Hauptstadt der Föderation, und in den Hauptstädten der vier Regionen Nigerias – in Ibadan (Westnigeria), Kaduna (Nordnigeria), Benin (Mittelwestnigeria) und Enugu (Ostnigeria). In einem Land, das flächenmäßig dreimal so groß ist wie Polen und 56 Millionen Einwohner hat, führte eine Armee den Staatsstreich durch, die knapp achttausend Mann zählte.

Samstag, zwei Uhr nachts.

Lagos: Militärpatrouillen (Soldaten in Helmen, Felduniform, mit automatischen Waffen) besetzen den Flughafen, die Rundfunkstation, die Telefonzentrale und die Post. Auf Anordnung des Militärs schaltet das Kraftwerk in den afrikanischen Vierteln den Strom ab. Die Stadt schläft, die Straßen sind leer. Die Nacht zum Samstag ist sehr dunkel, heiß und schwül. An der King George V. Street halten ein paar Jeeps. Das ist eine kleine Straße am Ende der Insel Lagos (nach der die ganze Stadt benannt wurde). Auf der einen Seite liegt das Stadion. Auf der anderen stehen zwei Villen. Eine ist die

Residenz des Premierministers der Föderation, Sir Abubakar Tafawa Balewa. In der zweiten wohnt der Finanzminister, Chief Festus Okotie-Eboh. Militär umstellt beide Villen. Eine Gruppe Offiziere betritt die Residenz des Premierministers, weckt ihn und nimmt ihn mit. Eine zweite Gruppe verhaftet den Finanzminister. Die Wagen fahren ab. Ein paar Stunden später verkündet ein offizielles Regierungskommuniqué, der Premierminister und sein Minister seien »in eine unbekannte Richtung entführt worden«. Das weitere Schicksal von Balewa ist bis jetzt nicht bekannt. Es heißt, er werde in einer Kaserne gefangengehalten. Viele meinen, er sei ermordet worden. Manche Leute behaupten, Okotie-Eboh sei ebenfalls ermordet worden. Sie beharren darauf, daß er nicht erschossen, sondern »zu Tode geprügelt wurde«. Diese Version entspricht vielleicht nicht so sehr den Fakten und bringt eher die allgemein herrschende Meinung über diesen Menschen zum Ausdruck. Er war äußerst unsympathisch, brutal und verfressen. Ein monströser Koloß, schwerfällig und fettleibig. Er hatte durch Korruption ein gigantisches Vermögen zusammengerafft. Die Menschen behandelte er mit größter Verachtung. Balewa war genau das Gegenteil – sympathisch, bescheiden, ruhig. Groß, hager, beinahe asketisch, ein Moslem.

Die Armee besetzt den Hafen und umstellt das Parlament. Patrouillen fahren durch die Straßen der schlafenden Stadt.

Es ist drei Uhr nachts.

Kaduna: Am Rande der Hauptstadt von Nordnigeria liegt die Residenz von Ahmadu Bello, Premierminister dieser Region, ein einstöckiges, von einer Mauer umgebenes Gebäude. Offizielles Staatsoberhaupt Nigerias ist Dr. Nnamdi Azikiwe. Regierungschef: Tafawa Balewa. Doch die eigentliche Macht im Lande besitzt Ahmadu Bello. Den ganzen Samstag hindurch empfängt Bello Besuche. Den letzten Besuch stattet ihm um neunzehn Uhr eine Gruppe Fulani ab. Sechs Stunden später bringt eine Gruppe von Offizieren in Büschen gegenüber der Residenz zwei Mörser in Stellung. Anführer dieser Gruppe ist Major Chukuma Nzeogwu. Um drei Uhr morgens fällt aus einem Mörser ein Schuß. Das Geschoß explodiert auf dem Dach der Residenz. Feuer bricht aus. Das ist das Signal für den Angriff. Die Offiziere stürmen zuerst das

Wächterhaus des Palastes. Zwei von ihnen kommen im Schußwechsel mit der Leibwache des Premiers ums Leben, die übrigen dringen in den brennenden Palast ein. Im Gang treffen sie auf Ahmadu Bello, der aus seinem Schlafzimmer läuft. Bello wird tödlich von einer Kugel in die Schläfe getroffen.

Die Stadt schläft, die Straßen sind leer.

Es ist drei Uhr nachts.

Ibadan: der Palast des Premierministers von Westnigeria, Chief Samuel Akintola, steht auf einem der sanften Hügel, auf denen dieses aus ebenerdigen Häusern bestehende Stadt-Dorf liegt, das man »das größte Dorf der Welt« nennt und das eineinhalb Millionen Einwohner zählt. Seit drei Monaten toben in dieser Region blutige Kämpfe, in der Stadt herrscht Polizeistunde, der Palast Akintolas wird scharf bewacht. Das Militär setzt zum Sturm an, es kommt zu einem Schußwechsel, dann zu einem regelrechten Gefecht. Eine Gruppe von Offizieren dringt in den Palast ein. Akintola findet, von dreizehn Kugeln getroffen, auf der Veranda den Tod.

Es ist drei Uhr nachts.

Benin: die Armee besetzt die Rundfunkstation, Post und andere wichtige Objekte. Soldaten beziehen an den Ausfallstraßen der Stadt Stellung. Eine Gruppe von Offizieren entwaffnet die Polizisten, die vor der Residenz des Premierministers der Region, Denis Osadebayo, Wache halten. Es fällt kein einziger Schuß. Hin und wieder fährt ein grüner Jeep mit ein paar Soldaten durch die Straßen.

Es ist drei Uhr nachts.

Enugu: die Residenz des Premierministers von Ostnigeria, Dr. Michael Okpara, wird still und unbemerkt umstellt. Im Inneren schläft außer dem Premierminister noch dessen Gast, der Präsident von Zypern, Erzbischof Makarios. Der Anführer der Rebellen sichert beiden zu, daß sie sich frei bewegen können. In Enugu ist die Revolution liebenswürdig. Andere Gruppen der Armee besetzen die Rundfunkstation, die Post und sperren die Ausfallstraßen der Stadt, die immer noch schläft.

Der Umsturz wurde in fünf Städten Nigerias gleichzeitig und mit Erfolg durchgeführt. Im Verlauf weniger Stunden machte sich eine winzige Armee faktisch zum Herrscher über dieses riesige Land, eine afrikanische Großmacht. In einer einzigen Nacht enden Hunderte politische Karrieren durch Tod, Verhaftung oder die Flucht in den Busch.

Samstag – Morgen, Mittag und Abend.

Lagos erwacht, es weiß noch von nichts. Für die Stadt bricht ein ganz normaler Tag an – die Läden werden geöffnet, die Menschen gehen zur Arbeit. In der Innenstadt selbst sind keine Soldaten zu sehen. Doch auf der Post bekommen wir zu hören, daß die Verbindungen zur übrigen Welt unterbrochen sind. Man kann keine Fernschreiben aufgeben. In der Stadt kursieren die ersten Gerüchte. Die meisten wollen wissen, daß Balewa verhaftet ist. Daß das Militär einen Staatsstreich durchgeführt hat. Ich fahre zur Kaserne in Ikoyi (ein Viertel von Lagos). Aus dem Tor rollen Jeeps mit Patrouillen, ausgerüstet mit automatischen Waffen, mit Maschinengewehren. Frauen, die davon leben, daß sie auf der Straße kochen und einfache Speisen verkaufen, schlagen hier ihr qualmendes Lager auf.

Am anderen Ende der Stadt tritt das Parlament zusammen. Vor dem Gebäude viele Soldaten. Sie durchsuchen uns beim Eintreten. Von den 312 Mitgliedern des Parlaments sind nur 33 gekommen. Ein einziger Minister ist erschienen – R. Okafor. Er macht den Vorschlag, die Tagung zu verschieben. Die anwesenden Abgeordneten verlangen Erklärungen: Was ist geschehen? Was geschieht jetzt? Darauf betritt eine Patrouille von acht Soldaten den Saal und treibt die Versammelten auseinander.

Der Rundfunk sendet Musik. Keinerlei Verlautbarungen. Ich fahre zum Korrespondenten von AFP, David Laurell. Wir sind beide den Tränen nahe. Das sind für Journalisten die schlimmsten Momente: Sie haben Nachrichten von internationaler Bedeutung an der Hand, können sie aber nicht übermitteln. Wir fahren zusammen zum Flughafen. Er wird von einer Abteilung der Marine bewacht. Er ist leer, es gibt keine Passagiere, keine Flugzeuge. Auf dem Rückweg werden wir von einem Militärposten angehalten: Sie wollen uns nicht in die Stadt lassen. Es gibt eine lange Diskussion. Die Soldaten sind freundlich, höflich, ruhig, dann kommt ein Offizier und erlaubt uns weiterzufahren. Wir kehren durch Viertel zurück, die völlig im Dunkeln liegen: Es gibt immer noch keinen Strom. Nur die Händlerinnen haben bei ihren Buden Kerzen oder Öllampen entzündet, wodurch die Straßen von weitem an Friedhofsalleen am Allerseelentag erinnern. Sogar die Nacht ist unerträglich schwül und drückend, so daß man kaum atmen kann.

Sonntag – die neuen Machthaber.

Über der Stadt kreisen Helikopter, doch sonst ist der Tag völlig ruhig. Der Plan zur Durchführung eines solchen Umsturzes (diese Umstürze häufen sich) ist für gewöhnlich das Werk einer kleinen Gruppe von Offizieren, die in Kasernen wohnen, zu denen Zivilisten keinen Zutritt haben. Sie agieren in totaler Konspiration. Die Bewohner des Landes erfahren erst davon, wenn alles vorbei ist, und auch dann meist nur Gerüchte.

Diesmal klärt sich die Lage rasch auf. Kurz vor Mitternacht spricht der neue Staatschef, Generalmajor John Thomas Auiyi-Ironsi, der vierzigjährige Führer der Armee, im Rundfunk. Er sagt, die Armee habe »sich bereit erklärt, die Macht zu übernehmen«, Verfassung und Regierung seien suspendiert. Die Regierungsgeschäfte lägen jetzt beim Obersten Militärrat. Im Land würden Recht und Ordnung wiederhergestellt.

Montag – Ursachen des Staatsstreichs.

In den Straßen herrscht unbändige Freude. Wenn ich nigerianischen Bekannten begegne, klopfen sie mir auf die Schultern, lachen, sind bester Laune. Ich gehe über den Marktplatz – die Menge tanzt, ein Junge schlägt auf einem Blechfaß den Rhythmus. Vor einem Monat war ich Zeuge eines ähnlichen Coup d'États in Dahomey – auch dort jubelte die Straße dem Militär zu. Die jüngste Serie von Militärputschen ist in Afrika sehr populär und wird enthusiastisch begrüßt.

In Lagos langen die ersten Unterstützungs- und Loyalitätserklärungen für die neuen Machthaber ein: »Der 15. Januar«, so heißt es in der Resolution einer der Parteien des Landes, der UPGA (United Progressive Grand Alliance), »wird in die Geschichte unserer großen Republik als jener Tag eingehen, an dem wir zum ersten Mal die wahre Freiheit erlangten, obwohl Nigeria schon seit fünf Jahren unabhängig ist. Der aberwitzige Drang unserer Politiker, sich die Taschen zu füllen, hat den Namen Nigerias im Ausland befleckt ..... In unserem Land wuchs eine herrschende Kaste heran, die ihre Macht nur darauf stützte, daß sie gegenseitigen Haß säte, den Bruder gegen den Bruder aufhetzte, alle vernichtete, die anderer Meinung waren als sie ..... Wir begrüßen die neue Staatsmacht genau so, als hätte Gott sie uns geschickt, damit sie die Nation von den schwarzen Imperialisten, von Tyrannei und Intoleranz, von Betrug und den verderblichen Ambitionen jener befreit, die glaubten, sie repräsentierten Nigeria ..... In unserem Vaterland darf kein Platz sein für diese politischen Wölfe, die das Land ausgeplündert haben.«

In der Resolution der Jugendorganisation »Zikist Movement« heißt es: »Die allgemeine Anarchie und die Enttäuschung der Massen haben diesen Umsturz notwendig gemacht. In den Jahren der Unabhängigkeit wurden die grundlegenden Menschenrechte von der Regierung brutal mit Füßen getreten. Den Menschen wurde das Recht verwehrt, in Freiheit und gegenseitiger Achtung zu leben. Sie durften keine eigene Meinung haben. Organisiertes politisches Gangstertum und eine Politik der Fälschung machten jede Wahl zur Farce. Statt der Nation zu dienen, waren die Politiker nur damit beschäftigt, Geld zusammenzuraffen. Arbeitslosigkeit und Ausbeutung wuchsen, und die kleine Clique der herrschenden Faschisten kannte keine Grenzen, wenn es darum ging, die Bevölkerung zu drangsalieren.«

So treten eine Reihe afrikanischer Länder in ihrer kurzen Nachkriegsgeschichte bereits in die zweite Etappe ein. Die erste Etappe war die rasche Entkolonialisierung, das Erlangen der Unabhängigkeit. Die Menschen waren überzeugt, die Freiheit würde ihnen ein besseres Dach über dem Kopf, eine größere Schüssel Reis, das erste Paar Schuhe in ihrem Leben bringen. Es würde ein Wunder eintreten – die Vermehrung von Brot, Fisch und Wein. Doch nichts dergleichen geschah. Im Gegenteil – die Bevölkerung wuchs sprunghaft, und es fehlte an Nahrungsmitteln, Schulen und Arbeitsplätzen für sie. Der Optimismus machte bald Enttäuschung und Pessimismus Platz. Die ganze Verbitterung der Menschen, ihre Wut und ihr Haß entluden sich gegen die eigenen Eliten, die nur damit beschäftigt waren, sich rasch zu bereichern. In einem Land ohne große private Industrie, wo die Plantagen Ausländern gehören und die Banken dem fremden Kapital, ist die politische Karriere der einzige Weg, um an ein Vermögen zu gelangen.

Insgesamt schaffen Armut und Enttäuschung der unteren und Gier und Unersättlichkeit der oberen Schichten eine vergiftete Atmosphäre, die das Militär richtig erkennt, das sich als Verteidiger der Erniedrigten und Beleidigten ausgibt, die Kasernen verläßt und nach der Macht greift.

Dienstag – die Tam-Tams rufen zum Krieg.

Ein Bericht aus Ostnigeria, der heute von der in Lagos erscheinenden Tageszeitung *The Daily Telegraph* abgedruckt wurde:

»Enugu. – Als die Nachricht von der Verhaftung des Premierministers von Ostnigeria, Dr. Michael Okpara, in seiner Heimatregion Bende bekannt wurde, riefen dort in allen Dörfern – in Ohuku, Ibeke, Igbere, Akyi, Ohafia, Abiriba, Abam und Nkporo – die Kriegs-Tam-Tams die Stammeskrieger zum Kampf auf. Den Kriegern wurde gesagt, irgendwelche Leute hätten ihren Landsmann Dr. Okpara entführt. Anfangs glaubten die Krieger, das sei das Werk von Agenten der regierenden Koalition, und beschlossen, in den Kampf zu ziehen. Alle Besitzer von Autos übergaben diese den Kriegern. Innerhalb weniger Stunden wurde die Hauptstadt von Ostnigeria, Enugu, von einer Armee von Stammeskriegern besetzt, die bis an die Zähne mit Schwertern, Spießen, Bogen und Schilden bewaffnet waren. Die Krieger sangen Kampflieder. Durch die ganze Stadt dröhnten die Tam-Tams. Bei diesem Stand der Dinge wurde den Anführern der Krieger erklärt, die Armee habe die Macht übernommen, Dr. Okpara sei am Leben, er stünde bloß unter Hausarrest. Als die Krieger begriffen, was man ihnen gesagt hatte, äußerten sie große Genugtuung und zogen in ihre Dörfer ab.«

Donnerstag, 20. Januar – Reise nach Ibadan.

Ich fuhr nach Westnigeria, um in Erfahrung zu bringen, was die Menschen dort über den Umsturz redeten. An den Kreuzungen von Lagos kontrollierten Soldaten und Polizisten Autos und Gepäck. Von Lagos nach Ibadan sind es 150 Kilometer auf einer grünen Straße, die durch sanfte Hügel führt. In den letzten Monaten, während deren Bürgerkrieg herrschte, sind auf dieser Straße zahlreiche Menschen ums Leben gekommen. Man wußte nie, auf wen man hinter der nächsten Kurve stoßen würde. Im Straßengraben lagen ausgebrannte Autos, meist große Limousinen mit Regierungskennzeichen. Ich blieb bei einem stehen – es lagen noch verkohlte Knochen darin. Alle kleinen Städte entlang der Straße trugen die Spuren der Kämpfe. Skelette ausgebrannter Häuser, andere Häuser waren völlig dem Erdboden gleichgemacht, die leeren Höhlen ausgeplünderter Läden, zerschlagene Möbel, Lastwagen, die mit den Rädern nach oben lagen, Schutt und Asche. Alles war leer, die Menschen waren geflüchtet.

Ich komme zu Akintolas Residenz. Sie liegt am Rande von Ibadan, in einem mit Bäumen bestandenen Villenviertel hoher Ministerialbeamter, das jetzt völlig ausgestorben ist. Die imponierenden, luxuriösen und kitschigen Villen der Minister sind demoliert und leer. Sogar die Dienerschaft hat sich davongemacht. Ein Teil der Minister ist ums Leben gekommen, andere sind nach Dahomey geflohen. Vor Akintolas Residenz stehen ein paar Polizisten. Einer nimmt einen Karabiner und begleitet mich, um mir die Residenz zu zeigen. Es ist eine große, neue Villa. Gleich beim Eingang auf dem Marmorboden der Veranda eine Lache getrockneten Blutes. Daneben liegt noch eine blutige Galabija. Ein Haufen verstreuter, zerrissener Briefe und zwei Plastik-Maschinenpistolen – Spielsachen, vielleicht von den Enkeln Akintolas. Die Wände von Kugeln durchsiebt, der ganze Hof mit Glas übersät, die Netze in den Fenstern wurden von den Soldaten zerfetzt, als sie die Residenz stürmten.

Akintola war 55 Jahre alt, er war ein dicker Mann mit einem breiten, reich tätowierten Gesicht. In den letzten Monaten verließ er seine von Polizisten bewachte Residenz nicht mehr – er hatte Angst. Vor fünf Jahren war er noch ein durchschnittlich wohlhabender Rechtsanwalt. Nach einem Jahr als Premierminister hatte er schon Millionen. Er transferierte einfach Geld vom Konto der Regierung auf private Konten. Wo man auch hinkommt, überall stehen seine Villen, in Lagos, in Ibadan, in Abeokuta. Er besaß zwölf Limousinen, die er im übrigen nie benützte, er schaute sie nur gern an, wenn er auf der Veranda saß. Auch seine Minister bereicherten sich innerhalb kurzer Zeit. Wir bewegen uns hier in der Welt sagenhafter Vermögen, die man mit Hilfe der Politik, oder besser, mit Hilfe politischen Gangstertums machen kann, indem man Parteien zerschlägt, Wahlen fälscht, Gegner umbringt, auf hungrige Massen schießen läßt. Und das alles muß man vor dem Hintergrund der drückenden Armut sehen, vor dem Hintergrund des Landes, das Akintola regierte – eines ausgebrannten, entvölkerten, blutenden Landes.

Am Nachmittag kehrte ich nach Lagos zurück.

Samstag, 22. Januar – das Begräbnis Balewas.

Ein Kommuniqué des Föderativen Militärrates über den Tod des ehemaligen Premierministers von Nigeria – Sir Abubakar Tafawa Balewa:

»Am Freitag morgen meldeten Bauern aus der Gegend von Otto in der Nähe von Lagos, sie hätten im Busch eine Leiche gefunden, die Tafawa Balewa ähnlich sähe. Die Leiche befand sich in sitzender Stellung, den Rücken an einen Baum gelehnt. Sie war mit einer weiten, weißen Galabija bedeckt, und bei den Füßen lag eine runde Kappe. Noch am selben Tag wurde die Leiche mit einer Sondermaschine in Balewas Heimatstadt Bauchi (in Mittelnigeria) gebracht. Außer dem Piloten und dem Funkoffizier waren nur Soldaten in der Maschine. Die Leiche von Tafawa Balewa wurde im Beisein einer großen Gruppe von Menschen auf dem islamischen Friedhof beigesetzt.«

Die Tageszeitung *New Nigerian* schreibt, daß die Menschen in Nordnigeria nicht an den Tod ihres Führers Ahmadu Bello glauben. Sie seien überzeugt, er sei nach Mekka geflohen, unter den Schutzmantel Allahs.

Heute sagte mir mein Freund, der nigerianische Student Nizi Onyebuchi: »Unser neuer Führer, General Ironsi, ist ein übernatürlicher Mensch. Jemand hat auf ihn geschossen, und die Kugel hat ihre Bahn geändert, ohne den General auch nur zu streifen.«

MEINE KLEINE GASSE, 1967. Die Wohnung, die ich in Lagos gemietet habe, wird ständig ausgeraubt. Und das nicht nur dann, wenn ich für längere Zeit wegfahre – nach Tschad, Gabun oder Guinea – nein, auch wenn ich nur eine kurze Reise in eine nahe Stadt wie Abeokuta oder Oshogbo unternehme, weiß ich, daß bei meiner Rückkehr das Fenster aus dem Rahmen gerissen, die Möbel durcheinandergeworfen, die Schränke leergeplündert sein werden.

Die Wohnung liegt im Zentrum der Stadt, auf der Insel Lagos. Diese Insel war früher einmal ein Stützpunkt von Sklavenhändlern, und diese schändliche, düstere Provenienz der Stadt hat irgendwie ein Element der Unruhe und Gewalttätigkeit in ihrer Atmosphäre hinterlassen. Das macht sich immer wieder bemerkbar. Ich fahre zum Beispiel mit dem Taxi und unterhalte mich mit dem Fahrer, da verstummt dieser plötzlich und schaut sich nervös in der Straße um. »Was ist geschehen?« frage ich neugierig. »*Very bad place!*« antwortet er mit gedämpfter Stimme. Wir fahren weiter, er entspannt sich und redet wieder ganz ruhig. Da geht plötzlich am Straßenrand (in der Stadt gibt es keine Gehsteige) eine Gruppe Menschen, und bei ihrem Anblick verstummt der Fahrer von neuem, hält Umschau und beschleunigt den Wagen. »Was ist geschehen?« frage ich. »*Very bad people*«, sagt er, und erst nach ein paar Kilometern nimmt er die unterbrochene Unterhaltung wieder auf.

Im Kopf eines solchen Fahrers muß einer jener Stadtpläne eingeprägt sein, wie sie in Polizeikommissariaten an den Wänden hängen. Immer wieder leuchten darauf verschiedenfarbige Warnlichter auf, blinken und pulsieren, wodurch sie Orte der Gefahr, von Überfällen und Verbrechen, signalisieren. Auf dem Plan der Innenstadt, wo ich wohne, sind diese Warnlichter besonders häufig. Ich könnte zwar nach Ikoyi ziehen – das sichere und luxuriöse Viertel der nigerianischen Reichen, Europäer und Diplomaten, doch dieser Ort ist mir zu künstlich, zu exklusiv, in sich geschlossen und streng bewacht. Ich möchte in einer afrikanischen Stadt wohnen, in einer afrikanischen Straße, einem afrikanischen Haus. Wie kann ich sonst diese Stadt kennenlernen? Diesen Kontinent?

Doch es ist für einen Weißen nicht leicht, in einem afrikanischen Viertel zu wohnen. Zuerst äußern die Europäer ihren Unmut und protestieren. Wer so etwas vorhat, der muß ein Narr sein, der ist nicht ganz bei Trost. Sie versuchen ihn also davon abzuhalten, zu warnen: Du kommst dort ganz sicher ums Leben, nur die Form deines Todes steht noch nicht fest – entweder bringen sie dich um, oder du gehst von selber zugrunde, weil die Lebensbedingungen dort so entsetzlich sind.

Aber auch die afrikanische Seite betrachtet mein Vorhaben ohne Begeisterung. Erstens gibt es da technische Schwierigkeiten – wo soll ich wohnen? So ein Viertel ist arm und eng, die Häuser sind elend, Lehmhütten, Slumbehausungen, es ist stickig und gibt keinen Strom, überall Schmutz, Gestank und Ungeziefer. Wo soll man da einen Unterschlupf finden? Einen eigenen Winkel für sich? Man braucht nur die Schwierigkeiten mit dem Wasser zu nehmen. Das Wasser muß man vom anderen Ende der Straße holen, weil dort der Brunnen steht. Das besorgen Kinder. Seltener auch Frauen. Niemals Männer. Und da soll sich so ein weißer Herr zusammen mit den Kindern in der Schlange beim Brunnen anstellen? Ha! Ha! Ha! Das ist unmöglich! Oder, sagen wir, daß du dein Zimmer hast, in dem du dich einschließen möchtest, um zu arbeiten. Dich einschließen? So etwas ist völlig undenkbar. Wir alle leben gemeinsam – in der Familie, im Haufen, Kinder, Erwachsene, Alte –, wir trennen uns nie, sogar nach dem Tod bleiben unsere Geister unter den Lebenden, bei denen, die noch auf der Welt sind. Sich allein in einem Zimmer einzuschließen, so daß keiner hineingehen kann? Ha! Ha! Ha! Das ist unmöglich! »Und außerdem«, versuchen mir die Einheimischen sanft zu erklären, »ist es in unserem Viertel nicht sicher. Hier gibt es viele schlimme Menschen. Am gefährlichsten sind die *Boma boys*, Gangs wilder Straßenräuber, die Menschen überfallen, verprügeln und berauben, eine schreckliche Bande, die alles zerstört. Die bekommen sofort Wind davon, daß ein alleinstehender Europäer hierhergezogen ist. Und für die ist jeder Europäer steinreich. Wer wird dich dann in Schutz nehmen?«

Ich ließ mich jedoch nicht abbringen. Ich hörte auf keine Warnungen, war fest entschlossen. Vielleicht ein wenig auch deshalb, weil ich manchmal beim Anblick von Menschen zusammenzucke, die nach Afrika kommen, hier in »Klein-Europa« oder »Klein-Amerika« wohnen (das heißt in Luxushotels), wieder wegfahren und sich nachher brüsten, sie hätten in Afrika gelebt, das sie in Wahrheit nie gesehen haben.

Da ergab sich plötzlich eine Gelegenheit. Ich lernte den Italiener Emilio Madera kennen, der in einer kleinen Gasse unweit der Massey Street ein Magazin mit Landwirtschaftsgeräten besaß, das schon geschlossen war (die Weißen liquidierten langsam ihre Geschäfte), und daneben, oder eher darüber, eine Dienstwohnung mit zwei Zimmern, die leer stand, weil niemand hier wohnen wollte. Er war froh, daß ich bereit war, diese Dienstwohnung zu mieten. Er brachte mich an einem Abend mit dem Auto hin und half mir, die Sachen hinaufzutragen (man stieg über eine an der Außenwand des Gebäudes befestigte Eisentreppe in den ersten Stock). Im Inneren herrschte angenehme Kühle, weil Emilio schon am Morgen die Klimaanlage eingeschaltet hatte. Auch der Kühlschrank war in Betrieb. Der Italiener wünschte mir eine gute Nacht und verschwand eilig, weil er am nächsten Morgen nach Rom fliegen wollte – nach dem letzten Militärputsch befürchtete er neue Unruhen und wollte einen Teil seines Geldes außer Landes schaffen.

Ich begann auszupacken.

Nach einer Stunde ging das Licht aus.

Die Wohnung lag sofort in völliger Dunkelheit, und ich besaß keine Taschenlampe. Am schlimmsten war jedoch, daß auch die Klimaanlage aussetzte und es im selben Moment heiß und stickig wurde. Ich öffnete das Fenster. Von draußen drang Gestank ins Zimmer, eine Mischung von verfaulten Früchten, verbranntem Öl, Abwaschwasser und Urin. Obwohl das Meer nicht weit sein konnte, war in diesem engen Gäßchen kein Lufthauch zu spüren. Es war März, der Monat der schlimmsten Hitze, die Nacht schien noch schwüler und heißer zu sein als der Tag. Ich schaute aus dem Fenster. Unten in der Gasse lagen halbnackte Menschen auf geflochtenen Matten oder einfach auf dem Boden. Frauen und Kinder schliefen, ein paar Männer hockten an der Wand einer Lehmhütte und schauten zu mir herauf. Ich wußte nicht, was ihre Blicke zu bedeuten hatten. Wollten sie mich kennenlernen? Mir helfen? Mich umbringen?

Ich war überzeugt, daß ich es in der Hitze, die in der Wohnung herrschte, nicht bis zum Morgen aushalten würde, und ging hinunter. Zwei Männer erhoben sich, die anderen schauten mich nur unbewegt an. Wir alle waren in Schweiß gebadet, waren tödlich erschöpft, es ist allein schon eine entsetzliche Anstrengung, in diesem Klima zu existieren. Ich fragte sie, ob es öfter einen Stromausfall gebe. Sie wußten es nicht. Ich fragte, ob man das reparieren könne. Sie unterhielten sich in einer mir unverständlichen Sprache. Einer ging irgendwohin. Es vergingen Minuten, eine Viertelstunde. Schließlich kehrte er in Begleitung zweier junger Männer zurück. Die sagten, sie könnten den Strom für zehn Pfund reparieren. Ich war einverstanden. Wenig später war es in der Wohnung wieder hell, und auch die Klimaanlage arbeitete wieder. Nach ein paar Tagen – wieder ein Stromausfall, wieder zehn Pfund, dann fünfzehn und zwanzig.

Und die Diebstähle? Anfangs packte mich schon Wut, wenn ich die ausgeplünderte Wohnung betrat. Wenn man bestohlen wird, bedeutet das vor allem, daß man erniedrigt, betrogen wird. Doch hier überzeugte ich mich bald davon, daß es einen gewissen psychischen Luxus darstellt, einen Diebstahl bloß als Erniedrigung und Betrug anzusehen. Nachdem ich einige Zeit unter den Armen meines Viertels gewohnt hatte, begriff ich, daß ein Diebstahl, sogar ein geringfügiger Diebstahl, ein Todesurteil bedeuten kann. Ich sah in einem Diebstahl einen Totschlag, einen Mord. In der kleinen Gasse lebte in einem Winkel eine alleinstehende Frau, deren einziger Besitz ein Topf war. Sie verdiente ihren Lebensunterhalt damit, daß sie von den Gemüsehändlerinnen Bohnen auf Kredit kaufte, diese kochte, mit Soße zubereitete und an die Leute verkaufte. Für viele war eine Schüssel Bohnen die einzige Mahlzeit am Tag. Doch eines Nachts weckte uns ein durchdringender Schrei. Die ganze Gasse schreckte auf. Die Frau rannte verzweifelt und wie von Sinnen herum: Man hatte ihr den Topf gestohlen und damit hatte sie das einzige Hilfsmittel verloren, von dem sie lebte.

Viele Leute in der kleinen Gasse besitzen nur einen Gegenstand. Der eine besitzt ein Hemd, jener eine Panga, ein anderer – niemand weiß, woher – eine Keilhaue. Wer ein Hemd hat, kann sich als Nachtwächter verdingen (denn keiner will einen halbnackten Wächter anstellen), wer eine Panga hat, kann zum Schneiden von Unkraut angestellt werden, der mit der Keilhaue kann Gräben ausheben. Andere haben nur ihre Muskelkraft zu verkaufen. Die hoffen darauf, daß sie jemand als Träger oder Boten brauchen kann. Doch in allen Fällen sind die Aussichten auf Beschäftigung gering, denn die Konkurrenz ist riesig groß. Im übrigen sind das alles nur kurzzeitige Beschäftigungen – für einen Tag, für ein paar Stunden.

In meiner kleinen Gasse, in den Nebengassen und im ganzen Viertel wimmelt es daher von untätigen Menschen. Sie wachen am Morgen auf und gehen auf die Suche nach Wasser, um sich das Gesicht zu waschen. Dann kauft sich derjenige, der etwas Geld besitzt, ein Frühstück: ein Glas Tee und ein Stück trockenes Brot. Doch viele Menschen essen gar nichts. Schon vormittags ist die Hitze kaum zu ertragen – man muß daher einen Ort suchen, wo es Schatten gibt. Mit dem Vorrücken der Stunden zieht der Schatten hinter der Sonne her, und hinter dem Schatten wiederum der Mensch, dessen einzige Beschäftigung tagsüber darin besteht, hinter dem Schatten herzukriechen, in seinem dunklen, kühlen Inneren Schutz zu suchen. Der Hunger. Man möchte unbedingt etwas essen, doch es gibt nichts. Noch dazu zieht von der nahen Bar der Duft von gebratenem Fleisch herüber. Warum stürmen diese Menschen nicht die Bar, sie sind doch jung und kräftig?

Und wirklich, einer von ihnen hat es nicht länger ausgehalten. Denn plötzlich ist ein Schrei zu hören. Es ist eine Straßenhändlerin, die schreit, weil ihr ein Junge ein Büschel Bananen gestohlen hat. Die Bestohlene und ihre Nachbarinnen rennen ihm nach und holen ihn schließlich ein. Man weiß nicht, von wo die Polizei gekommen ist. Die Polizisten hier tragen große, hölzerne Knüppel, mit denen sie blindlings und brutal dreinschlagen. Der Junge liegt nun auf der Straße, eingerollt, zusammengekrümmt, und versucht sich vor den Schlägen zu schützen. Sofort entsteht ein Auflauf, was hier oft der Fall ist, weil die Masse der untätigen Menschen auf jedes Ereignis, jede Unruhe, jede Sensation lauert, nur damit sie eine Unterhaltung, etwas zum Gaffen, einen Zeitvertreib hat. Jetzt drängen die Menschen immer näher, als stellten das Klatschen der Knüppelschläge und das Stöhnen des Geprügelten einen echten Ohrenschmaus dar. Mit Rufen und Geschrei feuern sie die Polizisten an. Wenn man hier einen Dieb schnappt, möchte man den auf der Stelle zerfleischen, lynchen, in Stücke hauen. Der Junge wimmert von Zeit zu Zeit, die Bananen hat er schon losgelassen. Die Umstehenden stürzen sich auf die Bananen, reißen sie einander aus den Händen.

Dann kehrt alles wieder zur Normalität zurück. Die Händlerin jammert und klagt immer noch, die Polizisten marschieren ab, der verdroschene Junge schleppt sich in irgendein Versteck – schmerzgekrümmt und hungrig. Die Menschen gehen auseinander, alle kehren an ihren Platz an der Hauswand, unter ein Dach – in den Schatten zurück. Dort bleiben sie, bis der Abend hereinbricht. Nach einem heißen und hungrig verbrachten Tag ist man geschwächt und wie gelähmt. Doch eine gewisse Betäubung, eine innere Lähmung erweist sich sogar als Vorteil – sonst könnte der Mensch gar nicht überleben: Der biologische, tierische Teil seiner Natur würde alles zerstören, was es an ihm noch Menschliches gibt.

Am Abend lebt die Gasse ein wenig auf. Die Bewohner kommen zusammen. Die einen sind die ganze Zeit hier herumgesessen, geplagt von Malariaanfällen. Die anderen kehren jetzt aus der Stadt zurück. Einige hatten einen glücklichen Tag: Sie haben irgendwo gearbeitet oder sind einem Verwandten begegnet, der seine paar Cents mit ihnen geteilt hat. Diese Glücklichen werden heute abend etwas essen – eine Schüssel Kassawa mit scharfer Paprikasoße, manchmal sogar ein hartgekochtes Ei oder ein Stück Hammelfleisch dazu. Einen Teil davon geben sie den Kindern ab, die gierig zuschauen, wie die Männer Bissen um Bissen hinunterschlingen. Hier verschwindet die größte Menge von Eßbarem auf der Stelle und spurlos. Alles, was es gibt, wird aufgegessen, bis auf den letzten Bissen, keiner besitzt irgendwelche Vorräte, im übrigen könnte er die auch nirgends aufbewahren, nirgends einschließen. Man lebt für den Augenblick, für den Moment, jeder Tag ist eine Hürde, die man mit Mühe nimmt, die Vorstellungsgabe reicht nicht über den heutigen Tag hinaus, man macht keine Pläne, hat keine Träume.

Wer einen Shilling besitzt, geht in die Bar. Es gibt hier überall Bars, in den Gassen, an den Kreuzungen, auf den Plätzen. Oft sind das armselige Räumlichkeiten mit Wänden aus Wellblech und einem Kattunvorhang an Stelle einer Tür. Und doch sollen wir uns dort wie in einem Lunapark, auf einem farbenfrohen Festplatz fühlen. Aus einem alten Radio ertönt Musik, von der Decke baumelt eine rote Glühbirne. An den Wänden hängen aus Zeitschriften ausgeschnittene Hochglanzbilder von Filmschauspielerinnen. Hinter dem Tresen steht für gewöhnlich eine stattliche, fettleibige Madame – die Besitzerin. Sie verkauft das einzige, was es in so einer Bar gibt – selbstgebrautes Bier. Es gibt verschiedene Sorten von Bier – aus Bananen oder Mais, Ananas oder Palmfrüchten hergestellt. Im allgemeinen spezialisiert sich jede dieser Frauen darauf, eine Sorte Bier herzustellen. Dieses Getränk besitzt drei Vorteile: a) es enthält Alkohol, b) da es flüssig ist, stillt es den Durst, und c) weil dieses Gebräu im Glas einen dicken, zähflüssigen Bodensatz hinterläßt, ist es für Hungrige auch ein Ersatz fürs Essen. Wenn jemand daher am Tag nur einen Shilling verdient, wird er den mit großer Wahrscheinlichkeit in der Bar ausgeben.

In meiner Gasse wohnt selten jemand für längere Zeit. Die Menschen, die hier durchwehen, sind die ewigen Stadtnomaden, Wanderer, die durch das chaotische und staubige Labyrinth der Straßen irren. Sie ziehen bald wieder weg und verschwinden spurlos, weil sie eigentlich nichts besitzen. Sie ziehen weiter, entweder angelockt vom traumhaften Versprechen irgendeiner Arbeit oder aus Angst vor einer Seuche, die plötzlich in der Gasse ausbricht, oder weil sie von den Besitzern der Lehmhütte oder Veranda verjagt wurden, denen sie für den Platz, den sie belegten, nichts bezahlen konnten. Alles in ihrem Leben ist provisorisch, fließend und brüchig. Es gibt es und gibt es nicht. Selbst wenn es einmal etwas gibt – dann für wie lange? Diese ewige Unsicherheit hat zur Folge, daß die Nachbarn in meiner Gasse in ständiger Bedrohung leben, in dauernder Angst. Sie haben die dörfliche

Armut hinter sich gelassen und sind in der Hoffnung in die Stadt gekommen, daß es ihnen hier bessergehen wird. Wer hier einen Cousin antraf, konnte damit rechnen, daß dieser ihn unterstützte, ihm einen Start ermöglichte. Doch viele dieser gestrigen Dorfbewohner haben hier keine Nächsten, keine Stammesgenossen gefunden. Oft verstehen sie nicht einmal die Sprache, die sie in den Straßen hören, sie wissen nicht, wie sie nach etwas fragen sollen. Die Stadt hat sie eingesogen, wurde zu ihrer einzigen Welt, schon am nächsten Morgen konnten sie nicht mehr loskommen von ihr.

Sie begannen damit, sich ein Dach über dem Kopf zu bauen, irgendeinen Winkel, ihren eigenen Platz. Diese Zuzügler besitzen kein Geld – sie sind ja in die Stadt gekommen, um etwas zu verdienen, und im übrigen war im traditionellen afrikanischen Dorf der Begriff des Geldes noch völlig unbekannt – daher konnten sie sich nur in den Slums einen Platz suchen. Die Anlage eines solchen Viertels ist ein ungewöhnlicher Anblick. Meist sehen die städtischen Behörden für diesen Zweck die schlechtesten Böden vor – sumpfige, morastige Gebiete oder nackte Wüste. Auf diesem Boden stellt jemand als erster seine Hütte auf. Daneben ein zweiter. Dann der nächste. So entsteht spontan eine Straße. Gegenüber rückt eine andere Straße vor. Wenn die beiden aufeinandertreffen, entsteht eine Kreuzung. Nun laufen diese Straßen auseinander, biegen ab, verästeln sich. So entsteht ein Viertel. Doch einstweilen sind die Leute noch damit beschäftigt, sich Material zu beschaffen. Von wo sie das nehmen, ist ein Rätsel. Graben sie es aus dem Boden? Holen sie es aus den Wolken herunter? Sicher ist nur, daß diese Massen, die keinen Cent besitzen, nichts kaufen. Auf dem Kopf, dem Rücken, unter der Achsel schleppen die Menschen Stücke von Blech, Brettern, dünnen Platten, Plastik, Karton und von Autokarosserien herbei und bauen, montieren, nageln und kleben das alles zu einem Mittelding zwischen einer Bude und einer Baracke zusammen, deren Wände aus spontanen, farbenfrohen Slum-Collagen bestehen. Um etwas zu haben, worauf sie schlafen können, weil der Erdboden oft aus sumpfigem Morast oder spitzen Steinen besteht, legen sie den Raum mit Elefantengras, Bananenblättern, Raffia oder Reisstroh aus. Diese Viertel, diese monströsen afrikanischen *papier-*

machés, werden tatsächlich aus allen nur erdenklichen Materialien gebaut, und es sind diese Viertel, und nicht Manhattan oder das Pariser Défense-Viertel, die den Gipfel der menschlichen Vorstellungskraft, Erfindungsgabe und Phantasie darstellen. Ganze Städte – errichtet ohne einen einzigen Ziegel, ohne ein Stabeisen, ohne einen Quadratmeter Glas!

Wie so viele Produkte spontaner Happenings haben auch diese Slumviertel nur ein kurzes Leben. Es genügt, daß sie sich zu weit ausdehnen oder daß die Stadt beschließt, auf diesem Boden etwas zu bauen. Ich war einmal Zeuge einer solchen Zerstörung, nicht weit von meiner Gasse entfernt. Das Slumviertel war bis an das Ufer der Insel gewachsen. Die Militärregierung betrachtete das als unzulässig. Am Morgen kamen Lastwagen mit Polizisten. Sofort rottete sich eine Menge zusammen. Dann rückten die Polizisten in geschlossenen Reihen gegen die Slumkolonie vor und verjagten die Bewohner. Es erhob sich ein Geschrei und entstand ein Tumult. In diesem Moment kamen Bulldozer, große, grellgelbe Caterpillar. In wenigen Augenblicken stiegen Wolken von Staub und Dreck hoch: Die Maschinen rollten vorwärts, wobei sie Straße um Straße demolierten und nur die zerstampfte, nackte Erde hinter sich ließen. An diesem Tag füllte sich unsere Gasse für einige Zeit mit Flüchtlingen aus dem demolierten Viertel. Es wurde eng, laut und noch stickiger als sonst.

Eines Tages kam ein Gast zu mir. Es war ein Mann in mittlerem Alter in einer weißen, islamischen Bekleidung. Er hieß Sulejman und stammte aus Nordnigeria. Er hatte einmal bei dem Italiener als Nachtwächter gearbeitet. Er kannte die Gasse und die ganze nähere Umgebung. Er war schüchtern und wollte sich in meiner Gegenwart nicht setzen. Er fragte, ob ich keinen Nachtwächter brauchte, denn er hatte gerade seine Arbeit verloren. Ich verneinte, doch er machte einen guten Eindruck auf mich und ich gab ihm fünf Pfund. Nach ein paar Tagen kam er wieder. Diesmal setzte er sich. Ich bereitete Tee für ihn zu. Wir begannen uns zu unterhalten. Ich sagte ihm, daß ich ständig bestohlen würde. Sulejman sah das als völlig normal an. Der Diebstahl ist eine – wenn auch unliebsame – Form der Nivellierung der Ungleichheiten. Es sei gut, daß sie mich bestehlen, meinte er, das sei sogar eine freundliche Geste ihrerseits. Auf diese Weise würden sie mir zu verstehen geben, daß ich ihnen nützlich sei, weshalb sie mich akzeptierten. Im Grunde könne ich mich doch sicher fühlen. Ob ich hier je eine echte Bedrohung empfunden habe? Ich gestand, daß dies nicht der Fall war. Na eben! Ich würde hier so lange sicher sein, als ich ihnen gestattete, mich ungestraft zu bestehlen. In dem Moment, da ich die Polizei einschaltete und begänne, sie zu verfolgen, sei es für mich besser, von hier zu verschwinden.

Nach einer Woche kam er wieder. Er bekam Tee, und dann sagte er mit geheimnisvoller Stimme, er würde mit mir zum Jankara Market gehen, dort könnten wir etwas Nützliches besorgen. Der Jankara Market ist ein Ort, wo Hexen, Kräuterweiber, Wahrsager und Geisterbeschwörer alle möglichen Amulette, Talismane, Ölzweige und Zaubermedizinen verkaufen. Sulejman ging von Tisch zu Tisch, schaute und stellte Fragen. Schließlich wies er mich an, von einer Frau ein Büschel weißer Hahnenfedern zu kaufen. Sie waren nicht billig, doch ich erhob keinen Einwand. Wir kehrten in meine Gasse zurück. Sulejman legte die Federn zusammen, wickelte einen Faden herum und hängte sie oben am Türrahmen auf.

Von diesem Zeitpunkt an verschwand nichts mehr aus meiner Wohnung.

SALIM. Plötzlich sah ich in der Dunkelheit zwei glühende Seher. Sie waren weit entfernt und bewegten sich ruckartig hin und her, als gehörten sie zu einem Tier, das im Käfig der Nacht unruhig herumsprang. Ich saß auf einem Stein am Rande der Oase Ouadane, in der Sahara, in Mauretanien, im Nordosten von Nouakchott, der Hauptstadt dieses Landes. Seit einer Woche versuchte ich von hier wegzukommen – vergeblich. Es ist nämlich schwierig genug, nach Ouadane zu gelangen, aber noch schwieriger, von hier wieder wegzukommen. Es gibt keine trassierte, befestigte Straße und auch keine ständigen Verkehrsmittel. Alle paar Tage oder Wochen kommt hier ein Lastwagen durch, und wenn der Fahrer uns mitnimmt, dann fahren wir, und wenn nicht, dann bleiben wir hier weiter stecken, um auf die nächste Gelegenheit zu warten, von der man nicht weiß, wann sie sich ergeben wird.

Die Mauren neben mir bewegten sich. Die Kälte der Nacht hatte eingesetzt, die hier ganz plötzlich kommt und nach der Hölle des sonnenverbrannten Tages den Menschen geradezu schmerzlich durchdringt. Es gibt keinen Fellmantel und keine Decke, die imstande wären, uns gegen diese Kälte zu schützen. Die Leute hier besaßen hingegen bloß alte, zerschlissene Satteldecken, in die sie sich eng eingehüllt hatten.

In der Nähe ragte ein schwarzes Rohr aus der Erde, das in dem mit Rost und Salz verkrusteten Mechanismus einer Saugpumpe auslief. Das war die einzige Benzinstation in dieser Gegend, und wenn ein Auto hier durchkam, mußte es an dieser Stelle haltmachen. In der Oase gab es keine andere Attraktion. Die gewöhnlichen Tage verlaufen hier gleichförmig und unveränderlich, monoton wie das Wüstenklima: Immer leuchtet dieselbe Sonne, glühend und einsam in einem toten, wolkenlosen Himmel.

Beim Anblick der noch fernen Lichter begannen die Mauren irgendwelche Bemerkungen auszutauschen. Ich verstand kein Wort ihrer Sprache. Vielleicht sagten sie: Nun, endlich! Endlich kommt er! Wir haben ihn doch noch erwartet!

Das wäre die Belohnung für lange Tage des Wartens, in denen sie geduldig auf den versteinerten, unbeweglichen Horizont starrten, auf dem sich seit langer Zeit keine bewegte Gestalt, nichts Lebendiges mehr gezeigt hatte, was die Aufmerksamkeit der Menschen hätte erregen und sie aus der Apathie ihres hoffnungslosen Wartens hätte reißen können. Auch die Durchfahrt eines Lastwagens – Personenwagen sind zu schwach, um bis hierher durchzukommen – würde im Leben dieser Menschen nichts ändern. Der Wagen hielt für gewöhnlich nur kurz und fuhr sofort wieder weiter. Doch selbst so ein kurzer Aufenthalt war für sie notwendig und wichtig: Er brachte Abwechslung in ihr Leben, war Thema für spätere Gespräche, und vor allem war er ein materieller Beweis für die Existenz einer anderen Welt und eine ermutigende Bestätigung dafür, daß diese Welt von ihrer Existenz hier wissen mußte, weil sie ja ihren mechanisierten Vorboten zu ihnen geschickt hatte.

Vielleicht stritten sie sich auch nur routinemäßig über die Frage: Schafft er es oder schafft er es nicht? Eine Fahrt durch diese Gebiete der Sahara ist nämlich ein gefährliches Abenteuer, eine ständige Lotterie, eine ewige Unbekannte. Auf dieser unwegsamen Strecke voller Trichter, Löcher, Abbrüche, den Weg versperrender Steine und Felsen, Wanderdünen und Bogendünen, Halden und Bänke rutschenden Schotters kommt der Wagen nur in einem Schneckentempo von ein paar Kilometern pro Stunde voran. In so einem Lastwagen hat jedes Rad seinen eigenen Antrieb, und jedes sucht sich, Meter um Meter, gleichsam »auf eigene Faust« einen Angriffspunkt, einmal dreht es durch, dann bleibt es wieder vor einem aufragenden Hindernis oder einer Senke stehen. Erst die Summe dieser mühevollen Anstrengungen und Kämpfe, ständig begleitet vom Heulen des gemarterten und überhitzten Motors und auch noch vom halsbrecherischen Schaukeln der hin und her geworfenen Ladefläche, erlauben es dem Lastwagen, sich vorwärts zu bewegen.

Doch die Mauren wußten auch, daß so ein Lastwagen manchmal hoffnungslos steckenbleiben konnte, wenn er schon kurz vor der Oase war, an deren äußerem Rand. Das kann passieren, wenn der Sturm Sanddünen über die Straße geweht hat, die eine Weiterfahrt unmöglich machen. Dann gelingt es entweder den Menschen, den Weg freizuschaufeln, der Chauffeur findet eine Umfahrung, oder er kehrt einfach zu seiner Basis zurück. Dann heißt es warten, bis ein neuer Sturm die Düne weitertreibt und den Weg freimacht. Diesmal jedoch kamen die elektrischen Lichter immer näher. Schließlich enthüllte ihr Schein die in der Dunkelheit versteckten Kronen der Dattelpalmen, die zerkratzten Wände der Lehmhütten und die neben der Straße schlafenden Ziegen und Schafe, bis schließlich ein gigantischer Berlier, eine dichte Staubwolke hinter sich herziehend, mit Krachen und Knirschen von Eisen vor uns stehenblieb. Berliers sind französische Lastwagen, die speziell für die Fahrt durch die Unwegsamkeit der Wüste gebaut sind. Sie besitzen riesige Räder mit breiten Reifen, und über die Kühlerhaube ragt ein oben montierter Luftfilter. Durch ihr riesiges Ausmaß und die bauchige Form des Filters erinnern diese Lastwagen aus der Entfernung an das Vorderteil einer alten Dampflokomotive.

Über eine Leiter kletterte der Chauffeur aus der Fahrerkabine – ein dunkler, bloßfüßiger Maure in einer langen, bis zu den Knöcheln reichenden indigofarbenen Galabija. Wie die meisten seiner Landsleute war er groß und kräftig gebaut. Menschen und Tiere mit großer Körpermasse ertragen die tropische Hitze leichter, daher sind die Bewohner der Sahara für gewöhnlich Leute von imponierendem Aussehen. Dazu kommt hier auch das Gesetz der natürlichen Auswahl zur Geltung – unter den harten Bedingungen der Wüste erreichen nur die Kräftigsten das Erwachsenenalter.

Der Chauffeur wurde sofort von den Mauren der Oase umringt. Laute Willkommensrufe, Begrüßungen, Fragen und Glückwünsche tönten durcheinander. Das dauerte endlos lange. Alle überschrien einander und wedelten mit den Armen, als feilschten sie auf einem lärmenden Marktplatz um irgend etwas. Nach einiger Zeit deuteten sie in der Unterhaltung mit dem Fahrer auf mich. Ich schaute erbarmungswürdig aus. Ich war dreckig, unrasiert und vor allem von der entsetzlichen Hitze des Sahara-Sommers völlig hergenommen. »Das wird so sein«, hatte mich vorher ein erfahrener Franzose gewarnt, »als würde dir jemand ein Messer hineinjagen. In den Rücken, in den Kopf. Zu Mittag stechen die Sonnenstrahlen dort so stark wie ein Messer.«

Der Fahrer betrachtete mich und sagte erst nichts, doch dann deutete er mit der Hand auf den Wagen und rief einwilligend: *»Jalla!«* (Vorwärts! Steig ein!) Ich kletterte in die Fahrerkabine und schlug die Tür zu. Wir fuhren sofort los.

Eigentlich wußte ich gar nicht, wohin wir fuhren. Im Licht der Scheinwerfer glitt vor uns der Sand dahin, immer derselbe in verschiedenen Schattierungen blinkende Sand, durchsetzt mit Schotterbänken und Felsbrocken, die Reifen hüpften einmal über granitene Schwellen und sackten dann wieder in Löcher und Felsrinnen. In der tiefschwarzen Nacht waren nur zwei Lichtflecken zu sehen, die über die Fläche der Wüste glitten, zwei helle, deutlich geränderte Kreise. Darüber hinaus war nichts zu sehen – nicht das geringste.

Nach einiger Zeit beschlich mich der Verdacht, daß wir blind drauflosfuhren, auf gut Glück, einfach geradeaus, denn nirgends war ein Orientierungspunkt auszumachen, es gab keine Zeichen, Pfähle oder andere Spuren eines Weges. Ich versuchte, den Mauren zu befragen. Ich deutete in die Nacht vor uns und fragte: »Nouakchott?«

Er schaute mich an und begann zu lachen: »Nouakchott?« sagte er so träumerisch, als handle es sich um die Gärten der Semiramis, die ja wirklich prachtvoll waren, aber für uns kleine Menschen doch zu hoch hingen. Daraus schloß ich, daß wir nicht die Richtung einschlugen, in die ich wollte, doch ich hatte keine Ahnung, wie ich herausbekommen sollte, wohin wir denn tatsächlich fuhren.

Es lag mir viel daran, irgendwie einen Kontakt zu ihm herzustellen, ihn näher kennenzulernen. »Ryszard«, sagte ich und deutete dabei auf mich. Dann zeigte ich auf ihn. Er begriff. »Salim«, erwiderte er und begann wieder zu lachen. Dann trat Schweigen ein.

Wir mußten glatteren Boden erreicht haben, denn der Berlier fuhr ruhiger und schneller dahin (wie schnell genau, weiß ich nicht, weil alle Anzeigetafeln im Wagen kaputt waren). Einige Zeit fuhren wir so, ohne ein Wort zu wechseln, bis ich schließlich einnickte.

Die plötzlich eintretende Stille weckte mich. Der Motor war abgestorben, und wenig später blieb der Lastwagen stehen. Salim drückte das Gaspedal nieder und drehte immer wieder den Zündschlüssel. Der Akkumulator arbeitete, ebenso der Anlasser, doch der Motor blieb stumm. Der Tag brach an, und es wurde hell. Der Maure suchte im Fahrerhaus nach dem Hebel, mit dem man die Motorhaube öffnete. Das erschien mir auf Anhieb seltsam und verdächtig: Wie das, ein Chauffeur, der die Motorhaube nicht öffnen kann? Schließlich fand er heraus, daß man sie aufbekam, indem man Klammern außen an der Haube löste. Er kletterte auf den Kotflügel und begann, den Motor zu untersuchen, doch er starrte in die verwirrende Konstruktion, als sähe er so etwas zum ersten Mal in seinem Leben. Er griff irgendwohin, versuchte etwas zu bewegen, aber das alles sehr laienhaft. Er drehte wieder den Zündschlüssel, doch der Motor blieb stumm wie ein Grab. Er fand die Werkzeugkiste, aber in der gab es nicht viel. Er holte einen Hammer, ein paar Schraubenschlüssel und einen Schraubenzieher heraus. Dann ging er daran, den Motor zu zerlegen.

Ich stieg aus der Fahrerkabine. Ringsum war Wüste, so weit das Auge reichte. Sand, und über diesen verstreut dunkle Steine. In der Nähe ragte ein walzenförmiger schwarzer Felsen aus dem Boden – der würde am Nachmittag, wenn die Sonne ihn erwärmt hatte, Gluthitze wie ein Hochofen ausstrahlen. Eine Mondlandschaft, begrenzt von der waagrechten, ideal geraden Linie des Horizonts – dort war die Welt zu Ende, und weiter gab es nur mehr Himmel und noch mehr Himmel. Keine Berge. Keine Sanddünen. Keine Blätter. Und natürlich auch kein Wasser. Wasser! Das ist es, was einem in einer solchen Situation als erstes in den Sinn kommt. Denn das erste, was der Mensch in der Wüste sieht, wenn er am Morgen die Augen aufschlägt, ist das Gesicht seines Feindes – das glühende Gesicht der Sonne. Dieser Anblick weckt in ihm sofort einen Selbsterhaltungstrieb – er greift zum Wasser. Trinken! Trinken! Nur auf diese Weise kann er seine Chance im ewigen Ringen mit der Wüste, im verzweifelten Zweikampf mit der Sonne wenigstens minimal verbessern.

Ich beschloß, mich auf die Suche nach Wasser zu machen, denn ich selber hatte gar nichts dabei – kein Wasser und auch keinen Proviant. In der Fahrerkabine entdeckte ich nichts. Aber etwas Wasser gab es doch: An der Unterseite des Fahrgestells waren links und rechts mit Stricken jeweils zwei Lederschläuche festgezurrt. Jeder war aus einer Ziegenhaut gefertigt, die ziemlich schlecht gegerbt und dann zusammengenäht worden war, so daß der Schlauch die Gestalt des Tieres bewahrte. Ein Ziegenbein diente als Schnabel, aus dem man trank.

Für einen Moment atmete ich erleichtert auf, doch nur für einen Moment, dann begann ich sofort zu rechnen. Ohne Wasser kann man in der Wüste einen Tag, höchstens zwei überleben, und auch das nicht immer. Die Rechnung ist ganz einfach: Unter diesen Bedingungen verliert der Mensch ungefähr zehn Liter Schweiß pro Tag, und um zu überleben, muß er eine ähnliche Menge Wasser aufnehmen. Wenn er das nicht tut, verspürt er sofort Durst. Der echte, ständige Durst in den heißen und trockenen Tropen ist ein erschöpfendes, zerstörendes Gefühl, das man schwerer erträgt als Hunger. Nach ein paar Stunden Durst wird der Mensch schwerfällig und schlaff, er wird schwach und verliert die Orientierung. Statt zu sprechen, beginnt er zu lallen, und dieses Lallen wird immer undeutlicher. Noch am selben Abend, oder am nächsten Tag, bekommt er hohes Fieber und stirbt wenig später.

Ich dachte, wenn Salim nicht mit mir teilt, sterbe ich noch heute. Und selbst wenn er mir einen Teil des Wassers abgibt, reicht der Vorrat für uns beide nur für einen weiteren Tag – das heißt, wir sterben morgen, spätestens übermorgen.

Ich versuchte meine rasenden Gedanken zu beruhigen und beschloß, dem Mauren bei der Arbeit zuzuschauen. Mit Öl beschmiert und verschwitzt, hatte Salim den Motor auseinandergenommen, hatte Schrauben aufgeschraubt und Leitungen herausgenommen, doch das alles ohne jede Ordnung und Sinn, wie ein Kind, das wütend ein Spielzeug zerlegt, wenn es nicht funktioniert. Auf den Kotschützern und der Stoßstange lagen überall Federn, Ventile, Dichtungen und Drähte, ein Teil war schon auf den Boden gefallen. Ich ließ ihn allein und ging zum anderen Ende des Lastwagens, dorthin, wo noch Schatten war. Ich setzte mich auf den Boden und lehnte mich gegen einen Reifen.

Salim.

Ich wußte nichts von diesem Menschen, in dessen Händen mein Leben lag. An diesem Tag jedenfalls. Wenn Salim mich vom Lastwagen und vom Wasser wegjagte – und er hatte einen Hammer in der Hand und wahrscheinlich ein Messer in der Tasche, und außerdem war er mir körperlich eindeutig überlegen –, wenn er mir befahl, von hier zu verschwinden und in die Wüste zu marschieren, dann würde ich nicht einmal mehr diese Nacht erleben. Und ich hegte die Vermutung, daß er genau so vorgehen könnte – immerhin würde er auf diese Weise sein eigenes Leben verlängern oder sich überhaupt retten, wenn rechtzeitig Hilfe einlangte.

Es war offensichtlich, daß Salim kein berufsmäßiger Chauffeur war, jedenfalls kein Chauffeur eines Berlier. Und er kannte sich in dieser Gegend auch nicht gut aus. Aber war es überhaupt möglich, die Wüste wirklich gut zu kennen, in der einander ablösende Unwetter und Stürme die Landschaft dauernd verändern, weil sie die Sanddünen immer wieder in andere Richtungen schieben und willkürliche Orientierungszeichen hinterlassen? In diesem Land kommt es oft vor, daß einer, wenn er einmal ein wenig Geld hat, sofort einen anderen verpflichtet, der weniger hat als er, damit dieser an seiner Stelle arbeitet und seine Aufgaben erfüllt. Sicher hatte der Chauffeur des Lastwagens Salim angemietet, damit dieser den Wagen für ihn in eine der Oasen brachte. Und hier wird kein Mensch jemals zugeben, daß er etwas nicht weiß oder kann. Wenn wir zu einem Taxichauffeur gehen, ihm eine Adresse zeigen und ihn fragen, ob er weiß, wo das ist, wird er, ohne einen Moment zu überlegen, ja sagen. Worauf eine Fahrt durch die ganze Stadt beginnt, immer im Kreis herum, weil er natürlich keine Ahnung hat, wohin er fahren soll.

Die Sonne stieg höher und höher. Das bewegungslose, wie versteinert daliegende Meer der Wüste sog ihre Strahlen ein, erhitzte sich und begann zu lodern. Die Stunde rückte näher, da alles zur Hölle wurde – die Erde, der Himmel, wir selber. Die Joruba glauben, daß der Mensch stirbt, wenn ihn sein Schatten verläßt. Und hier wurden alle Schatten ständig kürzer, kleiner, bleicher. Sie verschwanden langsam. Es rückten die schrecklichen Mittagsstunden näher – Stunden, in denen Menschen und Dinge keine Schatten haben, existieren und doch nicht existieren, nur mehr grelles, glühendes Weiß sind.

Ich dachte, dieser Augenblick sei schon erreicht, als ich plötzlich vor mir ein völlig anderes Bild sah. Der tote, reglose Horizont, den die Schwere der Hitze so niederdrückte, daß man meinen konnte, hier würde sich nichts mehr bewegen, nichts mehr erscheinen, begann sich plötzlich zu beleben und wurde grün. So weit der Blick reichte, sah ich hohe, üppige Palmen, ganze Palmenhaine, die am Horizont wuchsen, dicht, ohne Unterbrechung. Und dort gab es auch Seen, ja, große, blaue Seen, mit lebendiger, gewellter Oberfläche. Und da waren auch üppige Sträucher, mit dichten Zweigen, von einem frischen, leuchtenden, saftigen, kräftigen Grün. Und das alles zitterte ständig, veränderte sich, pulsierte, als läge es hinter einem dünnen Nebelschleier, unscharf und nicht zu greifen. Und dazu war in der Luft, um uns herum und auch dort, am Horizont, eine tiefe, durch nichts gestörte Stille: Kein Windhauch wehte, und in den Hainen gab es keine Vögel.

»Salim!« rief ich. »Salim!«

Unter den beiden Flügeln der hochgeklappten Kühlerhaube tauchte ein Kopf auf. Er blickte mich an.

»Salim«, wiederholte ich und zeigte mit der Hand auf die Wälder und Seen, diesen ganzen prächtigen Garten der Wüste, das Paradies der Sahara.

Salim schaute kurz in jene Richtung – ausdruckslos. In meinem schmutzigen, schweißüberströmten Gesicht mußte er Erstaunen, Verwirrung und Entzücken ablesen, und noch etwas, was ihn offensichtlich beunruhigte, denn er ging zum Lastwagen, machte einen Lederschlauch los, nahm einen Schluck und reichte mir wortlos den Rest. Ich griff nach dem ledernen, rauhen Sack und begann zu trinken. In meinem Kopf drehte sich alles, und ich lehnte meine Schulter gegen die Karosserie des Berlier, um nicht zu fallen. Ich trank, den Mund am Ziegenfuß festgesaugt, immer noch zum Horizont blickend. Doch während ich spürte, wie mein Durst gelöscht wurde und die Aufregung in mir sich legte, begann die grüne Landschaft aus meinem Blickfeld zu schwinden. Ihre Farben verblaßten und wurden schwächer, die Formen schrumpften und verschwammen. Als ich den Sack leergetrunken hatte, war der Horizont wieder flach, leer und tot. Das Wasser, ekliges Saharawasser, warm, schmutzig, durch Sand und Dreck dickflüssig, ließ mich zwar noch leben, doch es hatte mir den Anblick des Paradieses genommen. Das Größte an diesem Tag war jedoch die Tatsache, daß Salim mir von sich aus zu trinken gegeben hatte. Ich hatte keine Angst mehr vor ihm. Ich spürte, daß ich sicher war, zumindest bis zu dem Augenblick, da wir den letzten Tropfen getrunken hatten.

In der zweiten Hälfte des Tages lagen wir unter dem Lastwagen, in seinem schwachen, bleichen Schatten. In dieser Welt, umringt von lodernden Horizonten, war ich mit Salim das einzige Leben. Ich betrachtete den Boden in meiner Griffweite, die umliegenden Steine. Ich suchte irgendein lebendes Wesen, etwas, was zitterte, sich bewegte, dahinkroch. Ich erinnerte mich, daß irgendwo in der Sahara ein kleiner Käfer lebt, den die Tuaregs Ngubi nennen. Wenn es sehr heiß ist, so sagen sie, wird der Ngubi von Durst geplagt und möchte trinken. Leider gibt es nirgends Wasser, ringsum ist nur glühender Sand. Weil er aber doch trinken will, macht sich der kleine Käfer zu einer Anhöhe auf, das kann eine kleine Sandwelle sein, und beginnt eifrig hinaufzuklettern. Das ist ungeheuer anstrengend, eine wahre Sisyphusarbeit, weil der heiße und lose Sand immer wieder nachgibt und das Käferchen hinunterreißt, zum Ausgangspunkt seines kraftraubenden Weges. Daher dauert es nicht lange, und das Käferchen beginnt zu schwitzen. Am Ende bildet sich an seinem Hinterleib ein großer Tropfen Schweiß. Dann unterbricht der Ngubi seinen Aufstieg, krümmt sich und taucht sein Mäulchen in diesen Tropfen.

Er trinkt.

In einem Papiersack hatte Salim ein paar Zwiebäcke. Wir tranken den zweiten Lederschlauch leer. Es blieben uns noch zwei Schläuche. Ich dachte daran, etwas zu schreiben. Ich erinnerte mich, daß Menschen in solchen Augenblicken manchmal etwas schreiben. Doch mir fehlte die Kraft. Eigentlich verspürte ich keine Schmerzen. Ich wurde nur zunehmend leerer. Aus dieser Leere wuchs eine andere Leere.

Und plötzlich sah ich in der Dunkelheit zwei glühende Seher. Sie waren weit entfernt und hüpften auf und ab. Dann drang das Brummen eines Motors zu uns, ich sah einen Lastwagen, hörte Stimmen in einer mir unverständlichen Sprache. »Salim!« sagte ich. Ein paar dunkle Gesichter, seinem ähnlich, beugten sich über mich.

LALIBELA 1975. Mitteläthiopien ist eine gewaltige, weite Hochebene, die zahlreiche Schluchten und Täler durchschneiden. In der Regenzeit schießen am Boden dieser tiefen Abstürze tosende Flüsse dahin. In den Sommermonaten trocknen sie teilweise aus und verschwinden, so daß der trockene, rissige Grund freigelegt wird, über dem der Wind schwarze Wolken des Schlamms aufwirbelt, den die Sonne zu Asche verbrannt hat. Über dieser Hochebene ragen hier und da dreitausend Meter hohe Berge empor, die aber in nichts an die schneebedeckten, granitenen Alpen, Anden oder Karpaten erinnern. Die Berge bestehen aus verwittertem, bronze- und kupferfarbenem Gestein, und ihre Gipfel sind abgeflacht und so eben, daß diese Höhenzüge als natürliche Flughäfen dienen könnten. Wenn man mit dem Flugzeug über sie fliegt, sieht man dort ärmliche Behausungen, Lehmhütten, ohne Wasser und Licht. Sofort drängt sich einem die Frage auf – wie können die Menschen dort leben? Wovon? Was essen sie? Warum sind sie dort? An diesen Orten muß die Erde zur Mittagszeit die Temperatur glühender Schlacke annehmen, muß einem die Fußsohlen versengen, alles in Asche verwandeln. Wer hat diese Menschen zu dieser gespenstischen Verbannung unter dem Himmel verdammt? Warum? Was haben sie sich zuschulden kommen lassen? Ich hatte nie Gelegenheit, in diese Höhen zu klettern und eine Antwort zu suchen. Und auch hier, in der Hochebene, konnte mir niemand Auskunft über diese Menschen geben. Offensichtlich wußte niemand etwas von ihrer Existenz. Diese armen, dem Firmament nahen Teufel vegetierten irgendwo am Rande der Menschheit dahin, sie wurden geboren, ohne daß jemand das wahrnahm, und verschwanden, vermutlich rasch, wie unbekannte, anonyme Geschöpfe. Doch auch das Los der Menschen, die am Fuß der Berge wohnten, war nicht viel leichter und besser.

»Fahr nach Wollo«, sagte Teferi. »Fahr nach Haragwe. Hier siehst du nichts. Dort siehst du alles.«

Wir saßen auf der Veranda seines Hauses in Addis Abeba. Vor uns lag der von einer hohen Mauer umgebene Garten. Um den sanft plätschernden Springbrunnen standen üppige, tiefrote Bougainvilleen und grellgelbe Forsythien. Die von Teferi genannten Orte lagen ein paar hundert Kilometer von hier entfernt. Es handelte sich um eine Provinz, deren Bewohner massenhaft starben, verhungerten. Hier, auf dieser Veranda (aus der Küche wehte der Duft gebratenen Fleisches herüber) konnte man sich das gar nicht vorstellen. Wie kann man sich so etwas überhaupt vorstellen – »massenhaft sterben«? Der Mensch stirbt immer allein, der Moment des Sterbens ist der einsamste Moment in seinem Leben. »Massenhaft sterben« bedeutet, daß ein Mensch einsam stirbt. Nur, daß zur selben Zeit auch noch ein anderer Mensch stirbt, ebenfalls einsam. Und ebenso einsam noch einer. Und daß die Umstände es mit sich bringen, daß jeder von ihnen – und das meist, ohne daß er es will – den einsamen Moment seines eigenen, einzigartigen Sterbens durchmacht, während es um ihn herum noch viele andere gibt, die ebenfalls gerade in diesem Moment sterben.

Es war Mitte der siebziger Jahre. Afrika stand an der Schwelle der beiden düstersten Jahrzehnte seiner Geschichte. Bürgerkriege, Revolten, Staatsstreiche, Massaker und dazu noch eine Hungersnot, unter der Millionen Menschen in der Sahelzone (Westafrika) und in Ostafrika (vor allem im Sudan, im Tschad, in Äthiopien und Somalia) litten – das waren einige Merkmale dieser Krise. Die von zahllosen Versprechen und Hoffnungen begleitete Epoche der fünfziger und sechziger Jahre ging zu Ende. Im Verlauf dieser Epoche hatten die meisten Länder des Kontinents den Kolonialismus abgeschüttelt und ihre Existenz als unabhängige Staaten begonnen. In den politischen und ökonomischen Wissenschaften jener Jahre dominierte weltweit die Überzeugung, die Freiheit würde gleichsam automatisch Wohlstand mit sich bringen, die Freiheit würde sofort und übergangslos die ehemaligen Regionen der Armut in eine Welt verwandeln, in der Milch und Honig flossen. Das behaupteten die größten Weisen jener Jahre, und es schien nichts dagegen zu sprechen, ihnen zu glauben, um so mehr, als diese Voraussagen so ungemein verlockend klangen!

Doch es sollte ganz anders kommen. In den neuen afrikanischen Staaten brachen Kämpfe um die Macht aus, in denen alle nur erdenklichen Mittel eingesetzt wurden: Stammeskonflikte und ethnische Spannungen, die Macht der Armee, die Verlockungen der Korruption, Morddrohungen. Gleichzeitig erwiesen sich diese Staaten als schwach und unfähig, ihre wichtigsten Funktionen zu erfüllen. Und das alles in einer Zeit, in der die Welt vom Kalten Krieg beherrscht wurde, den der Westen und der Osten auch nach Afrika trugen. Ein charakteristisches Merkmal des Kalten Krieges bestand darin, daß die Probleme und Interessen der schwachen und abhängigen Staaten gänzlich ignoriert, ihre Angelegenheiten und Dramen ausschließlich aus dem Blickwinkel der eigenen Großmachtinteressen wahrgenommen wurden, ohne ihnen eine eigenständige Bedeutung zuzugestehen. Das alles wurde noch überlagert von der schon traditionellen eurozentristischen Aufgeblasenheit und Arroganz gegenüber nichtweißen Kulturen und Gesellschaften. Wann immer ich damals aus Afrika zurückkehrte, wurde ich nicht gefragt: »Was machen die Tansanier in Tansania?«, sondern: »Was machen die Russen in Tansania?« Und statt nach den Liberiern in Liberia zu fragen, fragte man: »Was machen die Amerikaner in Liberia?« (Das ist freilich immer noch besser als das, was dem Schriftsteller Hans Christoph Buch widerfuhr, der sich mir gegenüber beklagte, daß er nach einer mörderischen Expedition in die entlegensten Gebiete Ozeaniens immer nur eine Frage zu hören bekam: »Und was hast du dort gegessen?«) Nichts bringt die Afrikaner mehr auf als diese Instrumentalisierung ihrer Interessen. Sie sehen darin eine Erniedrigung, Degradierung, eine Ohrfeige.

Teferi war Besitzer eines Transportunternehmens. Er hatte ein paar Lastwagen, zuschanden gefahrene, zerlepperte Bedfords, mit denen er Baumwolle, Kaffee und Häute transportierte. Diese Wagen fuhren nach Wollo und auch nach Haragwe, er war daher einverstanden, daß ich seine Chauffeure dorthin begleitete. Das war für mich die einzige Gelegenheit, denn es gab keine Autobusse dorthin und auch kein Flugzeug.

Über äthiopische Straßen zu reisen ist beschwerlich und oft riskant. In der Trockenzeit rutscht der Wagen über den Schotter eines schmalen Bandes, das aus einer steilen Bergwand gehauen wurde – und dieser Weg führt an einem mehrere hundert Meter tiefen Abgrund entlang. In der Regenzeit sind die Bergstraßen überhaupt nicht befahrbar. Die Fahrwege, die das Flachland durchschneiden, verwandeln sich in unergründlichen Morast, in dem man tagelang steckenbleiben kann.

Im Sommer ist man nach mehreren Stunden Fahrt durch die Hochebene schwarz vom Staub. Es ist heiß und der Schweiß rinnt uns in Bächen herunter, weshalb wir nach einem Tag Fahrt mit einer dicken Dreckkruste bedeckt sind. Diese besteht aus Staub, der sich aus winzigen, mikroskopischen Teilchen zusammensetzt, eine Art dichter, heißer Nebel, der durch alle Ritzen der Kleidung und in alle Körperöffnungen dringt. Diesen Dreck kann man dann lange nicht richtig abwaschen. Am schlimmsten werden die Augen in Mitleidenschaft gezogen. Die Chauffeure dieser Lastwagen haben ständig geschwollene und gerötete Augen, klagen über Kopfschmerzen und werden früh blind.

Man kann nur tagsüber fahren. Von der Dämmerung bis zum Morgengrauen übernehmen flinke, überall umherschweifende Banden, die hier *shiftas* genannt werden und rauben, was ihnen in die Hände fällt, die Herrschaft über die Straßen. Eine Shifta ist eine Gruppe junger Banditen, die so lange ihr Unwesen treiben, bis sie endlich geschnappt werden. Früher einmal wurden diejenigen, die man fing, unverzüglich am Straßenrand aufgeknüpft. Später gab es dann insofern einen Fortschritt, als man etwas weniger spektakulär mit ihnen verfuhr. Doch es ist wirklich ein Kampf auf Leben und Tod, denn wenn eine Shifta ihre Opfer irgendwo in der menschenleeren und wasserlosen Wüste aussetzt, verdursten die Ärmsten einfach. Aus diesem Grund stehen an allen Ausfallstraßen der Städte Polizeiposten. Der diensthabende Polizist schaut auf die Uhr oder einfach auf die Sonne und berechnet, ob wir es vor Einbruch der Dämmerung bis in die nächste Stadt (oder bis zum nächsten Polizisten) schaffen können. Wenn er meint, das sei nicht der Fall, befiehlt er uns, umzukehren.

Ich fuhr also mit einem Lastwagen, den Teferi von Addis Abeba nach Norden schickte, in die Provinz Wollo, in die Umgebung von Dessié und Lalibela, von wo er eine Ladung Häute holen sollte. Ist es überhaupt sinnvoll, nachzurechnen, wieviel Kilometer diese Strecke beträgt? Hier mißt man die Entfernung in Stunden und Tagen, die man braucht, um vom Ausgangspunkt A zum Zielpunkt B zu gelangen. Von Dessie nach Lalibela zum Beispiel sind es 120 Kilometer, aber ich werde acht Stunden benötigen, um diese Strecke zurückzulegen – und das nur, wenn ich einen guten Landrover bekomme, was mehr als zweifelhaft ist.

In diesem Fall werde ich bis an mein Ziel einen Tag oder auch zwei und mehr Tage brauchen. Das kann man hier nie so genau sagen. Die hiesigen Lastwagen – in der Regel verrostete, zerlepperte Wracks – gehen auf diesen Straßen, die eigentlich gar keine sind, in diesem Staub und dieser Hitze ständig kaputt, doch für Ersatzteile muß man bis nach Addis Abeba zurückkehren. Daher ist der Weg stets eine Unbekannte: Wir fahren ab – wir rollen dahin – aber wann wir ankommen (und ob überhaupt), oder wann wir zurückkehren (und ob überhaupt), das sind für den Menschen immer neue Fragezeichen.

Dort, wo wir jetzt hinfahren, herrscht seit langer Zeit Dürre, und die Rinder gehen ein, weil es keine Weiden und kein Wasser mehr gibt. Die Nomaden verkaufen die Häute, die sie den Rinderkadavern abziehen, für ein paar Groschen. Mit diesem Geld können sie sich noch eine Zeitlang am Leben erhalten, kommen dann aber ebenfalls in diesen ausgebrannten Wüstengebieten um, ohne eine Spur zu hinterlassen, wenn es ihnen nicht vorher gelingt, ein Lager der internationalen Hilfe zu erreichen.

Im Morgengrauen lassen wir die Stadt hinter uns, die hellgrünen Eukalyptushaine, die sie umsäumen, die Tankstellen an der Straße, die Polizeiposten, und dann sind wir auch schon in der sonnenüberfluteten Hochebene, auf einer Straße, die über die ersten hundert Kilometer asphaltiert ist. Den Wagen lenkt Sahlu, ein vertrauenswürdiger, ruhiger Chauffeur, wie mir Teferi sagte. Sahlu ist wortkarg und ernst. Um die Atmosphäre aufzulockern, klopfe ich ihm auf die Schulter und lächle, wenn er sich umwendet. Sahlu schaut mich an und lächelt ebenfalls, offen und ein wenig schüchtern, unsicher, ob dieses einander Zulächeln nicht eine unzulässige Gleichheit zwischen uns herstellt.

Je weiter wir uns von der Stadt entfernen, um so weniger Menschen begegnen wir, um so toter wird das Land. Irgendwo treiben Kinder ein paar magere Kühe dahin, dann sehen wir bis zum Boden gebeugte Frauen, die Bündel trockener Zweige schleppen. Die Hütten, an denen wir vorbeikommen, wirken leer, ringsum ist nichts zu sehen, keine Menschen, keine Bewegung. Die Landschaft liegt still da, immer unverändert, ein für allemal geformt.

Plötzlich treten zwei Männer auf die Straße. In den Händen halten sie automatische Gewehre. Sie sind jung und kräftig. Ich sehe, wie Sahlus Gesicht grau wird. Sein Gesicht ist wie versteinert, in seinen Augen steht Angst. Er hält den Wagen an. Die beiden klettern wortlos auf die Ladefläche und schlagen mit der Hand auf das Dach der Fahrerkabine, daß wir weiterfahren sollen. Ich sitze gekrümmt da und bemühe mich, meine Todesangst nicht zu zeigen. Ich schaue zu Sahlu hinüber – er hält starr das Lenkrad, wirkt ängstlich und gedrückt.

So fahren wir vielleicht eine Stunde dahin. Nichts geschieht. Es ist sonnig, heiß, und in der Fahrerkabine ist es dunkel vom Staub. Plötzlich beginnen die beiden auf das Dach zu hämmern. Sahlu hält folgsam den Wagen an. Die beiden springen wortlos herunter und machen sich hinter dem Wagen davon, verschwinden in den Feldern, so daß wir sie nicht einmal mehr sehen.

Am Nachmittag erreichen wir das Städtchen Debre Sina. Sahlu stellt den Wagen am Straßenrand ab, und sofort umringt uns eine Menschenmenge. Zerlumpt, hager, barfüßig. Viele junge Burschen, viele Kinder. Ein Polizist schiebt sich zu uns durch, in schwarzer, abgerissener Uniform, die Jacke nur mit einem Knopf zugemacht. Er kann etwas Englisch und sagt sofort: *»Take everything with you. Everything! They are all thieves here.«* Und er deutet der Reihe nach auf die Menschen, die sich um uns drängen: *»This is thief! This is thief!«* Ich folge mit meinem Blick dem Finger des Polizisten, der im Uhrzeigersinn herumwandert und immer wieder bei einem Gesicht stehenbleibt. *»This is thief!«* fährt der Polizist fort, und als er zu einem großen, stattlichen Burschen kommt, beginnt seine Hand zu zittern: *»This is very big thief, Sir!«* ruft er warnend aus.

Die Leute mustern mich neugierig. Sie lächeln. Ihre Gesichter drücken weder Bösartigkeit aus noch Zynismus, nur eine Art Verschämtheit und sogar – Demut. *»I have to live with them, Sir«*, beklagt der Polizist sein Schicksal. Als erwarte er wenigstens eine kleine Entschädigung für sein elendes Schicksal, streckt er die Hand nach mir aus und sagt: *»Can you help me, Sir?«* Und um diese Bitte besser zu begründen, fügt er hinzu: *»We are all poor here, Sir.«* Er zeigt auf sich, auf seine Diebe, auf die windschiefen Hütten von Debre Sina, auf die schlechte Straße, auf die Welt.

Wir gehen in das Städtchen hinein, zum Marktplatz. Auf dem Platz stehen Verkaufsbuden mit Gerste, Hirse und Bohnen, Buden mit Hammelfleisch und daneben welche mit Zwiebeln, Tomaten und rotem Pfeffer. An anderen Stellen gibt es Brot und Schafskäse, Zucker und Kaffee. Sardinenbüchsen. Zwieback und Waffeln. Es gibt alles. Doch auf dem Marktplatz, wo es für gewöhnlich von Menschen wimmelt, wo Betriebsamkeit und Lärm herrschen, ist es still. Die Budenbesitzer stehen reglos und untätig herum, nur manchmal scheuchen sie träge die Fliegen fort. Die Fliegen sind überall. Sie wirbeln in schwarzen, dichten Knäueln herum, gereizt, irrwitzig, wütend. Auf der Flucht vor diesen Fliegen, die sich unverzüglich auf uns stürzen, stoßen wir in den Nebengassen auf eine ganz andere Welt – sich selbst überlassen und bereits in Agonie. Auf dem nackten Boden, im Staub und Schmutz, liegen ausgezehrte Menschen. Es sind die Bewohner der umliegenden Dörfer. Die Dürre hat ihnen das Wasser geraubt, die Sonne die Felder versengt. Sie sind in der verzweifelten Hoffnung in die Stadt gekommen, hier würden sie einen Schluck Wasser und etwas zu essen finden. Geschwächt und unfähig zur geringsten Anstrengung, sterben sie hier den Hungertod, der zu den leisesten und fügsamsten Todesarten gehört. Ihre Augen sind halb geschlossen, ohne eine Spur Leben, ausdruckslos. Ich weiß nicht, ob sie etwas sehen, ob sie überhaupt irgendwohin schauen. Direkt neben mir liegen zwei Frauen, ihre ausgezehrten Leiber werden von Malariaanfällen geschüttelt. Das Zucken ihrer Körper ist die einzige Bewegung in dieser Gasse.

Ich ziehe den Chauffeur am Ärmel. »Gehen wir«, sage ich. Wir kehren über den Markt mit seinen Säcken voll Mehl, den Fleischseiten und Mineralwasserflaschen zurück: Der große Hunger wird nämlich nicht etwa durch einen Mangel an Lebensmitteln verursacht, sondern ist das Resultat der unmenschlichen Verhältnisse. Es gibt ausreichend Nahrungsmittel im Lande, doch als die Trockenheit kam, stiegen die Preise dafür immer höher, und die armen Bauern hatten kein Geld, um sie zu kaufen. Natürlich hätte die Regierung intervenieren, auch die Welt hätte sich einschalten können, doch die Regierung wollte aus Prestigegründen nicht eingestehen, daß im Land Hunger herrschte, und wies jede Hilfe zurück.

In jener Zeit starben in Äthiopien eine Million Menschen, doch das wurde zuerst von Kaiser Haile Selassie kaschiert und dann von dem, der ihn um Thron und Leben gebracht hatte – Major Mengistu. Der Kampf um die Macht, die Lüge verband die beiden.

Eine leere Bergstraße. Keine Autos, keine Rinderherden. Nur Rinderskelette, verstreut über den grauen, zu Asche verbrannten Boden. Im Schatten einer Akazie Frauen mit großen Tonkrügen; sie warten – vielleicht fährt ein Tankwagen mit Wasser in die Stadt und der Fahrer hat Erbarmen mit ihnen, bleibt stehen und dreht für einen Moment den Hahn auf?

Gegen Abend kommen wir nach Dessié. Von hier eine Tagesfahrt nach Lalibela. Die ganze Zeit durch Gebirgsschluchten, ausgebrannt wie das Innere eines Hochofens, keine Menschen, nicht einmal Pflanzen. Doch wir brauchen nur für einen Moment stehenzubleiben, und sofort umsummen uns Schwärme von Fliegen. Als hätten sie ausgerechnet hier auf uns gewartet! Ihr Summen ist betäubend, triumphierend, siegesgewiß: Da seid ihr ja endlich! Jetzt haben wir euch! Woher kommen diese Unmengen von Fliegen? Wie kommt es, daß es hier überhaupt Leben gibt?

Und endlich Lalibela. Lalibela ist eines der acht Weltwunder. Und wenn es das nicht ist, dann gebührte ihm jedenfalls dieser Rang. Es ist nicht leicht, Lalibela zu sehen. In der Regenzeit ist an eine Fahrt hierher gar nicht zu denken. Und auch in der Trockenzeit erreicht man es nur mit größter Mühe. Mit dem Flugzeug geht es – wenn eines fliegt.

Von der Straße aus sieht man nichts. Oder besser, sieht man ein gewöhnliches Dorf. Aus dem Dorf kommt sofort eine Schar kleiner Jungen auf einen zugerannt. Jeder fleht, ihn als Führer zu nehmen, weil das seine einzige Chance ist, ein paar Groschen zu verdienen. Mein Führer heißt Tadesse Mirele und ist Schüler. Doch die Schule ist geschlossen, alles ist geschlossen – es herrscht Hungersnot. Im Dorf sterben die Menschen. Tadesse sagt, er habe seit ein paar Tagen nichts mehr gegessen, doch Wasser gebe es, daher trinke er Wasser. Hat er nicht vielleicht von irgendwo eine Handvoll Körner aufgetrieben? Ja, räumt er ein, eine Handvoll Körner. »Aber das ist alles«, es klingt bekümmert, wie er das sagt. Und gleich sagt er bittend: *»Sir!«*

»Was ist, Tadesse?«

»Be my helper, please! I need a helper!« Er schaut mich an, und jetzt sehe ich, daß er nur ein Auge hat. Ein Auge in dem ausgemergelten, gequälten Gesicht eines Kindes.

Dann greift Tadesse plötzlich nach meiner Hand. Ich glaube, daß er mich wieder um etwas bitten will, doch er will mich davor bewahren, in einen Abgrund zu stürzen. Was ist das vor mir? Ich stehe am Rand eines Abbruchs, und unten, direkt unter meinen Füßen, sehe ich eine aus dem Felsen gehauene Kirche. Das heißt, diese Kirche besteht aus einem drei Stockwerke hohen Felsblock, der im Berg, in seinem Inneren, behauen wurde. Und etwas weiter, im selben Berg, war, von außen nicht sichtbar, noch eine herausgehauene Felsenkirche und noch eine. Elf riesige Kirchen. Dieses architektonische Phänomen ließ im 12. Jahrhundert der Heilige Lalibela, König der Amharen, errichten – die Amharen waren (und sind) Christen des östlichen Ritus. Er ließ diese Kirchen so aus dem Inneren des Berges hauen, daß die Moslems, die in jenen Zeiten regelmäßig diese Landstriche überfielen, sie aus der Ferne nicht sehen konnten. Und selbst wenn sie die Kirchen entdeckten, konnten die Moslems diese nicht zerstören, ihnen nichts anhaben, weil sie einen integralen Bestandteil des Berges bildeten. Es sind dies die Kirchen der Jungfrau Maria, des Erlösers der Welt, des Heiligen Kreuzes und der Heiligen Georg, Markus und Gabriel, und alle sind durch unterirdische Gänge miteinander verbunden.

»Look, Sir!« sagt Tadesse und deutet auf den unter uns liegenden Platz vor der Erlöserkirche. Etwa ein Dutzend Meter unterhalb der Stelle, an der wir stehen, knäuelt sich auf dem Platz vor der Kirche und der Kirchentreppe eine Schar bettelnder Krüppel zusammen. Obwohl ich den Ausdruck nicht mag, daß sie sich zusammenknäueln, kann ich ihn doch nicht durch einen anderen ersetzen, weil er am besten dieses Bild wiedergibt. Die Menschen dort unten haben ihre verkrüppelten Extremitäten, Stümpfe und Krücken so unentwirrbar miteinander verwickelt und verschlungen, daß sie ein einziges zappelndes, dahinkriechendes Wesen bilden, aus dem

Dutzende Hände wie Fühler emporragen, und wo es keine Hände gibt, dort öffnet dieses Wesen seine Münder, in der Hoffnung, daß man etwas hineinwirft. Während wir nun oben von einer Kirche zur nächsten gehen, kommt dieses vielgliedrige, wimmernde, schon halb tote Geschöpf unten hinter uns hergekrochen, wobei immer wieder eines seiner Glieder, vom Rest abgestoßen, abfällt und regungslos liegenbleibt.

Es hatte hier seit langem keine Pilger mehr gegeben, die ihnen früher Gaben zugeworfen hatten, und andererseits hatten diese Krüppel keine Möglichkeit, aus dem felsigen Abgrund nach oben zu gelangen.

»Have you seen, Sir?« fragt Tadesse, als wir schon wieder im Dorf sind. Und er sagt das in einem Ton, als sei er der Meinung, diesen Anblick hätte ich mir wirklich nicht entgehen lassen dürfen.

AMIN. Früher einmal dachte ich daran, ein Buch über Amin zu schreiben, weil nämlich Amin ein treffendes Beispiel für das Verhältnis zwischen Verbrechen und niedriger Kultur darstellt. Ich war oft in Uganda und habe Amin mehr als einmal gesehen, ich besitze eine ganze Bibliothek zu diesem Thema und einen ganzen Stoß eigener Notizen. Er ist der bekannteste Diktator in der Geschichte des modernen Afrikas und einer der berüchtigtsten des zwanzigsten Jahrhunderts in der ganzen Welt.

Amin gehört dem kleinen Stamm der Kakwa an, dessen Territorium sich auf drei Länder verteilt: Sudan, Uganda und Zaire. Die Kakwa wissen nicht, zu welchem Land sie gehören, und das ist ihnen auch völlig gleichgültig, sie denken nämlich nur daran, wie sie überleben können trotz Hunger und Elend, jenen permanenten Merkmalen dieser entlegen Region Afrikas, in der es keine Straßen gibt, keine Städte, keinen elektrischen Strom und keinen Boden, den es zu bebauen lohnte. Wer etwas Initiative, Verstand und Glück hat, flieht möglichst weit weg von hier. Aber nicht jede Richtung ist gut. Wer sich nach Westen aufmacht, handelt sich ein noch schlimmeres Schicksal ein, weil er im dichtesten Dschungel

Zaires landet. Wer sich nach Norden wendet, begeht auch einen Fehler, weil er sich in den sandigen und steinigen Vorfeldern der Sahara wiederfindet. Nur die Richtung nach Süden scheint erfolgversprechend: Dort trifft der Kakwa auf die fruchtbaren Böden Mittelugandas – den herrlichsten und üppigsten Garten Afrikas.

Und genau dorthin macht sich auch Amins Mutter nach der Geburt ihres Sohnes auf, den Säugling auf dem Rücken. Sie kommt in die zweitgrößte Stadt (nach Kampala) Ugandas – nach Jinja. Wie Tausende anderer damals, und wie Millionen und Abermillionen heute, zieht sie in die Stadt in der Hoffnung, daß sie dort überleben kann, daß es ihnen dort besser ergeht. Sie hat keinen Beruf, keine Bekannten und kein Geld. Es gibt verschiedene Wege, wie man seinen Lebensunterhalt verdienen kann: durch Kleinhandel, indem man heimisches Bier braut oder mit einer mobilen Straßengarküche. Die Mutter Amins lebt davon, daß sie einen Topf besitzt, in dem sie Hirse kocht. Diese verkauft sie portionsweise auf Bananenblättern. Der tägliche Verdienst: eine Portion Hirse für sich selber und ihren Sohn.

Diese Frau, die mit ihrem Kind aus einem armen Dorf im Norden in eine Stadt im ausgesprochen reichen Süden gekommen ist, wird zu einem winzigen Teilchen jenes Elementes, das heute das größte Problem Afrikas ausmacht. Dieses Problem stellen die Menschen dar, Dutzende Millionen von Menschen, die ihre Dörfer verlassen und in die monströs aufgeblähten Städte drängen, in denen sie jedoch keinen entsprechenden Platz für sich und keine Beschäftigung finden. In Uganda nennt man sie *bayaye*. Sie fallen einem sofort ins Auge, weil diese Menschen die Straßenmenge bilden, die sich so fundamental von einer europäischen Menge unterscheidet. In Europa strebt der Mensch auf der Straße in der Regel in eine bestimmte Richtung. Die Menge besitzt ein Ziel und einen Rhythmus, der häufig von Eile bestimmt wird. In einer afrikanischen Stadt verhält sich nur ein Teil der Menschen ähnlich. Die übrigen gehen nirgendwohin: Sie wissen nicht, wohin sie sollen, sie haben kein Ziel. Sie schlendern herum, lungern im Schatten, gaffen, dösen vor sich hin. Sie haben nichts zu tun. Keiner erwartet sie. Meist sind sie hungrig. Das geringste Ereignis in der Straße – ein Streit, ein

Raufhandel, die Jagd nach einem Dieb – läßt diese Menschen sofort zur Menge zusammenströmen.

Das wichtigste Merkmal ihres Status ist ihre Entwurzelung. Ins Dorf werden sie nicht mehr zurückkehren, und in der Stadt haben sie keinen Platz gefunden. Sie überleben. Existieren irgendwie. Irgendwie – das ist es, was am besten ihre Situation kennzeichnet, deren Brüchigkeit, Unsicherheit: Irgendwie lebt man, irgendwie schläft man, irgendwie treibt man etwas zu essen auf. Diese Unwirklichkeit und Unbeständigkeit ihrer Existenz hat zur Folge, daß ein Bayaye sich ständig bedroht fühlt, dauernd von Angst verfolgt wird. Diese Furcht wird noch dadurch verstärkt, daß er oft ein Einwanderer ist, ein unerwünschter Immigrant aus einer anderen Kultur, einer anderen Religion, mit einer anderen Sprache. Ein fremder, unerwünschter Konkurrent um die Schüssel, die auch so schon leer genug ist, um einen Arbeitsplatz, den es auch so nicht gibt.

Amin ist der typische Bayaye.

Er wächst in den Straßen von Jinja auf, einer Kleinstadt, in der die Kaserne eines Bataillons der britischen Kolonialarmee steht – der King's African Rifles. Das Modell dieser Armee wurde gegen Ende des neunzehnten Jahrhunderts von General Lugard entwickelt, einem der Begründer des Britischen Imperiums. Lugard schuf Abteilungen von Söldnern, rekrutiert aus Stämmen, die mit den Menschen, in deren Gebiet sie stationiert wurden, nichts verband: Okkupanten, die den Einheimischen auf den Hals geschickt wurden, um sie niederzuhalten. Lugards Ideal waren junge, kräftige Leute von den Nilotenstämmen (aus dem Sudan), die sich durch Kampfbegeisterung, Ausdauer und Brutalität auszeichneten. Sie wurden Nubier genannt – eine Bezeichnung, die in Uganda Abscheu erweckte, vermischt mit Angst. Offiziere und Unteroffiziere in dieser Armee waren hingegen viele Jahre lang ausschließlich Engländer. Eines Tages fiel einem von ihnen ein junger, athletischer Afrikaner von herkulischem Körperbau auf, der in der Nähe der Kaserne herumlungerte. Das war Amin. Er wurde rasch zur Armee angeworben. Für Leute wie ihn – ohne Arbeit und Perspektive – war der Militärdienst ein Glückstreffer. Amin hatte kaum vier Jahre Grundschule, vermittelte jedoch den Eindruck, fügsam zu sein und den Vorgesetzten alle Wünsche von den Augen ablesen zu wollen, weshalb er rasch avancierte. Dazu erwarb er sich noch Ansehen als Boxer – er wurde ugandischer Meister im Schwergewicht. In der Kolonialzeit wurde das Militär immer wieder für Strafexpeditionen eingesetzt. Gegen die aufständischen Mau-Mau, gegen die Krieger Turkans oder den unabhängigkeitsliebenden Stamm der Karamojong. Amin tat sich in diesen Aktionen hervor: Er organisierte geschickt Hinterhalte und Überfälle und kannte keine Gnade für den Gegner.

Das war in den fünfziger Jahren, und die Ära der Unabhängigkeit rückte näher. Es folgte die Etappe der Afrikanisierung, auch innerhalb der Armeen. Doch die britischen und französischen Offiziere wollten so lange wie möglich ihre Posten behalten. Um zu beweisen, wie unersetzlich sie waren, ließen sie von ihren untergebenen Afrikanern ausgerechnet Leute der dritten Wahl avancieren, die nicht besonders klug waren, aber gehorsam, und die sie von einem Tag auf den anderen von Korporälen und Sergeanten zu Obersten und Generälen machten. Bokassa in der Zentralafrikanischen Republik, Soglo in Dahomey und Amin in Uganda sind Beispiele dafür.

Als Uganda im Herbst 1962 unabhängig wird, ist Amin bereits – dank der Beförderung durch die Engländer – General und stellvertretender Armeeführer. Er schaut sich um. Er hat zwar einen hohen Rang und eine Position, aber er ist immer noch ein Kakwa – Mitglied eines kleinen Stammes, der noch dazu nicht wirklich als ugandisch gilt. Die Mehrheit in der Armee stellen Männer vom Stamm der Lango, dem Premierminister Obote angehört, und von dem mit ihnen verbrüderten Stamm der Acholi. Lango und Acholi behandeln die Kakwa von oben herab, weil sie diese als ungebildet und rückständig betrachten. Wir bewegen uns hier in einer paranoiden, obsessiven Welt von Vorurteilen, Haßgefühlen und innerafrikanischen ethnischen Ressentiments – alle diese Rassismen und Chauvinismen existieren ja nicht bloß entlang der großen Trennlinien, etwa zwischen Weißen und Schwarzen, nein, diese Linien werden oft sogar noch schärfer, verbissener und erbarmungsloser innerhalb ein und derselben Rasse gezogen, zwischen Menschen derselben Hautfarbe. So ist nicht zu leugnen, daß die Mehrheit der Weißen in der Welt nicht von Schwarzen umgebracht wurde, sondern von anderen Weißen, und ebenso wurde die Mehrheit der Schwarzen in unserem Jahrhundert von anderen Schwarzen getötet, und nicht von Weißen.

Ethnische Verblendung hat zur Folge, daß es zum Beispiel in Uganda niemanden interessiert, ob XY klug ist, gut und freundlich, oder ob er, im Gegenteil, bösartig ist und verschlagen – es interessiert nur, ob er dem Stamm der Bari, Toro, Busoga oder Nandi angehört. Einzig nach dieser Zugehörigkeit wird er klassifiziert und eingeschätzt.

In den ersten acht Jahren der Unabhängigkeit übt in Uganda Milton Obote die Macht aus – ein ungewöhnlich eingebildeter, selbstsicherer und großtuerischer Mensch. Als die Presse plötzlich aufdeckt, daß Amin Geld, Gold und Elfenbein gestohlen hat, das ihm von Partisanen zur Aufbewahrung übergeben wurde, die gegen Mobutu in Zaire kämpfen, zitiert Obote Amin zu sich, beauftragt ihn, eine Erklärung zu schreiben, und fliegt dann, überzeugt, daß ihn nichts bedrohen kann, zur Konferenz der Premierminister des Britischen Empire nach Singapur. Amin weiß genau, daß der Premier nach seiner Rückkehr den Befehl geben wird, ihn zu verhaften, weshalb er diesem Schritt zuvorkommt, einen Militärputsch organisiert und die Macht an sich reißt. Theoretisch hätte sich Obote tatsächlich in Sicherheit wiegen können – Amin stellte keine Bedrohung für ihn dar, weil sein Einfluß innerhalb der Armee begrenzt war. Doch Amin und die Leute, auf die er setzte, wandten von den ersten nächtlichen Stunden des 25. Januars 1971, in denen sie die Kaserne in Kampala einnahmen, eine Taktik brutaler und mörderischer Überraschung an – sie begannen sofort zu schießen. Und das noch dazu auf bewußt gewählte Ziele – auf Offiziere vom Stamm der Lango und Acholi. Der Überraschungseffekt war lähmend: Keiner war fähig, Widerstand zu leisten. Schon am ersten Tag wurden in den Kasernen Hunderte Menschen getötet. Und die Massaker gingen weiter. Seit damals bediente sich Amin stets derselben Methode: Er schoß sofort. Wobei es ihm nicht nur darum ging, daß er auf seine Feinde schoß. Das war für ihn selbstverständlich und problemlos. Er ging noch weiter: Ohne einen Gedanken zu verschwenden, liquidierte er alle, von denen er annahm, sie könnten einmal seine Feinde werden. Darüber hinaus beruhte der Terror in Amins Staat darauf, daß die Folter zum Alltag gehörte. Ehe man jemanden umbrachte, wurde er noch gefoltert.

Das alles geschieht in einem provinziellen Land, in einer Kleinstadt. Die Folterkammern befinden sich in einem Gebäude, das im Zentrum liegt. Die Fenster stehen offen – denn wir sind in den Tropen. Wer auf der Straße geht, kann die Schreie, das Stöhnen, die Schüsse hören. Wer den Häschern in die Hände fällt, der verschwindet. Rasch wächst die Kategorie von Menschen, die in Lateinamerika *desaparecidos* genannt werden: diejenigen, die umgekommen, die spurlos verschwunden sind. Er ist von zu Hause weggegangen und nicht zurückgekehrt. *»Nani?«* fragen dann die Polizisten, wenn ein Familienmitglied eine Erklärung fordert. *»Nani?«* (»Nani« bedeutet in Kiswahili »wer«; der Mensch war bereits zum Fragezeichen geworden.)

Uganda wurde zu einem tragischen, blutigen Theater für einen einzigen Schauspieler: und das war Amin. Einen Monat nach dem Umsturz ernannte sich Amin zum Präsidenten, dann zum Marschall, später zum Feldmarschall und schließlich zum Feldmarschall auf Lebenszeit. Er heftete sich immer neue Orden, Medaillen und Auszeichnungen an die Brust. Aber er ging auch gern in einer ganz gewöhnlichen Felduniform herum, damit die Soldaten von ihm sagten: Das ist einer von uns. Je nachdem, welche Uniform er trug, wählte er auch das Auto, mit dem er fuhr. In der Galauniform – in einem schwarzen Mercedes, im Trainingsanzug, für einen Ausflug – in einem roten Maserati, und wenn er die Felduniform trug – in einem militärisch aufgerüsteten Rangerover. Dieser Wagen sah aus wie ein Auto aus einem Science-fiction-Film: Er war bestückt mit einem ganzen Wald von Antennen, den verschiedensten Drähten, Rohren und Scheinwerfern. Im Inneren führte Amin Granaten, Pistolen und Messer mit. Er fuhr so bewaffnet herum, weil er dauernd Angst vor Anschlägen hatte. Er überlebte mehrere. Ums Leben kamen dabei alle anderen – seine Adjutanten und seine Leibwächter. Amin klopfte sich nur den Staub ab und zog die Uniform gerade. Amin verwischte seine Spuren, oft wählte er auch ganz beliebige Fahrzeuge. Menschen auf der Straße konnten plötzlich entdecken, daß hinter dem Lenkrad irgendeines Lastwagens Amin saß.

Er vertraute keinem, daher wußte auch keiner aus seiner näheren Umgebung, wo Amin in der jeweiligen Nacht schlafen, wo er morgen wohnen würde. Er besaß ein paar Residenzen in der Stadt, andere am Viktoriasee, weitere in der Provinz. Es war nicht leicht und obendrein gefährlich, herausfinden zu wollen, wo er sich gerade aufhielt. Er war es, der sich mit seinen Untergebenen in Verbindung setzte, der die Entscheidung traf, mit wem er sprechen, wen er sehen wollte. Für viele endeten diese Begegnungen im übrigen tragisch. Wenn Amin einmal gegen jemanden Verdacht geschöpft hatte, lud er ihn zu sich ein. Er war bester Laune, gab sich herzlich, bewirtete den Gast mit Coca Cola. Beim Hinausgehen lauerten schon die Häscher auf den Gast. Später konnte keiner in Erfahrung bringen, was mit diesem Menschen geschehen war.

Mit seinen Untergebenen telefonierte Amin für gewöhnlich. Und er bediente sich auch des Rundfunks. Wenn er Änderungen in der Regierung oder Umbesetzungen innerhalb der Armee bekanntgeben wollte – und solche Änderungen führte er pausenlos durch – verlautbarte er diese über den Rundfunk. In Uganda gab es eine Rundfunkstation, eine kleine Zeitung (*Uganda Argus*), eine Filmkamera, die Amin filmte, einen Fotoreporter, der bei den Feierlichkeiten erschien. Alles war ausschließlich auf die Persönlichkeit des Marschalls ausgerichtet. Wenn er auf Reisen ging, nahm Amin gleichsam den ganzen Staat mit, außer ihm gab es nichts, ereignete sich nichts. Es gab kein Parlament, keine politischen Parteien, keine Gewerkschaften oder andere Organisationen. Natürlich gab es auch keine Opposition – wer in Verdacht geriet, der Opposition anzugehören, kam qualvoll ums Leben.

Die Stütze Amins war die Armee – die baute er nach kolonialem Vorbild auf, dem einzigen, das er kannte. In der Mehrheit waren das Leute von kleinen Stämmen, die an den entlegenen Rändern Afrikas hausten, in den Grenzgebieten zwischen Uganda und dem Sudan. Im Unterschied zur heimischen Bevölkerung des Landes, die Bantusprachen benützt, sprachen sie sudanesische Dialekte. Sie waren einfach und ungebildet und konnten sich kaum verständlich machen. Aber genau das war die Absicht. Sie sollten sich fremd fühlen, sollten isoliert und nur von Amin abhängig sein. Wenn sie mit einem Lastwagen daherkamen, brach Panik aus, die Straßen leerten sich, die Menschen flohen aus den Dörfern. Die wilden, entfesselten, meist betrunkenen Soldaten raubten, was ihnen in die Hände fiel, und verprügelten jeden, der ihnen in die Quere kam. Völlig grundlos, keiner wußte, warum. Auf dem Markt nahmen sie den Händlern die Waren weg (wenn es überhaupt welche gab, denn die Jahre Amins waren Jahre der leeren Regale. Als ich in diesen Jahren einmal nach Kampala reiste, sagte mir jemand – nimm eine Glühlampe mit! Denn im Hotel gab es zwar Strom, aber sie hatten keine Glühlampen.) Den Bauern raubten sie die Ernte, das Vieh, die Hühner. Ständig konnte man diese Soldaten schreien hören: *»Chakula! Chakula!«* (in Kiswahili: Essen). Essen, Fressen, riesige Brocken Fleisch, Büschel Bananen, eine Schüssel Bohnen – das war das einzige, was sie für einen Augenblick besänftigen konnte.

Amin hatte die Angewohnheit, die übers ganze Land verstreuten Garnisonen zu besuchen. Dann wurde auf einem Platz eine Versammlung der Soldaten abgehalten. Der Marschall hielt eine Rede. Er liebte es, stundenlang zu reden. Als Überraschung brachte er irgendeinen Notabeln mit – einen Zivilisten oder Militär, den er gerade des Verrats, der Verschwörung, eines Umsturzes verdächtigte. Der Angeklagte, mit Stricken gefesselt, schon ordentlich durchgeprügelt und vor Angst halb ohnmächtig, wurde erhöht hingestellt. Durch diesen Anblick erregt, verfiel die Menge in Trance und begann zu heulen. *»What shall I do with him?«* versuchte Amin die Menge zu übertönen. Und die Kohorten skandierten: *»Kill him! Kill him now!«*

Die Armee war in ständiger Kampfbereitschaft. Amin, der sich längst selber den Titel eines Zerstörers des Britischen Imperiums verliehen hatte, beschloß nun, alle Brüder zu befreien, die noch unter dem kolonialen Joch stöhnten. Er begann daher mit einer Serie aufwendiger und kostspieliger Manöver. Die Armee probte die Befreiung der Republik Südafrika. Seine Bataillone stürmten Pretoria und Johannesburg, die Artillerie beschoß die feindlichen Positionen in Port Elizabeth und Durban. Amin verfolgte die Kampfhandlungen durch ein Fernglas von der Terrasse seiner Villa aus, die er Command Post nannte, und ereiferte sich über die Langsamkeit des Bataillons von Jinja, das schon längst Cape Town hätte einnehmen müssen. Er sprang also in seinen Wagen und fuhr aufgeregt und rastlos von einem Kommandoposten zum anderen, machte die Offiziere herunter und feuerte Unterabteilungen zum Kampf an. Artilleriegeschosse landeten im Viktoriasee und schleuderten hohe Wasserfontänen auf, so daß die erschreckten Fischer auseinanderstoben.

Er war ein Mensch mit unerschöpflicher Energie, ständig hektisch, immer in Bewegung. Wenn er als Präsident manchmal eine Regierungssitzung einberief, war er außerstande, längere Zeit daran teilzunehmen. Er begann sich rasch zu langweilen, sprang vom Sessel auf und stürmte hinaus. Seine Gedanken kamen nie zur Ruhe, er sprach chaotisch, brachte keinen Satz zu Ende. Englisch las er nur mit Mühe, Kiswahili konnte er durchschnittlich. Gut sprach er nur seinen Dialekt Kakwa, den jedoch in Uganda nur wenige beherrschen. Doch gerade diese Mängel machten ihn unter den Bayaye populär: Er war einer von ihnen, Blut von ihrem Blut.

Amin freundete sich mit niemandem an und ließ auch nicht zu, daß ihn jemand längere Zeit und besser kannte: Er hatte Angst, eine solche Bekanntschaft könnten andere dazu benützen, eine Verschwörung oder einen Umsturz zu organisieren. Besonders oft tauschte er die Chefs der beiden Abteilungen der Geheimpolizei aus, die er ins Leben gerufen hatte, um mit ihrer Hilfe das Land zu terrorisieren – das waren die Public Safety Unit und das State Research Bureau. In der zweiten Organisation dienten überwiegend Bayaye aus verbrüderten sudanesischen Stämmen – Kakwa, Lugbara und Madi und Nubier, die diesen nahestehen. Das SRB säte Angst und Schrecken in Uganda. Die Stärke dieser Institution beruhte darin, daß jedes ihrer Mitglieder Zutritt zu Amin besaß.

Einmal streifte ich durch den Markt von Kampala. Er war wie leergefegt, viele Stände waren zerstört und verlassen. Amin hatte das Land ausgeplündert und ruiniert. In den Straßen gab es keinen Verkehr, aus den Läden – die Amin zuvor den

Indern weggenommen hatte – schlug einem modriger Geruch entgegen, oder sie waren einfach mit Brettern, Spanplatten oder Blech verschlagen. Plötzlich kam eine Schar Kinder vom See her gerannt und rief: *»Samaki! Samaki!«* (in Kiswahili: Fisch). Gleich liefen die Leute zusammen, in freudiger Erwartung, daß es etwas zu essen geben würde. Die Fischer warfen ihren Fang auf einen Tisch, und als die Menschen diesen sahen, wurden sie plötzlich stumm und erstarrten. Der Fisch war riesig groß und fett. Und alle wußten, daß die Häscher Amins von jeher die Leichen ihrer Opfer in den See warfen. Und daß sich Krokodile und fleischfressende Fische von ihnen ernähren.

Um den Tisch herum war es still, als unvermutet ein Armeelastwagen auftauchte. Die Soldaten sahen den Auflauf und den Fisch, der auf dem Tisch lag, und hielten an. Einen Augenblick besprachen sie sich. Dann fuhren sie mit dem Heck an den Tisch heran, sprangen herunter und öffneten die Bordwand. Wir, die am nächsten standen, sahen, daß auf der Ladefläche die Leiche eines Mannes lag. Und wir sahen, wie die Soldaten den Fisch zur Ladefläche schleppten und uns den toten, bloßfüßigen Menschen auf den Tisch warfen. Und wir sahen, wie sie rasch abfuhren. Und wir hörten nur mehr ihr rohes, irres Lachen.

Die Herrschaft Amins dauerte acht Jahre. Nach verschiedenen Quellen ermordete der Marschall auf Lebenszeit 150 000 bis 300 000 Menschen. Dann führte er seinen eigenen Sturz herbei. Eine seiner Obsessionen war sein Haß gegen den Präsidenten des benachbarten Tansania, Julius Nyerere. Ende 1978 griff Amin dieses Land an. Die Armee Tansanias schlug zurück. Nyereres Soldaten marschierten in Uganda ein. Amin floh nach Libyen, dann ließ er sich in Saudi-Arabien nieder, das ihn damit für seine Verdienste um die Verbreitung des Islams belohnte. Die Armee Amins zerfiel, ein Teil kehrte nach Hause zurück, ein Teil lebte später von Raubzügen. Die Verluste der Armee Tansanias in diesem Krieg betrugen – einen Panzer.

EIN HINTERHALT. Wir fuhren von Kampala in den Norden Ugandas, in Richtung der Grenze zum Sudan. Die Wagenkolonne wurde von einem Jeep mit einem über die Fahrerkabine ragenden schweren MG angeführt, dahinter kamen ein Lastwagen mit einem Zug Soldaten, dann ein paar Personenwagen und ganz am Ende ein offener japanischer Lieferwagen, auf dem wir drei Journalisten saßen. Ich war schon lange nicht mehr so komfortabel gereist, bewacht von einem Zug Soldaten, und dazu noch ein schweres MG! Aber natürlich ging es hier nicht um mich. Es handelte sich nämlich um eine Versöhnungstour von drei Ministern der Regierung Museveni, auf dem Weg zu Rebellen, die den Norden unsicher machten.

Präsident Yoveri Museveni, damals seit zwei Jahren an der Macht, das heißt seit dem Jahre 1986, hatte gerade eine Amnestie für alle verkündet, die sich stellten und freiwillig die Waffen niederlegten. Das richtete sich an die Angehörigen der Armeen Idi Amins, Milton Obotes und Tito Okellos – drei aufeinanderfolgende Diktatoren, die in den letzten Jahren ins Ausland geflüchtet waren. Doch sie alle hatten ihre Armeen zurückgelassen. Jetzt plünderte und mordete jede dieser Armeen auf eigene Faust, brandschatzte Dörfer und raubte das Vieh, verheerte und terrorisierte die nördlichen Provinzen, das heißt ungefähr die Hälfte des Landes. Die Truppen Musevenis waren zu schwach, um den Rebellen bewaffnet entgegenzutreten. Der Präsident verkündete daher eine Losung der Versöhnung. Er war in diesem Land seit 25 Jahren der erste Führer, der sich an seine Gegner mit Worten der Aussöhnung, Einigung und des Friedens wandte.

Neben zwei lokalen Reportern und mir saßen in unserem Wagen noch drei Soldaten. Ihre Kalaschnikows hatten sie über die nackten Schultern gehängt (es war heiß, daher hatten sie die Hemden ausgezogen). Sie hießen Onom, Semakula und Konkoti. Onom, der älteste von ihnen, war 17. Manchmal lesen wir, daß in Amerika oder Europa ein Kind einen Gleichaltrigen oder einen Erwachsenen erschoß. Ein Chor des Grauens und Schreckens begleitet gewöhnlich solche Meldungen. In Afrika werden Kinder massenweise von Kindern getötet, und das schon seit Jahren. Die Kriege auf diesem Kontinent sind in Wahrheit Kinderkriege.

Dort, wo die Kämpfe bereits Jahrzehnte andauern (wie in Angola und im Sudan), sind die meisten Älteren längst gefallen, verhungert oder von Seuchen dahingerafft worden. Übrig geblieben sind die Kinder, und die führen den Krieg weiter. Das blutige Chaos, das in verschiedenen Ländern Afrikas herrscht, hat Zehntausende zu hungrigen und obdachlosen Waisen gemacht. Diese suchen jemanden, der ihnen etwas zu essen gibt und sie aufnimmt. Am leichtesten findet man dort etwas zu essen, wo das Militär ist – die Soldaten haben die besten Chancen, sich Nahrung zu beschaffen: In diesen Ländern ist die Waffe nicht nur ein Kriegsgerät, sondern auch ein Hilfsmittel zum Überleben, manchmal das einzige, das es gibt.

Die verlassenen, einsamen Kinder ziehen dorthin, wo das Militär stationiert ist, wo es seine Kasernen, Lager und Posten hat. Hier helfen sie, arbeiten sie, werden sie zu einem Teil der Armee, zu »Söhnen des Regiments«. Sie bekommen Waffen und erhalten bald ihre Feuertaufe. Ihre älteren Kollegen (im übrigen ebenfalls Kinder!) liegen gern auf der faulen Haut, und wenn es zum Kampf mit dem Gegner kommt, schicken sie die Kleinen an die Front, ins Feuer. Diese bewaffneten Konfrontationen der Kinderscharen verlaufen in der Regel erbittert und blutig, denn Kinder besitzen keinen Selbsterhaltungstrieb, sie spüren und begreifen nicht die Todesgefahr, kennen die Furcht nicht, die erst das Erwachsensein mit sich bringt.

Die Kinderkriege werden auch durch die technische Entwicklung ermöglicht. Die automatischen Handfeuerwaffen sind heute leicht und kurz, ihre neuen Generationen ähneln immer mehr Spielzeugwaffen. Der alte Mauser-Karabiner war zu groß, zu schwer, zu lang für ein Kind. Ein kleines Kind hat zu kurze Arme, um den Abzug zu drücken, und auch die Zieleinrichtung ist für sein Auge nicht geeignet. Die moderne Waffe löst diese Probleme, überwindet diese Hindernisse. Ihre Maße sind hervorragend der Größe eines Jungen angepaßt, und diese Waffen wirken eher in den Händen eines erwachsenen, kräftig gebauten Soldaten komisch und kindlich.

Die Tatsache, daß ein Kind nur diese für kurze Distanzen eingerichteten Handfeuerwaffen benützen kann (denn es ist außerstande, das Feuer einer Artilleriebatterie zu lenken oder ein Bombenflugzeug zu steuern), hat zur Folge, daß die Kampfhandlungen in diesen Kinderkriegen zu direkten Zusammenstößen, zu engen, hautnahen Kontakten führen, daß die Kleinen aus Entfernungen von wenigen Schritten aufeinander schießen. Diese Duelle fordern schreckliche Opfer. Denn es kommen nicht nur jene um, die auf der Stelle getötet werden. Unter den Bedingungen dieser Kriegsführung sterben auch die Verwundeten – durch Blutverlust, Infektionen, weil es keine Medikamente gibt.

Nach einem ganzen Tag Fahrt erreichten wir die Kleinstadt Soroti. Unterwegs kamen wir an verbrannten Dörfern und Siedlungen vorbei – alle völlig ausgeplündert. Die Soldaten hatten mitgehen lassen, was sie schleppen konnten – nicht nur die Bekleidung der Bewohner, ihre Möbel und Geräte, ihr Arbeitswerkzeug und die Töpfe, aus denen sie aßen, sondern auch alle Rohre, Drähte und Nägel, alle Fenster, Türen und sogar die Dächer. Wie Ameisen, die einen Knochen abfressen, kein Gramm Fleisch an ihm dranlassen, hatten aufeinanderfolgende Wellen flüchtender, entmenschter Marodeure das Land von allem leergefegt, was sich nur wegschaffen und fortschleppen ließ. Auch Soroti war zerstört. Die Tankstelle war zertrümmert, die Pumpen hatten sie mitgenommen. Aus der Schule hatten sie die Bänke gestohlen. Von vielen Häusern waren nur mehr Skelette übrig, doch einige waren ganz geblieben, so auch das Hotel, in dem wir die Nacht verbrachten. Hier erwartete uns bereits eine Gruppe lokaler Notabeln, Kaufleute, Lehrer, Militärs, um die sich eine Menge Neugieriger scharte. Nun begannen Begrüßungen, ein Schulterklopfen und Lachen.

Soroti ist die Hauptstadt eines Gebietes, das von einem schön gewachsenen nilo-hamitischen Volk, den Iteso, bewohnt wird. Sie zählen über eine Million. Sie zerfallen in zahlreiche Stämme und Klans. Sie beschäftigen sich vor allem mit der Rinderzucht. Die Kuh ist ihr größter Schatz. Sie ist nicht nur das Maß ihres Reichtums, sondern besitzt auch mystische Eigenschaften. Ihre Existenz, ihr Dasein verbinden den Menschen mit der unsichtbaren, höheren Welt. Die Iteso geben ihren Kühen Namen und glauben, daß jede ihre eigene Persönlichkeit, ihren eigenen Charakter besitzt. Ein Iteso-

Junge bekommt in einem bestimmten Alter eine Kuh zur Betreuung. In einer besonderen Feier übernimmt er auch ihren Namen – von nun an heißt er so wie sie. Das Kind spielt mit seiner Kuh, verbringt mit ihr seine Freizeit, ist verantwortlich für sie.

Unter den Personen, die uns begrüßten, war auch ein Bekannter, den ich noch aus den sechziger Jahren kannte, Cuthbert Obwanor (damals Minister). Ich freute mich über die Begegnung, und wir hatten einander viel zu erzählen. Ich bat ihn, mir die Gegend zu zeigen, weil ich zum ersten Mal hier war. Wir gingen spazieren. Das erwies sich jedoch bald als ziemlich umständlich. Wenn nämlich in dieser Gegend Frauen einen Mann sehen, treten sie zur Seite und knien nieder. Sie verharren auf beiden Knien und warten, bis er auf sie zukommt. Die Sitte verlangt, daß er sie segnet. Sie fragen ihn, sozusagen als Antwort, was sie für ihn tun können? Wenn er sagt: nichts – warten sie, bis er weitergeht, erheben sich und setzen ihren Weg fort. Als ich später mit Cuthbert auf einer Bank vor seinem Haus saß, wiederholten sich diese Szenen: Vorbeikommende Frauen traten näher, knieten nieder und warteten schweigend. Es kam vor, daß mein Gastgeber gerade ins Gespräch vertieft war und sie nicht beachtete. Dann blieben sie ungerührt knien. Schließlich segnete er sie und wünschte ihnen einen guten Weg, erst dann standen sie auf und gingen wortlos weiter. Obwohl es schon Abend war, herrschte immer noch große Hitze, in der Luft lag eine tropische Schwüle, die einem den Atem nahm. Versteckt in den tiefsten Winkeln der Nacht, zirpten die Grillen zudringlich und laut.

Schließlich luden uns die lokalen Behörden in die einzige Bar ein, die geöffnet hatte. Sie hieß *Club 2000.* Im ersten Stock gab es einen kleinen Salon für wichtige Gäste. Wir wurden an einen langen Tisch plaziert. Dann traten die Kellnerinnen ein, junge, großgewachsene Mädchen. Jede kniete neben einem Gast nieder und sagte ihren Namen. Dann gingen sie hinaus und brachten einen großen tönernen Krug. In diesem brodelte heißes, heimisches Bier, *marwa,* das aus Hirsekörnern gebraut wird. Marwa trinkt man aus einem langen Halm, der *epi* genannt wird. Dieser Halm wird nun von einem Gast zum nächsten weitergegeben. Jeder schlürft ein paar Züge und reicht ihn weiter. Die Kellnerinnen schütten in der Zwischenzeit immer wieder Wasser oder Marwa in den Krug: Von dem, was sie nachgießen, und wie rasch der Epi herumwandert, hängt am Ende der Grad der Trunkenheit der Gäste ab. In unserem Fall bestand das Problem darin, daß Soroti und die umliegende Gegend eines der Gebiete mit dem höchsten Verbreitungsgrad von Aids waren. Wenn man nach dem Epi griff, schloß man jedesmal mit seinem Leben ab. (Das war noch in den Jahren, in denen man glaubte, der Aids-Virus würde auch über den Speichel weitergegeben.) Aber was sollte man machen? Ablehnen? Das wäre die schlimmste Beleidigung gewesen, ein Beweis, daß man diese Menschen verachtet.

Bevor wir am nächsten Morgen zur Weiterreise aufbrachen, kamen zwei Missionare, Holländer, Albert und Johan. Erschöpft und staubverkrustet, hatten sie keine Mühe gescheut, nach Soroti zu reisen, um »Menschen aus der großen, weiten Welt zu sehen«: Für sie, die seit über zehn Jahren in dieser Einöde wohnten, war schon Kampala zu dieser großen Welt geworden. Nach Europa fuhren sie nicht, sie wollten ihre Kirche und die Missionsgebäude nicht allein lassen (sie wohnen irgendwo an der Grenze zum Sudan). Sie befürchteten, nach ihrer Rückkehr nur mehr nackte, verbrannte Wände vorzufinden. Das Gebiet, in dem sie tätig waren, ist eine weite, heiße Savanne, im Sommer trocken und in der Regenzeit grün, die große nordöstliche Provinz Ugandas, bewohnt vom Volk der Karamojong, das viele Anthropologen fasziniert. Die Bewohner von Kampala sprechen über ihre Landsleute aus Karamojong (das ist gleichzeitig der Name der Region, des Volkes und einer einzelnen Person) mit Abneigung und Scham. Die Karamojong gehen nackt und halten hartnäckig an dieser Sitte fest, weil sie der Ansicht sind, daß der menschliche Körper schön ist (tatsächlich sind sie wunderbar gebaute, stattliche, schlanke Menschen). Doch ihre Abneigung gegen jegliche Kleidung hat auch noch andere Gründe: Alle Europäer, die in früheren Zeiten in diese Gebiete vordrangen, wurden bald krank und starben. Die Karamojong zogen daraus den Schluß, daß die Kleidung offensichtlich Krankheiten hervorrufe, etwas anzuziehen sei daher gleichbedeutend mit Selbstmord (und der Selbstmord ist in ihrer Religion die schwerste nur denkbare Sünde). Daher hatten sie immer panische Angst vor jeder Kleidung. Amin wiederum war der Ansicht, es stelle eine Kompromittierung für alle Afrikaner dar, wenn jemand nackt herumgeht, und erließ ein Dekret, das den Karamojong befahl, Kleidung anzulegen – wen seine Soldaten nackt erwischten, der wurde auf der Stelle erschossen. Die verängstigten Karamojong beschafften sich aus allen erdenklichen Quellen Kleidungsstücke, ein Stück Stoff, ein Hemd oder eine Hose, machten daraus ein Bündel und trugen dieses immer bei sich. Wenn sie hörten, daß Soldaten anrückten oder daß sich ein Agent der Regierung in der Gegend herumtrieb, zogen sie sich für kurze Zeit an, um gleich darauf wieder, erleichtert, die Bekleidung abzulegen.

Die Karamojong sind Rinderzüchter und ernähren sich hauptsächlich von Milch. Sie sind verwandt mit den Iteso und betrachten ebenfalls die Kühe als größten Reichtum und mythische Wesen. Nach ihrem Glauben hat Gott ihnen alle Kühe auf der Welt geschenkt, und es ist nun ihre historische Mission, sich diese zurückzuholen. Zu diesem Zweck unternehmen sie ständig Kriegszüge gegen die benachbarten Stämme. Diese Überfälle (englisch *cattle-raiding*) sind eine Mischung von Raubzügen, patriotischen Missionen und religiösen Verpflichtungen. Um den Status eines Mannes zu erhalten, muß ein junger Bursche an einem solchen Cattle-raiding teilnehmen. Diese Kriegszüge sind das Hauptthema lokaler Legenden, Erzählungen und Mythen. Sie haben ihre eigenen Helden, ihre Geschichte und Mystik.

Pater Albert erzählte, wie diese Kriegszüge ablaufen. Die Karamojong ziehen im Gänsemarsch dahin, im Gleichschritt, in geschlossener Formation. Sie folgen dabei Kriegspfaden, die nur ihnen bekannt sind. Jede Abteilung zählt zweihundert bis dreihundert Mann. Sie singen Kampflieder und stoßen rhythmische Schreie aus. Ihre Späher haben schon vorher ausgekundschaftet, wo die Rinderherde eines anderen Stammes weidet. Ihr Ziel ist es, diese Herde zu entführen. Wenn sie zum Weideplatz kommen, beginnt der Kampf. Die Karamojong sind erfahrene, unerschrockene Krieger, daher bleiben sie für gewöhnlich Sieger und treiben die Beute weg.

»Das Problem besteht darin«, sagte Pater Albert, »daß diese Kolonnen früher mit Spießen und Bogen bewaffnet waren. Wenn gekämpft wurde, kamen ein paar ums Leben, die übrigen ergaben sich oder flohen.« Und heute? Es sind immer noch Kolonnen nackter Männer, allerdings sind sie bis an die Zähne modern bewaffnet. Sie eröffnen ohne zu zögern das Feuer, massakrieren die Bevölkerung der ganzen Gegend, zerstören mit Granaten deren Dörfer, säen Tod und Verderben. Die traditionellen Stammeskonflikte gehen weiter, sie sind seit Jahrhunderten dieselben geblieben, nur fordern sie heute unvergleichlich mehr Opfer. »Es gibt hier kein Anzeichen der modernen Zivilisation«, sagte der Pater abschließend, »keinen elektrischen Strom, kein Telefon, kein Fernsehen. Das einzige, was bis hierher gelangt, sind die automatischen Waffen.«

Ich fragte die Missionare, wie ihre Arbeit aussehe, welche Probleme ihnen dabei begegneten.

»Es ist ein schwieriges Gebiet«, räumte Pater Johan ein. »Die Menschen fragen uns, wieviel Götter es in unserer Religion gibt und ob wir einen eigenen Gott der Kühe haben. Wir erklären ihnen, daß es nur einen Gott gibt. Das enttäuscht sie. Unsere Religion ist besser, sagen sie, wir haben einen eigenen Gott, der sich um die Kühe kümmert. Die Kühe sind schließlich das Wichtigste!«

Noch am Vormittag brachen wir nach Norden auf, unser Wagen war der letzte in der Kolonne, doch wir waren nicht weit gekommen, als ich eine Explosion hörte, Schüsse, und dann entsetzliche Schreie. Wir befanden uns auf einer engen, mit Löchern und Rinnen übersäten Lateritpiste, die zwischen Wänden dichten, zwei Meter hohen Elefantengrases dahinführte.

Offensichtlich waren wir in einen Hinterhalt geraten.

Wir hockten geduckt im Wagen und wußten nicht, was wir tun sollten. Drinnen bleiben? Hinausspringen?

Ein Hinterhalt ist die in Afrika am häufigsten angewendete Form des Kampfes. Er besitzt für diejenigen, die ihn organisieren, zahlreiche Vorteile. Wer einen Hinterhalt legt, nützt vor allem den Überraschungsmoment: Die Menschen, die auf der Landstraße fahren, sind nicht imstande, einen ganzen Tag lang Wachsamkeit und Kampfbereitschaft aufzubringen, weil sie in diesem Klima, auf diesen Straßen, rasch ermüden und schließlich einnicken. Zweitens – diejenigen, die im Hinterhalt liegen, sind für die Näherkommenden nicht zu sehen, und dadurch sicher. Drittens – aus einem Hinterhalt kann man nicht nur den Gegner vernichten, sondern auch wertvolles Material erobern – Wagen, Uniformen, Essen, Waffen. Die Form des Hinterhaltes kommt auch jenen entgegen, denen die Hitze, der Hunger und Durst (ein permanenter Zustand, in dem Rebellen und Soldaten leben) weite Märsche und rasche Umgruppierungen schwermachen. Im Busch hingegen kann so eine Gruppe Bewaffneter eine schattige, bequeme Position beziehen und sich ruhig hinlegen, bis ihnen das Opfer von selbst in die Hände fällt.

Bei einem Hinterhalt kommen zwei verschiedene Taktiken zur Anwendung – die erste heißt auf englisch *hit and run*. Diese gibt den Überrumpelten noch eine Chance, sich zu besinnen und den Kampf aufzunehmen, die zweite Form heißt *hit and hit* (das heißt, schieß, und nach dem Schuß stürme vorwärts), und die endet für gewöhnlich mit der Auslöschung aller Überfallenen.

Am Ende sprangen wir vom Auto herunter und hasteten nach vorn. Die Angreifer hatten den Lastwagen mit einer Rakete getroffen. Auf der Ladefläche lag ein toter Soldat, zwei waren verwundet. Die Windschutzscheibe war zerschossen, aus dem Ärmel eines der Beifahrer sickerte Blut. Es herrschte Chaos, Verwirrung, die Menschen liefen kopflos die Kolonne entlang, ohne Sinn und Ordnung. Keiner wußte, was im nächsten Augenblick geschehen würde. Vielleicht standen unsere Gegner ganz nahe, versteckt im dichten, zwei Meter hohen Gras, beobachteten, wie wir hysterisch herumrannten, direkt vor ihren Läufen, nahmen uns seelenruhig aufs Korn? Wir hatten schließlich keine Ahnung, was uns erwartete, wem wir in die Hände gefallen waren. Instinktiv warf ich Blicke herum, ob aus dem Gras Gewehrläufe ragten, die auf uns gerichtet waren.

Der Lastwagen fuhr im Rückwärtsgang nach Soroti zurück, denn der Weg war so schmal, daß er nirgends wenden konnte. Wir hingegen marschierten nach einiger Zeit vorwärts. Doch unsere Offiziere entschieden, daß wir nicht mehr mit den

Wagen fahren, sondern langsam marschieren sollten, hinter den Soldaten, die unsere Kolonne anführten, ihre Waffen schußbereit erhoben.

Es gibt ein Fest. Ich bat Godwin, einen Journalisten aus Kampala, mich in sein Heimatdorf mitzunehmen. Es ist ziemlich nahe, fünfzig Kilometer von der Stadt entfernt. Die Hälfte des Weges legt man auf der Hauptstraße zurück, die in östlicher Richtung, dem Ufer des Viktoriasees folgend, nach Kenia führt.

Das ganze Leben des Landes spielt sich entlang solcher Straßen ab – stellenweise gibt es dort zahlreiche Läden, Bars und Hotels, die Tag und Nacht offen halten. In der Regel geht es geschäftig und laut zu, nicht einmal zur Mittagszeit wird es ganz ruhig. Auf Veranden, unter Vordächern und Schirmen sitzen Schneider über ihre Maschinen gebeugt, Schuster reparieren Schuhe und Sandalen, Friseure schneiden die Haare und legen Frisuren. Frauen stampfen stundenlang Maniok, andere braten daneben Bananen auf dem Rost oder verkaufen getrocknete Fische, die sie an ihren Ständen ausgelegt haben, saftige Papayas oder Seife, die sie aus Asche und Hammelfett selbst herstellen. Alle paar Kilometer gibt es eine Reparaturwerkstätte für Autos oder Fahrräder, einen Vulkanisierbetrieb oder eine Verkaufsstelle für Benzin (je nach Konjunktur handelt es sich dabei um eine Station mit einer Pumpe oder einfach um einen Tisch, auf dem Benzin, abgefüllt in Flaschen oder Einweckgläser, auf die Kundschaft wartet).

Man braucht während der Fahrt nur für einen Moment anzuhalten, sofort wird der Wagen von einer Schar Kinder und einer zweiten Schar lokaler Verkäuferinnen umringt, die alles anpreisen, was der Reisende vielleicht benötigen könnte: Coca Cola oder selbstgebrannten Schnaps, *waragi* genannt, Zwieback und Kekse (in Packungen und nach Stück), gekochten Reis und Sorghum-Plätzchen. Diese Verkäuferinnen sind die Konkurrenz jener Kolleginnen, die in einiger Entfernung stehen und sich nicht von ihren Verkaufsständen fortwagen – sie müssen auf der Hut sein, weil es überall von Dieben wimmelt.

Die Straßen sind auch Orte einer ökumenischen Vielfalt und Toleranz. Wir kommen an einer üppig geschmückten Moschee vorbei, die deshalb so reich ist, weil Saudi-Arabien ihren Bau finanziert hat, und etwas weiter an einem schon viel bescheideneren Kirchlein, und noch eine Strecke weiter an ein paar Zelten der Sieben-Tags-Adventisten, die durch den Kontinent ziehen und vor dem nahenden Ende der Welt warnen. Und jenes Gebäude mit dem kegelförmigen Dach aus geflochtenem Reisstroh? Das ist ein Tempel für Katonda, den höchsten Gott der Ganda.

Wenn wir auf diesen Straßen reisen, kommen wir in einigen Abständen immer wieder zu einem Schlagbaum (es kann auch nur ein einfaches Stück Draht oder eine Schnur sein) mit einem Polizei- oder Militärposten. Das Benehmen der Menschen dort informiert uns über die aktuelle Lage im Land, sogar wenn wir weit von der Hauptstadt entfernt sind und kein Radio hören (Zeitungen gelangen nicht bis hierher, und Fernsehen gibt es keines). Wenn die Soldaten oder Polizisten, kaum daß wir angehalten haben, zu brüllen beginnen und Schläge austeilen, ohne lange Fragen zu stellen, dann bedeutet das, daß im Land Diktatur herrscht oder Krieg geführt wird, wenn sie aber auf uns zukommen, lächeln, uns die Hand reichen und höflich sagen: »Ihnen ist sicherlich bekannt, daß wir sehr wenig verdienen«, dann heißt das, daß wir durch ein politisch stabiles, demokratisches Land reisen, in dem freie Wahlen stattfinden und die Menschenrechte geachtet werden.

Herrscher über diese Welt der afrikanischen Straßen, Wege und Pisten ist der Lastwagenfahrer. Personenwagen sind zu schwach, um diese Schlaglöcher und Rinnen zu bewältigen. Die Hälfte würde bald irgendwo steckenbleiben (vor allem in der Regenzeit), und die übrigen wären schon nach kurzer Zeit nur mehr Schrott. Ein Lastwagen dagegen kommt fast überall durch. Er hat einen starken Motor, breite Reifen und eine Aufhängung, so solide wie die Brooklynbrücke. Die Fahrer dieser Wagen wissen ganz genau, über welchen Schatz sie verfügen und worauf ihre Kraft beruht. In der Menge der Reisenden erkennt man sie sofort an der Art, wie sie sich bewegen. Jeder einzelne gibt sich wie ein König. Oft steigen sie sogar, wenn sie den Wagen anhalten, gar nicht von der Höhe ihres Thrones herunter – es wird ihnen ohnehin alles hinaufgereicht. Wenn irgendwo ein Lastwagen hält, stürmt gleich eine Horde ausgemergelter Menschen mit lauten Bittrufen auf ihn zu – das sind Leute, die irgendwohin wollen, aber keine Mitfahrgelegenheit finden können. Daher hocken sie am Straßenrand und hoffen auf eine solche Gelegenheit, auf jemanden, der sie gegen Bezahlung mitnimmt. Auf Mitleid hofft keiner. Dieses Gefühl ist den Lastwagenfahrern unbekannt. Sie steuern ihre Wagen über Straßen, an denen in der ärgsten Tropenhitze ununterbrochen mit Bündeln beladene Frauen im Gänsemarsch entlangmarschieren. Wenn ein Fahrer in seinem Herzen auch nur einen Funken von Mitgefühl besäße und diesen Frauen helfen wollte, müßte er alle Augenblicke stehenbleiben und würde nie an seinem Bestimmungsort eintreffen. Daher sind die Beziehungen zwischen den Fahrern und den Frauen, die am Straßenrand dahinmarschieren, von totaler Gleichgültigkeit geprägt – sie beachten einander gar nicht.

Godwin arbeitet bis zum Abend, daher können wir das Schauspiel nicht sehen, das die östliche Ausfallstraße von Kampala tagsüber bietet (die übrigen Ausfallstraßen zeigen ganz ähnliche Bilder). Wir sind spät unterwegs, eigentlich nachts, und die Straße schaut jetzt ganz anders aus.

Man sieht nur auf beiden Seiten der Fahrbahn Streifen schwankender, flackernder Lichter von den Lampen und Kerzen, die Verkäufer bei ihren Ständen aufgestellt haben. Meist sind das gar keine richtigen Verkaufsstände oder Buden, sondern einfach auf dem Boden ausgelegte jämmerliche Warensortimentes die von den Kleinhändlern kurios zusammengemischt werden: ein Häufchen Tomaten neben einer Zahnpastatube, ein Mittel gegen Moskitos neben Zigarettenpackungen, eine Packung Feuersteine und eine Metalldose mit Keksen.

Godwin sagt, in früheren Zeiten, in den Jahren der Diktatur, sei es ratsamer gewesen, sich mit einer Kerze im Freien hinzuhocken, als in einem hell erleuchteten Raum zu sitzen. Wenn man die Soldaten kommen sah, löschte man rasch die Kerze und verschwand in der Dunkelheit. Ehe die Soldaten herankamen, war schon keine lebende Seele mehr zu sehen. Eine Kerze hat den Vorteil, daß man alles sieht, ohne selbst gesehen zu werden. In einem erleuchteten Raum ist es hingegen umgekehrt, und das kann gefährlich werden.

Schließlich bogen wir von der Hauptstraße in einen holprigen Feldweg ab. Im Licht der Scheinwerfer war nur ein schmaler Tunnel durch zwei Wände von dichtem, saftigem, grünem Gras auszumachen. Durch diesen Tunnel, der mit seinen zahlreichen Krümmungen und Abzweigungen ein verwirrendes und chaotisches Labyrinth entstehen ließ, kamen wir bis zu einer Stelle, wo plötzlich eine Hausmauer vor uns stand. Hier war der Weg zu Ende. Godwin hielt den Wagen an und stellte den Motor ab. Es herrschte totale Stille. Es war schon so spät, daß sogar die Zikaden verstummt waren, und Hunde gab es in der Nähe offenbar keine. Nur die Moskitos machten sich bemerkbar, böse und ungeduldig, als könnten sie uns schon nicht mehr erwarten. Godwin pochte an eine Tür. Sie öffnete sich, und heraus purzelte ein Dutzend verschlafener, halbnackter Kinder. Hinter ihnen trat eine großgewachsene, ernste Frau mit würdevollen, ja feierlichen Bewegungen aus der Tür – Godwins Mutter. Nach der ersten Begrüßung steckte sie die Kinder in die eine Stube, und in der zweiten breitete sie für uns am Boden Schlafmatten aus.

Am Morgen schaute ich aus dem Fenster. Ich hatte den Eindruck, mich in einem riesigen tropischen Garten zu befinden. Palmen, Bananen, Tamarinden und Kaffeesträucher – alles das wucherte um das Haus herum, das in der üppig sprießenden Vegetation versank. Das hohe Gras und die dichten Sträucher drangen von allen Seiten auf das Haus ein und machten sich so hemmungslos breit, daß den Menschen nicht mehr viel Platz blieb. Der Hof vor Godwins Haus war eng, und ich konnte nirgends einen Weg entdecken (außer dem, den wir gestern gekommen waren), und vor allem keine Häuser, obwohl Godwin gesagt hatte, wir würden ins Dorf fahren. In dieser dicht bewachsenen Region Afrikas erstrecken sich die Dörfer jedoch nicht entlang der Straßen (die es oft gar nicht gibt), sondern die Häuser sind über große Gebiete verstreut und weit voneinander entfernt. Sie werden nur durch schmale Pfade miteinander verbunden, die im endlosen Dickicht verschwinden und für das ungeschulte Auge kaum auszumachen sind. Man muß schon ein Bewohner eines solchen Dorfes sein oder dieses sehr gut kennen, um sich im System der Pfade, in ihrem Verlauf und ihren Verflechtungen zurechtzufinden.

Ich ging mit den Kindern Wasser holen, denn das ist hier ihre Aufgabe. Vielleicht zweihundert Meter vom Haus entfernt war ein mit Kletten und Schilf verwachsenes, träg dahinfließendes Rinnsal, in dem die Jungen mit großem Zeitaufwand die Eimer füllten. Diese tragen sie dann so geschickt auf dem Kopf, daß sie keinen Tropfen verschütten. Sie schreiten konzentriert dahin und geben sich Mühe, ihre kleinen, kindlichen Körper im Gleichgewicht zu halten.

Das Wasser eines Eimers ist für die Morgenwäsche bestimmt. Man wäscht nur sein Gesicht, und das so, daß man dabei nicht unnötig Wasser vergeudet. Man schöpft also eine Handvoll aus dem Eimer und führt die Hand übers Gesicht – sorgfältig und nicht zu eilig, damit das Wasser nicht durch die Finger rinnt. Handtuch braucht man keines, weil vom Morgen an die Sonne brennt und das Gesicht sofort wieder trocknet. Dann bricht sich jeder von einem Busch einen Zweig ab und kaut dessen Ende fasrig. So erhält er einen hölzernen Pinsel. Mit diesem kleinen Pinsel putzt er sich lange und sorgfältig die Zähne. Es gibt Leute, die das stundenlang machen, das ist für sie ein Zeitvertreib wie für andere Kaugummikauen.

Es ist ein doppelter Feiertag (es ist Sonntag, und aus der Stadt sind Gäste gekommen), deshalb bereitet Godwins Mutter ein Frühstück zu. Für gewöhnlich wird im Dorf einmal am Tag gegessen, am Abend, und in der Trockenzeit nur jeden zweiten Tag, falls die Menschen nicht überhaupt Hunger leiden. Zum Frühstück gibt es Tee, ein Stück Maismehlfladen und eine Schüssel *matoke* (ein Gericht aus zerkochten grünen Bananen). Die Kinder sind wie kleine Hühner im Nest: Sie starren gierig auf die Schüssel Matoke, und wenn ihnen die Mutter erlaubt, mit dem Essen zu beginnen, schlingen sie alles in einer Sekunde hinunter.

Wir halten uns die ganze Zeit im Hof auf. Ein Objekt, das sofort die Aufmerksamkeit auf sich lenkt, ist eine quadratische Steinplatte mitten im Hof – das Ahnengrab, *masiro*. Es gibt in Afrika ganz unterschiedliche Begräbnisriten. Einige Waldstämme legen ihre Verstorbenen einfach in den Busch – damit sie von wilden Tieren gefressen werden. Andere Stämme begraben die Toten auf einfachen, schmucklosen Friedhöfen. Es gibt auch welche, die ihre Toten im Boden des Hauses bestatten, in dem sie wohnen. Meist werden sie jedoch in der Nähe des Hauses begraben – im Hof oder im Garten, um sie in der Nähe zu haben, um ihre aufmunternde Anwesenheit zu spüren. Der Glaube an die Geister der Vorfahren, ihre schützende Kraft, ihre wachsame Aufmerksamkeit, ihre Ermutigung und Gewogenheit ist stets lebendig und eine Quelle der Hoffnung und des Vertrauens. Wenn wir sie in unserer Nähe haben, fühlen wir uns sicherer, wenn wir nicht wissen, was wir tun sollen, kommen sie uns mit Rat zu Hilfe und bewahren uns – was sehr wichtig ist – davor, einen falschen Schritt zu tun oder vom richtigen Weg abzuweichen. Jedes Haus, jeder Hof besitzt daher zwei Dimensionen: die sichtbare, greifbare und diese verborgene, geheimnisvolle, heilige, und der Mensch bemüht sich, regelmäßig sein Elternhaus, das Haus der Ahnen, zu besuchen, soweit ihm das möglich ist – dort schöpft er neue Kraft und findet er eine Bestärkung seiner Identität.

Das zweite Objekt neben dem Ahnengrab in diesem Hof ist die Kochstelle. Diese Küche ist eine von drei Lehmwänden umgebene Vertiefung in der Erde, in der drei rußgeschwärzte Steine liegen, die ein Dreieck bilden. Auf diese wird der Topf gesetzt, geheizt wird mit Holzkohle. Diese einfache Einrichtung wurde bereits im Neolithikum erfunden und erweist sich bis heute als nützlich.

Es ist Morgen und die Hitze ist noch einigermaßen erträglich, weshalb Godwin sich aufmacht, seine Nachbarn zu besuchen. Er hat nichts dagegen, daß ich ihn begleite. Die Menschen wohnen in einfachen Lehmhäusern, mit Wellblech gedeckt, das sich zu Mittag erhitzt wie ein Grill, den man entzündet. An Stelle von Fenstern gibt es einfache Öffnungen, und die Türen sind meist aus Sperrholz oder aus Blech und werden ohne Rahmen eingesetzt, sie sind eher symbolisch, weil sie weder Klinken noch Schlösser besitzen.

Wer aus der Stadt kommt, wird als großer Herr, Krösus und Lord angesehen. Obwohl die Stadt gar nicht so weit ist, gehört sie doch schon zu einer anderen, besseren Welt, zu einem Planeten, auf dem Überfluß herrscht. Das wissen übrigens beide Seiten, die Menschen aus der Stadt ebenso wie die vom Land, daher ist sich der Städter bewußt, daß er nicht mit leeren Händen kommen darf. Für die Vorbereitungen einer Reise ins Dorf braucht er viel Zeit und Geld. Wenn einer meiner städtischen Bekannten etwas einkauft, erklärt er sofort: »Das muß ich ins Dorf mitbringen.« Er geht durch die Straßen, prüft die Waren und überlegt: »Das würde sich gut als Geschenk eignen, wenn ich ins Dorf fahre.«

Geschenke, Geschenke. Es ist eine Kultur des einander ständig Beschenkens. Weil aber Godwin keine Zeit für Einkäufe hatte, steckt er den Nachbarn diskret dünne Rollen ugandischer Shillings in die Taschen.

Zuerst besuchen wir Stone Singewenda und seine Frau Victa: Stone ist 26 Jahre alt und sitzt zu Hause – er arbeitet manchmal auf Baustellen, doch jetzt kann er keine Beschäftigung finden. Victa hingegen arbeitet: Sie bestellt ein kleines Feld mit Maniok, von dem sie leben. Victa bringt jedes Jahr ein Kind zur Welt. Sie sind seit vier Jahren verheiratet und haben vier Kinder, das fünfte ist unterwegs. Es ist hier Brauch, daß man dem Gast etwas aufwartet, doch Victa und Stone bieten uns nichts an – sie haben einfach nichts.

Anders ihr Nachbar Simon, der sofort einen Teller mit Erdnüssen vor uns hinstellt. Doch Simon ist auch ein reicher Mann: Er hat ein Fahrrad und daher auch Arbeit. Simon ist ein *bicycle trader.* Es gibt nicht viele große Straßen im ganzen Land. Und nicht viele Lastwagen. Millionen Menschen leben in Dörfern, zu denen keine Straßen führen und keine Lastwagen kommen. Diese Menschen sind am schlimmsten dran, sie sind am ärmsten. Sie wohnen weit entfernt vom Markt, zu weit, um die paar Knollen Kassawa oder Jamswurzeln, das Büschel Matoke (grüne Bananen) oder den Sack Sorghum – also Feldfrüchte, die hier gedeihen – auf dem Kopf dorthin zu tragen. Weil sie ihre Ware nicht verkaufen können, haben sie kein Geld und können daher nichts kaufen – der hoffnungslose Kreis der Armut schließt sich. Doch da erscheint Simon mit seinem Fahrrad. Sein Rad ist mit diversem selbstgebasteltem Zubehör bestückt – mit Gepäckträgern, Taschen, Klammern und Stützen. Es dient eher zum Transport als zum Fahren. Mit diesem Rad transportiert Simon, gegen geringes Entgelt (gering, weil wir uns die ganze Zeit in einer Welt der

Groschenwirtschaft bewegen), für die Frauen ihre Waren zum Markt (für die Frauen, weil der Kleinhandel deren Angelegenheit ist). Simon sagt, je weiter man sich von der großen Straße, von den Lastwagen und Märkten entfernt, um so größer wird die Armut. Am schlimmsten ist sie dort, wo die Bauern zu weit weg wohnen, um ihre Produkte zum Markt zu bringen. Weil aber die Menschen aus Europa sich hier nur in den Städten aufhalten und auf den großen Straßen reisen, können sie sich gar nicht vorstellen, wie unser Afrika wirklich aussieht, sagt Simon.

Einer von Simons Nachbarn ist Apollo – ein Mann unbestimmten Alters, hager und wortkarg. Er steht vor dem Haus und bügelt ein Hemd, das auf einem Brett liegt. Er hat ein mit Holzkohle beheiztes Bügeleisen, riesig groß, alt und verrostet. Das Hemd ist noch älter. Um es zu beschreiben, müßte man sich der Sprache der Kunstkritiker bedienen, der kapriziösen Postmodernisten, der Spezialisten für Suprematismus, Visual-Art und den abstrakten Expressionismus. Denn dieses Hemd ist ein Kunstwerk des Patchworks, des Informel, der Collage und Popart, ein Beweis für die kühnen Phantasien jener Schneider, an denen wir auf unserer Fahrt von Kampala vorbeikamen. Dieses Hemd hat so viele geflickte Löcher, so viele aufgenähte Streifen und Lappen der unterschiedlichsten Materialien, Farben und Texturen, daß man nicht mehr sagen kann, von welcher Farbe und aus welchem Material das ursprüngliche, erste, das Urhemd war, auf das dann ein langer Prozeß von Umarbeitungen und Veränderungen folgte, bis jenes Endprodukt erreicht wurde, das nun vor Apollo auf dem Bügelbrett liegt.

Die Baganda sind Menschen, die ungemein auf Sauberkeit und ihre Kleidung bedacht sind. Im Gegensatz zu den mit ihnen verwandten Karamojong, die jede Kleidung ablehnen, weil sie nur den nackten menschlichen Körper für schön halten, ziehen sich die Baganda sorgfältig an und geben sich Mühe, ihre Arme bis zu den Handgelenken und die Beine bis zu den Knöcheln zu bedecken.

Apollo sagt, die Zeiten sind gut, weil der Bürgerkrieg endlich beendet ist, aber andererseits schlecht, weil der Kaffeepreis gefallen ist (wir haben die neunziger Jahre), sie aber bauen Kaffee an, von dem sie leben. Nun will keiner den

Kaffee kaufen, die Händler bleiben aus. Der Kaffee verdirbt, die Büsche verwildern, und sie haben kein Geld. Er seufzt und führt sorgfältig das Bügeleisen über die Flicken und Nähte wie ein Schiffer sein Boot über trügerische Riffe.

Als wir so dastehen und uns unterhalten, kommt eine Kuh aus den Bananen, hinter ihr ein paar ausgelassene Hirtenjungen und am Schluß der bucklige Dorfälteste – Lule Kabbogozza. Im Jahre 1942 war Lule im Krieg in Burma – das erwähnt er als einziges Ereignis in seinem Leben. Seit damals lebt er ohne Unterbrechung im Dorf. Jetzt vegetiert er genauso erbärmlich wie die anderen dahin: *»What I eat?«* fragt er sich selber. *»Cassawa. Day and night cassawa.«* Aber er hat ein heiteres Gemüt und zeigt mit einem Lächeln auf die Kuh. Zu Beginn des Jahres legen ein paar Familien ihre Groschen zusammen und kaufen auf dem Markt eine Kuh. Die lassen sie im Dorf weiden, Gras gibt es genug. Wenn Weihnachten naht, wird die Kuh geschlachtet. Zu diesem Anlaß kommen alle zusammen. Jeder schaut genau hin, ob auch gerecht geteilt wird. Viel Blut wird den Ahnen geopfert (es gibt kein wertvolleres Opfer als Rinderblut). Das Fleisch wird auf der Stelle gebraten und gekocht. Das ist das einzige Mal im Jahr, daß die Menschen im Dorf Fleisch essen. Dann kaufen sie die nächste Kuh, und in einem Jahr gibt es wieder ein Fest.

Wenn ich dann in der Nähe sein sollte – bin ich eingeladen. Dann gibt es *pombe* (Bananenbier) und Waragi. Und ich bekomme so viel Fleisch, wie ich nur essen kann!

VORLESUNG ÜBER RUANDA. Sehr geehrte Herrschaften, Thema unserer Vorlesung ist Ruanda. Ruanda ist ein kleines Land, so klein, daß es auf vielen Landkarten, die Sie in Büchern über Afrika finden, nur als Punkt eingezeichnet ist. Erst in den Anmerkungen zu jenen Karten können Sie lesen, daß dieser Punkt genau in der Mitte des Kontinents jene Stelle bezeichnet, wo Ruanda liegt. Ruanda ist ein gebirgiges Land. Für Afrika sind eher Ebenen und Hochebenen charakteristisch, in Ruanda hingegen gibt es Berge und noch einmal Berge. Sie ragen bis zu zwei-, dreitausend Meter und sogar noch höher empor. Daher wird das Land oft Tibet Afrikas genannt – im übrigen nicht nur wegen seiner Berge, sondern auch wegen seiner Ausnahmestellung und Andersartigkeit. Diese Andersartigkeit bezieht sich nicht nur auf die Geographie, sondern auch auf die Gesellschaft. Während sich nämlich die Bevölkerungen afrikanischer Staaten in der Regel aus zahlreichen Stämmen zusammensetzen (im Kongo leben dreihundert Stämme, in Nigeria zweihundertfünfzig usw.), lebt in Ruanda nur eine Gemeinschaft, die Nation der Banyaruanda, die traditionell in drei Kasten zerfällt: die Kaste der Besitzer der Rinderherden – die Tutsi (14 Prozent der Bevölkerung), die Kaste der Bauern – die Hutu (85 Prozent) und die Kaste der Knechte und Diener – die Twa (1 Prozent). Dieses Kastensystem (mit gewissen Analogien zu Indien) entstand vor Jahrhunderten, es ist übrigens bis heute strittig, ob das nun im 12. oder erst im 15. Jahrhundert war, weil keine schriftlichen Quellen darüber existieren. Es mag genügen, daß es hier seit Jahrhunderten ein Königreich gab, das von einem Monarchen, *mwami* genannt, regiert wurde, der aus der Kaste der Tutsi stammte.

Dieses von Bergen geschützte Königreich war ein nach außen hin abgeschotteter Staat, der mit niemandem Beziehungen unterhielt. Die Banyaruanda organisierten keine Feldzüge und ließen – ähnlich wie einst die Japaner – keine Fremden in ihr Land (daher kannten sie zum Beispiel auch keinen Sklavenhandel, die Plage der übrigen afrikanischen Völker). Einer der ersten Europäer, die nach Ruanda kamen, war 1894 der deutsche Leiter einer Karawane und spätere Gouverneur von Deutsch-Ostafrika, Gustav-Adolf Graf von Götzen. Man muß hier einfügen, daß bereits vier Jahre vorher, in einer Vereinbarung zwischen England und dem Deutschen Reich, Ruanda eben den Deutschen zugesprochen worden war, wovon allerdings kein Ruander informiert wurde, nicht einmal der König. In diesen Jahren lebten die Banyaruanda als kolonisiertes Volk, ohne daß sie selbst davon wußten. Auch später interessierten sich die Deutschen kaum für diese Kolonie, die sie nach dem Ersten Weltkrieg an Belgien abtreten mußten. Auch die Belgier entwickelten lange Zeit keine größeren Aktivitäten. Von der Küste war es weit bis nach Ruanda, über 1500 Kilometer, und vor allem stellte das Land keinen größeren Wert dar, weil man hier keine bedeutenden

Rohstoffe fand. Dank dieser Umstände blieb das vor Jahrhunderten entstandene soziale System der Banyaruanda in dieser Bergfestung bis zur zweiten Hälfte des zwanzigsten Jahrhunderts unverändert intakt. Dieses System trug einige Merkmale, die an den europäischen Feudalismus erinnern. Das Land wurde von einem Monarchen regiert, der von einer Gruppe von Aristokraten und einer Schicht eines erblichen Landadels umgeben war. Sie alle bildeten die herrschende Kaste – die Tutsi. Ihr größter und in Wahrheit einziger Reichtum waren die Rinder – Zebukühe, eine Rinderart mit langen, säbelförmigen, schönen Hörnern. Diese Kühe wurden nicht geschlachtet – sie waren heilig, unantastbar. Die Tutsi ernährten sich von ihrer Milch und ihrem Blut (mit einer Lanzenspitze ritzten sie die Schlagader an und fingen das Blut in einem Gefäß auf, das sie vorher mit Rinderharn ausgewaschen hatten). Das alles war Aufgabe der Männer, denn Frauen war der Umgang mit den Kühen verboten.

Die Kuh war das Maß aller Dinge: von Reichtum, Prestige und Macht. Je mehr Kühe jemand besaß, um so reicher war er. Und je reicher er war, um so mehr Macht hatte er. Die meisten Kühe besaß der König, und seine Herde wurde besonders sorgsam behütet. Der wichtigste Punkt im Ablauf des Nationalfeiertages war der jährliche Vorbeimarsch der Kühe an der königlichen Tribüne. Vor den Augen des Monarchen zogen dann Millionen Rinder vorbei. Das dauerte Stunden. Die Rinder traten Staubwolken hoch, die noch viele Stunden später über dem Königreich hingen. Die Größe dieser Wolken war ein Beweis für den Wohlstand der Monarchie, und die Feier selbst wurde später noch oft in der pathetischen Dichtung der Tutsi besungen.

»Ein Tutsi?« bekam ich oft in Ruanda zu hören. »Ein Tutsi hockt auf der Schwelle seiner Hütte und schaut zu, wie seine Herde auf den Berghängen weidet. Dieser Anblick erfüllt ihn mit Stolz und Glück.«

Die Tutsi sind keine Hirten und keine Nomaden, sie sind nicht einmal Rinderzüchter. Sie sind Herdenbesitzer, eine herrschende Kaste, Aristokraten.

Die Hutu hingegen bilden die viel zahlreichere, den Tutsi untergeordnete Kaste der Bauern (in Indien werden diese Vaishyas genannt). Zwischen Tutsi und Hutu herrschten

Lehensbeziehungen, der Tutsi hatte das Seniorat gegenüber dem Hutu, seinem Vasallen. Die Hutu waren die Klientel der Tutsi. Sie waren Bauern, die vom Ackerbau lebten. Einen Teil der Erträge lieferten sie dem Herrn ab, der sie dafür beschützte und ihnen eine Kuh zum Gebrauch überließ (die Tutsi besaßen das Monopol auf die Kühe, ein Hutu konnte diese nur von seinem Herrn pachten). Alles wie im Feudalismus – dieselbe Abhängigkeit, dieselben Sitten, dieselbe Ausbeutung.

In der Mitte des zwanzigsten Jahrhunderts entwickelt sich zwischen diesen beiden Kasten langsam ein dramatischer Konflikt. Gegenstand dieses Konflikts ist der Boden. Ruanda ist klein, gebirgig und sehr dicht besiedelt. Wie das in Afrika oft der Fall ist, kommt es auch in Ruanda zum Krieg zwischen Viehzüchtern und Ackerbauern. Doch für gewöhnlich sind die Flächen des Kontinents so groß, daß eine der beiden Seiten auf unbesiedeltes Gebiet ausweichen kann und der Kriegsfunken erlischt. In Ruanda ist eine solche Lösung nicht möglich – es fehlt an Platz, um auszuweichen, um nachzugeben. Und in der Zwischenzeit werden die Herden der Tutsi immer größer und brauchen daher immer größere Weideflächen. Diese neuen Weideflächen können nur auf einem Weg beschafft werden: indem man die Hutu von ihrem Boden vertreibt. Doch die Hutu leben auch so schon ungeheuer beengt. Ihre Zahl wächst seit Jahren rapid. Um das Unglück voll zu machen, sind die Böden, die sie bebauen, karg und schlecht. Die Berge Ruandas sind nämlich nur von einer Humusschicht bedeckt, die so dünn ist, daß die Unwetter, die jährlich in der Regenzeit das Land heimsuchen, große Mengen Erde wegspülen, so daß dann oft dort, wo die Hutu vorher schmale Felder mit Maniok und Mais hatten, nur mehr der blanke Fels herausschaut.

Auf der einen Seite also riesige, sich immer weiter vermehrende Rinderherden – Symbole des Reichtums und der Kraft der Tutsi – und auf der anderen die eng zusammengepferchten, unterdrückten, verdrängten Hutu: Es gibt keinen Platz, keinen Boden, einer muß weichen oder umkommen. Das ist die Situation in Ruanda in den fünfziger Jahren, als die Belgier die Szene betreten. Sie werden jetzt plötzlich sehr aktiv, weil Afrika einen brisanten Moment erlebt, die Welle der

Unabhängigkeitsbewegungen, der antikolonialen Bewegungen schlägt immer höher, man muß also handeln, Entscheidungen treffen. Belgien gehört zu den Ländern, die von der Emanzipationsbewegung völlig überrumpelt werden. Brüssel hat dafür nicht geplant, und seine Beamten wissen nicht, was sie tun sollen. Wie meistens in solchen Fällen, wissen sie nur eine Antwort: Sie zögern die Lösung hinaus, schieben sie vor sich her. Bislang hatten die Belgier Ruanda mit Hilfe der Tutsi regiert, auf die sie sich stützten. Doch die Tutsi sind die am besten ausgebildete und ehrgeizigste Schicht der Banyaruanda, und jetzt fordern ausgerechnet sie die Unabhängigkeit. Und zwar sofort, worauf die Belgier überhaupt nicht vorbereitet sind! Brüssel ändert daher radikal seine Taktik: Es läßt die Tutsi fallen und unterstützt ab sofort die fügsameren, kompromißbereiteren Hutu. Es hetzt sie gegen die Tutsi auf. Die Folgen dieser Politik lassen nicht lange auf sich warten. Ermutigt und aufgestachelt ziehen die Hutu in den Kampf. Im Jahre 1959 bricht in Ruanda ein Bauernaufstand aus. Gerade in Ruanda, als einzigem afrikanischen Land, nahm die Unabhängigkeitsbewegung die Form einer sozialen, antifeudalen Revolution an. In ganz Afrika erlebte nur Ruanda seinen Sturm der Bastille, die Entthronung des Königs, die Gironde und den Terror. Scharen von Bauern, entfesselte Hutu-Massen, stürmen, bewaffnet mit Macheten, Hauen und Spießen, gegen ihre Herren und Meister, gegen die Tutsi. Es kommt zu einem gigantischen Massaker, wie Afrika es seit langem nicht mehr gesehen hat. Die Bauern brennen die Höfe ihrer Herren nieder, und ihnen selber schneiden sie die Kehlen durch und schlagen sie die Köpfe ein. In Ruanda fließen Ströme von Blut, das Land steht in Flammen. Es beginnt ein Massenschlachten der Rinder, die Bauern können sich, oft zum ersten Mal in ihrem Leben, mit Fleisch satt essen. Zu dieser Zeit zählt das Land 2,6 Millionen Einwohner, unter ihnen dreihunderttausend Tutsi. Man nimmt an, daß damals etwa fünfzigtausend Tutsi ermordet wurden und noch einmal soviel in Nachbarländer flohen – in den Kongo, nach Uganda, Tanganjika und Burundi. Die Monarchie und der Feudalismus hörten auf zu bestehen, und die Kaste der Tutsi büßte ihre dominierende Rolle ein. Jetzt übernahmen die bäuerlichen Hutu die Macht. Als Ruanda 1962 die Unabhängigkeit erlangte, stellten Mitglieder dieser Kaste die erste Regierung. An ihrer Spitze stand der junge Journalist Grégoire Kayibanda. Damals besuchte ich zum ersten Mal Ruanda. Ich erinnere mich an die Hauptstadt des Landes, Kigali, als an eine Kleinstadt. Ich fand kein Hotel, vielleicht gab es gar keines. Schließlich nahmen mich belgische Klosterschwestern auf und ließen mich in der Geburtsabteilung ihres sauberen kleinen Spitals übernachten.

Sowohl Hutu als auch Tutsi erwachen aus dieser Revolution wie aus einem bösen Traum. Beide haben ein Massaker erlebt – die einen haben es verschuldet, die anderen waren die Opfer, und solche Erfahrungen lassen im Menschen quälende und dauerhafte Spuren zurück. Die Gefühle der Hutu sind nicht eindeutig. Auf der einen Seite haben sie ihre Herren besiegt, das feudale Joch abgeschüttelt und zum ersten Mal die Macht im Land übernommen, andererseits haben sie jedoch ihre Lords nicht endgültig vernichtet, sie nicht mit Stumpf und Stiel ausgerottet, und dieses Bewußtsein, daß der Gegner zwar schmerzhaft verwundet ist, aber immer noch lebt und auf Rache sinnt, senkt Todesangst und Schrecken in ihre Herzen (wir dürfen nicht vergessen, daß die Angst vor Rache in der afrikanischen Mentalität tief wurzelt, weil das ewige Gesetz der Rache hier immer schon die Beziehungen zwischen den einzelnen Menschen und den Klans regulierte). Und sie haben allen Grund zur Furcht. Denn obwohl die Hutu die Bergfestung Ruanda eingenommen und dort ihre Regierung eingerichtet haben, gibt es im Land immer noch eine fünfte Kolonne der Tutsi (ungefähr hunderttausend), und zweitens – und das ist vielleicht noch bedrohlicher – haben die von dort vertriebenen Tutsi rings um diese Festung ihre Lager aufgeschlagen.

Die Metapher und das Bild der Festung sind keine Übertreibung. Denn egal, von wo man nach Ruanda reist, ob von Uganda, Tansania, oder Zaire, immer hat man den Eindruck, das Tor zu einer von hohen, herrlichen Bergen gebildeten Festung zu durchschreiten. Wenn nun ein Tutsi, seit gestern ein Vertriebener und Heimatloser, am Morgen im Flüchtlingslager erwacht und vor sein ärmliches Zelt tritt, hat er den Anblick der Berge Ruandas vor Augen. Zu dieser frühen Tageszeit ein herrliches Bild. Oft bin ich früh aufgestanden, nur um diese einmalige Landschaft zu sehen. Vor unserem Blick dehnt sich die endlose Kette hoher, aber sanfter Berge. Sie sind smaragdfarben, violett und grün, und immer umrahmt von Sonnenlicht. Es gibt in dieser Landschaft keine bedrohlichen, dunklen, von Stürmen gepeitschten Felsen, Abgründe und Steilhänge, keine todbringenden Lawinen, Steinschläge oder Muren, die auf uns lauern. Nein, die Berge Ruandas strömen Wärme und Behaglichkeit aus, sie locken durch Schönheit und Stille, kristallene Luft, Ruhe und die Vollkommenheit ihrer Linien und Formen. Am Morgen füllt durchsichtiger Nebel die grünen Täler. Er ist wie ein heller, in der Sonne glänzender, leichter, duftiger Vorhang, durch den man die Eukalyptusbäume sieht, die Bananen und die Menschen, die auf den Feldern arbeiten. Doch der Tutsi sieht dort nur seine weidenden Herden. Hier, im Flüchtlingslager, nehmen diese Herden, die er nicht mehr besitzt und die für ihn Grundlage und Sinn des Daseins waren, gigantische Ausmaße an, werden in seiner Phantasie zu Mythen und Legenden, zu Träumen, Wunschbildern und Obsessionen.

So entfaltet sich das Drama Ruandas, die Tragödie des Volkes der Banyaruanda, in der Tat vergleichbar mit der palästinensischen Tragödie in der Unmöglichkeit, die Interessen zweier Gesellschaften auf einen Nenner zu bringen, die Anspruch erheben auf denselben Flecken Erde, der jedoch zu klein und zu eng ist, um beide zu beherbergen. Und in diesem Drama reift, anfangs noch schwach und unbestimmt, mit fortschreitenden Jahren aber immer deutlicher und drängender, der Wunsch nach einer Endlösung heran.

Doch bis dahin ist es noch weit. Wir sind in den sechziger Jahren, den Jahren, die in Afrika so viel versprechen und Anlaß zu größtem Optimismus geben. Diese Atmosphäre der Erwartungen und Euphorie, die den ganzen Kontinent erfaßt, hat zur Folge, daß keiner den blutigen Ereignissen in Ruanda Beachtung schenkt. Es gibt keine Verkehrsverbindungen und keine Zeitungen, und im übrigen – was ist schon Ruanda? Wo liegt das? Wie kommt man dorthin? Tatsächlich scheint dieses Land von Gott und den Menschen vergessen. Hier ist alles ruhig, totenstill und – wie man sich rasch überzeugen kann – langweilig. Durch Ruanda führt keine größere Trasse, es gibt keine großen Städte, nur selten kommt überhaupt jemand hierher. Als ich vor Jahren einem Kollegen, dem Reporter des *Daily Telegraph*, Michael Field, erzählte, ich sei in Ruanda gewesen, fragte er nur: »Und hast du den Präsidenten gesehen?« Ich verneinte.

»Wozu bist du dann hingefahren?« rief er erstaunt. Viele meiner Kollegen waren der Ansicht, die einzige mögliche Attraktion in diesem Land könnte der Präsident darstellen. Wenn man den nicht treffen kann, wozu, zum Teufel, soll man dann überhaupt hinfahren?

Tatsächlich ist das, was uns bei einer Begegnung mit Menschen eines solchen Landes am stärksten auffällt, ihr total provinzielles Denken. Denn unsere angeblich globale Welt ist in Wahrheit ein Planet, bestehend aus vielen tausend grundverschiedenen Provinzen, die einander nie begegnen. Eine Reise durch diese Welt ist eine Wanderung von einer Provinz zur nächsten, und jede ist ein einsamer, nur für sich selbst leuchtender Stern. Für die meisten Menschen, die dort leben, endet ihre reale Welt an der Schwelle ihres Hauses, am Rand ihres Dorfes, bestenfalls an der Grenze ihres Tales. Die weiter entfernte Welt erscheint ihnen irreal, unwichtig und sogar unnötig, während die Welt vor unseren Füßen die Ausmaße eines riesigen, alles andere verdeckenden Kosmos annimmt. Oft fällt es dem Einheimischen und dem Zuwanderer schwer, eine gemeinsame Sprache zu finden, weil jeder von ihnen eine eigene Optik verwendet, wenn er dieselbe Gegend betrachtet. Der Zuwanderer benützt ein Weitwinkelobjektiv, das ein entferntes, verkleinertes Bild liefert, aber dafür eine weite Linie des Horizontes, während der einheimische Gesprächspartner stets ein Teleobjektiv oder gar Teleskop verwendet, das die kleinsten Details vergrößert.

Doch für die Menschen, die hier wohnen, sind ihre eigenen Dramen die wirklichen, sind die eigenen Tragödien schmerzlich und auch keineswegs übertrieben. Ähnlich ist es auch in Ruanda.

Die Revolution des Jahres 1959 zerriß die Nation der Banyaruanda in zwei feindliche Lager. Die folgenden Jahre werden nur mehr die Mechanismen der Auseinandersetzung verstärken, die Konflikte verschärfen, immer wieder in blutige Zusammenstöße münden – und schließlich in die Apokalypse.

Die Tutsi, die in Lagern entlang der Grenzen hausen, planen Verschwörungen und gehen zum Gegenangriff über. Im Jahre 1963 schlagen sie vom Süden her los, aus dem benachbarten Burundi, wo ihre Volksgenossen, die Tutsi Burundis, an der Regierung sind. Zwei Jahre später kommt es zu einer neuen Invasion der Tutsi. Die Armee der Hutu kann diese stoppen und organisiert als Vergeltung in Ruanda ein gigantisches Massaker an den Tutsi. Zwanzigtausend Tutsi, andere meinen, eher fünfzigtausend, werden von den Hutu mit Macheten niedergemetzelt. Kein unabhängiger Beobachter dringt in diese Gebiete vor, keine Kommission und keine Medien. Ich erinnere mich, daß wir – eine Gruppe von Korrespondenten – damals versuchten, nach Ruanda zu gelangen, doch die Machthaber ließen uns nicht hinein. In Tansania konnten wir nur Aussagen jener sammeln, die von dort geflohen waren – das waren überwiegend Frauen mit Kindern, verängstigt, verwundet, halb verhungert. Die Männer wurden in den meisten Fällen als erste getötet, die kamen nicht mit dem Leben davon. (Viele Kriege in Afrika finden ohne Zeugen statt, im verborgenen, an unzugänglichen Orten, in aller Stille, ohne Wissen der Welt, oder auch von der Welt ganz einfach vergessen). So ist das auch im Falle Ruandas. Jahrelang kommt es entlang der Grenzen zu Kämpfen, Pogromen und Massakern. Die Tutsi-Partisanen (von den Hutu Kakerlaken genannt) brennen Dörfer nieder und bringen die lokale Bevölkerung um. Diese wiederum rächt sich, unterstützt von der eigenen Armee, mit Vergewaltigungen und Massenmorden.

In diesem Land gibt es überall Dörfer und Kleinstädte mit gemischter Bevölkerung. Hutu und Tutsi sind Nachbarn, begegnen einander auf den Wegen, arbeiten an einem Ort. Und im verborgenen schmieden sie Komplotte. Denn in diesem Klima des Mißtrauens, der Spannungen und gegenseitigen Ängste erwacht wieder die alte afrikanische Stammestradition der Geheimbünde, sekreten Organisationen und Mafias. Wirklicher und eingebildeter. Jeder gehört insgeheim irgendeiner an und ist fest davon überzeugt, daß auch sein Nachbar, der Andere, mit Sicherheit einer solchen angehört. Und zwar selbstverständlich einer gegnerischen, feindlichen Organisation.

Das Zwillingsland Ruandas ist sein südlicher Nachbar Burundi. Ruanda und Burundi besitzen eine ähnliche Geographie, eine ähnliche Bevölkerung und eine gemeinsame Geschichte, die sich über viele Jahrhunderte erstreckt. Ihre Geschicke trennten sich erst im Jahre 1959: In Ruanda siegte die bäuerliche Revolution der Hutu, deren Führer die Macht im Staat übernahmen, während in Burundi die Tutsi die Herrschaft behielten und diese sogar festigten, indem sie die Armee vergrößerten und so etwas wie eine feudale Militärdiktatur errichteten. Doch das ehemalige System der kommunizierenden Gefäße zwischen den beiden Zwillingsländern funktionierte nach wie vor, und das Massaker der Hutu an den Tutsi hatte als Vergeltung ein Massaker der Tutsi an den Hutu in Burundi zur Folge und vice versa. Als daher im Jahre 1972 die Hutu in Burundi, ermutigt vom Beispiel ihrer Brüder in Ruanda, einen Aufstand versuchten, den sie damit einleiteten, daß sie ein paar tausend Tutsi umbrachten, töteten diese als Antwort über hunderttausend Hutu. Es war nicht so sehr das Faktum dieses Gemetzels, das die Hutu in Ruanda erschütterte, denn diese Gemetzel wiederholten sich in regelmäßigen Abständen, als vielmehr seine erschreckenden Ausmaße. Die Hutu in Ruanda beschlossen, darauf zu antworten. Ein zusätzlicher Grund für ihre Reaktion war die Tatsache, daß als Folge dieses Pogroms einige hunderttausend (manchmal ist sogar von einer Million die Rede) Hutu aus Burundi Zuflucht in Ruanda suchten, was dieses arme, immer wieder von Hungersnöten geschüttelte Land vor ein großes Problem stellte: Wie sollte es diese Flüchtlingsmassen ernähren?

In Ausnützung dieser kritischen Situation (sie ermorden unsere Volksgenossen in Burundi; wir sind nicht imstande, eine Million Immigranten durchzufüttern) unternahm der Chef der ruandischen Armee, General Juvénal Habyarimana, im Jahre 1973 einen Staatsstreich und rief sich zum Präsidenten aus. Dieser Putsch ließ tiefe Zwistigkeiten und Konflikte innerhalb der Gesellschaft der Hutu zutage treten. Der besiegte (und später ermordete) Präsident Grégoire Kayibanda repräsentierte einen Klan der Hutu aus dem Inneren des Landes, der als verhältnismäßig liberal galt. Der neue Herrscher hingegen entstammte einem Klan aus dem Nordwesten Ruandas. Dieser Klan bildete einen radikal chauvinistischen

Flügel der Hutu (um dieses Bild verständlicher zu machen, könnte man sagen, daß Habyarimana der Radovan Karadžić der ruandischen Hutus war).

Habyarimana wird nun 21 Jahre an der Macht bleiben, bis zu seinem Tod im Jahre 1994. Stämmig gebaut, bärenstark und energisch, konzentriert er alle seine Kräfte darauf, eine eiserne Diktatur zu errichten. Er führt ein Einparteiensystem ein. An der Spitze der Partei steht Habyarimana selbst. Alle Bürger des Landes müssen von ihrer Geburt an der Partei angehören. Der General korrigiert auch das bislang geltende, allzu simple Feindbild, in dem Hutu gegen Tutsi stehen. Diesem Schema fügt er eine neue Dimension hinzu, eine zusätzliche Trennlinie – zwischen Staatsmacht und Opposition. Wenn du ein loyaler Tutsi bist, kannst du Dorfrichter und Schulze werden (allerdings nicht Minister), wenn du allerdings die Staatsmacht kritisierst, wanderst du hinter Gitter oder aufs Schafott, auch wenn du ein hundertprozentiger Hutu bist. Für dieses Vorgehen hatte der General gute Gründe, denn es standen keineswegs nur die Tutsi in Opposition zu seinem Regime, sondern es gab auch viele Hutu, die ihn aufrichtig haßten und mit allen Mitteln bekämpften. Dem Konflikt in Ruanda lagen nicht nur Konflikte zwischen den Kasten zugrunde, sondern auch eine unversöhnliche Auseinandersetzung zwischen Diktatur und Demokratie. Daher ist es auch so irreführend und verwirrend, wenn man in ethnischen Kategorien diskutiert und denkt. Diese verwischen und verdecken nämlich alle tieferen Werte – wie etwa das Gute gegen das Böse, die Wahrheit gegen die Lüge, die Demokratie gegen die Diktatur – indem sie sich bloß auf eine oberflächliche und zweitrangige Dichotomie, auf einen Kontrast und Gegensatz beschränken: Er ist das alles nur wert, weil er ein Hutu ist, oder er ist überhaupt nichts wert, denn er ist ja nur ein Tutsi.

Die Festigung der Diktatur war also die erste Aufgabe, die Habyarimana in Angriff nahm. Je größere Fortschritte er dabei erzielte, um so stärker kam auch eine zweite Tendenz zum Ausdruck – das war die fortschreitende Privatisierung des Staates. Im Verlauf der Jahre wurde Ruanda zum Privateigentum des Klans aus Gisenya (einer Kleinstadt, aus der General Habyarimana stammte), oder präziser – zum Eigentum der Frau des Präsidenten, Agathe, ihrer drei Brüder, Sagatawa, Seraphin und Zed, und einer Schar von Cousins. Agathe und ihre Brüder gehörten dem Klan der Akazu an, und mit diesem Schlüsselwort lassen sich viele Tore öffnen, die in das geheimnisvolle Labyrinth Ruandas führen. Sagatawa, Seraphin und Zed besaßen luxuriöse Paläste in der Umgebung von Gisenya, von wo sie, gemeinsam mit ihrer Schwester und deren Mann, die Armee, die Polizei, die Banken und die Verwaltung von Ruanda kontrollierten. Ein kleiner, in den Bergen dieses weiten Kontinents versteckter Staat, beherrscht von einer raffgierigen Familie unersättlicher und despotischer Kaziken. Wie kam es, daß sich ausgerechnet dieses Land so eine traurige Berühmtheit in der öffentlichen Meinung der Welt erwarb?

Es war bereits die Rede davon, daß im Jahre 1959 zigtausend Tutsi aus dem Land flohen, um ihr Leben zu retten. In späteren Jahren folgten noch Tausende und Abertausende ihrem Beispiel nach. Diese Menschen hausten in Zaire, Uganda, Tansania und Burundi in Lagern entlang der Grenzen. Dort wurden unglückliche und ungeduldige Vertriebene zusammengepfercht, die nur einen Gedanken kannten – nach Hause zurückzukehren, zu ihren (längst mythischen) Herden. Das Leben in diesen Lagern ist apathisch, erbärmlich und verzweifelt. Mit der Zeit wachsen dort jedoch auch Generationen junger Menschen heran, die etwas unternehmen, die versuchen wollen, durch Kampf etwas zu erreichen. Ihr wichtigstes Ziel ist natürlich die Rückkehr in die Heimat der Vorfahren. Die Heimat der Vorfahren ist in Afrika ein heiliger Begriff, ein Ort der Sehnsucht, magnetischer Anziehung, Quelle des Lebens. Doch es ist nicht einfach, sich aus dem Flüchtlingslager loszureißen, ja die lokalen Behörden verbieten das sogar. Eine Ausnahme stellt Uganda dar, wo seit Jahren Bürgerkrieg, Unordnung und Chaos herrschen. In den achtziger Jahren entfesselt dort der junge Aktivist Yoveri Museveni einen Partisanenkrieg gegen das Schreckensregime des Psychopathen und Mörders Milton Obote. Museveni braucht Leute. Und er findet sie rasch, weil sich neben seinen ugandischen Landsleuten auch junge Männer aus den Lagern der Ruander, kampflustige Tutsi, zu den Partisanen melden.

Museveni nimmt sie gerne auf. In den Wäldern von Uganda werden sie unter der Anleitung erfahrener Instruktoren militärisch ausgebildet, viele absolvieren Offiziersschulen im Ausland. Im Januar 1986 marschiert Museveni an der Spitze seiner Truppen in Kampala ein und übernimmt die Macht. Zahlreiche seiner Abteilungen werden von jungen Tutsi befehligt – den bereits in Lagern geborenen Söhnen der Flüchtlinge aus Ruanda.

Lange Zeit achtet niemand auf die Tatsache, daß in Uganda eine gut geschulte und kampferfahrene Armee von Tutsi-Rächern herangewachsen ist, die an nichts anderes denken, als sich für die Schmach und das Unrecht zu rächen, die ihren Eltern zugefügt wurden. Einstweilen halten sie noch geheime Treffen ab, rufen die Nationale Front Ruandas ins Leben und bereiten alles für den Angriff vor. In der Nacht zum 30. September 1990 verschwinden sie aus den Kasernen der ugandischen Armee und aus den grenznahen Lagern und marschieren im Morgengrauen in Ruanda ein. Die Machthaber in Kigali werden völlig überrascht. Habyarimana verfügt nur über eine schwache und demoralisierte Armee, und von der ugandischen Grenze bis nach Kigali sind es nicht viel mehr als 150 Kilometer, die Partisanen können also in einem oder zwei Tagen in der Hauptstadt sein. Und so wäre das gewiß auch gekommen, denn die Soldaten Habyarimanas leisteten keinerlei Widerstand (und vielleicht wäre es dann auch nie zu jenen Massakern und dem Völkermord von 1994 gekommen), hätte es da nicht einen Telefonanruf gegeben. Das war der Anruf, in dem General Habyarimana Präsident Mitterrand um Hilfe ersuchte.

Mitterrand stand unter dem mächtigen Druck einer proafrikanischen Lobby. Während die meisten europäischen Hauptstädte radikal mit ihrem kolonialen Erbe gebrochen haben, ist das in Frankreich anders. Aus der vorhergehenden Epoche gibt es in Frankreich nämlich eine riesige, aktive und gut organisierte Armee von Menschen, die in der Kolonialverwaltung Karriere gemacht und in den Kolonien gelebt haben (und das nicht schlecht!) und sich nun in Europa fremd, unnütz und überflüssig fühlen. Gleichzeitig sind sie zutiefst überzeugt, daß Frankreich nicht nur ein europäisches Land ist, sondern auch die Gemeinschaft aller Menschen französischer Kultur und Sprache, mit einem Wort, daß Frankreich auch ein globales kulturell-sprachliches Gebiet darstellt: die *Francophonie*. In der etwas einfacheren Sprache der Geopolitik besagt diese Philosophie: Wenn jemand irgendwo in der Welt ein französischsprachiges Land angreift, dann ist das beinahe so, als würde er gegen Frankreich selbst losschlagen. Darüber hinaus leiden die Beamten und Generäle der proafrikanischen Lobby noch immer am quälenden Komplex von Faschoda. Ein paar Worte zu diesem Thema. Im neunzehnten Jahrhundert, als die europäischen Länder Afrika unter sich aufteilten, waren London und Paris von der seltsamen (wenn auch damals durchaus begreiflichen) Zwangsvorstellung besessen, ihre Besitzungen auf diesem Kontinent müßten alle entlang einer geraden Linie liegen, und darüber hinaus sollten alle Territorien miteinander verbunden sein. London strebte eine solche Linie von Norden nach Süden an, von Kairo nach Cape Town, und Paris eine Linie von Westen nach Osten, das heißt von Dakar bis nach Djibouti. Wenn wir nun eine Karte Afrikas hernehmen und auf dieser zwei gerade Linien ziehen, dann kreuzen sich diese im südlichen Sudan, an einer Stelle, wo am Nil das kleine Fischerdorf Faschoda liegt. Damals herrschte in Europa die Überzeugung, wer Faschoda besitze, dem werde es auch gelingen, diese expansionistische Idealvorstellung eines geradlinigen Kolonialismus zu verwirklichen. Nun setzte zwischen London und Paris ein Wettlauf ein. Beide Hauptstädte schickten Militärexpeditionen in Richtung Faschoda. Als erste trafen die Franzosen dort ein. Am 16. Juli 1898 erreichte Hauptmann J. D. Marchand nach einem Schreckensmarsch von Dakar aus Faschoda und hißte die französische Flagge. Die Abteilung Marchands bestand aus 150 Senegalesen – mutigen und ihm treu ergebenen Männern. Paris raste vor Begeisterung. Die Franzosen blähten sich vor Stolz auf. Doch zwei Monate später trafen auch die Engländer ein. Anführer der Expedition war Lord Kitchener, der verblüfft feststellen mußte, daß Faschoda bereits genommen war. Ohne sich viel darum zu kümmern, zog er auch die britische Flagge auf. London raste vor Begeisterung. Die Engländer blähten sich vor Stolz auf. Beide Länder wurden nun von einem Fieber nationalistischer Euphorie erfaßt. Anfangs wollte keine der beiden Seiten nachgeben. Es gibt viele Anzeichen dafür, daß um ein Haar schon damals, im Jahre 1898, der Erste Weltkrieg ausgebrochen wäre – um Faschoda. Am Ende (doch das ist eine lange Geschichte) mußten sich die Franzosen zurückziehen. England hatte gesiegt. Unter den alten französischen Kolonialisten ist die Episode von Faschoda immer noch eine schwärende Wunde, und sogar heute noch trompeten sie unverzüglich zum Angriff, wenn sie nur hören, daß die *Anglophones* irgendwo ihr Haupt erheben.

So war das auch diesmal, als Paris erfuhr, daß die englischsprachigen Tutsi aus dem englischsprachigen Uganda in das Territorium des französischsprachigen Ruanda einfielen, wodurch sie die Grenze der *Francophonie* verletzten.

Die Kolonnen der Nationalen Front Ruandas rückten bereits gegen die Hauptstadt vor, und die Regierung und der Klan Habyarimanas packten ihre Koffer, als französische Fallschirmjäger auf dem Flughafen von Kigali landeten. Offizielle Angaben sprechen von zwei Kompanien. Doch das genügte. Die Partisanen wollten gegen das Regime Habyarimanas kämpfen, einen Krieg mit Frankreich aber wollten sie nicht riskieren: Sie wären ohne Chance gewesen und brachen daher den Vormarsch gegen Kigali ab. Doch sie blieben in Ruanda, wo sie die nordöstlichen Gebiete auf Dauer besetzt hielten. Das Land wurde de facto geteilt, wobei beide Seiten diese Teilung als vorübergehenden, provisorischen Zustand betrachteten. Habyarimana rechnete damit, daß er mit der Zeit genügend Kräfte sammeln könnte, um die Partisanen hinauszuwerfen, und diese wiederum meinten, das Regime mitsamt dem ganzen Klan der Akazu würde schon am nächsten Tag nach dem Abzug der Franzosen zu Fall kommen.

Es gibt nichts Schlimmeres als einen solchen Zustand, der weder Krieg noch Frieden bedeutet. Denn die einen waren mit der Hoffnung in den Kampf gezogen, sie würden den Gegner schlagen und könnten die Früchte ihres Sieges genießen. Doch dieser Traum war nicht in Erfüllung gegangen – sie hatten ihre Offensive abbrechen müssen. Noch schlechter war die Stimmung der Angegriffenen: Sie hatten sich zwar halten können, aber immer mit dem Gespenst der drohenden Niederlage vor Augen und mit dem Gefühl, daß ein Ende ihrer Herrschaft zumindest im Bereich der Möglichkeit lag. Sie suchten daher um jeden Preis nach einem rettenden Ausweg.

Zwischen der Offensive vom Oktober 1990 und dem Massaker im April 1994 liegen dreieinhalb Jahre. In dem in Ruanda herrschenden Lager kommt es in dieser Zeit zu scharfen Auseinandersetzungen zwischen den Befürwortern eines Kompromisses und der Einberufung einer nationalen Koalitionsregierung (die Leute Habyarimanas plus Partisanen) auf der einen Seite und dem fanatischen, despotischen Klan der Akazu, unter Führung von Agathe und ihren Brüdern, auf der anderen. Habyarimana selbst ist unentschlossen, er zaudert, er weiß nicht, was er machen soll, und verliert dadurch zusehends den Einfluß auf den Verlauf der Ereignisse. Rasch und unerbittlich setzt sich die chauvinistische Linie des Akazu-Klans durch. Dieses Lager besitzt seine Ideologen – Intellektuelle und Gelehrte, Professoren der Abteilungen für Geschichte und Philosophie der ruandischen Universität in Butare – Ferdinand Nahimana, Casimir Bizimungu, Leon Mugesira und einige andere. Sie formulieren eine Ideologie, die den Völkermord als einzig möglichen Ausweg, als einzige Form des eigenen Überlebens rechtfertigt. Der Theorie Nahimanas und seiner Kollegen zufolge sind die Tutsi ganz einfach eine fremde Rasse. Sie sind Niloten, die von irgendwo am Nil nach Ruanda kamen, die autochthonen Bewohner dieser Gebiete, die Hutu, unterwarfen und damit begannen, diese auszubeuten, zu versklaven und von innen heraus zu zersetzen. Die Tutsi rafften alles an sich, was es in Ruanda Wertvolles gab: den Boden, die Rinder, die Märkte, und im Verlauf der Zeit den ganzen Staat. Die Hutu wurden in die Rolle eines unterjochten Volkes gedrängt, das jahrhundertelang in Elend, Hunger und Erniedrigung dahinvegetierte. Doch nun muß das Volk der Hutu seine Identität und Würde zurückgewinnen, muß gleichberechtigt seinen Platz unter den übrigen Nationen der Welt einnehmen.

Was aber lehrt uns die Geschichte, fragt Nahimana in Dutzenden Auftritten, Artikeln und Broschüren. Ihre Lehren sind tragisch, sie erfüllen uns mit dem schwärzesten Pessimismus. Die ganze Geschichte der Beziehungen zwischen Hutu und Tutsi ist eine einzige tragische Kette von Pogromen und

Massakern, der gegenseitigen Vernichtung, der erzwungenen Auswanderung, des grenzenlosen Hasses. Im kleinen Ruanda ist kein Platz für zwei Völker, die einander in einer solch tödlichen Feindschaft gegenüberstehen, die einander völlig fremd sind. Dazu kommt, daß die Bevölkerung Ruandas rasant wächst. Um die Mitte des Jahrhunderts hatte das Land zwei Millionen Einwohner, und nun, fünfzig Jahre später, sind es schon knapp neun Millionen. Was für einen Ausweg gibt es also aus diesem Teufelskreis, aus diesem grausamen Fatum, an dem übrigens die Hutu selbst nicht schuldlos sind, wie Mugesira selbstkritisch feststellt: »Im Jahre 1959 begingen wir einen fatalen Fehler, als wir den Tutsi erlaubten zu fliehen. Damals hätten wir handeln, sie vom Erdboden vertilgen müssen.« Der Professor ist der Ansicht, nun biete sich die letzte Gelegenheit, diesen Irrtum zu korrigieren. Die Tutsi müßten in ihre wahre Heimat zurückkehren, die irgendwo am Nil sei. Schicken wir sie dorthin zurück, ruft er: »lebendig oder tot«. Die Gelehrten aus Butare sehen also nur einen einzigen Ausweg – die Endlösung: Einer muß vernichtet werden, muß für immer aufhören zu existieren.

Und man begann mit den Vorbereitungen. Die Armee, die fünftausend Mann zählte, wurde auf 35 000 Soldaten aufgestockt. Zu einer zweiten schlagkräftigen Truppe wurde die Präsidentengarde gemacht, modern und schwer bewaffnete Eliteeinheiten (Instruktoren schickte Frankreich, und Waffen und anderes Gerät lieferten Frankreich, Südafrika und Ägypten). Doch das größte Gewicht wurde auf die Schaffung einer paramilitärischen Massenbewegung gelegt – Interahamwe (das heißt: Schlagen wir gemeinsam zu). In dieser Bewegung wurden die Bewohner der Dörfer und kleinen Städte, arbeitslose Jugendliche und arme Bauern, Schüler, Studenten und Beamte gesammelt, die hier ideologisch und militärisch geschult werden sollten – breite Massen, eine regelrechte Volksbewegung, deren Aufgabe es sein wird, die Apokalypse über die Tutsi zu bringen. Gleichzeitig erhielten die Unterpräfekten und Präfekten dieser Organisation von der Regierung die Aufgabe, Listen aller Gegner der Regierung zu erstellen, aller nur erdenklichen verdächtigen, unsicheren und zwielichtigen Elemente, aller Unzufriedenen, Pessimisten, Skeptiker und Liberalen. Theoretisches Organ des Akazu-Klans ist die Zeitschrift *Kangura*, doch das wichtigste Instrument für die Propaganda und die Verbreitung der Weisungen an eine schließlich weitgehend analphabetische Bevölkerung ist die Rundfunkstation Radio Mille Collines, die später, während des Massakers, mehrmals am Tag den Aufruf verbreiten wird: »Tod! Tod! Die Gräber sind erst zur Hälfte mit den Leichen der Tutsi gefüllt. Beeilt euch, sie ganz aufzufüllen!«

Mitte 1993 zwangen die afrikanischen Staaten Habyarimana zu einer Verständigung mit der Nationalen Front Ruandas (FNR). Die Partisanen sollten in Regierung und Parlament eingebunden werden und vierzig Prozent der Armee stellen. Doch ein solcher Kompromiß war für den Akazu-Klan völlig undenkbar. Seine Mitglieder hätten dadurch ihr Machtmonopol eingebüßt, und das wollten sie auf keinen Fall hinnehmen. Sie waren der Ansicht, nun sei die Stunde der Endlösung gekommen.

Am 6. April 1994 schossen »unbekannte Täter« in Kigali mit einer Rakete ein zur Landung ansetzendes Flugzeug ab, in dem sich Präsident Habyarimana befand, der aus dem Ausland zurückkehrte. Er hatte sich mit Schande bedeckt, weil er einen Kompromiß mit den Gegnern unterzeichnet hatte. Der Abschuß der Maschine war das Signal für den Beginn des Massenmordes an den Gegnern des Regimes – vor allem an den Tutsi, aber auch an vielen Hutu-Oppositionellen. Die vom Regime gelenkten Massaker an der wehrlosen Bevölkerung dauerten drei Monate, also bis zu jenem Moment, da die Truppen der FNR das ganze Land eroberten und die Gegner in die Flucht trieben.

Es gibt unterschiedliche Schätzungen, was die Zahl der Opfer angeht. Die einen sprechen von einer halben Million, andere von einer Million. Keiner kann das genau berechnen. Was dabei am meisten erschreckt, ist die Tatsache, daß gestern noch unschuldige Menschen andere, ebenso unschuldige Menschen hinmetzelten – und das ohne jeden Grund, ohne Notwendigkeit. Und selbst wenn es nicht eine Million, sondern nur ein einziges unschuldiges Opfer gegeben hätte – wäre das nicht ein Beweis dafür, daß der Teufel unter uns weilt, nur daß er sich im Frühjahr 1994 gerade in Ruanda aufhielt?

Eine halbe Million bis eine Million Ermordeter – das ist natürlich tragisch viel. Wenn man allerdings die höllische Schlagkraft der Armee Habyarimanas mit ihren Helikoptern, schweren Maschinengewehren, Kanonen und Panzerwagen in Betracht zieht, könnte man sich vorstellen, daß diese in drei Monaten durch systematische Erschießungen noch viel mehr Menschen hätte umbringen können. Doch das ist nicht geschehen. Mehrheitlich kamen die Menschen nicht durch Bomben und schwere MGs ums Leben, sondern wurden mit ganz primitiven Waffen – Macheten, Hämmern, Speeren und Stöcken – erschlagen und zerstückelt. Denn den Anführern des Regimes ging es nicht nur um das eine Ziel – um die Endlösung. Ebenso wichtig war, wie diese erreicht wurde. Wichtig war, daß sich auf dem Weg zum höchsten Ideal, das in der Ausrottung des Feindes für ewige Zeiten bestand, das Volk in einer verbrecherischen Gemeinschaft zusammenfand und durch die kollektive Beteiligung an der Bluttat ein Schuldgefühl verspürte, das alle zusammenschmiedete. Jeder, der den Tod eines Menschen auf seinem Gewissen hatte, wußte genau, daß von diesem Moment an das unabwendbare Gesetz der Rache über ihm hing, hinter dem ihm das Schreckgespenst des eigenen Todes entgegengrinste.

Während im Nationalsozialismus und Stalinismus Angehörige spezieller Institutionen – SS oder NKWD – töteten und die Verbrechen von diesen eigens zu ebendem Zweck geschaffenen Formationen an verborgenen Orten verübt wurden, ging es in Ruanda darum, daß jeder einzelne tötete, daß das Verbrechen Produkt einer massenhaften, beinahe spontanen Volkserhebung war, an der alle beteiligt waren – damit es keinen gab, der nicht seine Hände mit dem Blut jener Menschen befleckte, die vom Regime als Feinde angesehen wurden.

Aus diesem Grund flohen dann die Hutu, nachdem sie besiegt worden waren, von Angst gehetzt nach Zaire und irrten dort von einem Ort zum anderen, immer ihre erbärmlichen Habe auf dem Kopf mitschleppend. Die Menschen in Europa, die im Fernsehen diese endlosen Kolonnen sahen, konnten nicht begreifen, welche Kraft diese erschöpften Wanderer antrieb, was diesen Skeletten befahl, rastlos dahinzuziehen, in dichten Reihen, ohne Ruhepause, ohne Essen und Trinken, ohne ein Wort oder ein Lächeln, demütig, gefügig und mit leeren Augen ihren gespenstischen Weg von Schuld und Leiden durchmessend.

SCHWARZE KRISTALLE DER NACHT. Am Ende der Straße, auf der wir fahren, sieht man die Kugel der Sonne, wie sie gerade hinter den Horizont rollt. Wenn sie im nächsten Moment aufhört, uns zu blenden, und verschwindet, bricht sofort die Nacht herein, und wir bleiben allein mit der Dunkelheit zurück. Aus dem Augenwinkel sehe ich, daß Sebuya, der den Toyota steuert, nervös zu werden beginnt. In Afrika vermeiden es die Chauffeure, in der Nacht zu fahren – die Dunkelheit beunruhigt sie. Sie haben solche Angst vor ihr, daß sie sich oft weigern, nach Sonnenuntergang den Wagen zu lenken. Ich habe einige von ihnen beobachtet, wenn sie trotz allem nachts fahren mußten. Statt geradeaus zu blicken, schauen sie sich unruhig nach allen Seiten um. Ihre Gesichtszüge werden angespannt und verkrampft. An den Schläfen bilden sich Schweißtropfen. Obwohl die Straßen uneben sind, voller Gruben, Löcher und Rinnen, drosseln sie die Geschwindigkeit nicht, sondern beschleunigen noch, jagen in halbsbrecherischem Tempo dahin, nur um möglichst rasch an einen Ort zu gelangen, wo es Menschen gibt, wo Stimmen zu hören sind und Lichter leuchten. Wenn sie in der Nacht fahren, kommt es vor, daß sie ohne ersichtlichen Grund plötzlich von Panik gepackt werden, sich hinter dem Lenkrad winden und zusammenducken, als würde der Wagen beschossen.

»*Kuna nini?*« frage ich dann (in Kiswahili: Ist etwas Schlimmes passiert?). Sie geben darauf nie eine Antwort, sondern rasen bloß in einer dichten Staubwolke weiter, daß der ganze Wagen scheppert.

»*Hatari?*« frage ich nach einer Weile (eine Gefahr?). Sie schweigen weiter, beachten mich gar nicht.

Sie haben Angst vor irgend etwas, kämpfen gegen einen Dämon, den ich nicht sehe und nicht kenne. Für mich hat diese Dunkelheit ganz bestimmte, einfache Merkmale: Sie ist finster, beinahe schwarz, es weht kaum ein Lufthauch, und wenn wir anhalten und Sebuya den Motor abstellt, ist es völlig still. Doch ich bin überzeugt, daß ich nach Ansicht Sebuyas eigentlich nichts weiß über die Dunkelheit. So weiß ich nicht, daß Tag und Nacht zwei unterschiedliche Wirklichkeiten sind, zwei Welten. Am Tag kann der Mensch irgendwie mit seiner Umgebung zurechtkommen, existieren und überleben, sogar ruhig existieren, die Nacht hingegen macht ihn wehrlos, liefert ihn seinen Feinden aus, sie hält Kräfte in ihrer Dunkelheit versteckt, die ihm nach dem Leben trachten. Daher wird die Angst, die am Tag im Herzen des Menschen verborgen und gedämpft schlummert, in der Nacht zur lähmenden Furcht, zum Alptraum, der ihn verfolgt und jagt. Wie ungeheuer wichtig ist es in solchen Momenten, daß er sich in einer Gruppe befindet! Die Anwesenheit anderer bringt ihm Erleichterung, beruhigt die Nerven, lockert die Spannung.

»Hapa?« (Hier?) fragte Sebuya, als wir an der Straße ein Lehmdorf sahen. Wir waren im Westen Ugandas, nicht weit vom Nil entfernt, und fuhren in Richtung Kongo. Es wurde dunkel und Sebuya war schon sehr unruhig. Ich sah, daß es mir nicht gelingen würde, ihn zur Weiterfahrt zu überreden, und war daher einverstanden, hier die Nacht zu verbringen.

Die Bauern nahmen uns ohne Begeisterung auf, sogar unwillig, was in dieser Gegend eher ungewöhnlich und überraschend ist. Doch Sebuya holte ein Bündel Shilling hervor, und der Anblick des Geldes, für diese Menschen eine seltene Verlockung, bewog sie, uns eine sauber gefegte und mit Gras ausgelegte Lehmhütte anzubieten. Sebuya schlief rasch ein, doch ich wurde schon nach kurzer Zeit wieder von flinkem, angriffslustigem Ungeziefer geweckt. Spinnen, Kakerlaken, Käfer und Ameisen, jede Menge winziger, stummer und rastloser Geschöpfe, die man oft gar nicht sieht, dafür spürt man, wie sie krabbeln, kneifen, kitzeln und zwacken – an Schlaf ist gar nicht zu denken. Lange wälzte ich mich von einer Seite auf die andere, bis ich schließlich, müde und zerschlagen, vor die Lehmhütte trat und mich hinsetzte, den Rücken an die Wand gelehnt. Der Mond schien und die Nacht war hell und silbern. Es war still, denn in diese Gegend kommt nur selten ein Wagen, und alles Vieh war längst geschlachtet und verzehrt.

Plötzlich hörte ich ein Geräusch, Schritte, ein leises Tappen bloßer Füße. Und wieder Stille. Ich schaute mich um, doch zuerst konnte ich nichts entdecken. Nach einiger Zeit waren wieder diese Geräusche und Tritte zu hören. Und abermals Stille. Ich ließ meinen Blick über die Gruppen der spärlichen Büsche schweifen, über die weiter entfernten Schirmakazien, die einzelnen im Busch aufragenden Felsen. Endlich sah ich eine Gruppe von acht Männern, die durch die Gegend schlichen: Auf einer einfachen, aus Zweigen gefertigten Bahre trugen sie eine Gestalt, die in irgend etwas gehüllt war. Die Art, wie sie sich bewegten, weckte meine Aufmerksamkeit. Diese Leute gingen nicht, sondern sie pirschten, sie stahlen sich dahin, wechselten dauernd die Richtung. Sie hockten hinter einem Busch, schauten sich um und rannten zum nächsten Versteck. Sie kreisten, schlugen Bogen, schlichen herum, als spielten sie Verstecken. Ich betrachtete ihre gebückten, halbnackten Silhouetten, ihre fahrigen Bewegungen, ihr ganzes seltsames, geheimnisvolles Verhalten. Schließlich verschwanden sie irgendwo hinter einer Böschung aus meinem Blickfeld, und um mich herum war wieder nur die lautlose, helle, durch nichts gestörte Nacht.

Im Morgengrauen fuhren wir weiter. Ich fragte Sebuya, wie die Menschen dieses Dorfes hießen, in dem wir die Nacht verbracht hatten. »Sie heißen Amba«, sagte er. Und nach einem Augenblick fügte er hinzu: *»Kabila mbaya«* (was ungefähr so viel bedeutet, wie: schlechte Menschen). Mehr wollte er nicht sagen – hier meiden die Menschen das Böse sogar als Gesprächsthema, sie ziehen es vor, dieses Terrain gar nicht erst zu betreten, den Wolf nicht aus dem Wald zu locken. Während der Fahrt dachte ich über die nächtliche Szene nach, deren Zeuge ich zufällig geworden war. Dieses geheimnisvolle Zickzack und Kreisen der Träger, ihre Unruhe und Hast, dieses ganze nächtliche Mysterium barg ein Geheimnis, das ich nicht enträtseln konnte. Um irgend etwas mußte es dabei doch gegangen sein. Aber um was?

Die Amba und ihnen verwandte Stämme sind davon überzeugt, die Welt werde von übernatürlichen Kräften regiert. Das sind konkrete Kräfte, Dämonen, die Namen besitzen, Zauber, die man beschreiben kann. Diese Kräfte sind es, die

Ereignisse in Gang setzen, ihnen ihren Sinn verleihen, unser Schicksal lenken, alles entscheiden. Daher ist nichts von dem, was geschieht, dem Zufall überlassen, einen Zufall gibt es nicht. Nehmen wir ein Beispiel. Sebuya fährt mit dem Auto, er hat einen Unfall und kommt dabei ums Leben. Warum hat ausgerechnet Sebuya einen Unfall erlitten? An diesem Tag waren in der ganzen Welt doch Millionen Autos unterwegs, die sicher ans Ziel gelangten, und akkurat Sebuya erlitt einen Unfall und kam dabei ums Leben. Die Weißen werden nun nach verschiedenen Erklärungen suchen. Zum Beispiel, daß seine Bremsen versagten. Doch ein solches Denken bringt uns nicht weiter, kann nichts erklären. Denn warum haben ausgerechnet Sebuyas Bremsen versagt? Am selben Tag waren doch auf der ganzen Welt Millionen Autos unterwegs, die funktionierende Bremsen besaßen, und ausgerechnet Sebuya hatte schlechte. Warum? Die Weißen, deren Denken tatsächlich der Gipfel der Naivität ist, werden nun sagen, Sebuyas Bremsen hätten versagt, weil er nicht rechtzeitig dafür gesorgt hatte, daß sie überprüft und in Ordnung gebracht wurden. Aber warum sollte ausgerechnet Sebuya dafür sorgen? Am selben Tag waren schließlich Millionen usw. usf. …

Wir sehen also, daß die Denkungsart des Weißen zu nichts führt. Schlimmer noch! Nachdem der Weiße festgestellt hat, daß an Sebuyas Unfall und Tod kaputte Bremsen Schuld tragen, wird er ein Protokoll darüber anlegen und die Untersuchung abschließen. Er schließt sie ab! Dabei sollte sie genau in diesem Moment erst beginnen! Denn Sebuya ist umgekommen, weil jemand einen Zauber gegen ihn gesprochen hat. Das ist ganz einfach und eindeutig. Wir wissen allerdings nicht, wer der Übeltäter war, und genau das gilt es nun herauszufinden.

Ganz allgemein gesagt, war es das Werk eines Zauberers. Ein Zauberer ist ein böser Mensch, der immer in böser Absicht handelt. Es gibt zwei Arten von Zauberern. Die erste ist die gefährlichere, es handelt sich nämlich um den Teufel, der in der Haut eines Menschen steckt. Die Engländer nennen ihn *witch*. Es handelt sich dabei um einen wirklich üblen Gesellen. Weder sein Aussehen noch sein Benehmen verraten seine satanische Natur. Er trägt kein auffallendes Kostüm und hat auch keine Instrumente der schwarzen Magie dabei. Er braut keine Mixturen, mischt keine Gifte, fällt nicht in Trance und schleudert keine Bannflüche. Dieser Typ des Zauberers wirkt mit Hilfe der psychischen Kraft, mit der er schon auf die Welt kam. Sie ist ein Teil seiner Persönlichkeit. Die Tatsache, daß er Böses tut und Unglück stiftet, entspricht nicht seinem Wunsch. Es bereitet ihm kein Vergnügen. Es liegt ganz einfach in seiner Natur.

Wenn wir uns in seiner Nähe aufhalten, genügt es, daß er uns anschaut. Manchmal starrt uns jemand aufmerksam, durchdringend und lange an. Das kann ein Zauberer sein, der gerade seine Verwünschung gegen uns spricht. Auch die Tatsache, daß wir weit weg von ihm sind, stellt für ihn kein Hindernis dar. Er kann seine Verwünschungen über große Entfernungen schleudern, bis ans andere Ende von Afrika und sogar noch weiter.

Der zweite Typ des Zauberers ist weniger gefährlich, ist schwächer, nicht so dämonisch. Während der *witch* genannte Zauberer schon als Verkörperung des Bösen, als Teufel in Menschengestalt auf die Welt kam, ist der *sorcerer* (so wird dieser schwächere Typ auf englisch genannt) ein berufsmäßiger Zauberer, für den das Verzaubern eine erlernte Beschäftigung ist, ein Handwerk, mit dem er seinen Lebensunterhalt bestreitet.

Um uns eine Krankheit, irgendein anderes Übel oder gar den Tod an den Hals zu wünschen, braucht der erste Zauberer keine Hilfsmittel. Es genügt, daß er seinen teuflischen, zerstörerischen Willen, uns zu verletzen oder gar auszulöschen, gegen uns richtet. Sofort streckt uns die Krankheit nieder, und wenig später folgt ihr der Tod auf dem Fuß. Der *sorcerer* besitzt keine solchen destruktiven Kräfte. Um uns zu vernichten, muß er sich verschiedener magischer Tricks, geheimnisvoller Rituale und Gesten bedienen. Wenn wir zum Beispiel in der Nacht durch den Busch wandern und ein Auge verlieren, ist das nicht etwa darauf zurückzuführen, daß wir zufällig gegen einen vorragenden Zweig rannten, den wir nicht gesehen haben. Nichts geschieht schließlich zufällig! Es wollte sich einfach einer unserer Feinde an uns rächen und ging deshalb zu einem Zauberer. Der Zauberer formte aus Lehm ein Figürchen – unser Ebenbild – und stach diesem mit einem Wacholderdorn, den er in Hühnerblut getaucht hatte, ein Auge aus. Auf diese Weise sprach er das Urteil über unser Auge – er verwünschte es. Dann brauchen wir uns nur mehr eines Nachts durch den dichten Busch zu kämpfen und mit dem Auge gegen einen Zweig zu rennen, das wird dann ein Beweis sein, daß sich ein Feind an uns rächen wollte und deshalb usw. Doch nun liegt es an uns, herauszufinden, wer dieser Feind war, und selber einen Zauberer aufzusuchen, um jetzt bei ihm unsere Rache in Auftrag zu geben.

Wenn Sebuya durch einen Unfall sein Leben verlor, dann ist es jetzt für seine Familie keineswegs vorrangig, festzustellen, ob die Bremsen funktionierten oder nicht, das ist schließlich völlig nebensächlich, nein, sie müssen jetzt herausfinden, ob der Fluch, der seinen Tod zur Folge hatte, von einem Zauberer-Teufel (*witch*) gesprochen wurde, oder von einem gewöhnlichen Zauberer-Handwerker (*sorcerer*). Das ist eine grundlegende Frage, und in diese Richtung wird nun eine lange und komplizierte Untersuchung geführt, für die Wahrsager, Älteste, Schamanen usw. herangezogen werden. Der Ausgang dieser Untersuchung ist von kapitaler Bedeutung. Denn wenn Sebuya durch einen Zauberer-Teufel ums Leben kam, dann bedeutet das eine Tragödie für die Familie und den Klan, weil der Fluch eines solchen Zauberers auf die ganze Gemeinschaft fällt. Sebuyas Tod war in diesem Fall bloß eine Vorankündigung, die Spitze eines Eisbergs: Nun muß sich die Familie auf die nächsten Erkrankungen und Todesfälle gefaßt machen. Wenn Sebuya dagegen sein Leben verlor, weil ein Zauberer-Handwerker das so wollte, dann ist das nicht so schlimm, weil ein Handwerker nur den einzelnen Menschen, einzelne Ziele treffen und vernichten kann, die Familie und der Klan können also beruhigt schlafen.

Das Böse ist der Fluch der Welt, und daher muß ich mir und meinem Klan die Zauberer, die Agenten, Träger und Verbreiter des Bösen sind, nach Möglichkeit vom Leib halten, weil ihre Anwesenheit die Luft verpestet, Seuchen verbreitet und überhaupt jedes Leben unmöglich macht, es in sein Gegenteil verkehrt – in den Tod. Wenn ein nahestehender Mensch stirbt, ein Haus niederbrennt, eine Kuh eingeht, ich mich vor Schmerzen winde oder von einem Malariaanfall niedergeworfen werde, so daß ich mich nicht mehr rühren kann, dann weiß ich, was passiert ist: Jemand hat einen Zauber gegen mich gesprochen. Wenn ich genug Kraft besitze, mache ich mich selber auf die Suche nach dem schuldigen Zauberer, und wenn ich zu schwach dafür bin, besorgt das mein Klan. Dieser Zauberer muß *ex definitione* unter anderen Menschen leben und wirken, in einem anderen Dorf, in einem anderen Klan oder Stamm. Unser modernes Mißtrauen, unsere Ablehnung gegenüber dem Anderen, dem Fremden, ist auf diese Angst unserer Stammesvorväter zurückzuführen, die im Anderen, im Angehörigen eines fremden Stammes, einen Träger des Übels, eine Ursache des Unglücks erblickten. Der Schmerz, das Feuer, die Seuche oder auch die Dürre und der Hunger sind ja schließlich nicht aus sich selber heraus entstanden. Jemand mußte sie gebracht, zugefügt, verbreitet haben. Aber wer? Sicher nicht die Meinen, nicht die Nächsten, nicht die Unsrigen – denn die sind gut: Leben ist nur unter guten Menschen möglich, und schließlich lebe ich ja. Die Schuldigen sind also die Anderen, die Fremden. Wenn wir daher nach Vergeltung für das uns zugefügte Unrecht und Unglück rufen, geraten wir mit ihnen in Streit, in Konflikt, in Kriegszustand. Mit einem Wort, wenn uns ein Unheil zustößt, dann liegen dessen Ursachen nicht an uns, sondern woanders, draußen, außerhalb unserer eigenen Gemeinschaft, weit weg, bei den Anderen.

Ich hatte Sebuya, unsere Fahrt in den Kongo und die Nacht, die wir im Dorf der Amba verbracht hatten, längst vergessen, als mir Jahre später, in Maputo, ein Buch über die Welt der Zauberei in Ostafrika in die Hände fiel, in dem ich einen Bericht des Anthropologen E. H. Winter entdeckte, der dort über seine Forschungen unter den Amba berichtet.

Die Amba, so stellt Winter fest, sind eine ganz besondere Gesellschaft. Es stimmt, daß sie, ähnlich wie andere Völker dieses Erdteils, die Existenz des Bösen und die Bedrohung durch Zauberei sehr ernst nehmen und daher Angst haben vor Zauberern und diese hassen. Doch im Gegensatz zur allgemein verbreiteten Ansicht, wonach die Zauberer immer unter den anderen leben und von außen, aus der Entfernung wirken, sind die Amba überzeugt, daß sich die Zauberer unter ihnen befinden, in ihren Familien, in ihren Dörfern, daß sie

Mitglieder ihres Stammes sind. Diese Überzeugung hat zur Folge, daß die Gesellschaft der Amba sich spaltet, weil sie zerfressen wird von Haß, zersetzt von gegenseitigem Mißtrauen, zerstört von der Angst voreinander: Der Bruder fürchtet den Bruder, der Sohn den Vater, die Mutter die eigenen Kinder, denn alle können Zauberer sein. Die Amba lehnen den bequemen und beruhigenden Glauben ab, wonach der Feind der Andere ist, der Fremde, der Mensch mit anderem Glauben oder anderer Hautfarbe. Nein! Die Amba sind besessen von einem Masochismus und leben, gequält und erniedrigt, in der Überzeugung, daß sich der Feind in ihrer Mitte befindet, daß er in diesem Moment unter ihrem Dach wohnen, mit ihnen schlafen, aus derselben Schüssel essen kann. Eine zusätzliche Schwierigkeit ergibt sich daraus, daß eigentlich niemand weiß, wie ein Zauberer aussieht. Denn schließlich hat ihn noch keiner gesehen. Wir wissen von seiner Existenz, weil wir die Folgen seines Handelns sehen: Er hat eine Dürre heraufbeschworen, daher gibt es nichts zu essen, dann brechen immer wieder Feuer aus, viele Menschen erkranken, pausenlos stirbt jemand. Ergo, die Zauberer ruhen keinen Moment, um Unheil, Katastrophen und Tragödien über uns zu bringen.

Die Amba sind Analphabeten, und es ist nicht anzunehmen, daß sie dieses Buch kennen, dessen Autor behauptet, daß sich dieser Kampf im Verlauf der Zeit verschärfen wird, daß immer mehr Feinde auftauchen werden. Sie sind jedoch selbst, durch eigene Erfahrung, zu einer ganz ähnlichen Schlußfolgerung gelangt. Und sie konnten auch nicht gelesen haben, daß sich an einem anderen Punkt der Welt Feinde gegen sie verschwören werden, die ihre Agenten ausschicken, um ihre gesunde Gesellschaft von innen heraus zu zersetzen. Und doch ist bei den Amba genau das geschehen.

Die Amba, die früher einen einheitlichen, in sich geschlossenen Stamm bildeten, leben in kleinen, weit über den dünn besiedelten Busch verstreuten Dörfern, und obwohl sie sich damit abgefunden haben, daß die Zauberer einen integralen Teil ihrer Gemeinschaft darstellen, hegen sie oft den Verdacht, daß der Zauberer, der all das Unglück über sie bringt, ganz heimlich ausgerechnet im Nachbardorf ihrer Stammesbrüder wohnt. Dann erklären sie diesem Dorf, in dem sie das

Böse vermuten, den Krieg. Das überfallene Dorf setzt sich zur Wehr, rüstet zu einem Rachefeldzug, als Antwort darauf greifen wieder die Bedrohten an, usw. usf. Die Folge ist, daß die Amba pausenlos untereinander Kriege führen, die sie schwächen und völlig wehrlos machen gegen die Angriffe fremder Stämme. Sie sind jedoch so mit sich selbst beschäftigt, daß sie blind sind für diese Gefahr. Paralysiert vom Gespenst des inneren Feindes, taumeln sie unaufhaltsam auf den Abgrund zu.

Trotz allem Mißtrauen und aller Feindschaft, die sie spalten, werden sie auf der anderen Seite durch das bedrückende Schicksal, dem sie ausgeliefert sind, doch wieder zu einer Gemeinschaft zusammengeschmiedet, die auch solidarisch handeln kann. Wenn ich mich zum Beispiel davon überzeugen muß, daß der Zauberer, der insgeheim in meinem Dorf wohnt, mich nicht in Frieden leben läßt, dann ziehe ich in ein anderes Dorf, und obwohl mein eigenes Dorf mit diesem dauernd im Kriegszustand liegt, wird man mich dort gastfreundlich aufnehmen. Denn so ein Zauberer kann dem Menschen tatsächlich das Leben schwermachen. Es kann zum Beispiel vorkommen, daß er kleine Steinchen, Blätter, Federn, Stäbchen, tote Fliegen, Affenhaare oder auch Schalen einer Mango auf die Pfade legt, die wir täglich gehen. Es genügt, daß wir auf eines dieser Dinge treten – gleich werden wir krank und sterben. Aber so kleines Zeug kann doch auf jedem Weg herumliegen. Bedeutet das in der Praxis, daß wir überhaupt nicht herumgehen dürfen? Genau, das dürfen wir nicht tun. Der Mensch hat Angst, aus seiner Lehmhütte zu treten, weil schon auf der Schwelle ein Stück Baobab-Rinde oder ein vergifteter Akaziendorn liegen kann.

Der Zauberer möchte uns zu Tode quälen – das ist sein erklärtes Ziel. Und noch dazu gibt es keine Medizin gegen ihn, man weiß nicht, wie man sich zur Wehr setzen soll. Die einzige Rettung liegt in der Flucht. Das war der Grund dafür, daß die Menschen, die ich damals in der Nacht beobachtete, wie sie einen Kranken auf der Bahre trugen, so heimlich durch die Gegend schlichen, als wären sie auf der Flucht. Ein Zauberer hatte den Kranken verwünscht, und die Krankheit war ein Zeichen, daß er seinen Tod vorbereitete. Daher versuchten seine Verwandten das Opfer im Schutz der Nacht irgendwo zu verstecken, es vor dem Blick des Zauberers in Sicherheit zu bringen, um auf diese Weise sein Leben zu retten.

Obwohl keiner weiß, wie ein Zauberer aussieht, wissen wir doch viel über ihn. Er geht nur in der Nacht um. Er nimmt an Hexensabbats teil, bei denen die Urteile über uns gefällt werden. Während wir schlafen, wird dort unser Verderben beschlossen, das uns völlig überraschend trifft. Der Zauberer kann mit großer Geschwindigkeit, sogar schneller als der Blitz, von einem Ort zum anderen gelangen. Er hat eine Vorliebe für Menschenfleisch und trinkt mit Genuß menschliches Blut. Er spricht nicht, daher kennen wir seine Stimme nicht. Wir kennen seine Gesichtszüge nicht, und auch nicht die Form seines Kopfes.

Aber vielleicht wird einst ein Mensch auf die Welt kommen, der einen so starken Blick und Willen besitzt, daß er, wenn er nur konzentriert genug in das Dunkel der Nacht starrt, sehen kann, wie diese dichter wird, gerinnt, zu schwarzen Kristallen erhärtet, und wie sich aus diesen immer deutlicher das stumme, düstere Gesicht des Zauberers formt.

DIESE MENSCHEN, WO SIND SIE? Diese Menschen, die hier sein sollten, wo sind sie? Es regnet und ist kalt. Die Wolken hängen tief; dicht, dunkel, reglos. So weit das Auge reicht – Morast, Sumpfboden, Überschwemmungsgebiet. Die einzige Straße, die hierherführt, steht ebenfalls unter Wasser. Unsere Wagen sind zwar starke Geländefahrzeuge, aber auch die sind schon längst im Dreck steckengeblieben, haben sich in die schwarze, klebrige Masse gegraben und stehen nun, in die unwahrscheinlichsten Richtungen geneigt und unbeweglich, in Rinnen, Schlammlöchern und Gräben. Wir mußten aussteigen und zu Fuß weitergehen, wobei wir vom strömenden Regen durchweicht wurden. Wir kommen an einem hoch aufragenden Felsen vorbei – ganz oben hockt eine Horde Paviane, die uns aufmerksam und unruhig mustern. Im Gras neben dem Weg sehe ich einen Menschen – er kauert gekrümmt, eingesunken, von Malaria geschüttelt da, er streckt keine Hand aus, er bettelt nicht, er schaut uns nur an, mit einem Blick, in dem keine Bitte, nicht einmal Neugierde liegt.

Im Hintergrund sieht man in einiger Entfernung ein paar zerstörte Baracken. Sonst ist alles leer. Und naß, denn es herrscht Regenzeit.

Der Ort, an dem wir uns befinden, heißt Itang. Itang liegt im Westen Äthiopiens, nahe der Grenze zum Sudan. Seit ein paar Jahren gibt es hier ein Lager mit 150000 Angehörigen des Stammes der Nuer – Flüchtlinge aus dem Krieg im Sudan. Noch vor ein paar Tagen waren sie hier. Und heute ist alles leer. Wo sind sie geblieben? Was ist mit ihnen geschehen? Das einzige, was die lähmende Stille dieser Sümpfe stört, das einzige, was man hören kann, ist das Quaken der Frösche und das verrückte, dröhnende, ohrenbetäubende Knarren der Kröten.

Im Sommer 1991 reiste der Hochkommissar für Flüchtlingsfragen der Vereinten Nationen, Frau Sadako Ogata, nach Äthiopien, um das Lager in Itang zu besuchen. Mir wurde angeboten, sie zu begleiten. Ich ließ sofort alles liegen und stehen und brach auf, denn das war eine einmalige Gelegenheit, in so ein Lager zu kommen. Man muß an dieser Stelle daran erinnern, daß sich diese Lager aus verschiedenen Gründen meist an entlegenen Orten befinden, zu denen man nur mit großer Mühe gelangt, und darüber hinaus ist der Zutritt in der Regel gesperrt. Das Leben dort ist ein Martyrium, ein tristes Dahinvegetieren, dauernd an der Grenze zwischen Leben und Tod. Außer einigen Ärzten und Mitarbeitern verschiedener karitativer Organisationen gibt es nur wenige Menschen, die etwas über dieses Thema wissen, weil die Welt diese Orte des kollektiven Leidens sorgfältig abschottet und nichts von ihnen hören möchte.

Ich hatte es immer für unmöglich gehalten, einmal Itang zu besuchen. Um dorthin zu gelangen, muß man zuerst einmal in Addis Abeba sein. Und dort muß man ein Flugzeug mieten (aber von wem?) und bezahlen (aber mit welchem Geld?), das einen in die 500 Kilometer entfernte Stadt Gambela bringt, den einzigen Ort in der Nähe von Itang, der einen Flughafen besitzt. Das ist schon an der Grenze zum Sudan, daher ist es unglaublich schwierig, eine Landeerlaubnis zu erhalten. Aber nehmen wir einmal an, wir haben ein Flugzeug und sogar die Landeerlaubnis. Wir fliegen nach Gambela. Wohin sollen wir uns nun wenden? Zu wem sollen wir gehen in dieser armseligen Kleinstadt, wo auf dem Marktplatz ein paar bloßfüßige Äthiopier wie angewurzelt im strömenden Regen stehen? Worüber denken sie nach, wenn sie so dastehen? Warten sie auf etwas? Und wir, von wo sollen wir in Gambela einen Wagen nehmen, einen Fahrer, Leute, um den Wagen aus dem Dreck zu ziehen, Seile und Schaufeln? Und von wo den Proviant? Aber gehen wir einmal davon aus, daß wir das alles haben. Wie lange würden wir dorthin brauchen? Würde ein Tag reichen? Wieviel Wachposten müßten wir unterwegs beschwatzen, beschwören, bestechen, daß sie uns weiterfahren lassen? Bis uns zum Schluß, endlich am Ziel, vor dem Tor zum Lager, ein Wächter befehlen würde umzukehren, weil im Lager gerade eine Cholera- und Dysenterieepidemie wütet oder weil der Kommandant gerade nicht da ist, der seine Einwilligung geben müßte, oder weil es keinen gibt, der unsere Gespräche mit den Nuern, den Bewohnern des Lagers, übersetzen könnte. Oder wir würden auch, wie das jetzt der Fall ist, hinter dem Tor niemanden, keine lebende Seele mehr zu Gesicht bekommen.

Der Sudan war das erste Land in Afrika, das nach dem Zweiten Weltkrieg die Unabhängigkeit erlangte. Vorher war er eine britische Kolonie gewesen, künstlich aus zwei Teilen zusammengestückelt: aus dem arabisch-islamischen Norden und dem »negrid«-christlichen (und animistischen) Süden. Zwischen diesen beiden Gesellschaften gibt es einen tief verwurzelten Antagonismus, Feindschaft und Haß, weil die Araber des Nordens jahrelang den Süden überfielen, seine Bewohner zusammentrieben und als Sklaven verkauften.

Wie war es möglich, daß diese beiden einander feindlich gesinnten Welten in einem unabhängigen Staat zusammenlebten? Es war nicht möglich – genau darum war es den Engländern ja gegangen. In jenen Jahren herrschte in den alten europäischen Metropolen die Überzeugung, sie hätten zwar formal auf ihre Kolonien verzichtet, könnten aber in der Praxis weiterhin dort herrschen, wie zum Beispiel im Sudan, wo man nur die Moslems des Nordens gegen die Christen und Animisten im Süden aufhetzen müßte. Doch diese imperialistischen Illusionen zerplatzten bald wie Seifenblasen. Schon im Jahre 1962 brach im Sudan der erste Bürgerkrieg zwischen dem Norden und dem Süden aus (dem bereits Rebellionen und Aufstände im Süden vorangegangen waren). Als ich 1960 zum ersten Mal den Süden bereiste, brauchte ich außer dem sudanesischen Visum noch ein Sondervisum, auf einem eigenen Formular. In Juba, der größten Stadt im Süden, wurde mir dieses von einem Offizier der Grenztruppe abgenommen. »Warum das?« empörte ich mich, »ich brauche dieses Visum doch, um bis zur Grenze zum Kongo zu gelangen, die zweihundert Kilometer von hier liegt.« Der Offizier deutete stolz auf sich und sagte: »Hier bin ich die Grenze!« Und tatsächlich, jenseits der Schlagbäume vor der Stadt erstreckte sich ein Land, über das die Regierung in Khartum schon keine Macht mehr hatte. Daran hat sich bis heute nichts geändert. Juba wird von einer arabischen Garnison aus Khartum bewacht, die umliegende Provinz hingegen ist in Händen der Partisanen.

Der erste sudanesische Krieg dauerte zehn Jahre – bis 1972. In den nächsten zehn Jahren herrschte ein brüchiger, unbeständiger Frieden, bis dann 1983, als die islamische Regierung in Khartum versuchte, dem ganzen Land das islamische Gesetz (die Scharia) aufzuzwingen, eine neue, noch viel schlimmere Phase dieses bis heute dauernden Krieges anbrach. Es ist dies der längste und größte Krieg in der Geschichte Afrikas und derzeit wahrscheinlich überhaupt der größte in der Welt, weil er aber in einer der entlegensten Provinzen unseres Erdballs geführt wird und niemanden in Europa oder in Amerika direkt bedroht, weckt er kein größeres Interesse. Außerdem sind die Schauplätze dieses Krieges, seine weiten und tragischen Felder des Todes, wegen der schwierigen Verkehrslage und der drastischen Einschränkungen von Seiten Khartums für die Medien faktisch nicht erreichbar, weshalb die meisten Menschen in der Welt überhaupt nicht wissen, daß im Sudan ein großer Krieg geführt wird.

Dabei tobt dieser Krieg an vielen Fronten und auf verschiedenen Ebenen, von denen der Konflikt zwischen Norden und Süden heute gar nicht einmal mehr die wichtigste ist. Dieser

Konflikt kann einen sogar leicht verwirren, kann das wahre Bild der Wirklichkeit verzerren. Beginnen wir mit dem Norden dieses riesigen Landes (zweieinhalb Millionen Quadratkilometer). Der Norden, das sind vor allem die Sahara und der Sahel, was wir mit einer endlosen Weite von Sand und zerklüfteten Felsschluchten verbinden. Tatsächlich gibt es im nördlichen Sudan Sand und Steine, aber nicht nur. Wenn wir von Addis Abeba nach Europa fliegen und diesen Teil Afrikas überqueren, sehen wir unter uns ein ungewöhnliches Bild: die unendliche goldgelbe Fläche der Sahara. Und mittendurch verläuft ein breiter, intensiv grüner Gürtel von Feldern und Plantagen, die an dem in breiten, sanften Bögen dahinströmenden Nil liegen. Die Grenze zwischen dem tiefen Ocker der Sahara und dem Smaragdgrün dieser Felder scheint wie mit einem Messer geschnitten: Da gibt es keine Übergangszone, keine Abstufungen, hier stehen die letzten Pflanzen einer Plantage, und dann beginnen gleich die Wellen der Wüste.

Die Felder entlang des Flusses lieferten in früheren Zeiten Millionen arabischer Fellachen und hier lebender Nomadenstämme einen Unterhalt. Bis dann, vor allem seit der Mitte des zwanzigsten Jahrhunderts, also schon nach Erlangen der Unabhängigkeit, die Vertreibung der Fellachen durch ihre reichen Landsleute in Khartum einsetzte. Diese brachten, im Verein mit der Generalität und mit Hilfe von Armee und Polizei, die fruchtbaren Böden am Nil in ihren Besitz, um dort riesige Plantagen – mit Baumwolle, Kautschuk und Sesam – für den Export anzulegen. So entstand eine mächtige Klasse arabischer Latifundienbesitzer, die im Bündnis mit den Generälen und der bürokratischen Elite im Jahre 1956 die Macht im Staat übernahmen, die sie bis heute ausüben. Sie führen auf der einen Seite Krieg gegen den »negriden« Süden, den sie wie eine Kolonie behandeln, und unterdrücken zur selben Zeit ihre eigenen ethnischen Volksgenossen, die Araber im Norden.

Enteignet, vertrieben, ihres Bodens und ihrer Herden beraubt, mußten sich die sudanesischen Araber irgendwohin wenden, mußten etwas tun, einen neuen Lebensunterhalt finden. Einen Teil von ihnen steckten die Machthaber in Khartum in die ständig wachsende Armee. Einen Teil in die

Reihen der riesigen Apparate von Polizei und Bürokratie. Und die übrigen? Diese Massen Landloser und Entwurzelter? Die übrigen versucht das Regime in den Süden zu lenken.

Die Bewohner des Nordens zählen etwa zwanzig Millionen, die des Südens – rund sechs Millionen. Die Bewohner des Südens zerfallen in Dutzende Stämme mit zahlreichen Sprachen, Religionen und Kulten. Aus diesem Meer der vielen Stämme des Südens ragen jedoch zwei große Gemeinschaften, zwei Völker heraus, die gemeinsam die Hälfte der Einwohner dieses Teiles des Landes ausmachen. Das sind die Dinka und die mit ihnen verwandten (wenn auch oft verfeindeten) Nuer. Beide erkennt man schon von weitem: Sie sind riesig groß, zwei Meter, schlank und haben eine sehr dunkle Hautfarbe. Eine schöne, athletische, würdevolle, vielleicht sogar etwas hochmütige Rasse. Die Anthropologen zerbrechen sich seit Jahren die Köpfe, warum diese beiden Völker so großgewachsen und schlank sind. Sie ernähren sich eigentlich nur von der Milch und manchmal auch noch vom Blut der Kühe, die sie halten, verehren und lieben. Diese Kühe dürfen nicht getötet und von Frauen nicht einmal berührt werden. Dinka und Nuer ordnen ihr ganzes Leben den Bedürfnissen und Wünschen ihrer Kühe unter. Die Trockenzeit verbringen sie mit ihnen in der Nähe der Flüsse, am Nil, Bahr el-Ghasal und vor allem am Sobat; in der Regenzeit, wenn in den weiten Hochebenen das Gras zu sprießen beginnt, verlassen sie die Flußtäler und ziehen mit ihren Rindern dorthin. In diesem ewigen Rhythmus, in dieser pendelnden, beinahe rituellen Wanderung zwischen den Flußufern und den Weiden auf den Hochebenen des Oberen Nil verbringen Dinka und Nuer ihr ganzes Leben. Um existieren zu können, brauchen sie Raum, Boden ohne Grenzen, einen offenen, weiten Horizont. Wenn sie eingesperrt werden, erkranken sie, magern zu Skeletten ab, verlöschen und sterben.

Ich weiß nicht, wodurch dieser Krieg ausgelöst wurde. Das ist so lange her! Haben Soldaten der Regierungsarmee den Dinka eine Kuh gestohlen? Und sind die Dinka hingegangen, um sich die Kuh zurückzuholen? Gab es eine Schießerei? Gab es Tote? So irgendwie muß sich das wohl abgespielt haben.

Natürlich war die Kuh bloß ein Vorwand. Die arabischen Lords in Khartum konnten nicht zugeben, daß die Hirten aus dem Süden die gleichen Rechte besaßen wie sie selbst. Die Menschen aus dem Süden wollten sich nicht damit abfinden, daß sie im unabhängigen Sudan von Söhnen der Sklavenhändler regiert wurden. Der Süden forderte seine Abspaltung, einen eigenen Staat. Der Norden beschloß, die Rebellen zu vernichten. Es kam zu ersten Massakern. Es heißt, dieser Krieg hätte bis heute eineinhalb Millionen Opfer gefordert. In den ersten zehn Jahren kämpfte im Süden eine spontane, schlecht organisierte Partisanenbewegung, Anya-Nya genannt. Im Jahre 1983 organisierte dann ein Berufsmilitär und Dinka, Oberst John Garang, die Sudanesische Volksbefreiungsarmee (SPLA), die heute den größten Teil des Südens kontrolliert.

Es ist ein langer Krieg, der auflodert, erlischt und von neuem ausbricht. Obwohl er schon so viele Jahre dauert, habe ich nicht gehört, daß irgend jemand versucht hätte, seine Geschichte zu schreiben. In Europa gibt es über jeden Krieg ganze Regale mit Büchern, Archive voller Dokumente, eigene Säle in den Museen. In Afrika gibt es nichts dergleichen. Ein Krieg, selbst der längste und größte, wird hier rasch aus dem Gedächtnis gelöscht, gerät bald in Vergessenheit. Seine Spuren verschwinden schon am nächsten Tag: Die Toten müssen umgehend begraben werden, an Stelle der niedergebrannten Lehmhütten werden rasch neue errichtet.

Dokumente? Die hat es nie gegeben. Es gibt keine geschriebenen Befehle, keine Stabskarten, Chiffren, Flugblätter, Aufrufe, Zeitungen, Korrespondenzen. Es ist nicht üblich, Erinnerungen und Tagebücher zu schreiben (im übrigen gibt es meistens nicht einmal Papier). Es existiert keine Tradition der Geschichtsschreibung. Abgesehen von allem anderen – wer sollte sich damit beschäftigen? Es gibt keine Sammler von Erinnerungsstücken, keine Museumsexperten, Archivare, Historiker, Archäologen. Und es ist sogar besser, daß sich hier keiner auf den Schlachtfeldern herumtreibt. Er würde sofort die Aufmerksamkeit der Polizei erregen, ins Gefängnis geworfen und – wegen Spionageverdachts – erschossen werden. Hier taucht die Geschichte ganz unerwartet auf, stürzt herab, bringt ihre blutige Ernte ein, rafft die Opfer an sich und verschwindet spurlos. Wer ist sie? Warum hat sie gerade uns mit ihren mörderischen Reizen behext? Es ist nicht gut, darüber nachzudenken. Das läßt man besser bleiben.

Der Krieg, der, begleitet von pathetischen Losungen, als Tragödie eines jungen Staates begann (der Norden: Wir müssen die staatliche Einheit erhalten; der Süden: Wir kämpfen um unsere Unabhängigkeit), degenerierte im Verlauf der Zeit zu einem Krieg diverser militärischer Kasten gegen das eigene Volk, wurde zu einem Krieg Bewaffneter gegen Unbewaffnete. Denn das alles geschieht in einem armen Land, wo die Menschen hungern, wo jemand, wenn er zur Waffe greift, zur Machete und zur Maschinenpistole, in erster Linie die Absicht hat, etwas zu essen zu ergattern, seinen ärgsten Hunger zu stillen. Es ist ein Krieg um eine Handvoll Mais, um eine Schüssel Reis. Und alle Raubzüge sind in diesem Land um so einfacher, als es hier riesige Entfernungen, nur schwach ausgebaute Verkehrsverbindungen und kein ordentliches Nachrichtensystem gibt, und außerdem ist das Land nur dünn besiedelt, alles Bedingungen, die es den Banditen erlauben, ungestraft zu rauben und zu plündern, weil jede Kontrolle und Ordnung fehlt.

Es gibt drei Arten bewaffneter Gruppen, die diesen Krieg führen. Da ist einmal die Regierungsarmee – ein Instrument in den Händen der Elite in Khartum – befehligt von Präsident-General Omar al-Bashir. Mit dieser Armee arbeiten zahlreiche offizielle und geheime Polizeiorganisationen, moslemische Brüderschaften und private Truppenverbände der Großgrundbesitzer zusammen.

Diesen Regierungskräften stehen die Partisanen der SPLA unter Oberst John Garang und verschiedene andere Formationen im Süden gegenüber, die sich von der SPLA abgespalten haben.

Und dann gibt es noch eine dritte Kategorie bewaffneter Gruppen – das ist die unübersehbare Zahl sogenannter *militias*, paramilitärische Verbände junger Menschen (oft noch Kinder), oft vom selben Stamm, die von verschiedenen lokalen Banden- oder Klanchefs angeführt werden und je nach der jeweiligen Situation und dem materiellen Vorteil entweder mit der Armee kooperieren oder mit der SPLA (die Militias sind in Afrika ein Produkt der letzten Jahre, eine anarchistische, aggressive, ständig wachsende Kraft, die ganze Staaten, Armeen, organisierte Partisanen- und politische Bewegungen sprengen kann).

Gegen wen richten sich alle diese Armeen, Verbände und Fronten, diese Kriegskorps, Geheimdienste und Aushebungskommandos? Die so zahlreich sind und seit so vielen Jahren kämpfen? Manchmal kämpfen sie gegeneinander, doch meist gegen das eigene Volk, also gegen Wehrlose, und das heißt in erster Linie gegen Frauen und Kinder. Aber warum ausgerechnet gegen Frauen und Kinder? Treibt diese bewaffneten Männer vielleicht ein pathologischer Antifeminismus? Natürlich nicht. Sie attackieren und berauben Gruppen von Frauen und Kindern, weil diese Empfänger von Hilfslieferungen aus der ganzen Welt sind, weil die Säcke mit Mehl und Reis, die Kisten mit Zwieback und Milchpulver für sie bestimmt sind, Dinge, die in Europa keiner weiter beachten würde, doch hier, zwischen dem sechsten und zwölften Breitengrad, sind diese Nahrungsmittel unglaublich kostbar. Im übrigen muß man diese Kostbarkeiten keineswegs immer den Frauen wegnehmen. Wenn ein Flugzeug mit einer Hilfslieferung landet, braucht man es nur zu umstellen, sich die Säcke und Kisten zu schnappen und alles zu seinen Truppen zu schaffen.

Das Regime in Khartum bedient sich seit Jahren der Waffe des Hungers, um die Menschen im Süden zu vernichten. Es macht heute mit den Dinkas und Nuern dasselbe, was Stalin 1932 mit den Ukrainern gemacht hat: Es läßt sie verhungern.

Die Menschen hungern nicht etwa, weil es auf der Welt keine Nahrungsmittel gäbe. Es gibt genug davon, mehr als genug. Doch zwischen denen, die essen wollen, und den gefüllten Lagerhäusern steht ein ernstes Hindernis: das politische Spiel. Khartum schränkt die Hilfsflüge für die Hungernden ein. Viele Flugzeuge, die eintreffen, werden von lokalen Bandenchefs geplündert. Wer Waffen besitzt, der hat auch Nahrungsmittel. Wir sind hier unter Menschen, die nicht über die Transzendenz und das Wesen der Seele, über den Sinn des Lebens und die Natur des Seins nachdenken. Wir sind in einer Welt, in der sich der Mensch mühselig dahinschleppt und versucht, ein paar Körner Getreide aus dem Morast zu klauben, damit er bis zum nächsten Tag überlebt.

Itang:

Wir gingen dorthin, wo die Baracken standen. Das mußte das kleine Spital gewesen sein, das nun völlig verwüstet und zerstört war. Von wem? Die Betten waren umgeworfen, die Tische zerschlagen, die Schränke standen sperrangelweit offen. Ein neuer Röntgenapparat war mit Steinen zerbeult, zertrümmert worden, die Hebel waren abgebrochen, die Tafel mit den Einstellungsrädern und Uhren – zerschmettert. Das war vielleicht der einzige Apparat in einem Radius von fünfhundert Kilometern. Nun hat ihn jemand in wertlosen Schrott verwandelt. Daneben ein Stromaggregat, auch dieses total zerstört. Die einzigen technischen Einrichtungen (mit Ausnahme der Waffen, selbstverständlich) in einem riesigen Gebiet waren alle funktionsunfähig, zum Wegwerfen.

Wir gingen über einen Damm zu dem einzigen trockenen Platz, den es dort gab. Auf beiden Seiten stand Wasser, faulig stinkend, die Moskitos summten wie verrückt. Sumpf, so weit das Auge reichte, und mittendrin elende Hütten, die meisten leer, doch in einigen hockten oder lagen Menschen. Im Wasser? Ja, im Wasser, ich habe es schließlich mit eigenen Augen gesehen. Schließlich gelang es, hundert, zweihundert Menschen zusammenzutrommeln. Jemand befahl ihnen, sich in einem Halbkreis aufzustellen. Sie standen schweigend da, reglos. Wohin sind die anderen gegangen, diese hundertfünfzigtausend, wohin haben sich die in einer Nacht aufgemacht wie ein Mann? In den Sudan. Warum? Die Führer haben es so angeordnet. Die Menschen im Lager hungern seit Jahren, sie begreifen nichts mehr, haben keine Orientierung, keinen Willen. Es ist gut, daß es da noch jemanden gibt, der etwas anordnet, der weiß, daß sie existieren, der etwas von ihnen will. Warum haben sie nicht mit den anderen das Lager verlassen? Das konnten wir nicht herausfinden. Haben sie irgendwelche Wünsche? Nein, keine. Solange sie Hilfe erhalten, werden sie leben. Wenn die Hilfslieferungen ausbleiben – dann sterben sie. Aber gestern haben sie Hilfe bekommen. Und vorgestern auch. Es geht ihnen also gar nicht so schlecht, und sie haben keinen Wunsch.

Ein älterer Mann gab ihnen ein Zeichen, auseinanderzugehen. Ich fragte noch, ob ich fotografieren dürfe. Natürlich ist das gestattet. Hier ist alles gestattet.

DER BRUNNEN. Jemand weckt mich, ich spüre eine vorsichtige, leichte Berührung. Das Gesicht, das sich über mich beugt, ist dunkel, darüber sehe ich einen weißen Turban, so hell, daß er beinahe leuchtet, als hätte man ihn in Phosphor getaucht. Es ist noch Nacht, doch ringsum herrscht Geschäftigkeit. Die Frauen bauen die Hütten ab, die Jungen legen Reisig aufs Feuer. Dieses Treiben verrät Eile, es ist ein Wettlauf mit der Zeit: Man möchte möglichst viel erledigen, bevor die Sonne aufgeht und die Hitze einsetzt. Daher muß man rasch das Nachtlager abbrechen und sich auf den Weg machen. Diese Menschen verspüren keinerlei Bindung zu dem Ort, an dem sie sich gerade befinden. Im nächsten Moment werden sie von hier aufbrechen, ohne eine Spur zu hinterlassen. In ihren Liedern, die sie am Abend singen, wiederholt sich ständig derselbe Refrain: »Meine Heimat? Meine Heimat ist dort, wo Regen fällt.«

Doch bis zum Abend ist es noch weit. Zuerst müssen die Vorbereitungen für den Marsch getroffen, das heißt vor allem, die Kamelstuten getränkt werden. Es dauert lange, weil sie riesige Wassermengen aufnehmen können, gleichsam auf Vorrat, was weder der Mensch noch andere Geschöpfe zustande bringen. Dann werden die Stuten von den Jungen gemolken, die ihre säuerliche, bittere Milch in schmale Lederschläuche füllen. Als nächste trinken die Schafe und Ziegen aus dem Brunnen. Es sind etwa zweihundert. Diese Herden werden von den Frauen gehütet. Am Schluß trinken die Menschen – zuerst die Männer, nach ihnen Frauen und Kinder. Am Horizont zeigt sich ein erster heller Streifen – die Ankündigung des Tages und Aufforderung zum Morgengebet. Es beten die Männer, die zuerst ihr Gesicht mit einer Handvoll Wasser waschen, wobei diese Waschung dieselbe Aufmerksamkeit erfordert wie das Gebet selber: Kein Tropfen darf verlorengehen, so wie auch kein Wort Gottes.

Die Frauen reichen nun jedem Mann eine Schale Tee. Der Tee wurde mit Zucker und Minze gekocht und ist dick wie Honig und äußerst nahrhaft; in der Trockenzeit, wenn es nur wenig zu essen gibt, muß so eine Schale den ganzen Tag als Nahrung reichen, bis zur nächsten Schale – beim Abendessen.

Die Sonne geht auf, es wird hell, die Zeit drängt also zum Aufbruch. Den Anfang macht die Herde der Kamelstuten, die von den Männern und Jungen geführt wird. Dann wogen Schafe und Ziegen in dichten Staubwolken hinterher. Und gleich hinter ihnen kommen die Frauen und Kinder. In dieser Reihenfolge bewegt sich der Zug von Menschen und Tieren für gewöhnlich dahin, doch diesmal marschieren am Schluß noch Hamed und sein Esel und als Draufgabe ich. Hamed ist ein Kleinhändler aus Berbera, in dessen Herberge ich übernachtet habe. Als er mir sagte, daß er sich mit seinen Cousins zu seinem Bruder in Las Anod aufmache, bat ich ihn, mich mitzunehmen.

Aber wo ist Berbera? Und wo Las Anod? Beide Orte liegen im nördlichen Somalia. Berbera am Golf von Aden, und Las Anod auf der Hochebene Haud. Meine Weggenossen beteten also am Morgen, nach Norden gewandt, das heißt in Richtung Mekka, wobei die Sonne rechts von ihnen stand, während sie nun, bei unserem Aufbruch, links von uns steht. Das ist die Geographie dieser Welt hier – wechselhaft und unbeständig, doch Gott behüte, daß man etwas durcheinanderbringt, denn in der Wüste kann jeder Irrtum den Tod bedeuten. Wer je diese Gegend bereist hat, weiß, daß hier die heißesten Plätze der Erde zu finden sind. Und nur wer diese Hitze kennengelernt hat, kann verstehen, wovon ich spreche. Denn in der Trockenzeit sind die Tagesstunden, vor allem um die Mittagszeit herum, eine unerträgliche Gluthölle. Wir braten tatsächlich im Feuer. Um uns herum steht tatsächlich alles in Flammen. Sogar im Schatten ist es heiß, sogar der Wind scheint zu glühen. Als zöge irgendwo in der Nähe ein feuriger Meteorit seine Bahn, der mit seinen thermischen Strahlen alles in Asche verwandelt. Um diese Tageszeit erstarren Menschen, Tiere und Pflanzen, werden von Lähmung befallen. Es herrscht Schweigen, eine tödliche, absolute Stille.

Und gerade in diesen Stunden ziehen wir durch diese öde Unwegsamkeit dem blendenden Phänomen der feurigen Tagesmitte und der quälenden Erfahrung von Sonnenglut und Erschöpfung entgegen, vor der es keine Zuflucht und kein Entkommen gibt. Keiner spricht ein Wort, als würde der Marsch alle Aufmerksamkeit und Energie in Anspruch nehmen, obwohl er doch eine alltägliche Tätigkeit ist, monotone Routine, eine Lebensweise. Nur manchmal hört man, wie ein

Stock auf die Kruppe einer trägen Kamelstute klatscht oder Frauen die widerspenstigen Ziegen anschreien.

Es ist schon beinahe elf Uhr, als die Kolonne langsamer wird und schließlich haltmacht und sich verteilt. Jeder sucht nun Schutz vor der Sonne. Die einzige Möglichkeit besteht darin, sich unter eine der hier vereinzelt wachsenden, ausladenden und reich verzweigten Akazien zu flüchten, deren flache, ausgefranste Kronen die Form von Schirmen haben: Dort gibt es Schatten, dort hat sich ein Rest von Kühle versteckt. Denn außer diesen Bäumen gibt es überall nur Sand. Hier und da stehen noch einzelne zerzauste Dornbüsche. Ein paar Büschel verbranntes, sprödes Gras. Ein paar Ausläufer grauer, morscher Flechten. Und nur ganz selten ein paar Steine, verwitterte Felsen, wüst durcheinandergeworfene Schutthalden.

»Wäre es nicht besser gewesen, beim Brunnen zu bleiben?« frage ich Hamed, zu Tode erschöpft. Wir sind erst den dritten Tag unterwegs, doch ich habe keine Kraft mehr, um weiterzugehen. Wir sitzen an einen knorrigen Baumstamm gelehnt, im engen Kreis des Schattens, der so knapp ist, daß nur mehr der Kopf eines Esels hereinpaßt, während sein ganzes Hinterteil in der Sonne schmort.

»Nein«, antwortet er, »denn von Westen her ziehen die Ogadeni heran, und wir sind nicht stark genug, um sie abzuwehren.«

In diesem Augenblick begreife ich, daß unsere Wanderung mehr ist als bloß eine gewöhnliche Bewegung von einem Ort zum anderen, daß wir in unserer Wanderung an einem Kampf teilnehmen, an nie abgeschlossenen gefährlichen Manövern, an Feindseligkeiten und Schlachten, die jederzeit schlimm ausgehen können.

Die Somalier sind eine einheitliche, mehrere Millionen zählende Nation. Sie besitzen eine gemeinsame Sprache, Geschichte und Kultur. Ein gemeinsames Territorium. Und eine gemeinsame Religion – den Islam. Ungefähr ein Viertel der Gesellschaft lebt im Süden und beschäftigt sich mit Landwirtschaft, mit dem Anbau von Sorghum, Mais, Bohnen und Bananen. Doch die Mehrheit sind Herdenbesitzer, Nomaden, Wanderhirten. Mit solchen ziehe ich jetzt dahin, durch ein weites, wüstenähnliches Gebiet irgendwo zwischen Berbera und Las Anod. Die Somalier zerfallen in ein paar große Klans (wie die Issaq, Daarood, Dir, Hawiye), diese in kleinere Klans, von denen es Dutzende gibt, und die wiederum in Hunderte, ja Tausende von Sippen. Die Bindungen, Bündnisse und Konflikte zwischen diesen Verbänden und Sippschaften machen die Geschichte der somalischen Gesellschaft aus.

Der Somalier wird irgendwo unterwegs geboren, in einer jurtenförmigen Hütte oder auch unter dem nackten Himmel. Er kennt den Ort seiner Geburt nicht, dieser wird nie irgendwo aufgezeichnet. Ähnlich wie seine Eltern stammt er aus keinem Dorf und keiner Stadt. Er besitzt nur eine Identität – und das ist seine Verbindung mit der Familie, mit der Sippe, mit dem Klan. Wenn einander zwei Unbekannte begegnen, dann lautet die erste Frage: – Wer bist du? – Ich bin Soba, aus der Familie des Ahmad Abdullah, und diese Familie gehört zur Sippe Mussa Araye, und diese Sippe gehört wieder zum Klan Hasean Said, und dieser Klan ist ein Teil des Klanverbandes der Issaq usw. Nach dieser Vorstellung zählt auch der andere der Reihe nach alle Details seiner Zugehörigkeit auf, benennt die eigenen Wurzeln, und dieser Austausch von Informationen dauert lang und ist ungeheuer wichtig, weil die beiden Unbekannten herausfinden wollen, ob sie etwas verbindet oder trennt, ob sie einander um den Hals fallen, oder sich mit Messern aufeinanderstürzen sollen. Wobei den persönlichen Gefühlen dieser Menschen, ihren privaten Sympathien oder Antipathien, keine Bedeutung zukommt; ihre Beziehung zueinander, ihre Freundschaft oder Feindschaft, hängt von den Übereinkommen ab, die gerade zwischen ihren beiden Klans existieren. Der einzelne Mensch existiert nicht, er zählt nur als Mitglied dieser oder jener Sippe.

Wenn ein Junge acht Jahre alt wird, erfährt er eine große Ehrung: Er darf sich von nun an mit den Altersgenossen um die Kamelherde kümmern – den größten Schatz der somalischen Nomaden. Alles wird bei ihnen am Wert der Kamele gemessen – ihr Reichtum, ihre Macht, ihr Leben. Vor allem das Leben. Wenn Ahmed den Angehörigen einer anderen Sippe tötet, muß die seine eine Entschädigung bezahlen. Wenn er einen Mann getötet hat – hundert Kamele, für eine Frau –

fünfzig. Sonst gibt es Krieg! Ohne Kamel kann der Mensch nicht existieren. Er ernährt sich von der Milch der Kamelstute. Auf ihrem Rücken transportiert er sein Haus. Nur um ihren Preis kann er eine Familie gründen: Wenn er eine Frau gewinnen will, muß er ihre Familie entschädigen – in Kamelen. Und schließlich kann er auch sein Leben retten, indem er eine Entschädigung in Kamelen bezahlt.

Die Herde, die jede Sippe besitzt, setzt sich aus Kamelen, Schafen und Ziegen zusammen. Den Boden hier kann man nicht bebauen. Es ist trockener, heißer Sandboden, auf dem nichts wächst. Daher ist die Herde die einzige Quelle des Unterhalts und Lebens. Doch die Tiere brauchen Wasser und Weidegründe. Und die sind sogar in der Regenzeit knapp, in der Trockenzeit hingegen verschwinden die meisten Weiden überhaupt, die Teiche und Brunnen werden seicht oder trocknen völlig aus. Es bricht eine Zeit der Dürre und des Hungers an; die Tiere gehen ein, und viele Menschen sterben.

Nun lernt der kleine Somalier seine Welt kennen. Er studiert sie. Diese einzeln stehenden Akazien, die verstreuten Grasflecken, die einsamen, massigen Affenbrotbäume werden zu Zeichen, die ihm sagen, wo er sich befindet und in welche Richtung er sich wenden muß. Diese hohen Felsblöcke dort, die senkrechten Gesteinsformationen, die jäh abstürzenden Wände liefern ihm Hinweise, zeigen die Richtung an, bewahren ihn davor, in die Irre zu laufen. Doch dieselbe Landschaft, die ihm eben noch so vertraut und bekannt erschien, raubt ihm gleich wieder diese Sicherheit. Denn es erweist sich, daß dieselben Stellen, dieselben Labyrinthe und Anordnungen von Zeichen, die ihn umgeben, einmal so aussehen, wenn sie von der Dürre verbrannt werden, und dann wieder ganz anders, wenn sie in der Regenzeit von üppigem Grün bedeckt sind, und daß dieselben zerklüfteten Felslandschaften am Morgen, im Licht der flach einfallenden Sonnenstrahlen, völlig andere Formen, Tiefen und Farben zeigen als zu Mittag, wenn die Strahlen senkrecht einfallen. Dann begreift dieser Kleine, daß ein und dieselbe Landschaft viele verschiedene, sich immer wieder ändernde Kompositionen in sich birgt und daß er wissen muß, wann und in welchem Ablauf diese aufeinander folgen und was sie zu bedeuten haben, was sie ihm sagen und wovor sie ihn warnen.

Und das ist seine erste Lektion: daß die Welt zu ihm spricht, und zwar mit zahlreichen unterschiedlichen Stimmen, die er sich pausenlos einprägen muß. Doch mit der Zeit erhält der Junge noch eine weitere Lektion: Er lernt seinen Planeten kennen, dessen Landkarte und die darauf eingezeichneten Trassen und Wege, deren Verlauf, Zeichnung und Richtung. Denn obwohl auf den ersten Blick überhaupt nichts zu sehen ist außer die nackte, menschenleere Wüste, wird diese in Wirklichkeit von zahllosen Straßen und Pisten, Pfaden und Wegen durchkreuzt, die zwar im Sand und Geröll nicht sichtbar sind, aber doch tief eingegraben im Gedächtnis der Menschen, die hier seit Jahrhunderten durchziehen. Und an dieser Stelle beginnt das große somalische Spiel, ein Spiel um das Überdauern, um das Leben. Denn diese Wege führen von Wasserstelle zu Wasserstelle, von Weide zu Weide. Als Folge jahrhundertealter Kriege, Konflikte und Abmachungen besitzt jede Sippe, jeder Verband und Klan seine traditionell anerkannten Trassen, Wasserstellen und Weidegründe. Die Situation ist beinahe ideal, wenn wir ein Jahr mit ausreichenden Niederschlägen und üppiger Vegetation haben, die Herden nicht zu zahlreich sind und auch nicht zu viele Kinder geboren wurden. Doch es genügt, daß eine Dürre hereinbricht, und das ist schließlich häufig der Fall, dann verdorren die Weiden und die Brunnen versiegen. Auf der Stelle verliert dieses im Verlauf vieler Jahre so kunstvoll gewebte Geflecht von Pfaden und Wegen, die so verlaufen, daß sich die Klans nicht in die Quere kommen, seine Gültigkeit, verwickelt sich, wird löchrig und reißt. Nun setzt eine hastige Suche nach Brunnen ein, die noch Wasser führen, alle wollen diese um jeden Preis erreichen. Aus allen Richtungen treiben die Menschen ihre Herden zu den wenigen Plätzen, wo es noch ein wenig Gras gibt. Die Dürre wird zu einer Zeit fiebriger Eile, einer Zeit der Spannungen, der Wut und der Kriege. Dann kommen die schlimmsten Eigenschaften der Menschen zum Vorschein: Mißtrauen, Falschheit, Gier und Haß.

Hamed sagt mir, daß in ihrer Dichtung oft von der Tragödie und der Auslöschung solcher Klans erzählt wird, die durch die Wüste ziehen und nicht mehr die nächste Wasserstelle erreichen. So eine tragische Wanderung kann Tage, ja Wochen dauern. Zuerst sterben die Schafe und Ziegen. Sie können es nur ein paar Tage ohne Wasser aushalten. Dann kommen die Kinder an die Reihe. – »Dann die Kinder«, sagt er, ohne etwas hinzuzufügen. Er sagt nicht, wie die Mütter und Väter reagieren, nicht, wie die Begräbnisse aussehen. – »Dann die Kinder«, wiederholt er und schweigt. Es ist jetzt so heiß, daß selbst das Sprechen Mühe bereitet. Die Mittagsstunde ist gerade vorbei, und man kann kaum atmen. – »Dann sterben die Frauen«, fährt er nach einer Weile fort. Diejenigen, die bis dahin überlebt haben, können nicht für längere Zeit haltmachen. Wenn sie bei jedem Toten anhielten, würden sie nie bis zur Wasserstelle kommen. Ein Tod würde einen zweiten und dann weitere nach sich ziehen. Der Klan, der eben noch dahingewandert ist, eben noch existierte, würde irgendwo unterwegs verschwinden. Niemand könnte dann mehr herausfinden, wohin diese Menschen gezogen sind. Ich sollte mir nun diesen Weg vorstellen, den es nicht gibt, das heißt, den man nicht sehen kann, und auf diesem Weg eine Schar von Menschen und Tieren, immer weniger und weniger. – Die Männer und die Kamele bleiben noch einige Zeit am Leben. Ein Kamel kann es drei Wochen ohne zu trinken aushalten. Und es kann in diesem Zeitraum weit gehen – fünfhundert Kilometer oder auch mehr. Die Kamelstute wird in dieser Zeit immer noch ein wenig Milch geben. Aber drei Wochen, die sind die äußerste Grenze für einen Mann und sein Kamel, wenn sie allein auf der Welt übrig sind. – »Allein auf der Welt!« ruft Hamed aus, und in seiner Stimme schwingt Entsetzen mit, weil das für einen Somalier völlig unvorstellbar ist: Allein auf der Welt zu sein. Der Mensch und sein Kamel ziehen weiter auf der Suche nach einem Brunnen, nach Wasser. Sie gehen immer langsamer, mit immer größerer Anstrengung, weil der Boden unter ihren Füßen dauernd im Feuer der Sonne liegt, von überall schlägt ihnen Gluthitze entgegen, alles um sie herum lodert, steht in Flammen – die Felsen, der Sand, die Luft. – »Der Mensch und das Kamel gehen zusammen zugrunde«, sagt Hamed. Dazu kommt es, wenn der Mensch keine Milch mehr findet – die Euter der Kamelstute sind leer. Sie sind trocken und rissig. Meist haben der Nomade und sein Tier noch genug Kraft, um sich in irgendeinen Schatten zu schleppen. Dort findet man sie dann, tot im Schatten liegend, oder jedenfalls an einer Stelle, wo der Mensch glaubte, dort gebe es Schatten.

»Ich weiß das«, unterbreche ich Hamed, »ich habe das selber in Ogaden gesehen.« Wir fuhren mit einem Lastwagen durch die Wüste, um vom Tod bedrohte Nomaden zu suchen und sie ins Lager in Gode zu bringen. Es war für mich schockierend, daß jedesmal, wenn wir sterbende Somalier mit ihren Kamelen fanden, die zusammen mit ihnen umkamen, diese Menschen sich um nichts in der Welt von ihren Tieren trennen wollten, obwohl das ihren sicheren Tod bedeutet hätte. Ich war mit einer Gruppe junger Retter von der humanitären Organisation Save unterwegs. Sie rissen so einen Hirten mit Gewalt von seinem Kamel weg – beide waren nur mehr Skelette – und brachten ihn ins Lager, während er sie verfluchte. Dort blieb er im übrigen nicht lange. Diese Leute erhielten täglich drei Liter Wasser, für alle Bedürfnisse, zum Trinken, Kochen, Waschen. Und als tägliche Ration ein halbes Kilo Mais. Und wöchentlich einen kleinen Sack Zucker und ein Stück Seife. Die Somalier brachten es zuwege, sich davon noch etwas abzusparen, den Mais und Zucker an Händler zu verkaufen, die sich im Lager herumtrieben, Geld für den Kauf eines neuen Kamels wegzulegen und dann in die Wüste zu fliehen.

Anders konnten sie nicht leben.

Hamed wundert sich nicht darüber. »So ist nun einmal unsere Natur«, sagt er, ohne jede Resignation, sogar mit einem gewissen Anflug von Stolz. Die Natur ist etwas, gegen das man sich nicht auflehnen, das man aber auch nicht verbessern darf, und man darf auch nichts unternehmen, um sich aus der Abhängigkeit von ihr zu befreien. Die Natur ist von Gott gegeben, daher ist sie vollkommen. Auch die Dürre, die Hitze, die versiegten Brunnen und der Tod auf dem Weg sind vollkommen. Ohne sie würde der Mensch nie die wahre Wonne des Regens verspüren, den göttlichen Geschmack des Wassers und die lebensspendende Süße der Milch. Das Vieh könnte sich nicht am saftigen Gras erfreuen, am Duft der Weide berauschen. Der Mensch wüßte nicht, was es heißt, in einen Strom kalten, kristallklaren Wassers zu steigen. Es würde ihm gar nicht in den Sinn kommen, daß das ganz einfach das Himmelreich bedeutet.

Es ist drei Uhr, die Hitze beginnt nachzulassen. Hamed erhebt sich, wischt sich den Schweiß von der Stirn, richtet seinen Turban. Er geht, um an der Versammlung aller erwachsenen Männer teilzunehmen. Diese wird *schir* genannt. Die Somalier anerkennen keine Macht, keine Hierarchie über sich. Die einzige derartige Macht ist diese Versammlung, bei der jeder das Wort ergreifen kann. Bei der Versammlung hören alle die Meldungen der kindlichen Kundschafter. Denn die Kinder ruhen für keinen Moment. Sie durchforschen und durchkämmen seit den Morgenstunden die ganze Gegend: Gibt es vielleicht in der Nähe einen Klan, der uns durch seine Stärke gefährlich werden kann? Wo ist die nächste Wasserstelle, die wir als erste erreichen können? Dürfen wir weiterziehen in der Gewißheit, daß uns nichts bedroht? Alle diese Fragen werden der Reihe nach besprochen. Der Schir ist ein einziges Chaos, ein Gezanke, ein Geschrei, eine Unordnung. Doch am Ende wird die wichtigste Entscheidung gefällt: in welche Richtung wir weiterziehen. Dann formieren wir uns in der seit Jahrhunderten feststehenden Ordnung und ziehen los.

EIN TAG IM DORF ABDALLAH WALLO. Im Dorf Abdallah Wallo stehen als erste die Mädchen auf und gehen im frühen Morgengrauen Wasser holen. Es ist ein glückliches Dorf – das Wasser ist nahe. Man braucht nur die steile, sandige Böschung zum Fluß hinunterzusteigen. Der Fluß heißt Senegal. An seinem nördlichen Ufer liegt Mauretanien, und am südlichen das Land, das genauso heißt wie der Fluß – Senegal. Wir befinden uns hier an einer Stelle, wo die Sahara endet und der breite Gürtel jener unfruchtbaren, heißen Savanne beginnt, die Sahel genannt wird und sich nach Süden erstreckt, in Richtung Äquator, um nach ein paar hundert Kilometern in das feuchte, von Malaria bedrohte Gebiet des Tropenwaldes überzugehen.

Wenn die Mädchen zum Fluß kommen, schöpfen sie das Wasser in hohe, metallene Bottiche und Plastikeimer, die sie einander auf den Kopf heben, und dann klettern sie schwatzend wieder die steile Böschung zum Dorf hinauf. Die Sonne ist aufgegangen, und ihre Strahlen flimmern auf dem Wasser in den Gefäßen. Die Wasseroberfläche zittert, schwankt und glitzert wie flüssiges Silber.

Nun gehen alle nach Hause, in ihren Hof. Die Mädchen sind schon seit dem Morgen ordentlich und sauber gekleidet. Sie tragen jeden Tag dasselbe, nämlich ein weites, lose bis zum Boden reichendes Kleid aus gemustertem Kattun, das den ganzen Körper bedeckt. Die Bewohner des Dorfes sind Moslems – nichts an der Kleidung der Frau darf den Eindruck erwecken, diese wolle einen Mann verführen.

Das Geräusch vom Abstellen der Gefäße und das Plätschern des Wassers sind wie das Geläute der Glocke einer Dorfkirche – alle erwachen zum Leben. Aus den Lehmhütten, hier gibt es nur Lehmhütten, kugeln Kinder. Kinder gibt es jede Menge, als wäre das ganze Dorf ein einziger Kindergarten. Sofort, noch auf der Schwelle, beginnen diese Knirpse ihr morgendliches Pissen, ganz spontan, wohin sie gerade treffen, nach rechts und links, sorglos und fröhlich, oder noch verschlafen und verdrossen. Kaum haben sie dieses Geschäft beendet, rennen sie zu den Eimern und Bottichen, um zu trinken. Bei dieser Gelegenheit wischen sich die Mädchen übers Gesicht, aber nur die Mädchen. Den Buben kommt das gar nicht in den Sinn. Dann beginnen sich die Kinder nach einem Frühstück umzuschauen. Das heißt, ich denke mir das so, denn in Wirklichkeit ist der Begriff Frühstück hier völlig unbekannt. Wenn einer der Knirpse etwas Eßbares findet, dann ißt er etwas. Das kann ein Stück Weißbrot sein oder ein Keks, ein Stück Kassawa oder eine halbe Banane. Das wird er aber nie allein essen, weil die Kinder alles teilen – für gewöhnlich sorgt das älteste Mädchen in der Schar dafür, daß alle ihren gerechten Anteil bekommen, und seien das nur ein paar Krümel. Den Rest des Tages verbringen die Kinder damit, pausenlos nach etwas Eßbarem zu suchen. Sie sind nämlich ständig hungrig. Zu jeder Tageszeit, in jedem Moment können sie augenblicklich alles hinunterschlingen, was sie bekommen. Und gleich schauen sie sich nach dem nächsten Bissen um.

Wenn ich mir jetzt den Morgen in Abdallah Wallo in Erinnerung rufe, wird mir bewußt, daß er von keinem Bellen von Hunden, Gackern von Hühnern oder Brüllen von Kühen begleitet war. Denn in dem Dorf gibt es keine Tiere, kein einziges jener Geschöpfe, die wir dem lebenden Inventar zurechnen würden, wie Rinder, Geflügel oder anderes Viehzeug. Und aus diesem Grund gibt es auch keine Ställe, keine Koppeln, keine Tröge oder Hühnersteigen.

In Abdallah Wallo gibt es auch keine Pflanzen, kein Grün, keine Blumen oder Büsche, keine Gemüse- oder Obstgärten. Der Mensch lebt hier allein mit der nackten Erde, mit dem losen Sand und bloßen Lehm. Er ist das einzige Lebewesen in dieser glühenden, brennenden Weite, ständig mit dem eigenen Überleben beschäftigt, damit, sich auf der Erde zu halten. Es gibt also den Menschen, und es gibt das Wasser. Denn das Wasser ersetzt hier alles andere. Weil es keine Tiere gibt, ernährt es uns und sichert unsere Existenz, weil keine Pflanzen wachsen, die Schatten spenden, verschafft es uns Abkühlung, und sein Plätschern ist wie das Rascheln von Blättern, das Rauschen und Raunen von Bäumen und Büschen.

Ich bin hier als Gast von Thiam und seinem Bruder Yamar. Beide arbeiten in Dakar, wo ich sie kennengelernt habe. Was sie machen? Verschiedenes. Die Hälfte der Menschen in den afrikanischen Städten geht keiner bestimmten Beschäftigung nach, hat keine ständige Arbeit. Sie treiben mit irgend etwas Handel, verdingen sich als Träger, bewachen etwas. Überall gibt es Massen dieser Menschen, sie sind ständig greifbar, zu Diensten, zu mieten. Sie erfüllen Aufträge, nehmen dafür Geld und verschwinden spurlos. Aber sie können auch jahrelang bei euch bleiben. Das hängt von euch ab, von eurer Geldbörse. Ihre bunten Erzählungen über das, was sie in ihrem Leben schon alles gemacht haben! Was haben sie gemacht? Tausend Dinge, eigentlich alles! Sie bleiben der Stadt treu, weil man dort leichter und einfacher überleben, manchmal sogar ein paar Groschen verdienen kann. Wenn sie ein wenig Geld haben, kaufen sie Geschenke ein und fahren ins Dorf, nach Hause, zur Frau, zu den Kindern, zu den Cousins.

Ich habe sie in Dakar getroffen, als sie nach Abdallah Wallo aufbrachen. Sie schlugen mir vor, sie zu begleiten. Doch ich mußte noch eine Woche lang in der Stadt bleiben. Wenn ich nachkommen wolle – sie würden mich erwarten. Ich könnte nur mit dem Autobus dorthin kommen. Ich müßte im ersten Morgengrauen zum Bahnhof gehen, weil man dann am leichtesten Plätze bekäme. Nach einer Woche ging ich also hin. Der Gare Routiére ist ein riesiger, ebener Platz, der um diese frühe Stunde noch leer ist. Am Tor tauchten sofort ein paar Halbwüchsige auf und fragten mich, wohin ich fahren wollte. Ich sagte, nach Podor, weil das Dorf, in das ich reiste, im Departement dieses Namens liegt. Sie führten mich in die Mitte des Platzes und ließen mich wortlos dort stehen. Weil ich ganz allein an diesem menschenleeren Ort war, scharte sich gleich eine Gruppe verfrorener (die Nacht war kalt) Verkäufer um mich, die versuchten, mir ihre Waren aufzuschwatzen, Kaugummi, Kekse, eine Kinderklapper, Zigaretten nach Stück oder in der Packung. Ich wollte nichts kaufen, doch sie blieben einfach stehen, weil sie sonst nichts zu tun hatten. Ein weißer Mensch ist ein seltsamer Anblick, wie ein Ankömmling von einem anderen Stern, den man ohne Ende neugierig anstarren kann. Nach einiger Zeit tauchte ein weiterer Passagier auf, dann kamen noch ein paar, und die Händler stürmten in ihre Richtung.

Schließlich kam ein kleiner Autobus der Marke Toyota. Diese Wagen haben 12 Sitzplätze, doch hier nehmen sie über 30 Passagiere mit. Es fällt nicht leicht, die verschiedenen Notsitze, zusätzlichen Stangen und Klappbänke zu beschreiben, die das Innere eines solchen Fahrzeuges ausfüllen. Wenn der Wagen voll ist und eine Person aussteigen oder einsteigen will, müssen alle Passagiere diesem Beispiel folgen – die Dichtheit und Genauigkeit, mit der die Passagiere hineingepaßt sind, läßt sich nur mit der Präzision eines Schweizer Uhrwerks vergleichen, und jeder, der seinen Platz einnimmt, muß damit rechnen, daß er in den kommenden Stunden nicht einmal eine Zehe bewegen kann. Am schlimmsten sind die Stunden des Wartens, wenn man im aufgeheizten, stickigen Autobus sitzen muß, bis der Fahrer alle Passagiere beisammen hat. Im Falle unseres Toyotas dauerte das vier Stunden, und gerade als wir endlich losfahren sollten, entdeckte der Chauffeur, er hieß Traoré – ein athletischer, dicht behaarter, junger und hitziger Bursche – beim Einsteigen plötzlich, daß das Päckchen mit einem Kleid für sein Mädchen, das er auf seinen Sitz gelegt hatte, gestohlen worden war. Solche Diebstähle sind eigentlich in der ganzen Welt an der Tagesordnung, und doch wurde Traoré, ich weiß nicht, warum, von einem solchen Wutanfall, einem Ausbruch blinden Zornes, einer Furie, ja Raserei gepackt, daß wir alle uns im Autobus niederduckten vor Angst, er könnte uns – die wir schließlich unschuldig waren! – in der Luft zerreißen und in Stücke hauen. Einmal mehr stellte ich bei dieser Gelegenheit fest, daß in Afrika die Reaktion auf einen Diebstahl – obwohl es mehr als genug Diebstähle gibt – etwas Irrationales an sich hat, ja an Irrsinn grenzt. Es ist ja tatsächlich unmenschlich, einen armen Teufel zu bestehlen, der oft nur eine Schüssel oder ein zerrissenes Hemd sein eigen nennt, daher kann auch seine Reaktion auf den Diebstahl unmenschlich erscheinen. Wenn eine Menge auf dem Marktplatz oder auf der Straße einen Dieb zu fassen bekommt, kann es sein, daß sie ihn auf der Stelle umbringt, deshalb besteht auch die Aufgabe der Polizei, paradoxerweise, weniger darin, die Diebe zu fangen, als vielmehr diese zu retten und in Schutz zu nehmen.

Die Straße führt zuerst an der Atlantikküste entlang durch einen Wald von Affenbrotbäumen, die so mächtig, riesig, hoch und monumental sind, daß man glauben könnte, man fahre unter den Wolkenkratzern von Manhattan. Wie die Elefanten unter den Tieren haben die Affenbrotbäume unter den Bäumen nicht ihresgleichen. Sie scheinen aus einer anderen geologischen Ära, aus einem anderen Kontext, einer anderen Natur zu stammen. Sie passen nirgends dazu, lassen sich mit nichts vergleichen. Sie leben für sich, haben ihr ganz eigenes biologisches Programm.

Hinter diesem Wald von Affenbrotbäumen, der sich über viele Kilometer dahinzieht, biegt die Straße nach Osten, in Richtung Mali und Burkina Faso. In der Ortschaft Dagana hält Traoré den Wagen an. Hier gibt es ein paar kleine Restaurants. In einem von ihnen werden wir zu Mittag essen. Die Leute teilen sich in Gruppen von sechs bis acht Personen und setzen sich in dem Lokal in einem Kreis auf den Boden. In diesen Kreis stellt ein Junge des Restaurants eine Schüssel, zur Hälfte mit Reis gefüllt, über die eine reichliche Portion einer braunen, scharfen Soße gegossen wurde. Wir beginnen zu essen. Man ißt so, daß jeder, der Reihe nach, mit der rechten Hand in die Schüssel faßt, eine Handvoll Reis nimmt, über der Schüssel die Soße herausdrückt und den so entstandenen großen Kloß in den Mund steckt. Man ißt langsam, aufmerksam, darauf bedacht, die Reihenfolge einzuhalten, damit keiner benachteiligt wird. Dieses Ritual ist ein Beweis für das Taktgefühl und die Mäßigkeit dieser Menschen. Schließlich sind alle hungrig, und die Reismenge ist begrenzt, und doch verstößt keiner gegen die Ordnung, keiner schlingt hastig, keiner schwindelt. Wenn die Schüssel leer ist, bringt der Junge einen Eimer Wasser, aus dem jeder, wieder der Reihe nach, einen großen Becher schöpft. Dann wäscht man die Hände, zahlt, geht hinaus und setzt sich in den Autobus.

Etwas später sind wir wieder unterwegs. Am Nachmittag erreichen wir die Ortschaft Mboumba. Hier steige ich aus. Ich habe zehn Kilometer auf einem Feldweg vor mir, durch die trockene, verbrannte Savanne, durch heißen, losen Sand und brutzelnde, drückende Hitze.

Also der Morgen in Abdallah Wallo. Die Kinder haben sich im Dorf verlaufen. Jetzt treten die Erwachsenen aus den Lehmhütten. Die Männer breiten kleine Teppiche in den Sand und beginnen ihr Morgengebet. Sie beten, in sich gekehrt, taub für die Umwelt, mitten im Trubel der anderen, im geschäftigen Treiben der Frauen. Um diese Stunde füllt die Sonne endgültig den Horizont aus, strahlt auf die Erde, kommt ins Dorf. Sofort spürt man ihre Anwesenheit, sofort ist es heiß.

Nun beginnt das Ritual morgendlicher Besuche und Begrüßungen. Jeder besucht jeden. Diese Szenen spielen sich in den Höfen ab, den Wohnraum betritt keiner. Die Lehmhütten dienen nur zum Schlafen. Thiam beginnt nach dem Gebet seinen Rundgang zu den nächsten Nachbarn. Er tritt auf einen zu. Nun beginnt ein Austausch gegenseitiger Fragen und Antworten. Wie hast du geschlafen? – Gut. – Und deine Frau? – Auch gut. – Und die Kinder? – Gut. – Und die Cousins? – Gut. – Und dein Gast? – Gut – Und hast du etwas geträumt? – Ja. usw. usf. Das dauert sehr lange – je länger wir fragen, je detaillierter dieser Austausch von Höflichkeiten geführt wird, um so größere Achtung beweisen wir unserem Gegenüber. Um diese Tageszeit können wir nicht in aller Ruhe durchs Dorf schlendern, weil wir uns mit jedem,

dem wir begegnen, auf diesen endlosen Austausch von Fragen und Wünschen einlassen müssen, und zwar mit jedem für sich, das können wir nicht mit allen auf einmal erledigen, das wäre unhöflich.

Ich begleite Thiam während der ganzen Dauer dieser Zeremonie. Und es dauert lang, bis wir den Kreis geschlossen haben. Wie ich beobachten kann, beschreiben zur selben Zeit auch andere ihre morgendlichen Umlaufbahnen, es herrscht viel Bewegung im Dorf, von überallher ertönt jenes feierliche: Wie hast du geschlafen? Und das beruhigende, positive: Gut. – Gut. Bei einem solchen Rundgang durch das Dorf kann man feststellen, daß es in der Tradition und Vorstellung seiner Bewohner keine Vorstellung eines geteilten, segmentierten Raumes gibt. Im ganzen Dorf gibt es keine Zäune, Hecken oder Drähte, keine Abzäunungen, Gitter, Gräben oder Raine. Der Raum ist einheitlich, gemeinsam, offen, sogar durchsichtig: Es gibt darin keine zugezogenen Vorhänge, keine aufgerichteten Barrieren, Hindernisse und Mauern, er grenzt niemanden aus, bietet keinen Widerstand.

Nun macht sich ein Teil der Menschen zur Feldarbeit auf. Die Felder sind weit entfernt, man kann sie vom Dorf aus nicht einmal sehen. Der Boden in der Nähe ist schon seit langem ausgelaugt, unfruchtbar, öde, ist nur mehr Sand und Staub. Erst kilometerweit weg kann man etwas anbauen, in der Hoffnung, daß die Erde etwas hervorbringt, wenn Regen fällt. Der Mensch hier hat gerade so viel Boden, wie er bearbeiten kann, doch er kann nicht viel bearbeiten. Die Haue ist sein einziges Werkzeug, es gibt keinen Pflug und keine Zugtiere. Ich schaue mir die Menschen an, die zur Feldarbeit gehen. Als einzigen Proviant für den ganzen Tag nimmt jeder eine Flasche Wasser mit. Noch bevor sie dort ankommen, wird es entsetzlich heiß sein. Was sie anbauen? Maniok, Mais, Trockenreis. Ihre Weisheit und Erfahrung gebietet diesen Menschen, wenig und langsam zu arbeiten, große Pausen einzulegen, sich zu schonen, oft auszuruhen. Denn sie sind schwach, schlecht ernährt, haben wenig Energien. Wenn jemand beginnen würde, sich mit vollen Kräften zu verausgaben, zu schuften, daß ihm die Adern schwellen – würde er rasch noch schwächer werden und, erschöpft und kraftlos, leicht Malaria, Tuberkulose und Hunderte andere gefährliche tropische Krankheiten bekommen, von denen die Hälfte tödlich ist. Das Leben hier ist ein dauernder Kampf, der immer neue Versuch, das gestörte, brüchige, schwankende Gleichgewicht zwischen Überleben und Untergang zu finden.

Die Frauen bereiten seit dem Morgen die Mahlzeit zu. Ich sage Mahlzeit, weil man nur einmal am Tag ißt, man kann auch nicht von Frühstück, Mittagessen oder Abendessen sprechen, weil man zu keiner bestimmten Zeit ißt, sondern dann, wenn das Essen fertig ist. Meist ist das am späten Nachmittag der Fall. Es wird einmal am Tag gegessen und immer dasselbe. In Abdallah Wallo und der ganzen Umgebung ist das Reis, über den eine feurig scharfe Soße gegossen wird. Im Dorf gibt es Arme und Reiche, doch der Unterschied in dem, was sie essen, liegt nicht in der Verschiedenartigkeit der Speisen, sondern in der Menge von Reis. Der Arme hat eine Handvoll, der Reiche eine gehäufte Schüssel voll. Aber das ist auch nur in Jahren mit guter Ernte so. Eine lang andauernde Dürre stößt alle in dasselbe tiefe Elend: Arme und Reiche haben kaum mehr etwas zu essen, soweit sie nicht überhaupt verhungern.

Für die Zubereitung des Essens braucht die Frau den Großteil des Tages, eigentlich die ganze Zeit. Denn am Morgen muß sie sich aufmachen, um Holz zu suchen. Bäume gibt es keine, die wurden längst gefällt, und die Suche nach irgendwelchen Knütteln, Ästen und Bruchstücken ist in der Savanne beschwerlich und zeitraubend. Wenn die Frau endlich ein Bündel Holz nach Hause bringt, muß sie gleich wieder los, um ein Schaff Wasser zu holen. In Abdallah Wallo ist das Wasser nahe, doch anderswo muß man oft Kilometer zum Wasser gehen, und in der Trockenzeit heißt es dann oft Stunden warten, bis es mit dem Zisternenwagen gebracht wird. Wenn sie Feuerholz und Wasser hat, kann sie damit beginnen, den Reis aufzusetzen. Aber nicht immer: Zuerst muß sie auf den Markt gehen, um den Reis zu besorgen, denn sie hat nur selten genug Geld im Haus, um auf Vorrat einzukaufen. Und dazu kommt dann noch die Mittagszeit, Stunden so unerträglicher Hitze, daß alles stehenbleibt, erstarrt, erstirbt. Auch die Geschäftigkeit um die Feuerstellen und Töpfe. Das ganze Dorf scheint um diese Zeit von allem Leben verlassen.

Einmal nahm ich die Anstrengung auf mich und ging zu Mittag von Hütte zu Hütte. Es war zwölf Uhr. In allen Hütten lagen die Menschen auf dem nackten Boden, auf Matten, auf Pritschen, schweigend und reglos. Ihre Gesichter waren mit Schweiß bedeckt. Das Dorf war wie ein U-Boot am Grund des Meeres – es existierte, doch es gab kein Zeichen von sich, war stumm und reglos.

Am Nachmittag gehe ich mit Thiam zum Fluß. Trüb, von der Farbe dunklen Stahls, fließt er zwischen den hohen, sandigen Uferböschungen dahin. Nirgends das geringste Grün, keine Plantagen oder Büsche. Natürlich könnte man hier Kanäle anlegen, die Wüste bewässern. Doch wer sollte das tun? Wer sollte das bezahlen? Wozu? Der Fluß fließt scheinbar für sich dahin, unbeachtet, kaum genützt. Wir dringen weit in die Wüste vor, und als wir zurückkehren, bricht schon die Dunkelheit herein. Im Dorf gibt es kein Licht. Es wird kein Feuer entzündet, das wäre schade ums Holz. Keiner besitzt eine Lampe. Keiner besitzt eine Laterne. Wenn es, wie heute, eine mondlose Nacht ist – sieht man nichts. Man hört nur Stimmen, einmal hier, dann da, Gespräche und Rufe, Erzählungen, die ich nicht verstehe, Worte, immer seltener, leiser werdend, denn das Dorf nützt den Anflug von Kühle, verstummt für ein paar Stunden und versinkt in Schlaf.

AUFSPRINGEN IN DER DUNKELHEIT. Morgengrauen und Dämmerung sind die angenehmsten Stunden in Afrika. Die Sonne brennt noch nicht oder nicht mehr vom Himmel – sie läßt uns existieren, läßt uns leben.

Zum Wasserfall Sabeta – fünfundzwanzig Kilometer von Addis Abeba entfernt. Eine Autofahrt durch Äthiopien ist so etwas wie ein ständiger Kompromiß: Alle wissen, daß die Straße schmal und alt ist, mit Menschen und Fahrzeugen verstopft, aber sie wissen auch, daß ihnen gar nichts anderes übrigbleibt, als irgendwie auf dieser Straße einen Platz für sich zu finden, und nicht nur einen Platz für sich zu finden – sie müssen vorwärtskommen, an Boden gewinnen, an ihren

Bestimmungsort gelangen. Alle Augenblicke taucht vor einem Fahrer, Kuhhirten oder Fußgänger ein neues Hindernis auf, eine Rätselaufgabe, ein Problem, das es zu lösen gilt – wie man es passieren kann, ohne mit dem entgegenkommenden Fahrzeug zusammenzukrachen, wie man seine Kühe, Hammel oder Kamele daran vorbeilotsen kann, ohne daß sie Kinder oder Krüppel niedertrampeln, die sich mühsam dahinschleppen, wie man über die Straße kommt, ohne von einem Lastwagen überfahren oder von einem Stier auf die Hörner genommen zu werden, ohne daß man die Frauen niederrennt, die zwanzig Kilogramm schwere Lasten auf dem Kopf schleppen usw. usf. Und doch schimpft hier keiner mit dem anderen, keiner gerät in Rage, keiner zetert, keiner flucht, keiner droht – alle vollführen geduldig und schweigend ihren Slalom, drehen ihre Pirouetten, weichen aus und machen Platz, manövrieren und schlagen Haken, drehen sich und drängeln und streben dabei, und das vor allem, das ist das wichtigste, die ganze Zeit vorwärts. Wenn ein Stau entsteht, sind alle einmütig und gefaßt darum bemüht, ihn zu beseitigen – wenn es ein Gedränge gibt, versuchen alle, diese Situation Millimeter um Millimeter zu entschärfen.

Der Fluß strömt flach über das zerklüftete, felsige Bett, das Wasser wird immer seichter, bis es zu einer scharfen Kante kommt, über die es in den Abgrund stürzt. Das ist der Wasserfall Sabeta. Dort, wo das Wasser noch oben dahinfließt, verdient sich ein kleiner, vielleicht achtjähriger äthiopischer Junge ein paar Groschen damit, daß er sich vor den Augen der Zuschauer nackt auszieht und auf dem bloßen Hinterteil, mitgerissen vom Strom, über das steinerne Flußbett bis zur Kante des Abbruchs glitscht. Wenn er kurz vor dem gähnenden Abgrund anhält, lassen die Zuseher zwei Schreie hören: zuerst einen Schrei des Entsetzens, dann einen Schrei der Erleichterung. Der Junge steht auf, dreht sich um, bückt sich und zeigt den Touristen sein Hinterteil. Doch diese Geste hat nichts Verächtliches oder gar Beleidigendes an sich. Im Gegenteil, darin drückt sich Stolz aus und der Wunsch, uns Zuschauer zu beruhigen, daß er – schaut nur her! – mit einer so fest gegerbten Haut auf den Hinterbacken getrost über die scharfen Felsen im Flußbett schlittern kann, ohne sich zu verletzen. Und tatsächlich, es hat ganz den Anschein, als sei die Haut so hart wie die Sohle eines Bergschuhes.

Am nächsten Tag im Gefängnis von Addis Abeba. Vor dem Eingang steht unter einem Blechdach eine Besucherschlange. Die Regierung hat nicht genug Geld, um Polizisten, Gefängnisaufseher usw. in Uniformen zu stecken – die spärlich bekleideten, bloßfüßigen jungen Männer, die beim Tor herumlungern, sind daher Aufseher. Wir müssen anerkennen, daß sie die Macht haben, daß sie die Entscheidung treffen, ob sie uns den Zutritt gestatten, wir müssen daran glauben und warten, bis sie ihre Diskussion beenden, die sich vermutlich genau um die Frage dreht, ob sie uns hineinlassen sollen. Das alte, noch von den Italienern erbaute Gefängnis hatte dem moskautreuen Regime Mengistus dazu gedient, hier die Mitglieder der Opposition einzusperren und zu foltern, während die gegenwärtigen Machthaber nun die Leute aus der engsten Umgebung Mengistus hier gefangenhalten – Mitglieder des Zentralkomitees, Minister, Armee- und Polizeigeneräle.

Am Tor prangt immer noch ein unter Mengistu angebrachter großer Stern mit Hammer und Sichel, und im Inneren, im Gefängnishof, steht eine Büste von Marx (eine sowjetische Sitte: Die Eingänge zum Gulag schmückten Stalinbilder, und drinnen standen Denkmäler von Lenin).

Das Regime Mengistus wurde nach siebzehnjähriger Herrschaft im Sommer 1991 gestürzt. Der Führer selber setzte sich im letzten Moment mit dem Flugzeug nach Zimbabwe ab. Das Schicksal seiner Armee ist bemerkenswert. Mengistu hatte mit Hilfe Moskaus die größte Armee in Afrika südlich der Sahara aufgebaut. Sie zählte 400 000 Soldaten und verfügte über Raketen und chemische Waffen. Gegen diese Armee kämpften die Partisanen der nördlichen Gebirgsregion (Eritrea, Tigre) und des Südens (Oromo). Im Sommer 1991 gelang es ihnen, die Regierungstruppen bis Addis Abeba zurückzudrängen. Die Partisanen waren bloßfüßige Jungen, oft noch Kinder, in Fetzen gekleidet, hungrig und schlecht bewaffnet. Die Europäer flohen aus der Stadt, weil sie nach dem Einmarsch der Partisanen ein Blutbad befürchteten. Doch es kam anders, es ereignete sich etwas, was Thema für einen außergewöhnlichen Film mit dem Titel »Untergang einer Armee« sein könnte. Als bekannt wurde, daß ihr Führer geflohen war, zerfiel diese gigantische, bis an die Zähne bewaffnete Armee innerhalb weniger Stunden. Hungrige, demoralisierte Soldaten verwandelten sich in kürzester Zeit, vor den Augen der verblüfften Bewohner der Stadt, in Bettler. In der einen Hand hielten sie die Kalaschnikow, und die andere streckten sie aus und bettelten um etwas zu essen. Die Partisanen eroberten die Hauptstadt beinahe kampflos. Die Soldaten Mengistus ließen Panzer, Raketenwerfer, Flugzeuge, Panzerwagen und Kanonen stehen und machten sich, jeder auf eigene Faust, zu Fuß, auf Mauleseln oder mit Autobussen, in ihre Dörfer auf, nach Hause. Wenn man durch Äthiopien fährt, kann man in vielen Dörfern und Städten junge, kräftige und gesunde Männer sehen, die untätig vor den Häusern oder in den armseligen Bars entlang der Straße lungern – das sind die Soldaten der großen Armee von General Mengistu, die im Sommer 1991 an einem einzigen Tag zerfiel.

Der Häftling, mit dem ich mich unterhalte, heißt Shimelis Mazengia und war einer der Ideologen des Mengistu-Regimes, Mitglied des Politbüros und Sekretär des Zentralkomitees für ideologische Fragen, mit einem Wort so etwas wie ein äthiopischer Suslow. Mazengia ist 45 Jahre alt und intelligent. Er antwortet, vorsichtig jedes Wort abwägend. Er trägt einen hellen Trainingsanzug. Hier tragen alle Gefangenen Zivilkleidung, weil die Regierung nicht genug Geld hat, um ihnen Häftlingskleidung zu verpassen. Aufseher und Häftlinge sind alle gleich gekleidet. Ich frage einen Aufseher, ob die Häftlinge, die schließlich aussehen wie gewöhnliche Straßenpassanten, das nicht ausnützen und zu fliehen versuchen? Er schaut mich erstaunt an – fliehen? Hier bekommt der Gefangene wenigstens eine Schüssel Suppe, in Freiheit würde er verhungern wie das übrige Volk. Diese Leute sind zwar Feinde, aber sie sind nicht verrückt, betont er.

In den dunklen Augen meines Gegenübers ist Unruhe, sogar Angst. Die Augen sind ständig in Bewegung, huschen hin und her, als säße er in der Falle und suchte verzweifelt einen Ausweg. Er sagt, die Flucht Mengistus habe sie alle, das heißt die nächste Umgebung des Führers, überrascht. Mengistu hatte

Tag und Nacht gearbeitet und sich nicht für materielle Güter interessiert. Er wollte herrschen – das war ihm genug. Sein Denken war starr, unfähig zu jedem Kompromiß. Die Massaker des roten Terrors, die in wenigen Jahren ganze Landstriche entvölkerten, umschreibt mein Gesprächspartner als »Machtkampf«. Er beharrt darauf, daß »beide Seiten getötet haben«. Wie er seine eigene Rolle in der obersten Führung des gestürzten Regimes beurteilt, das so viel Unglück, Zerstörung und Todesopfer (auf Befehl Mengistus wurden über 30 000 Menschen erschossen, andere sagen – über 300 000) verschuldet hat? Wenn man Ende der siebziger Jahre am Morgen durch Addis Abeba fuhr, lagen in den Straßen die Leichen der Ermordeten (die Ernte der Nacht), daran erinnere ich mich. Er antwortet philosophisch: Die Geschichte ist ein komplizierter Prozeß. Die Geschichte macht Fehler, sie weicht vom Weg ab, sie sucht, manchmal gerät sie in eine Sackgasse. Erst die Zukunft kann ein Urteil sprechen, das rechte Maß finden.

Er und 406 weitere mit dem alten Regime verbundene Personen (die äthiopische Nomenklatura) sitzen hier seit drei Jahren, ohne zu wissen, was weiter geschehen wird – bleiben sie in Haft? Wird ihnen der Prozeß gemacht? Werden sie erschossen? Werden sie freigelassen? Aber auch die Regierung stellt sich die Frage, was sie mit ihnen machen soll.

Wir saßen in einem kleinen Raum, es war wohl das Dienstzimmer. Keiner hörte bei unserer Unterhaltung zu, niemand drängte darauf, sie zu beenden. Wie das in Afrika so ist – es herrschte Unordnung, die Menschen kamen und gingen, auf dem Tisch neben uns läutete pausenlos das Telefon, das keiner abnahm.

Nach dem Gespräch äußerte ich den Wunsch, den Zellentrakt zu sehen. Sie führten mich in einen Hof, umschlossen von einem zweistöckigen Gebäude mit Galerien. Entlang diesen Galerien waren die Zellen angeordnet – alle Türen gingen in den Hof. Dort herrschte Gedränge, Scharen von Häftlingen liefen hin und her. Ich schaute mir die Gesichter an. Es waren die bärtigen, bebrillten Gesichter von Hochschulprofessoren, ihren Assistenten und Studenten. Unter diesen hatte das Regime Mengistus viele Anhänger gehabt – die meisten waren Verfechter der albanischen Version des Sozialismus nach dem Vorbild Enver Hodschas. Als es zum Bruch Tiranas mit Peking kam, schossen in den Straßen von Addis Abeba äthiopische Prohodschisten auf äthiopische Maoisten. Monatelang floß in den Straßen Blut. Nach der Flucht Mengistus ging seine Armee nach Hause – nur die Akademiker blieben. Sie wurden mühelos zusammengefangen und in diesen überfüllten Hof gesperrt.

Jemand hat aus London die dort im Sommer 1993 erschienene somalische Vierteljahresschrift *Hal-Abuur (Journal of Somali Literature and Culture)* mitgebracht. Ich zähle nach: Von siebzehn Autoren, führenden somalischen Intellektuellen, Gelehrten und Schriftstellern, leben fünfzehn im Ausland. Das ist eines der Probleme Afrikas – seine Intelligenz lebt mehrheitlich außerhalb Afrikas, in den USA, in London, in Paris. Von den unteren Schichten sind nur die Massen der dumpfen, eingeschüchterten, bis zum letzten Blutstropfen ausgepreßten Bauern in ihren Ländern geblieben, und von den oberen Schichten eine korrumpierte Bürokratie oder arrogante Soldateska (Lumpenmilitariat, wie der ugandische Historiker Ali Mazrui es nennt). Wie kann sich Afrika ohne Intelligenz entwickeln, an der großen Transformation der Welt beteiligen? Ohne eigene intellektuelle Mittelklasse? Dazu kommt noch, daß ein afrikanischer Akademiker oder Schriftsteller, der im eigenen Land verfolgt wird, kaum je in einem anderen Land seines Kontinents Schutz suchen wird, sondern gleich in Boston, Los Angeles, Stockholm oder in Genf.

Ich suchte in Addis Abeba die Universität auf. Es ist die einzige Universität des Landes. Ich ging in die Universitätsbuchhandlung. Es ist die einzige Buchhandlung im ganzen Land. Leere Regale. Es gibt nichts, keine Bücher, keine Zeitschriften, nichts. So schaut es in den meisten afrikanischen Ländern aus. Ich erinnere mich, daß es in Kampala einmal eine gute Buchhandlung gab, auch in Daressalam gab es eine (sogar drei). Jetzt gibt es nichts mehr. Äthiopien ist der Fläche nach so groß wie Frankreich, Deutschland und Polen zusammengenommen. In Äthiopien leben über 50 Millionen Menschen, in ein paar Jahren werden es über 60 Millionen sein, in einem Dutzend Jahren – über 80 Millionen…

Wenn ich etwas Zeit übrig habe, gehe ich zur Africa Hall – einem großen, reich geschmückten Gebäude auf einem der Hügel, auf denen die Stadt liegt. Hier fand im Mai 1963 die erste afrikanische Gipfelkonferenz statt. Hier habe ich Nasser, Nkrumah, Haile Selassie, Ben Bella, Modibo Kaita gesehen. Das waren damals große Namen. In der Halle, in der sie damals zusammentrafen, spielen jetzt ein paar Jungen Pingpong und eine Frau verkauft Lederjacken.

Africa Hall – das ist das Parkinsonsche Gesetz in entfesselter, erfolgreicher Aktion. Vor Jahren stand hier ein Gebäude, jetzt sind es schon mehrere. Jedesmal, wenn ich nach Addis Abeba komme, sehe ich dasselbe Bild: In der Umgebung der Africa Hall wird ein neues Gebäude errichtet. Und jedes folgende ist noch prächtiger und luxuriöser als das vorige. In Äthiopien hat mehrmals das System gewechselt, zuerst war es feudal-autokratisch, dann marxistisch-leninistisch, nun ist es föderalistisch-demokratisch; auch Afrika verändert sich – es wird elender und ärmer, doch das alles hat keine Bedeutung, denn das unabänderliche, siegreiche Gesetz vom immer weiter fortschreitenden Ausbau des Sitzes der obersten afrikanischen Behörden – der Africa Hall – wirkt uneingeschränkt und bedingungslos weiter.

Im Inneren – Korridore, Zimmer, Beratungssäle und Kabinette, vom Boden bis zur Decke mit Papieren vollgestopft. Diese Papiere füllen Kästen und Ordner, quellen aus den Schubladen, von den Ablagen. Überall eng aneinandergereiht Schreibtische, an denen wunderschöne Mädchen aus allen Himmelsrichtungen Afrikas sitzen.

Ich suche ein Dokument. Es heißt »Lagos Plan of Action for the Economic Development of Africa 1980–2000«. Im Jahre 1980 kamen in Lagos die afrikanischen Führer zusammen, um zu beraten, wie man die Krise überwinden könnte, in die der Kontinent geschlittert war. Wie man Afrika retten könnte. Und sie beschlossen eben jenen Aktionsplan – eine Bibel, ein Allheilmittel, eine große Strategie der Entwicklung.

Ich suche und frage, ohne Erfolg. Die meisten haben noch nie von diesem Aktionsplan gehört. Andere haben davon gehört, wissen aber auch nichts Näheres. Andere haben davon gehört, wissen etwas Näheres, besitzen aber keinen Text. Sie können mir eine Resolution zur Frage geben, wie man den

Anbau von Erdnüssen in Senegal verbessern kann. Wie man die Tsetsefliege in Tansania ausrotten kann. Wie man die Trockenheit im Sahel eindämmen kann. Aber wie man Afrika retten kann? So einen Plan besitzen sie nicht.

Einige Gespräche in dieser Africa Hall: Eines mit Babashola Chinsman. Er ist Vizedirektor der Entwicklungsorganisation der UNO für Afrika. Er ist jung und energisch und kommt aus Sierra Leone. Einer jener Afrikaner, denen das Schicksal gnädig gesinnt war. Ein Vertreter einer neuen globalen Klasse: Die Dritte Welt, die in den internationalen Organisationen Sitz und Stimme hat. Eine (Dienst)Villa in Addis Abeba, eine (private) Villa in Freetown, die er an die Deutsche Botschaft vermietet, eine private Wohnung in Manhattan (weil er nicht gern in Hotels wohnt). Eine Limousine, Chauffeur, Dienstboten. Morgen eine Konferenz in Madrid, in drei Tagen eine in New York, in einer Woche eine in Sydney. Das Thema ist immer das gleiche, eigentlich ewige: Wie man dem hungerleidenden Afrika helfen kann.

Das Gespräch ist angenehm und interessant. Chinsman:

– es stimmt nicht, daß Afrika stagniert. Afrika entwickelt sich, es ist nicht nur ein Kontinent des Hungers;

– das Problem ist umfassender, allgemeiner – 150 schwach entwickelte Länder bedrängen 25 entwickelte Länder, in denen noch dazu Rezession herrscht und das Bevölkerungswachstum stagniert;

– es ist ungeheuer wichtig, in Afrika eine regionale Entwicklung zu fördern. Leider wird das durch die rückständige Infrastruktur erschwert: Es fehlt an Transportmitteln, die Straßen sind schlecht, es gibt zu wenig Lastwagen, das Kommunikationswesen ist unzureichend;

– die schlechten Kommunikationsstrukturen haben zur Folge, daß 90 Prozent der Dörfer und kleinen Städte des Kontinents isoliert sind – sie haben keinen Zugang zum Markt und damit keinen Zugang zum Geld;

– ein Paradoxon unserer Welt: Wenn man die Kosten für Transport, Personal und Lagerung von Lebensmitteln addiert, kostet eine Mahlzeit (für gewöhnlich eine Handvoll Mais) für einen Flüchtling in einem Lager, zum Beispiel im Sudan, mehr als ein Abendessen im teuersten Restaurant von Paris;

– nach dreißig Jahren Unabhängigkeit begreifen wir langsam, wie wichtig die Bildung für die Entwicklung ist. Ein Bauer, der lesen und schreiben kann, wirtschaftet zehn- bis fünfzehnmal effektiver als ein analphabetischer Bauer. Schon die Bildung allein, ohne weitere Investitionen, bringt materiellen Nutzen;

– am wichtigsten ist ein *multidimensional approach to development:* eine Entwicklung der Regionen, der lokalen Gesellschaften, es ist wichtig, eher *interdependence* als *intercompetition* zu entwickeln!

John Menru aus Tansania:

– Afrika braucht eine neue Generation von Politikern, die ein neues Denken erlernen. Die jetzige Generation muß abtreten. Statt an Entwicklung denken diese Menschen nur daran, wie sie die Macht festhalten können;

– ein Ausweg für Afrika? Es muß ein neues politisches Klima geschaffen werden, a) indem man das Prinzip akzeptiert, daß der Dialog unverzichtbar ist, b) eine Beteiligung der Gesellschaft am öffentlichen Leben ermöglicht, c) die grundlegenden Menschenrechte einhält, d) eine Demokratisierung einleitet.

Wenn man das alles erfüllt, wachsen die neuen Politiker von selbst heran. Neue Politiker mit einer klaren, konkreten Vision. Eine klare Vision – das ist es, was uns heute fehlt;

– was uns bedroht? Der ethnische Fanatismus. Er kann zur Folge haben, daß das ethnische Prinzip förmlich zur Religion wird. Das ist es, was uns bedroht!

Sadig Rasheed. Ein Sudanese. Einer der Direktoren der Wirtschaftskommission für Afrika:

– Afrika muß munter werden, muß aufwachen;

– Man muß den fortschreitenden Prozeß der Marginalisierung Afrikas stoppen. Ob das gelingt, weiß ich nicht;

– Ich bin nicht sicher, ob die afrikanischen Gesellschaften imstande sind, eine selbstkritische Haltung einzunehmen, doch davon hängt vieles ab.

Genau darüber unterhalte ich mich eines Tages mit A., einem alten Engländer, der seit Jahren hier lebt. Nämlich: Die Kraft Europas und seiner Kultur liegen, im Gegensatz zu anderen Kulturen, in der Fähigkeit zur Kritik, vor allem zur Selbstkritik. In seiner Fähigkeit, zu analysieren und zu grübeln, in seiner ständigen Suche, seiner Unruhe. Der europäische Geist anerkennt seine Grenzen, akzeptiert seine Unvollkommenheit, ist skeptisch, zweifelt, stellt alles in Frage. Es gibt andere Kulturen, denen dieser kritische Geist fehlt. Mehr noch – sie neigen zur Überheblichkeit, zur Ansicht, alles, was sie auszeichne, sei vollkommen, mit einem Wort, sie sind sich selbst gegenüber nicht kritisch. Sie machen stets andere Menschen, andere Kräfte (Verschwörungen, Agenten, verschiedene Formen der Fremdherrschaft) für jedes Übel verantwortlich. Jede Kritik betrachten sie als einen böswilligen Angriff, als einen Ausdruck der Diskriminierung, des Rassismus usw. Die Vertreter dieser Kulturen sehen in der Kritik eine persönliche Beleidigung, den bewußten Versuch, sie zu erniedrigen, sogar eine Form der Mißhandlung. Wenn man ihnen sagt, ihre Stadt sei schmutzig, dann ist das für sie genauso, als sagte jemand, sie selber seien schmutzig, hätten schmutzige Ohren, einen schmutzigen Hals, schmutzige Fingernägel usw. Statt einer Bereitschaft zur Selbstkritik schleppen sie jede Menge Traumata, Komplexe, Haßgefühle, Entrüstung, Unzufriedenheit und Manien mit sich herum. Das hat zur Folge, daß sie kulturell und strukturell nicht fähig sind, den Weg des Fortschritts einzuschlagen, nicht fähig dazu, aus sich selbst, aus ihrem Inneren heraus den Willen zur Veränderung und Entwicklung zu schöpfen.

Gehören die afrikanischen Kulturen (denn es gibt deren viele, so wie es viele afrikanische Religionen gibt) zu diesen unantastbaren, unkritischen Kulturen? Afrikaner wie Sadig Rasheed haben begonnen, darüber nachzudenken, weil sie eine Antwort auf die Frage finden wollen, warum Afrika im Wettlauf der Kontinente zurückbleibt.

Europas Bild von Afrika? Hunger, Kinder, die aussehen wie Skelette, trockene, rissige Böden, verslumte Städte, Massaker, Aids, Scharen von Flüchtlingen ohne ein Dach über dem Kopf, ohne Kleidung, ohne Medikamente, Wasser und Brot.

Die Welt eilt daher zu Hilfe.

Wie schon in der Vergangenheit wird Afrika auch jetzt als Objekt betrachtet, als Abbild eines anderen Sterns, als Gebiet für das Wirken von Kolonisatoren, Kaufleuten, Missionaren,

Ethnographen, von allen möglichen karitativen Organisationen (allein in Äthiopien sind über 80 tätig).

Dabei existiert es vor allem für sich selbst, in sich selbst, in sich geschlossen, zeitlos, ein eigener Kontinent, Land der Bananenhaine, kleiner, zerstückelter Maniokfelder, des Dschungels, der immer weiter vorrückenden Sahara, langsam austrocknender Flüsse, sich lichtender Wälder, kranker, monströser Städte – ein Gebiet der Welt, das von einer unruhigen und gewaltsamen Elektrizität erfüllt ist.

Zweitausend Kilometer durch Äthiopien. Die Straßen sind leer, einsam. Nichts als Berge. Um diese Jahreszeit (in Europa herrscht Winter) sind die Berge grün. Sie liegen hoch und prächtig in der Sonne. Überall herrscht tiefe Stille. Doch man braucht nur anzuhalten, sich an den Straßenrand zu setzen und zu lauschen. Irgendwo in der Ferne sind eintönige, hohe Stimmen zu hören. Das ist der Gesang der Kinder auf den umliegenden Hängen, die Reisig sammeln, die Herden hüten, Gras für die Rinder schneiden. Man hört keine Stimmen von Älteren, als wäre das ausschließlich eine Welt der Kinder.

Und es ist tatsächlich eine Welt der Kinder. Die Hälfte der Bevölkerung Afrikas ist jünger als 15 Jahre. In allen Armeen gibt es viele Kinder, in den Flüchtlingslagern sind die meisten Insassen Kinder, auf den Feldern arbeiten Kinder, auf den Märkten handeln Kinder. Im Haus fällt den Kindern die wichtigste Rolle zu – sie müssen das Wasser zu holen. Wenn alle noch schlafen, springen sie in der Dunkelheit auf und rennen zu den Quellen, den Teichen, den Flüssen, um Wasser zu holen. Die moderne Technologie hat diesen Knirpsen etwas Wichtiges geschenkt – den billigen, leichten Plastikkanister. Vor über zehn Jahren hat dieser Kanister das Leben in Afrika revolutioniert. Wasser ist eine Voraussetzung für das Überleben in den Tropen. Weil es hier in der Regel keine Leitungen gibt und Wasser meist knapp ist, muß es von weither geholt werden – oft ein Dutzend Kilometer und mehr. Über Jahrhunderte wurde das mit schweren tönernen oder steinernen Krügen besorgt. Die afrikanische Kultur kennt keinen Transport mit Hilfe des Rades, der Mensch trägt alles selbst, meist auf dem Kopf. In diesen Krügen holten die Frauen das Wasser, so war die Arbeitsteilung im Haus. Ein

Kind wäre übrigens gar nicht in der Lage gewesen, einen solchen Krug zu schleppen, und in dieser armen Welt gab es meist nur ein solches Gefäß im ganzen Haus.

Dann tauchte der Plastikkanister auf. Ein Wunder! Eine Revolution! Erstens ist er verhältnismäßig billig (obwohl er in manchen Häusern der einzige wertvolle Gegenstand ist), doch das wichtigste ist, daß er kaum etwas wiegt! Und es ist auch wichtig, daß es die Kanister in verschiedenen Größen gibt, so daß sogar ein Knirps ein paar Liter Wasser holen kann.

Alle Kinder tragen Wasser! Wir sehen also ganze Horden ausgelassener Knirpse, die spielend und einander neckend zu einer entfernten Quelle um Wasser laufen. Was für eine Erleichterung für die afrikanischen Frauen! Was für eine Veränderung in ihrem Leben!

Überhaupt besitzt der Plastikkanister zahllose Vorteile. Zu den wertvollsten zählt, daß er den Menschen in der Warteschlange vertritt. Und man mußte sich oft ganze Tage in der Schlange um Wasser anstellen (dort, wo es mit Tankwagen hingebracht wurde). In der tropischen Sonne zu stehen ist eine Tortur. Einen Krug konnte man früher nicht einfach hinstellen und selber den Schatten aufsuchen, der Krug hätte gestohlen werden können, und dazu war er zu teuer. Nun stehen an Stelle von Menschenschlangen Plastikkanister-Schlangen um Wasser an, und selber begibt man sich in den Schatten oder auf den Markt, oder man besucht Bekannte. Wenn man durch Afrika fährt, sieht man überall diese kilometerlangen, farbigen Reihen von Kanistern, die darauf warten, daß Wasser gebracht wird.

Noch etwas über die Kinder: Man braucht nur in einem Dorf, in einer Kleinstadt oder auf dem freien Feld anzuhalten – sofort taucht eine Schar Kinder auf. Alle sind unbeschreiblich abgerissen. Die Hemdchen und Höschen in Fetzen. Als einzigen Schatz, als einzige Nahrung haben sie einen kleinen Flaschenkürbis mit etwas Wasser dabei. Jedes Stück Brot, jede Banane verschlingen sie im Bruchteil einer Sekunde. Der Hunger ist für diese Kinder ein ständiger Begleiter, eine Lebensform, zweite Natur. Und doch bitten sie nicht um Brot oder Früchte, nicht einmal um Geld.

Sie bitten um einen Bleistift.

Ein Stift kostet 10 Cent. Ja, aber woher sollen sie diese 10 Cent nehmen?

Dabei wollen sie alle zur Schule gehen, möchten gern etwas lernen. Manchmal besuchen sie ja auch die Schule (die Dorfschule ist ganz einfach ein Platz im Schatten eines großen Mangobaumes), aber sie können nicht schreiben lernen, weil sie keinen Bleistift besitzen.

In der Nähe von Gondar (in diese Stadt der äthiopischen Könige und Kaiser kommt man, wenn man vom Golf von Aden über Djibouti in Richtung Al-Obeid, Tersaf, N'Djamena und den Tschadsee fährt) begegnete ich einem Menschen, der von Norden nach Süden wanderte. Das ist eigentlich das Wichtigste, was man über ihn sagen kann – daß er von Norden nach Süden wanderte. Ja, man könnte noch hinzufügen, daß er auf der Suche nach seinem Bruder dahinwanderte.

Er war bloßfüßig, trug geflickte kurze Hosen und auf dem Rücken etwas, was man früher vielleicht einmal ein Hemd nennen konnte. Darüber hinaus hatte er noch drei Dinge dabei: einen Wanderstab, ein Stück Leinwand, das ihm am Morgen als Handtuch, in den Stunden der Hitze als Kopfschutz und beim Schlafen als Decke diente, und ein hölzernes, verschließbares Wassergefäß, das er über die Schulter gehängt trug. Geld hatte er keines. Wenn ihm die Menschen unterwegs etwas zu essen geben, dann ißt er – wenn nicht, dann zieht er hungrig weiter. Aber er war sein ganzes Leben lang hungrig, Hunger ist für ihn nichts Außergewöhnliches.

Er wandert nach Süden, weil sein Bruder einmal in Richtung Süden aufgebrochen ist. Wann das war? Vor langer Zeit. (Ich unterhielt mich mit ihm mit Hilfe des Fahrers, der ein paar Brocken Englisch beherrschte und die ganze Vergangenheit mit einem einzigen Begriff umschrieb – vor langer Zeit). Auch er selber wandert schon lange Zeit dahin. Er kommt aus den Bergen von Eritrea, aus der Nähe von Keren.

Wie er in den Süden kommt, das weiß er – am Morgen muß er geradewegs auf die Sonne zugehen. Wenn er jemandem begegnet, dann fragt er ihn, ob er vielleicht Salomon (das ist der Name des Bruders) gesehen hat, ob er ihn kennt? Die Menschen sind über eine solche Frage nicht weiter erstaunt.

Ganz Afrika ist in Bewegung, ist auf dem Weg, irrt verloren umher. Die einen sind auf der Flucht vor dem Krieg, die anderen vor einer Dürrekatastrophe, wieder andere vor dem Hunger. Sie fliehen, irren umher, verschwinden irgendwohin. Der Mann, der von Norden nach Süden wandert, ist ein anonymer Tropfen in diesen Strömen von Menschen, die sich durch den schwarzen Kontinent wälzen, getrieben entweder von Todesangst, oder auch von der Hoffnung, einen besseren Platz zum Leben zu ergattern.

Warum will er seinen Bruder finden? Warum? Er begreift diese Frage nicht. Der Grund liegt doch auf der Hand, bedarf keiner Erklärungen. Er zuckt mit den Achseln. Vielleicht verspürt er Mitleid mit einem Menschen, den er unterwegs getroffen hat und der, obwohl er gut gekleidet ist, doch um eine ganz wichtige, wertvolle Sache ärmer ist als er selber.

Ob er weiß, wo er sich befindet? Daß der Ort, wo wir jetzt gerade sitzen, nicht mehr in Eritrea liegt, sondern in einem anderen Land – in Äthiopien? Er lächelt das Lächeln eines Menschen, der vieles weiß, der auf jeden Fall eines weiß, nämlich daß es für ihn hier in Afrika keine Grenzen und keine Staaten gibt – nur die verbrannte Erde, auf der ein Bruder seinen Bruder sucht.

An derselben Straße, doch man muß hinunterfahren, liegt in einem tiefen Talkessel zwischen zwei steilen Berghängen das Kloster Debre Libanos. Im Inneren der Kirche ist es kühl und finster. Nach der stundenlangen Fahrt in der gleißenden Sonne muß sich der Blick erst langsam an diesen Ort gewöhnen, der im ersten Moment wirkt, als versinke er völlig im Dunkeln. Erst nach einer Weile kann ich die Fresken an den Wänden ausmachen und sehe, daß auf dem mit Matten bedeckten Boden weiß gekleidete äthiopische Pilger mit dem Gesicht zur Erde hingestreckt sind. In einer Ecke singt ein alter Mönch mit schläfriger, immer leiser werdender Stimme Psalmen in der heute längst toten Sprache Geez. In dieser Atmosphäre tiefer Andacht und stiller Mystik scheint alles außerhalb der Zeit, außerhalb jeglichen Maßes und der Schwerkraft, außerhalb des Seins zu schweben.

Ich weiß nicht, wie lange die Pilger dort so verharrten, denn ich ging mehrmals im Verlauf des Tages in die Kirche hinein und wieder hinaus, und sie lagen die ganze Zeit reglos auf den Matten.

Einen ganzen Tag lang? Einen Monat? Ein Jahr? Eine Ewigkeit?

Abkühlende Hölle. Die Piloten hatten noch nicht die Motoren abgestellt, da stürmte schon eine Menge auf das Flugzeug zu. Eine Treppe wurde herangeschoben. Wir kletterten die Stufen hinunter und fielen gleich den Menschen in die Arme, die atemlos die Maschine umdrängten und einander nun wegstießen, uns an den Hemden zerrten und von allen Seiten bestürmten. *»Passport? Passport?«* brüllten aufdringliche Gesichter. Und gleich darauf im selben drohenden Ton: *»Return ticket?«* Und andere schnauzten uns an: *»Vaccination? Vaccination?«* Diese Forderungen, diese Attacken waren so ungestüm und verwirrend, daß ich, hin und her gestoßen, vor Hitze glühend und völlig zerknittert, Fehler um Fehler beging. Als ich nach dem Reisepaß gefragt wurde, holte ich diesen folgsam aus der Tasche. Sofort wurde er mir von einem aus der Hand gerissen, der damit untertauchte. Als ich bestürmt wurde, mein Retourticket vorzuweisen, wollte ich zeigen, daß ich tatsächlich eines besaß. Doch im nächsten Augenblick war dieses Ticket schon weg, war irgendwohin verschwunden. Dasselbe passierte mit meinem Impfpaß: Einer hatte ihn mir aus der Hand gewunden und sich damit davongemacht. Ich war ohne Dokumente! Was sollte ich tun? Bei wem mich beschweren? Wen um Hilfe anrufen? Die Menge, die mich an der Treppe überfallen hatte, löste sich plötzlich auf und zerstreute sich in alle Winde. Ich blieb allein zurück. Doch im nächsten Moment kamen zwei junge Männer auf mich zu. Sie stellten sich vor: »Zado und John. Wir werden dich beschützen. Ohne uns bist du verloren.«

Ich stellte keine Fragen. Ich hatte zunächst nur einen Gedanken: Wie entsetzlich heiß es hier ist! Es war früher Nachmittag, feuchte, ja nasse Luft hing reglos, undurchdringlich und brütend heiß über dem Boden, so daß ich kaum atmen konnte. Ich dachte nur daran, von hier wegzukommen, an einen Ort, wo es ein wenig kühler war! »Wo sind meine

Dokumente?« rief ich erbittert und verzweifelt. Ich begann meine Selbstbeherrschung zu verlieren – in einer solchen Hitze werden die Menschen gereizt, wütend und aggressiv. »Versuch dich zu beherrschen«, sagte John, als wir in seinen Wagen stiegen, der vor der Baracke des Flughafengebäudes stand, »gleich wirst du alles begreifen.«

Wir fuhren durch die Straßen von Monrovia. Auf beiden Seiten der Fahrbahn ragten die schwarzen, verkohlten Stümpfe ausgebrannter, zerstörter Häuser hoch. Von so einem demolierten Haus bleibt hier nicht viel übrig, weil alles, einschließlich der Ziegel, des Blechs und der ganz gebliebenen Balken, unverzüglich auseinandergerissen und fortgetragen wird. In der Stadt gibt es Zehntausende von Menschen, die aus dem Busch geflohen sind, kein Dach über dem Kopf besitzen und nur darauf warten, daß eine Bombe oder Granate ein Haus in Trümmer legt. Sofort machen sie sich über diese Beute her. Aus den Materialien, die sie von dort wegschleppen, bauen sie sich eine Hütte oder auch einfach nur ein Dach, das sie gegen die Sonne und den Regen schützt. Die Stadt, die allem Anschein nach anfangs aus einfachen, niedrigen Häusern bestand, wurde von diesen hastig zusammengepfuschten Provisorien überschwemmt, so daß sie zunehmend verelendet und längst einer provisorischen Notlösung oder einem Lagerplatz von Nomaden gleicht, die hier nur für einen Moment haltmachen, um Schutz vor der Gluthitze der Mittagsstunden zu suchen, und dann gleich weiterziehen werden, ohne im übrigen zu wissen, wohin.

Ich ersuchte John und Zado, mich zu einem Hotel zu bringen. Ich weiß nicht, ob es eine Auswahl gab, doch sie führten mich wortlos in eine Straße, in der ein einstöckiges, heruntergekommenes Gebäude stand, von dessen Fassade ein Schild mit der Aufschrift *El Mason Hotel* wegstand. Man betrat das Hotel durch die Bar. John öffnete die Tür, doch er konnte keinen Schritt weitergehen. Im künstlichen, farbigen Schummerlicht und der atembeklemmenden Schwüle, die im Inneren herrschten, standen Prostituierte. Wenn man sagt, daß diese Prostituierten dort drinnen standen, beschreibt das nicht den wahren Sachverhalt. In dem kleinen Lokal preßten sich vielleicht hundert schweißüberströmte und erschöpfte Mädchen eng aneinander, quetschten und drängten sich, so daß gar nicht daran zu denken war, den Raum zu betreten oder auch nur eine Hand hineinzustecken. Diese Enge löste einen Mechanismus aus, der auf folgende Weise funktionierte: Wenn ein Klient von der Straße die Tür öffnete, katapultierte der im Inneren der Bar herrschende Druck eines der Mädchen geradewegs in die Arme des verblüfften Freiers. Im nächsten Moment nahm schon eine andere ihren Platz ein.

John zog sich zurück und suchte einen anderen Eingang. In einem kleinen Büroraum saß ein junger Libanese, der freundlich und ehrlich aussah – der Besitzer. Ihm gehörten die Mädchen und das halb verfallene Gebäude mit seinen glitschigen, vom Schwamm zerfressenen Wänden, auf die tief herunterreichende, schwärzliche Wasserflecken eine stumme Prozession langgezogener, hagerer, vermummter Gestalten, phantastischer Ungeheuer und Schemen gezeichnet hatten.

»Ich habe keine Dokumente«, gestand ich dem Libanesen, der darauf nur lächelte. »Das ist nicht wichtig«, sagte er. »Hier hat kaum jemand Dokumente. Dokumente!« – und er brach in Lachen aus und schaute sich Beifall heischend nach John und Zado um. Offensichtlich war ich für ihn so etwas wie ein Ankömmling von einem anderen Stern. Auf dem Stern, der Monrovia hieß, machte man sich eher Gedanken darüber, wie man bis zum nächsten Tag überleben konnte. Wen interessierten da Papiere? »Vierzig Dollar pro Nacht«, sagte er. »Aber ohne Essen. Essen kann man um die Ecke. Bei der Syrerin.«

Sogleich lud ich John und Zado dorthin ein. Die ältere, mißtrauische, ständig die Tür fixierende Frau hatte nur ein Gericht anzubieten – Schaschlik mit Reis. Sie starrte zur Tür, weil sie nie wußte, wer hereinkam – Kunden, die etwas essen, oder Räuber, die ihr alles wegnehmen wollten. »Was soll ich machen?« fragte sie, als sie die Teller vor uns hinstellte. Sie hatte schon ihre Nerven und ihr ganzes Geld verloren. »Ich habe mein Leben vertan«, sagte sie, nicht einmal verzweifelt, sondern ganz einfach so, damit wir Bescheid wüßten. Das Lokal stand leer, von der Decke hing reglos ein Ventilator, um den Fliegen schwirrten, und in der Tür erschienen alle Augenblicke Bettler, die uns ihre Hände entgegenstreckten. Auch vor dem schmutzigen Fenster hatten sich zahlreiche Bettler versammelt, die in unsere Teller starrten. Abgerissene

Männer, Frauen mit Krücken, Kinder, denen Minen eine Hand oder ein Bein abgerissen hatten. Hier, an diesem Tisch, vor diesem Teller, wußte man nicht, wie man sich verhalten sollte.

Wir schwiegen lange, doch schließlich fragte ich nach meinen Dokumenten. Zado antwortete, ich hätte die Diensthabenden am Flughafen enttäuscht, weil ich alle nötigen Papiere besessen hätte. Am besten wäre es gewesen, ich hätte gar keine gehabt. Dubiose Luftlinien bringen die verschiedensten zweifelhaften Elemente hierher. Das ist schließlich ein Land von Gold, Diamanten und Drogen. Viele dieser Typen besitzen weder Visum noch Impfpaß. Und an denen läßt sich dann etwas verdienen: Sie bezahlen dafür, daß man sie einreisen läßt. Von solchen Menschen leben die Beamten am Flughafen, denn die Regierung hat kein Geld, und sie bekommen kein Gehalt. Man kann nicht einmal sagen, daß diese Menschen korrumpiert sind. Sie sind ganz einfach hungrig. Auch ich werde meine Dokumente zurückkaufen müssen. Zado und John wissen, wo und von wem. Sie können das erledigen.

Der Libanese kam und übergab mir den Schlüssel. Es begann zu dämmern, und er fuhr nach Hause. Auch mir erteilte er den Rat, ins Hotel zu gehen. Am Abend, so sagte er, könnte ich nicht allein durch die Stadt spazieren. Ich kehrte zum Hotel zurück, betrat es durch den Nebeneingang und stieg in den ersten Stock hinauf, wo mein Zimmer lag. Beim Eingang und auf der Treppe sprachen mich zerlumpte Kerle an, die mir versicherten, sie würden mich in der Nacht bewachen. Während sie das sagten, streckten sie die Hände aus. Aus der Art, wie sie mir dabei in die Augen sahen, schloß ich, daß sie mir für den Fall, daß ich ihnen nichts gab, nachts die Kehle durchschneiden würden.

Ich sah, daß das einzige Fenster in meinem Zimmer (Nummer 107) auf einen dumpfen, schmutzigen Brunnen im Hof ging, von dem ein durchdringender Gestank hochschlug. Ich machte das Licht an. Wände, Bett, Tisch und Fußboden waren schwarz. Schwarz von Kakerlaken. Ich habe in der Welt schon mit allem erdenklichen Ungeziefer gehaust und sogar gelernt, gleichmütig zu akzeptieren, daß wir umgeben von Millionen und Abermillionen winziger Fliegen, Mücken, Schaben und Flöhen, von zahllosen Schwärmen, Kolonnen und Scharen von Wespen, Spinnen, Laufkäfern und Skarabäen, in Wolken von Stechfliegen, Moskitos und gefräßigen Heuschrecken leben, doch in diesem Fall machte mir nicht so sehr die Anzahl der Kakerlaken Angst – obwohl auch diese schockierend genug war – als vielmehr deren Ausmaß, die Größe jedes einzelnen Exemplars. Denn es handelte sich um Riesenkakerlaken, so groß wie Schildkröten, dunkel, glänzend, borstig und schnurrbärtig. Was war der Grund, daß sie zu solcher Größe herangewachsen waren? Wovon ernährten sie sich? Ihre monströsen Dimensionen wirkten geradezu lähmend auf mich. Seit Jahren hatte ich, ohne viel darüber nachzudenken, allerlei Moskitos und Fliegen, Flöhe und Spinnen zerquetscht, doch jetzt stand ich vor einem völlig neuen Problem: Wie sollte ich mit solchen Kolossen fertig werden? Sollte ich sie erschlagen? Aber womit? Wie? Allein bei diesem Gedanken begannen meine Hände zu zittern. Diese Geschöpfe waren einfach zu groß. Ich spürte, daß ich das nicht fertigbrächte, nicht einmal einen Versuch wagen könnte. Weil diese Kakerlaken so außergewöhnlich groß waren, beugte ich mich über sie und spitzte die Ohren in der Erwartung, daß sie irgendwelche Laute von sich gäben, etwas von sich hören ließen. Denn viele Geschöpfe, die eine solche Größe erreichen, erzeugen Töne – sie zirpen, schrillen, brummen und schnarren, warum sollten nicht auch die Kakerlaken irgendwelche Geräusche von sich geben? So ein gewöhnlicher Kakerlak ist natürlich zu klein, als daß wir ihn hören könnten, doch diese Riesen, unter die ich hier geraten war? Geben sie irgendwelche Laute von sich? Irgendeinen Ton? Doch die ganze Zeit über herrschte in dem Zimmer völlige Stille: alle schwiegen – verschlossen, lautlos, geheimnisvoll.

Ich konnte jedoch feststellen, daß sie sich jedesmal, wenn ich mich über sie beugte, hastig zurückzogen und eng aneinanderdrängten. Ich wiederholte diese Bewegung, und die Reaktion war immer die gleiche. Offensichtlich ekelten sich die Kakerlaken vor dem Menschen, wichen angewidert vor ihm zurück, sahen in ihm ein widerliches und abstoßendes Wesen.

Ich könnte nun diese Szene bunt ausmalen und beschreiben, wie sie sich, erzürnt über meine Anwesenheit, auf mich stürzten, mich attackierten, über meinen ganzen Körper krochen, worauf ich einen hysterischen Anfall bekam, doch das entspräche nicht der Wahrheit. In Wirklichkeit verhielten sie sich, solange ich ihnen nicht auf den Leib rückte, gleichgültig und bewegten sich unbeholfen und träge dahin. Manchmal krochen sie von einem Ort zum anderen. Manchmal kamen sie aus einer Spalte gekrabbelt, um gleich darauf wieder darin zu verschwinden. Doch sonst geschah nichts.

Ich wußte, daß mir eine schwierige und schlaflose Nacht bevorstand (weil es zu allem Überfluß auch noch unmenschlich stickig und heiß im Zimmer war), ich holte daher meine Notizen über Liberia aus der Tasche.

Im Jahre 1821 legte an einer Stelle, die sich irgendwo in der Nähe meines Hotels befinden mußte (Monrovia liegt am Atlantik, auf einer Halbinsel, die ähnlich geformt ist wie die polnische Halbinsel Hel), ein Schiff an, das den Agenten der American Colonisation Society, Robert Stockton, aus Amerika brachte. Stockton hielt dem lokalen Stammeshäuptling, König Peter, eine Pistole an die Schläfe und zwang ihn, der Gesellschaft um den Preis von sechs Musketen und eine Kiste Glasperlen das Land zu verkaufen, auf dem die Amerikaner Sklaven von ihren Baumwollplantagen (vor allem aus den Staaten Virginia, Georgia und Maryland), die den Status freier Menschen erlangt hatten, ansiedeln wollten. Die Gesellschaft Stocktons war ihrem Charakter nach liberal und karitativ. Ihre Vertreter waren der Ansicht, die beste Entschädigung für das Unrecht der Sklaverei bestünde darin, die ehemaligen Sklaven dorthin zurückzubringen, von wo ihre Vorfahren gekommen waren – nach Afrika.

Seit jenem Zeitpunkt brachten Schiffe Jahr für Jahr neue freigelassene Sklaven aus Amerika, die sich alle im Gebiet des heutigen Monrovia niederließen. Es waren keine Massen. Als die Eingewanderten im Jahre 1847 die Republik Liberia ausriefen, waren sie gerade sechstausend. Es ist nicht auszuschließen, daß ihre Zahl nie zehn- bis zwanzigtausend überstieg – das wäre weniger als ein Prozent der gesamten Bevölkerung des Landes.

Das Schicksal und Verhalten dieser Ansiedler (die sich selbst *Americo-Liberians,* Amerikoliberianer, nannten) waren faszinierend. Noch gestern hatten sie als schwarze Parias und rechtlose Sklaven auf den Plantagen der amerikanischen Südstaaten gelebt. In ihrer Mehrheit konnten sie nicht lesen und nicht schreiben und hatten auch keinen Beruf erlernt. Ihre Väter waren vor Jahren aus Afrika entführt, in Ketten nach Amerika gebracht und dort auf Sklavenmärkten verkauft worden. Und jetzt waren sie, die Nachfahren dieser Unglücklichen, selbst noch vor kurzem Sklaven, wieder in Afrika, im Land ihrer Vorväter, unter Stammesbrüdern mit gemeinsamen Wurzeln und derselben Hautfarbe. Sie waren nach dem Willen liberaler, weißer Amerikaner hierhergebracht und, auf sich selbst gestellt, ihrem Schicksal überlassen worden. Wie würden sie sich nun verhalten? Entgegen den Erwartungen ihrer Wohltäter küssen die Ankömmlinge keineswegs den Boden des wiedergewonnenen Landes, werfen sich nicht den hier lebenden Afrikanern an den Hals.

Diese Amerikoliberianer kennen aus eigener Erfahrung nur einen Typ von Gesellschaft – die Sklavengesellschaft in den Südstaaten Amerikas. Daher ist auch ihr erstes Bestreben nach ihrer Ankunft, in dem neuen Land genau so eine Gesellschaft zu errichten, mit dem einen Unterschied, daß jetzt sie die Herren sein werden – die ehemaligen Sklaven –, und die Sklaven werden die Angehörigen einheimischer Stämme sein, die sie hier antreffen und die sie unterwerfen und beherrschen wollen.

Liberia ist eine Fortsetzung der Sklavenordnung, die dem Willen der Sklaven selbst entspricht, die nicht etwa ein Unrechtssystem umstürzen wollen – nein, sie wollen dieses bewahren, weiterentwickeln und den eigenen Interessen nutzbar machen. Offenbar kann sich unfreies Denken, vergiftet durch die Erfahrung der Sklaverei, ein »in Sklaverei geborenes, von Kindesbeinen an in Ketten geschlagenes« Denken eine Welt, in der alle frei sind, gar nicht vorstellen.

Große Teile des Gebietes von Liberia bedeckt Dschungel. Dichter, tropischer, feuchter, von Malaria verseuchter Dschungel. Hier hausen kleine, arme und schlecht organisierte Stämme (die mächtigen Stämme mit starken militärischen und staatlichen Strukturen lebten meist in den offenen

Weiten der Savanne. Die schwierigen gesundheitlichen Bedingungen und die Undurchdringlichkeit des Dschungels hatten zur Folge, daß dort solche Organismen erst gar nicht entstehen konnten). Nun dringen die Einwanderer aus Übersee in diese von der einheimischen, autochthonen Bevölkerung bewohnten Gebiete ein. Die Beziehungen gestalten sich von Anfang an schwierig, feindselig. Vor allem verkünden die Amerikoliberianer, daß nur sie Bürger des Landes seien. Den übrigen Menschen – das sind 99 Prozent der Bevölkerung – sprechen sie diesen Status, dieses Recht ab. Nach ihren Gesetzen sind die Einheimischen nur *tribesmen*, Menschen ohne Kultur, Wilde und Heiden.

Meist leben diese beiden Gesellschaften übrigens durch große Entfernungen getrennt voneinander und haben nur spärlichen Kontakt. Die neuen Herren bleiben an der Küste und in den Siedlungen, die sie dort errichten (die größte ist Monrovia). Erst hundert Jahre nach der Gründung Liberias begibt sich der Präsident des Landes (das war damals William Tubman) zum ersten Mal ins Landesinnere. Die Einwanderer aus Amerika, die sich von der einheimischen Bevölkerung nicht durch Hautfarbe und andere körperliche Merkmale unterscheiden können, versuchen ihre Andersartigkeit und Überlegenheit auf andere Weise zu demonstrieren. Im glutheißen und schwülen Klima Liberias tragen die Männer, sogar wochentags, Frack und Spenzer, dazu eine Melone und weiße Handschuhe. Die Damen verlassen nur selten das Haus, aber wenn sie einmal auf die Straße gehen (bis zur Mitte des zwanzigsten Jahrhunderts gab es in Monrovia weder Asphalt noch Gehsteige), dann in steifen Krinolinenröcken, dicken Perücken und Hüten, die mit künstlichen Blumen geschmückt sind. Diese ganze höhere, exklusive Gesellschaft wohnt in Häusern, die wie treue Kopien der Höfe und Paläste aussehen, wie die weißen Plantagenbesitzer in den amerikanischen Südstaaten sie gebaut hatten. Die Amerikoliberianer kapseln sich auch in einer eigenen religiösen Welt ab, die für die einheimischen Afrikaner unzugänglich bleibt. Die Einwanderer sind gute Baptisten und Methodisten. In der neuen Heimat errichten sie einfache Kirchen. Dort verbringen sie ihre Freizeit damit, fromme Hymnen zu singen und Predigten zu lauschen. Im Verlauf der Zeit werden diese Gotteshäuser auch zu Orten gesellschaftlicher Begegnungen. Zu so etwas wie geschlossenen Klubs.

Lange bevor die weißen Afrikaner in Südafrika die Apartheid einführten (d. h. ein System der Segregation im Namen der Vorherrschaft), hatten sich um die Mitte des neunzehnten Jahrhunderts schon Nachfahren schwarzer Sklaven – die Herrscher Liberias – dieses System ausgedacht und in die Tat umgesetzt. Allein die Undurchdringlichkeit des Dschungels bewirkte, daß eine natürliche, trennende, die Segregation fördernde Grenze zwischen Einheimischen und Einwanderern bestand, ein unbewohnter Raum, ein Niemandsland. Doch das genügte ihnen noch nicht. In der kleinen bigotten Welt Monrovias ist jeder nähere Kontakt mit der einheimischen Bevölkerung, vor allem eine Heirat, verboten. Es wird alles getan, damit »die Wilden ihren Platz kennen«. Zu diesem Zweck weist die Regierung in Monrovia jedem Stamm (es sind insgesamt sechzehn) ein Territorium an, in dem er sich aufhalten darf – typische Homelands, wie die weißen Rassisten aus Pretoria sie erst Dutzende Jahre später für die Afrikaner schufen. Alle, die dagegen verstoßen, werden streng bestraft. Wo sich Rebellion und Widerstand regen, dorthin entsendet Monrovia Strafexpeditionen von Militär und Polizei. Die Chiefs der aufmüpfigen Stämme werden an Ort und Stelle enthauptet, die gesamte Ernte wird verbrannt. Nach altem, weltweit befolgten Brauch haben diese Expeditionen, Strafzüge und lokalen Kriege auch hier eigentlich nur ein einziges Ziel: Sklaven zu fangen. Denn die Amerikoliberianer brauchen Arbeitskräfte. Und wirklich beginnen sie bereits in der zweiten Hälfte des neunzehnten Jahrhunderts in ihren bäuerlichen Wirtschaften und Werkstätten eigene Sklaven zu beschäftigen. Und sie verkaufen diese auch in andere Kolonien, vor allem nach Fernando Poo und Guyana. Ende der zwanziger Jahre des zwanzigsten Jahrhunderts deckt die Weltpresse diese von der liberianischen Regierung offiziell betriebene Praxis auf. Der Völkerbund interveniert. Unter seinem Druck muß der damalige Präsident Charles King zurücktreten. Doch die Praxis geht weiter, jetzt allerdings heimlich.

Seit den ersten Tagen ihrer Ansiedlung in Liberia überlegten die schwarzen Einwanderer aus Amerika, wie sie ihre

Vorherrschaft in dem neuen Land sichern und ausbauen konnten. Zunächst hielten sie die autochthonen Einwohner von allen Regierungspositionen fern, indem sie ihnen die Bürgerrechte verweigerten. Dann gingen sie einen Schritt weiter – sie schufen ein Einparteiensystem. Ein Jahr bevor Lenin zur Welt kam, nämlich im Jahre 1869, wurde in Monrovia die True Whig Party gegründet, die 111 Jahre lang in Liberia das Machtmonopol ausübte, das heißt bis 1980. Die Führung dieser Partei, ihr Politbüro – National Executive – trifft von Anfang an alle Entscheidungen: Wer Präsident wird, wer in der Regierung sitzt, welche Politik diese Regierung verfolgt, welche ausländische Firma eine Konzession erhält, wer zum Polizeichef ernannt wird, wer zum Postdirektor usw. – ganz detailliert, bis zur letzten Stufe hinunter. Der Parteichef war gleichzeitig Präsident der Republik oder umgekehrt – diese Positionen galten als austauschbar. Nur wer dieser Partei angehörte, konnte etwas erreichen. Ihre Gegner waren entweder im Gefängnis oder in der Emigration.

Den Führer dieser Partei und gleichzeitig Präsidenten Liberias in den sechziger Jahren, William Tubman, habe ich persönlich getroffen.

Das war im Frühjahr 1963 in Addis Abeba, während der ersten Konferenz der afrikanischen Staatsoberhäupter. Tubman war damals fast siebzig Jahre alt. Er war nie in seinem Leben mit einem Flugzeug geflogen – er hatte Angst davor. Einen Monat vor Beginn der Konferenz brach er mit dem Schiff von Monrovia auf, fuhr bis Djibouti, und von dort reiste er mit dem Zug nach Addis Abeba. Er war ein kleiner, zartgliedriger, jovialer Herr, immer mit einer Zigarre zwischen den Zähnen. Auf problematische Fragen antwortete er mit einem langen, dröhnenden Lachen, das in einen lauten Schluckauf mündete, dem ein pfeifender, krampfartiger Asthmaanfall folgte. Er schüttelte sich und riß die tränenden Augen weit auf. Der betroffene und erschrockene Gesprächspartner verstummte und wagte es nicht, weiter zu bohren. Dann wischte Tubmann die Asche von seinem Anzug und versteckte sich, wieder ganz ruhig, neuerlich hinter dem dichten Qualm seiner Zigarre.

Achtundzwanzig Jahre lang war er Präsident von Liberia. Er gehörte der heute schon selten gewordenen Gattung von

Kaziken an, die in ihrem Land herrschen wie ein Großgrundbesitzer auf seinem Gut: Sie kennen jeden und entscheiden alles.

Tubman empfing täglich rund sechzig Personen. Er ernannte selbst die Leute für alle Posten im Land, er entschied, wer eine Konzession bekommen und welche Missionare man ins Land lassen sollte. Er schickte seine Leute überall hin, hatte seine private Polizei, die ihm hinterbrachte, was in diesem Dorf oder jenem Stamm passierte. Es passierte nicht viel. Das Land war eine kleine, vergessene afrikanische Provinz, in den sandigen Gassen Monrovias dösten beleibte Hökerinnen im Schatten zerfallender Häuser hinter ihren Verkaufsbuden, überall streunten von Schlafkrankheit befallene Hunde herum. Manchmal sammelte sich vor dem Tor zum Regierungspalast eine Gruppe von Menschen mit einem großen Transparent, auf dem geschrieben stand: »Eine gigantische Manifestation der Dankbarkeit für den Fortschritt, der in unserem Lande dank der unvergleichlichen Führung des Präsidenten Liberias – Dr. W. V. S. Tubman – Einzug gehalten hat.« Vor demselben Tor nahmen auch Musikgruppen aus der Provinz Aufstellung, um mit ihren Liedern die Größe des Präsidenten zu preisen: »Tubman ist unser aller Vater / der Vater der gesamten Nation / Er baut für uns Straßen / bringt uns das Wasser / Tubman gibt uns zu essen / gibt zu essen / ye, ye!« Die Wächter, die in den Wachhäuschen Schutz vor der Sonne suchten, klatschten diesen sangesfrohen Enthusiasten Beifall.

Den größten Respekt nötigte den Untertanen jedoch die Tatsache ab, daß der Präsident von guten Geistern beschützt wurde, die ihm übernatürliche Kräfte verliehen. Hätte jemand die Absicht gehabt, ihm ein vergiftetes Getränk zu reichen, dann wäre das Glas mit diesem Trunk in der Luft zersprungen. Die Kugel eines Attentäters hätte ihn gar nicht verwunden können – sie wäre im Flug geschmolzen. Der Präsident besaß Wunderkräuter, die ihn jede Wahl gewinnen ließen. Und er hatte einen Apparat, durch den er alles sehen konnte, was auch immer irgendwo geschah – eine Opposition war daher zwecklos: sie wäre vorzeitig entdeckt worden.

Tubman starb im Jahre 1971. Ihm folgte sein Freund, Vizepräsident William Tolbert, nach. Während Tubman Gefallen an der Macht gefunden hatte, faszinierte Tolbert das Geld. Er war die wandelnde Korruption. Er handelte mit allem – mit Gold, mit Autos, und in seiner Freizeit verkaufte er auch noch Reisepässe. Die gesamte Elite, die Nachfahren der schwarzen amerikanischen Sklaven, folgte seinem Beispiel. Auf Menschen, die auf die Straße gingen, um Brot und Wasser zu fordern, ließ Tolbert schießen. Seine Polizei tötete Hunderte von Menschen.

Am 12. April 1980 drang in den Morgenstunden eine Gruppe Soldaten in die Residenz des Präsidenten ein und vierteilte Tolbert in seinem Bett. Sie rissen seine Eingeweide heraus und warfen sie im Hof den Hunden und Geiern zum Fraß hin. Es waren siebzehn Soldaten. Sie wurden von dem 28jährigen Sergeanten Samuel Doe angeführt. Doe war ein junger Mann, der kaum schreiben konnte. Er gehörte dem kleinen, im tiefsten Dschungel lebenden Stamm der Kru an. Leute wie er, die von der Armut aus ihren Dörfern vertrieben wurden, strömten schon seit Jahren auf der Suche nach Arbeit und Geld nach Monrovia. Im Verlauf von dreißig Jahren (von 1956 bis 1986) verzehnfachte sich die Einwohnerschaft der Hauptstadt Liberias von 42000 auf 425000. Doch dieses sprunghafte Wachstum erfolgte in einer Stadt ohne Industrie und Verkehrsstruktur, in der nur wenige Häuser elektrischen Strom besaßen und noch weniger fließendes Wasser.

Um aus dem Dschungel nach Monrovia zu gelangen, mußte man sich viele Tage durch unwegsame tropische Gegenden kämpfen. Das konnten nur junge, starke Menschen wagen. Und die waren es auch, die in die Stadt kamen. Doch hier erwartete sie nichts: keine Arbeit und kein Dach über dem Kopf. Vom ersten Tag an wurden sie zu Bayaye – Angehörigen jener Armee junger Arbeitsloser, die untätig auf allen größeren Straßen und Plätzen der afrikanischen Städte herumlungern. Die Existenz dieser Armee ist einer der Gründe für das Chaos auf dem ganzen Kontinent: Aus ihren Reihen rekrutieren die lokalen Bandenchefs, oft für wenige Groschen oder gar nur das Versprechen, sie bekämen etwas zu essen, ihre Soldaten für den Kampf um die Macht, für Staatsstreiche und Bürgerkriege.

Ähnlich wie Amin in Uganda war auch Doe ein typischer Bayaye. Und so wie Amin hatte er das große Los gezogen: Er kam zur Armee. Man könnte meinen, er habe damit den

Gipfel seiner Karriere erklommen. Es stellte sich jedoch heraus, daß er noch höher hinausstrebte.

Im Fall Liberias war der Umsturz Does nicht einfach der Wechsel von einem korrumpierten Kaziken-Bürokraten zu einem halben Analphabeten in Uniform. Es war nämlich gleichzeitig eine blutige, grausame Karikatur der Revolution unterdrückter, halb versklavter Massen aus dem afrikanischen Dschungel gegen ihre verhaßten Herren – ehemalige Sklaven von amerikanischen Plantagen. Es gab also so etwas wie einen Umsturz in der Welt der Sklaven: Die jetzigen Sklaven revoltierten gegen ehemalige Sklaven, die ihnen ihre Herrschaft aufgezwungen hatten. Diese Ereignisse schienen die pessimistische und dramatische These zu bestätigen, wonach es keinen Ausweg aus der Sklaverei geben kann, nicht einmal mental oder kulturell. Oder daß dieser auf jeden Fall sehr mühsam und langwierig ist.

Doe rief sich sofort zum Präsidenten aus. Und er ließ unverzüglich dreizehn Minister von Tolberts Regierung töten. Die Exekution zog sich vor den Augen einer neugierigen Menge von Gaffern lange hin.

Der neue Präsident deckte immer neue Anschläge gegen sein Leben auf. Er sagte, es habe insgesamt vierunddreißig gegeben. Die Attentäter wurden erschossen. Wenn er immer noch lebte und regierte, war das ein Beweis dafür, daß ihn Zauber und unbesiegbare Kräfte schützten – das Werk von Zauberern aus seinem Dorf. Man konnte auf ihn schießen – die Kugeln blieben einfach in der Luft stehen und fielen zu Boden.

Über seine Regierung läßt sich nicht viel sagen. Er regierte zehn Jahre lang. Das Land blieb einfach stehen. Es gab keinen Strom, die meisten Läden wurden geschlossen, der Verkehr auf den wenigen Straßen, die es in Liberia gibt, kam zum Erliegen.

Er wußte eigentlich nicht recht, was er als Präsident machen sollte. Weil er ein kindliches, pausbäckiges Gesicht hatte, kaufte er sich große Brillen mit einem goldenen Rahmen, damit er seriös und wohlhabend aussah. Er war ziemlich träge und hockte daher tagelang in seiner Residenz herum und spielte mit seinen Gefolgsleuten Dame. Viel Zeit verbrachte er auch im Hof der Residenz, wo die Frauen der Wachposten seiner Präsidentengarde auf offenen Feuerstellen kochten oder Wäsche machten. Er schwatzte mit ihnen, scherzte, und von Zeit zu Zeit nahm er eine mit ins Bett. Unentschlossen, was er weiter machen und wie er sich nach der Ermordung so vieler Menschen vor Rache schützen sollte, sah er den einzigen Ausweg darin, sich mit Leuten seines eigenen Stammes der Kru zu umgeben. Er holte sie massenhaft nach Monrovia. Nun ging die Macht aus den Händen reicher, eingesessener, eleganter Amerikoliberianer (die inzwischen aus dem Land geflohen waren) in die Hände eines armseligen, analphabetischen und durch seine neue Lage verängstigten Stammes von Waldmenschen über, die Kru, die unvermutet aus ihren aus Bast und Blättern geflochtenen Hütten gezerrt wurden und nun zum ersten Mal so etwas wie eine Stadt, Autos oder auch nur Schuhe zu sehen bekamen. Sie begreifen, daß ihre einzige Chance zu überleben darin besteht, tatsächliche oder mögliche Feinde, und das bedeutete alle Nicht-Kru, einzuschüchtern und zu liquidieren. Diese kleine Gruppe von Menschen, gestern noch arme, rückständige und hinterwälderische Schlucker, versucht daher im Bemühen, die lukrative Macht festzuhalten, die ihnen wie ein goldenes Ei in die Hände gefallen ist, von Anfang an das übrige Volk zu terrorisieren. Die Kru prügeln, malträtieren, hängen, eigentlich ohne jeden Grund. »Warum haben sie dich so furchtbar zugerichtet?« fragen die Nachbarn einen mit blauen Flecken übersäten Menschen. »Weil sie meinten, ich sei kein Kru«, antwortet der Unglücksvogel.

Angesichts dieser Situation ist es verständlich, daß das ganze Land nur auf die Gelegenheit wartet, Doe und seine Leute wieder loszuwerden. Dabei kommt ihm ein gewisser Charles Taylor zu Hilfe, ein ehemaliger Gefolgsmann Does, der diesem, wie der Präsident behauptet, eine Million Dollar gestohlen hat, in die Vereinigten Staaten gefahren ist, dort mit Geschäften Schiffbruch erlitt, ins Gefängnis wanderte, jedoch ausbrechen konnte und plötzlich an der Elfenbeinküste auftaucht. Dort beginnt er im Dezember 1989 mit einer Gruppe von 60 Leuten einen Kriegszug gegen Doe. Dieser könnte Taylor mühelos vernichten, doch er schickt die Armee seiner bloßfüßigen Krahns gegen ihn ins Feld, die, statt gegen Taylor zu kämpfen, gleich nach Verlassen Monrovias damit beginnen, alles zu plündern und zu rauben, was ihnen unterkommt. Die Nachricht vom Anmarsch dieser Armee von Räubern verbreitet sich mit Windeseile durch den Dschungel, und die erschrockene Bevölkerung läuft zu Taylor über, in der Hoffnung, bei ihm Schutz zu finden. Taylors Armee wächst rapid, und schon sechs Monate später steht sie vor Monrovia. Doch nun bricht in Taylors Lager ein Streit darüber aus, wer die Hauptstadt einnehmen und die Beute für sich beanspruchen darf. Taylors Stabschef Prince Johnson, auch er ein ehemaliger Gefolgsmann Does, bricht mit Taylor und formiert seine eigene Armee. Nun kämpfen drei Armeen – die von Doe, die von Taylor und die von Johnson – gegeneinander in der Stadt um die Stadt. Monrovia verwandelt sich in eine Ruinenlandschaft. Ganze Viertel stehen in Flammen, in den Straßen türmen sich die Leichen.

Am Ende intervenieren die Länder Westafrikas. Nigeria schickt mit einem Schiff eine Landungstruppe, die im Sommer im Hafen von Monrovia eintrifft. Doe erfährt davon und beschließt, den Nigerianern einen Besuch abzustatten. Er nimmt seine Leibwache und fährt mit dem Mercedes zum Hafen. Es ist der 9. September 1990. Der Präsident fährt durch eine total erschöpfte, zerstörte, ausgeplünderte, menschenleere Stadt. Er kommt zum Hafen, doch hier wird er schon von Johnsons Leuten erwartet. Diese eröffnen das Feuer. Alle Leibwächter des Präsidenten werden getötet. Er selbst bekommt ein paar Kugeln in die Beine ab und kann nicht mehr fliehen. Sie binden ihm die Hände auf den Rücken und bringen ihn fort, um ihn zu foltern.

Johnson, dem es um Reklame zu tun ist, gibt Anweisung, die Folterszenen im Detail zu filmen. Auf dem Bildschirm sehen wir Johnson, wie er dasitzt und Bier trinkt. Neben ihm steht eine Frau, die ihm Kühlung zufächelt und den Schweiß von der Stirn wischt (es ist sehr heiß). Auf dem Boden sitzt Doe, gefesselt und blutüberströmt. Sein Gesicht ist völlig zerschlagen, man kann kaum mehr die Augen erkennen. Um ihn herum drängen sich Johnsons Leute, fasziniert vom Anblick des gemarterten Diktators. Diese Truppe zieht schon seit einem halben Jahr plündernd und mordend durchs Land, und doch versetzt sie der Anblick von Blut immer wieder in einen Zustand der Ekstase, in Raserei. Die jungen Burschen stoßen einander zur Seite, jeder möchte das Schauspiel sehen, sich daran weiden. Doe kauert in einer Blutlache, er ist nackt und naß von Blut, Schweiß und vom Wasser, das sie über ihn gießen, damit er nicht ohnmächtig wird. »Prince!« stammelt Doe (er spricht Johnson mit dem Vornamen an, denn schließlich sind sie alle Kollegen – sie alle, die gegeneinander kämpfen und das Land verwüsten, Doe, Taylor und Johnson, sind Kollegen). »Sag ihnen nur, daß sie mir die Handfesseln lockern. Ich will alles sagen, macht mir nur die Fesseln locker!« Offensichtlich haben sie ihm die Hände so fest zusammengeschnürt, daß ihm das mehr Schmerzen bereitet als die mit Kugeln durchsiebten Beine. Doch Johnson beschimpft Doe, er beschimpft ihn im lokalen, kreolischen Dialekt, so daß man nicht viel verstehen kann, nur so viel – daß er sein Bankkonto preisgeben soll. Wann immer in Afrika ein Diktator gestürzt wird, geht es bei all den Verhören, den Prügelorgien, den Folterszenen nur um eines – um die Nummer seines privaten Kontos. In der öffentlichen Meinung ist ein Politiker nichts anderes als der Boß einer Verbrecherbande, der mit Rauschgift und Waffen handelt und Geld auf ausländische Konten transferiert, weil er genau weiß, daß seine Karriere nicht von langer Dauer sein wird, daß er sich dann absetzen und etwas haben muß, von dem er leben kann.

»Schneidet ihm die Ohren ab!« brüllt Johnson, der wütend ist, weil Doe nicht reden will (obwohl Doe behauptet, daß er das will!). Die Soldaten werfen den Präsidenten zu Boden, drücken ihn mit ihren Stiefeln nieder, und einer schneidet ihm mit dem Bajonett ein Ohr ab. Man hört einen unmenschlichen Schmerzensschrei.

»Das zweite Ohr!« ruft Johnson. Es gibt ein Gerangel, alle sind erregt, sie streiten, jeder möchte dem Präsidenten das Ohr abschneiden. Wieder ertönt ein Geheul.

Sie richten den Präsidenten auf. Doe sitzt da, ein Soldat stemmt ihm den Stiefel in den Rücken, damit er nicht umfällt, sein Kopf, ohne Ohren und blutüberströmt, kippt nach vorne. Jetzt weiß Johnson nicht mehr recht, was er weiter machen soll. Soll er Weisung geben, ihm die Nase abzuschneiden? Eine Hand? Einen Fuß? Man sieht ihm an, daß ihm nichts einfällt. Er beginnt sich zu langweilen. »Schafft ihn weg von hier!« schnauzt er die Soldaten an, die ihr Opfer fortschleppen, zu weiteren Torturen (die ebenfalls gefilmt werden). Der unmenschlich malträtierte Doe lebt noch ein paar Stunden und stirbt dann infolge des hohen Blutverlusts. Als ich nach Monrovia kam, war die Videokassette, auf der man verfolgen konnte, wie der Präsident gepeinigt wurde, die größte Attraktion auf dem Medienmarkt. Doch es gab in der ganzen Stadt nur wenige Videorecorder, und außerdem wurde oft der Strom abgeschaltet. Wenn sie die Folterszenen anschauen wollten (der ganze Film dauert zwei Stunden), mußten die Leute zu reichen Nachbarn gehen oder in eine der Bars, wo die Kassette pausenlos gezeigt wurde.

Monrovia: Identisch aussehende, schäbige und heruntergekommene Hütten, die sich über Kilometer dahinziehen, eine Straße geht in die andere, ein Viertel ins andere über, so unterschiedslos, daß uns nur die Ermüdung, die wir in diesem Klima rasch verspüren, darüber informiert, daß wir die ganze Stadt durchquert haben. Auch das Innere der Häuser (mit Ausnahme einiger Villen von Notabeln) ist gleichbleibend armselig und eintönig. Ein Tisch, ein paar Sessel oder Hocker, ein metallenes Ehebett, Matten aus Flechtstroh oder Plastik für die Kinder, Nägel in der Wand, um die Kleidung aufzuhängen, ein paar meist aus farbigen Zeitschriften ausgeschnittene Bilder. Ein großer Topf, um darin Reis zu kochen, ein kleinerer für die Soße, ein paar Becher für Wasser oder Tee. Eine Plastikschüssel zum Waschen, die man im Fall der Flucht (was in letzter Zeit häufig vorkommt, weil immer wieder Kämpfe ausbrechen) als Handkoffer benützen kann, den die Frau auf dem Kopf trägt.

Das ist alles?

Mehr oder weniger ja.

Am leichtesten und billigsten ist es, ein Haus aus verzinktem Wellblech herzustellen. Die Tür wird durch einen Vorhang aus Glasperlen ersetzt, die Fensteröffnungen sind klein, in der Regenzeit, die hier lang und beschwerlich ist, werden sie mit einem Stück Sperrholz oder dickerem Karton verschlossen. So ein Haus heizt sich untertags auf wie ein Ofen, seine Wände beginnen zu glühen und zu brennen, das Dach brutzelt und schmilzt in der Sonne, weshalb sich auch vom Morgengrauen bis zur Abenddämmerung keiner ins Haus wagt. Kaum wird es hell, jagt die erste Morgendämmerung die noch verschlafenen Bewohner in den Hof und auf die Straße hinaus, wo sie bis zum Abend bleiben. Die Leute treten schweißgebadet aus ihrer Hütte, kratzen die Bisse von Moskitos und Spinnen und werfen einen Blick in den Topf, ob von gestern noch ein wenig Reis übrig ist.

Sie mustern die Straße und die Häuser der Nachbarn, ohne Neugierde, ohne Erwartung.

Vielleicht sollten sie etwas unternehmen?

Aber was? Was können sie tun?

Am Morgen gehe ich durch die Carrey Street, in der mein Hotel liegt. Das ist in der Innenstadt, im Zentrum, im Geschäftsviertel. Man kommt nicht weit. Überall hocken an den Hausmauern beschäftigungslose, hungrige Burschen, ohne jede Hoffnung, ohne Aussichten auf ein besseres Leben. Sie sprechen mich an, sei es, um zu fragen, woher ich komme, oder ob ich sie als Führer benötige, oder ob ich ihnen ein Stipendium nach Amerika verschaffen kann. Sie fragen nicht nach einem Dollar für einen Laib Brot, nein, sie streben gleich nach dem höchsten aller Ziele – Amerika.

Nach hundert Metern bin ich umringt von einer Schar kleiner Jungen mit aufgedunsenen Gesichtern und trüben Augen, dem einen fehlt eine Hand, dem anderen ein Bein. Sie betteln. Das sind ehemalige Soldaten der Small Boys Units von Charles Taylor, einer seiner übelsten Verbände. Taylor rekrutiert kleine Kinder und gibt ihnen Waffen. Und er gibt ihnen auch Rauschgift und treibt sie, wenn sie unter dessen Einfluß stehen, in den Kampf. Die berauschten Kinder verhalten sich wie Kamikaze, sie stürzen sich ins Feuer, rennen in Minenfelder. Wenn ihre Sucht so schlimm ist, daß er sie nicht mehr brauchen kann, jagt Taylor sie zum Teufel. Manche kommen nach Monrovia und beenden hier irgendwo im Straßengraben oder auf einer Müllhalde ihr kurzes Leben, zerstört von Malaria und Cholera, von Schakalen zerbissen.

Es ist eigentlich unklar, warum Doe zum Hafen fuhr (wodurch er seinen eigenen Tod heraufbeschwor). Es ist möglich, daß er ganz vergessen hatte, daß er der Präsident war. Er war zehn Jahre zuvor Präsident geworden, eher zufällig. Er hatte sich mit einer Gruppe von sechzehn Kollegen, Berufsunteroffiziere wie er, zur Residenz von Präsident Tolbert aufgemacht, um nachzufragen, wann sie den ausständigen Sold ausbezahlt bekämen. Sie begegneten keinem Leibwächter, und Tolbert schlief. Sie nützten die Gelegenheit und zerstückelten ihn mit ihren Bajonetten. Und Doe, der Älteste der Gruppe, nahm seinen Platz ein. Für gewöhnlich empfindet niemand in Monrovia Achtung vor einem Unteroffizier, doch nun begannen sich plötzlich alle vor ihm zu verneigen, ihm Beifall zu klatschen, alle drängten sich, ihm die Hand zu schütteln. Das gefiel ihm. Ein paar Dinge lernte er rasch. Etwa, daß man, wenn einem die Menge zuklatscht, die Hände in einer Geste des Grußes und Sieges heben muß. Daß man zu verschiedenen Anlässen am Abend statt der Felduniform einen dunklen zweireihigen Anzug anlegen muß. Daß man, wenn irgendwo ein Feind auftaucht, diesen fangen und töten muß.

Doch er hatte nicht alles gelernt. Er wußte zum Beispiel nicht, was er machen sollte, als seine ehemaligen Kollegen Taylor und Johnson das ganze Land besetzten, die Hauptstadt einnahmen und seine Residenz belagerten. Taylor und Johnson hatten jeder seine eigenen Banden und strebten beide an die Macht (die immer noch in Does Händen lag), wobei sie einander in die Quere kamen. Natürlich ging es dabei nicht um irgendwelche Programme, um Demokratie oder Souveränität. Alles drehte sich nur darum, wer die Kasse in die Hand bekam. Doe hatte zehn Jahre lang die Kasse in Händen gehabt. Sie hatten jedes Recht, zu glauben, das sei lange genug. Ja, sie sagten das auch ganz offen heraus! »Wir wollen nur Samuel Doe absetzen«, wiederholten sie in Dutzenden Interviews. »Am nächsten Tag herrscht wieder Frieden.«

Doe hatte keine Antwort darauf, er verlor den Kopf. Statt zu handeln – bewaffnet oder friedlich –, tat er nichts. Er verschanzte sich in seiner Residenz und wußte nicht recht, was um ihn herum passierte, obwohl seit drei Monaten heftig um die Stadt gekämpft wurde. Und in dieser Situation kam jemand und berichtete, daß im Hafen nigerianisches Militär gelandet war. Als Präsident der Republik hätte er ganz offiziell nachfragen können, was für fremde Truppen da in das Territorium seines Landes eindrangen. Er hätte verlangen können, daß sich der Führer dieser Truppen mit einer Erklärung bei ihm in der Residenz einfand. Aber Doe tat nichts dergleichen. In ihm erwachte die Natur des Unteroffiziers und Kundschafters, des Sergeanten und Spähers. Er wird selber Nachschau halten, was da los ist! Er setzt sich ins Auto und fährt zum Hafen. Aber weiß er denn nicht, daß diesen Teil der Stadt Johnson besetzt hält, der ihn am liebsten in Stücke reißen würde? Und daß es sich für den Staatspräsidenten nicht schickt, hinzufahren, um sich beim Chef einer ausländischen Truppe zu melden?

Vielleicht wußte er das wirklich nicht. Aber vielleicht wußte er es auch, doch seine Vorstellungskraft ließ ihn im Stich, er dachte nicht nach, handelte gedankenlos. Die Geschichte ist häufig ein Produkt der Gedankenlosigkeit. Sie ist ein Bankert der menschlichen Dummheit, eine Frucht der Geistesverwirrung, der Idiotie und des Wahnsinns. In solchen Fällen wird die Geschichte von Menschen gemacht, die nicht wissen, was sie tun, ja die das gar nicht wissen wollen, die eine solche Eventualität voll Zorn und Ekel von sich weisen. Wir beobachten, wie sie in das eigene Verderben steuern, sich selber Fallstricke legen, sich die Schlinge knüpfen, und wie sie dann sorgfältig und mehrmals prüfen, ob diese Stricke und Schlingen auch kräftig genug sind, ob sie wohl ihr Gewicht tragen werden.

Die letzten Stunden Does gestatten uns, die Geschichte in genau dem Moment zu beobachten, da sie dem totalen Zerfall unterliegt. In solchen Augenblicken verwandelt sich die würdige und hehre Göttin in ihre eigene blutige und jämmerliche Karikatur. Da schießen Johnsons Schergen den Staatspräsidenten in die Beine, damit er nicht fliehen kann, packen ihn, drehen ihm die Arme auf den Rücken und binden seine Hände zusammen. Von diesem Moment an werden sie ihn noch viele Stunden quälen. Das alles geschieht in einer kleinen Stadt, in der immerhin eine legale Regierung an der Macht ist. Wo sind die Minister zu dieser Zeit? Was machen die übrigen Beamten? Wo ist die Polizei? Der Präsident wird neben dem Gebäude gefoltert, in dem gerade nigerianische Soldaten Quartier bezogen haben, die nach Monrovia gekommen sind, um die legale Staatsmacht zu schützen. Und diese Soldaten – sie machen nichts? Das alles geht sie nichts an? Nicht genug damit! Einige Kilometer vom Hafen entfernt sind ein paar hundert Soldaten der Präsidentengarde stationiert, deren einzige Aufgabe und Daseinsberechtigung darin besteht, den Staatschef zu beschützen. Dieser Chef hat sich am Morgen für einen kurzen Besuch zum Hafen begeben, und nun verstreichen die Stunden und er taucht nicht wieder auf. Und da interessieren sie sich gar nicht dafür, was mit ihm geschehen ist? Wo er bleibt?

Kehren wir zur Szene zurück, in der Johnson den Präsidenten verhört. Johnson will wissen, wo Doe sein Bankkonto hat. Doe stöhnt, seine Wunden bereiten ihm Schmerzen, vor wenigen Stunden hat er ein Dutzend Kugeln abbekommen. Er stammelt etwas, man weiß nicht, was. Nennt er die Kontonummer? Besitzt er überhaupt ein Konto? Außer sich vor Wut, gibt Johnson Weisung, ihm unverzüglich die Ohren abzuschneiden. Warum das? Ist das klug? Begreift Johnson denn nicht, daß dem Präsidenten augenblicklich das Blut in die Gehörgänge rinnt und eine Unterhaltung mit ihm noch schwieriger wird?

Man sieht, wie hilflos diese Leute sind, wie die Situation sie überfordert, wie sie alles der Reihe nach verpfuschen. Und dann versuchen sie es wutschnaubend wieder in Ordnung zu bringen. Aber kann man das mit Herumbrüllen in Ordnung bringen? Dadurch, daß man andere foltert? Andere tötet?

Nach Does Tod geht der Krieg weiter. Taylor kämpft gegen Johnson, und beide kämpfen gegen die Reste der liberianischen Armee, und gegen sie alle kämpfen wiederum die Interventionstruppen einiger afrikanischer Staaten, die unter dem Namen ECOWAS in Liberia Ordnung schaffen sollen. Nach langwierigen Kämpfen nahm die ECOWAS Monrovia und die nähere Umgebung der Stadt ein, während sie das übrige Land Taylor und den anderen Kriegshäuptlingen überließ. Man konnte sich in der Hauptstadt bewegen, doch wenn man nur zwanzig bis dreißig Kilometer hinausfuhr, war da plötzlich eine Straßensperre, besetzt mit Soldaten aus Ghana, Guinea oder Sierra Leone. Diese hielten alle Reisenden an – weiter konnte man nicht fahren.

Hinter der Straßensperre begann die Hölle, in die nicht einmal diese bis an die Zähne bewaffneten Soldaten einen

Blick zu werfen wagten. Denn das war das Gebiet, in dem die liberianischen Kriegshäuptlinge herrschten. Jene Kriegshäuptlinge, von denen es auch in anderen afrikanischen Ländern so viele gibt, die Herren, die Lords des Krieges – die Warlords.

Ein Warlord ist ein ehemaliger Offizier, Exminister oder Parteifunktionär oder ein anderer Typ, der besessen ist von der Gier nach Macht und Geld, ohne Skrupel, rücksichtslos und stark, der den Zerfall des Staates (zu dem er selbst beigetragen hat und beiträgt) ausnützt, um für sich selbst einen informellen Ministaat herauszuschneiden, in dem er wie ein Diktator herrscht. In den meisten Fällen stützt sich der Warlord dabei auf einen Klan oder Stamm, dem er angehört. Die Warlords säen in Afrika den Stammes- und Rassenhaß. Das werden sie allerdings nie zugeben. Sie verkünden stets, daß sie an der Spitze einer Bewegung oder Partei stehen, die allgemeine nationale Ziele verfolgt. In den meisten Fällen ist das eine Bewegung für die Befreiung von irgend etwas oder zum Schutz der Demokratie oder Unabhängigkeit. Mit weniger hohen Idealen geben sie sich gar nicht ab.

Wenn er sich einmal so einen Namen ausgesucht hat, beginnt der Warlord damit, eine Armee anzuwerben. Das ist nicht weiter schwierig. In jedem Land, in jeder Stadt gibt es Tausende von hungrigen und arbeitslosen Burschen, die davon träumen, in die Mannschaft eines Warlords aufgenommen zu werden. Denn der Führer gibt ihnen Waffen und, was genauso wichtig ist, ein Gefühl der Zugehörigkeit. Meist wird ihr Caudillo ihnen nichts bezahlen. Er sagt ihnen – da habt ihr Waffen, verschafft euch selber was zu essen. Mehr brauchen sie nicht: Sie wissen dann, was sie zu tun haben.

Waffen sind leicht zu beschaffen. Sie sind billig, und es gibt sie überall in Mengen. Außerdem haben die Warlords Geld. Entweder haben sie es von staatlichen Institutionen gestohlen (als Minister oder Generäle), oder sie schöpfen Profite daraus, daß sie Teile des Landes okkupieren, die einen wirtschaftlichen Wert darstellen, wo es Gruben, Fabriken, Wälder, die man fällen kann, Seehäfen, Flughäfen gibt. Taylor in Liberia oder Savimbi in Angola zum Beispiel halten Gebiete besetzt, in denen sich Diamantengruben befinden. Ein Krieg um Diamanten wurde in der Provinz Kasai im Kongo geführt, und in Sierra Leone geht dieser Krieg schon seit Jahren. Im übrigen bringen nicht nur Bergwerke Geld. Auch Straßen und Flüsse sichern ordentliche Einkünfte: Man kann dort Sperren errichten und von jedem Maut erheben.

Eine unerschöpfliche Quelle des Profits ist für die Warlords die internationale Hilfe für die arme, hungernde Bevölkerung. Von jedem Transport nehmen sie sich so viele Säcke Getreide und Liter Öl, wie sie brauchen. Denn hier regiert das Gesetz, das da lautet: Wer Waffen hat, der schlägt sich als erster den Bauch voll. Die Hungernden bekommen, was übrigbleibt. Die internationalen Organisationen stehen vor einem Dilemma: Wenn sie den Räubern nichts abgeben, lassen die überhaupt keine Hilfstransporte durch, und die Hungernden sterben. Man gibt also den Warlords, was sie haben wollen, in der Hoffnung, daß vielleicht doch ein Rest die Hungerleidenden erreicht.

Die Warlords sind zugleich Ursache und Produkt der Krise, in die viele Länder des Kontinents in der postkolonialen Ära geschlittert sind. Wenn wir hören, daß ein afrikanischer Staat mit Problemen zu kämpfen hat, können wir sicher sein, daß dort bald Warlords auftauchen werden. In Angola, im Sudan, in Somalia, im Tschad, überall gibt es sie, überall haben sie das Sagen. Was macht so ein Warlord? Theoretisch kämpft er gegen andere Warlords. Doch das muß nicht unbedingt der Fall sein. Meist ist der Warlord damit beschäftigt, die wehrlose Bevölkerung des eigenen Landes auszuplündern. Der Warlord ist das Gegenteil eines Robin Hood. Robin Hood hat den Reichen genommen, um die Armen zu beschenken. Der Warlord nimmt den Armen, um sich selber zu bereichern und seine Bande satt zu machen. Wir bewegen uns hier in einer Welt, in der die Not die einen zum Tode verurteilt und die anderen zu Monstren macht. Die einen sind die Opfer, die anderen die Henker. Dazwischen existiert dort niemand.

Seine Opfer hat der Warlord bei der Hand. Er braucht nicht lange nach ihnen zu suchen: Es sind die Bewohner der umliegenden Dörfer und Kleinstädte. Seine Bande halbnackter Condottieri, mit zerfetzten Adidas an den Füßen, durchstöbert pausenlos das Gebiet des Warlords auf der Suche nach Raubgut und Beute. Für diese verwilderten, hungrigen, oft unter dem Einfluß von Rauschgift stehenden armen Schlucker ist alles begehrenswert. Eine Handvoll Reis, ein altes Hemd, ein Stück Decke, ein Tontopf sind Objekte ihres Verlangens, Gegenstände, die für sie einen Wert besitzen, sie vor Gier zittern lassen, ein Leuchten in ihren Augen hervorrufen. Doch die Menschen haben schon ihre Erfahrungen mit ihnen gemacht. Auf die Nachricht hin, daß sich die Bande eines Warlords nähert, schnüren alle im ganzen Gebiet ihre Bündel und machen sich aus dem Staub. Das sind dann die kilometerlangen Kolonnen von Menschen, die man in Europa und in Amerika im Fernsehen sieht.

Schauen wir uns die Leute genauer an, die da marschieren. Meist sind es Frauen und Kinder. Denn die Kriege der Warlords richten sich gegen die Schwächsten. Gegen diejenigen, die sich nicht zur Wehr setzen können. Die dazu nicht imstande sind, die keine Waffen haben. Und achten wir auch darauf, was die Frauen tragen. Sie tragen auf dem Kopf ein Bündel oder eine Schüssel mit den notwendigsten Dingen – ein kleines Säckchen Reis oder Hirse, ein Löffel, ein Messer, ein Stück Seife. Mehr besitzen sie nicht. Dieses Bündel, diese Schüssel, das ist ihre ganze Habe, das ist alles, was sie in ihrem Leben erwirtschaftet haben, ihr ganzer Reichtum, mit dem sie ins 21. Jahrhundert eintreten.

Die Zahl der Warlords wächst. Sie sind eine neue Kraft, die neuen Herrscher. Sie nehmen sich die besten Bissen, die reichsten Gebiete eines Landes, was zur Folge hat, daß der Staat, selbst wenn er am Leben bleibt, schwach, arm und kraftlos sein muß. Daher versuchen sich die Staaten zur Wehr zu setzen, sie schließen sich zusammen und gehen Bündnisse ein, um auf diese Weise für ihr Überleben zu kämpfen. Das ist der Grund, weshalb es in Afrika so wenige Kriege zwischen den Staaten gibt, denn diese Staaten verbindet alle dasselbe Elend, sie sitzen alle im selben Boot, sind gleichermaßen gefährdet. Dagegen gibt es zahlreiche Bürgerkriege, das heißt Kriege, in deren Verlauf die Warlords das Land unter sich aufteilen und seine Bewohner, die Rohstoffe und den Boden ausplündern.

Es kommt allerdings auch vor, daß die Warlords zur Auffassung gelangen, daß alles, was sich rauben läßt, schon geraubt wurde und daß die bisherigen Quellen der Bereicherung versiegt sind. Dann beginnen sie einen sogenannten

Friedensprozeß. Sie berufen eine Konferenz der kämpfenden Parteien ein (eine sogenannte *warring factions conference*), unterzeichnen Abkommen und setzen einen Wahltermin fest. Als Antwort darauf erteilt ihnen die Weltbank alle möglichen Anleihen und Kredite. Jetzt sind die Warlords sogar noch reicher, als sie vorher schon waren, weil man von der Weltbank viel mehr kriegen kann als von seinen hungernden Landsleuten.

John und Zado kamen in mein Hotel. Sie nahmen mich in die Stadt mit. Doch zuerst wollten wir etwas trinken gehen, denn seit dem frühen Morgen herrschte quälende Hitze. Sogar um diese Tageszeit war die Bar voll, die Menschen hatten Angst, auf die Straße zu gehen, hier fühlten sie sich sicherer. Afrikaner, Europäer, Inder. Einen von ihnen hatte ich schon früher einmal kennengelernt. James P., ein pensionierter Kolonialbeamter. Was er hier treibt? Er beantwortete die Frage nicht, lächelte nur und machte eine vage Handbewegung. An klebrigen, wackligen kleinen Tischen saßen beschäftigungslose Prostituierte. Schwarz, verschlafen, sehr hübsch. Der Besitzer, ein Libanese, beugte sich über die Theke und flüsterte mir ins Ohr: »Das sind alles Diebe. Sie wollen Geld machen und nach Amerika fahren. Alle handeln mit Diamanten. Die kaufen sie für ein paar Cents von den Warlords und schaffen sie mit russischen Flugzeugen in den Nahen Osten.« – »Mit russischen?« fragte ich verblüfft. »Ja«, sagte er, »fahr zum Flughafen. Dort stehen russische Maschinen, mit denen die Diamanten in den Nahen Osten gebracht werden. In den Libanon, den Jemen, nach Dubai – dorthin die meisten.«

Während unseres Gesprächs hatte sich die Bar auf einmal geleert. Sie erschien plötzlich geräumig. »Was ist geschehen?« fragte ich den Libanesen. »Sie haben gesehen, daß du einen Fotoapparat hast. Da sind sie lieber gegangen, sie wollen nicht fotografiert werden.«

Auch wir traten ins Freie. Auf der Stelle umhüllte uns feuchte, schwüle Luft. Man wußte nicht, wohin man sich wenden sollte. Drinnen war es heiß, draußen ebenfalls. Man konnte nicht gehen, nicht sitzen, nicht liegen, nicht fahren. Diese

Temperatur tötet im Menschen jede Energie ab, jedes Gefühl, jede Wißbegierde. Woran man dann denkt? Wie man den Tag überstehen kann. Der Morgen ist vorbei. Oh, die Mittagszeit haben wir hinter uns gebracht. Endlich beginnt es zu dämmern. Doch die Dämmerung bringt keine Erleichterung, macht es nicht besser. Die Abenddämmerung ist genauso stickig, klebrig und dampfend. Und der Abend? Der Abend schwitzt glühenden Dunst aus, der einem den Atem nimmt. Und die Nacht? Die Nacht legt sich um unseren Körper wie ein feuchtes, heißes Leintuch.

Zum Glück kann man hier vieles direkt neben dem Hotel erledigen. Also zuerst – Geld wechseln. Im Umlauf befindet sich nur ein Wert, eine Banknote: fünf liberianische Dollar. Das entspricht ungefähr fünf amerikanischen Cents. Auf den Wechseltischen in den Straßen liegen große Pakete von Fünfdollar-Noten. Wenn man etwas kaufen will, braucht man eine ganze Tasche voll Geld. Doch unsere Transaktion ist einfach: An einem Tisch wechseln wir Geld, am nächsten kaufen wir Benzin. Benzin wird in Literflaschen verkauft, die Tankstellen sind geschlossen, es gibt nur den Schwarzmarkt. Ich schaue, wieviel die Menschen einkaufen – sie kaufen einen Liter, zwei: Sie haben kein Geld. John ist reich, er kauft gleich zehn Liter.

Wir fahren. Ich schaue, was John und Zado mir zeigen wollen. Zuerst müssen wir uns die imponierenden Dinge ansehen. Imponierende Dinge sind amerikanische Objekte. Außerhalb Monrovias beginnt nach ein paar Kilometern Fahrt ein gigantischer metallener Wald. Zahllose Masten. Massive, hohe Masten, aus denen noch höher ragende Verästelungen, Fühler, Netze, Stäbe und Drähte wachsen. Diese Konstruktionen ziehen sich kilometerlang dahin, irgendwann habe ich den Eindruck, wir seien in eine Science-fiction-Welt geraten, in eine nur für sich existierende, unbegreifliche Welt. Es handelt sich um eine Relaisstation des Senders Voice of America für Europa, Afrika und den Nahen Osten, die aus der Ära vor den Satelliten, aus der Zeit des Zweiten Weltkrieges, stammt und nun still und verlassen daliegt und vom Rost zerfressen wird.

Dann fahren wir ans andere Ende der Stadt, wo sich vor unserem Blick eine weite, mit Gras bewachsene Ebene auftut, die ein Rollfeld aus Beton zerschneidet. Das ist der Flughafen Robertsfield, der größte in Afrika, einer der größten in der Welt. Jetzt liegt er leer da, verlassen, zerstört, geschlossen (nur der kleine Flughafen in der Stadt, auf dem ich gelandet bin, ist geöffnet). Das Flughafengebäude ist zerbombt, das Rollfeld von Granat- und Bombentrichtern durchlöchert.

Schließlich das größte Objekt, ein Staat im Staat, die Kautschukplantage von Firestone. Doch dorthin kommen wir nicht so leicht, weil wir unterwegs immer wieder auf Militärposten stoßen. Vor jedem ist eine Barriere errichtet, an der man anhalten muß. Anhalten und warten. Nach einiger Zeit tritt ein Soldat aus der Hütte. Aus der Hütte oder auch hinter den Sandsäcken hervor – das ist verschieden. Er fragt uns, wer und was wir sind? Die Langsamkeit seiner Bewegungen, seine wenigen Worte, eher Silben, sein unbestimmter, rätselhafter Blick, seine Nachdenklichkeit und tiefsinnige Miene sollen Person und Funktion der Wache Bedeutung und Autorität verleihen. – Dürfen wir weiterfahren? Bevor er antwortet, wischt er sich den Schweiß vom Gesicht, rückt die Waffe zurecht, begutachtet das Auto von allen Seiten, bevor, bevor .... John beschließt endlich, umzukehren, wir würden vor dem Abend nicht hinkommen, und mit Einbruch der Dämmerung sind alle Straßen gesperrt, und dann wissen wir nicht, was wir machen sollen.

Wir sind wieder in der Stadt. Sie bringen mich zu einem Platz, auf dem Trümmer des gesprengten Denkmals von Präsident Tubman liegen, über die bereits Unkraut wuchert. Dieses Denkmal ließ Doe zerstören, um zu zeigen, daß die Herrschaft der ehemaligen Sklaven aus Amerika beendet war, daß nun das unterdrückte Volk von Liberia die Macht übernommen hatte. Wenn hier etwas kaputtgeht, zerschlagen und zerstört wird, dann wird es so belassen. Auf der Fahrt kommen wir an einem Baum vorüber, aus dem die verrosteten Teile einer Karosserie ragen: Vor Jahren fuhr gegen diesen Baum ein Auto, dessen Reste heute noch in seinem Stamm stecken. Wenn ein Baum auf die Straße stürzt, räumen die Menschen ihn nicht weg, sie weichen übers Feld aus, trampeln einen neuen Weg. Ein unvollendetes Haus bleibt unvollendet, ein verfallenes läßt man weiter verfallen. Ähnlich ist es mit diesem Denkmal. Sie denken nicht daran, es wieder aufzubauen, aber sie schaffen auch die Trümmer nicht weg. Der Akt der Zerstörung hat die Sache erledigt: Wenn irgendwelche materiellen Spuren geblieben sind, so haben sie nichts zu bedeuten, sie haben kein Gewicht mehr, daher braucht man sich auch nicht mehr darum zu kümmern.

Nicht weit von dort, etwas näher beim Hafen und Meer, halten wir auf einem leeren Platz, vor entsetzlich stinkenden Bergen von Abfall. Ich sehe, wie Ratten über die Haufen rennen. In der Luft kreisen Geier. John springt aus dem Wagen und verschwindet zwischen heruntergekommen Hütten neben den Müllbergen. Nach einiger Zeit kehrt er mit einem alten Mann zurück. Wir folgen ihm. Ich schüttle mich vor Ekel, weil die Ratten völlig furchtlos zwischen unseren Füßen hin und her wieseln. Ich halte mir die Nase zu, ich glaube zu ersticken. Schließlich bleibt der Alte stehen und deutet auf einen Haufen fauligen Abfalls. Er sagt etwas. »Er hat gesagt, daß sie hier den Leichnam Does hingeworfen haben«, übersetzt Zado. »Irgendwo hier, an dieser Stelle.«

Um wieder bessere Luft zu atmen, fahren wir noch zum Fluß des Heiligen Paul. Der Fluß ist die Grenze zwischen Monrovia und der Welt der Warlords. Über den Fluß führt eine Brücke. Auf der Seite von Monrovia stehen in langen Reihen die Hütten und Zelte eines Flüchtlingslagers. Hier gibt es auch einen riesigen Markt – das bunte Königreich aufgeregt und schrill durcheinander rufender Händlerinnen. Die Leute vom anderen Flußufer, aus dem Inneren der Hölle der Warlords, aus dieser von Terror, Hunger und Tod regierten Welt, dürfen auf unsere Seite herüberkommen, um hier einzukaufen, doch sie müssen ihre Waffen ablegen, bevor sie die Brücke betreten. Ich sehe, wie sie, schon über der Brücke, auf unserer Seite, stehenbleiben, immer noch mißtrauisch und unsicher, überrascht, daß so eine normale Welt existiert. Und wie sie ihre Hände ausstrecken, als handle es sich um etwas Materielles, etwas, das man anfassen kann.

Dort sehe ich auch einen Menschen, der völlig nackt ist, aber eine Kalaschnikow geschultert hat. Die Menschen machen ihm Platz, weichen ihm aus. Er ist wohl verrückt. Ein Verrückter mit einer Kalaschnikow.

Der träge Fluss. In Jaunde erwartet mich der junge Missionar Stanisław Gurgul, ein Dominikaner. Er nimmt mich mit in die Wälder von Kamerun. »Doch zuerst fahren wir nach Bertua«, sagt er. Nach Bertua? Ich weiß nicht, wo das liegt. Ich war nie dort. Ich hatte nicht einmal gewußt, daß Bertua existiert! Unsere Erde, unser Planet, das sind Tausende, Zehntausende Orte, die alle ihre Namen haben (zusätzlich werden diese in den verschiedenen Sprachen unterschiedlich geschrieben oder ausgesprochen, was ihre Zahl noch weiter vermehrt), und es gibt deren so unermeßlich viele, daß der Mensch, der sich auf die Reise begibt, außerstande ist, auch nur ein Prozent davon im Gedächtnis zu behalten. Oder unser Gedächtnis ist – auch das ist häufig der Fall – mit den Namen von Ortschaften, Regionen und Ländern total vollgestopft, die wir schon mit keinem Bild, keiner Ansicht, keiner Landschaft, keinem Ereignis oder Gesicht mehr in Verbindung bringen können. Dazu kommt, daß wir alle durcheinanderwerfen, sie verwechseln, so daß sich alles verwischt. Die Oase Sodori versetzen wir nach Libyen statt in den Sudan, die Kleinstadt Tefé – nach Laos statt nach Brasilien, den kleinen Fischerhafen Galle – nach Portugal, statt dorthin, wo er tatsächlich liegt – nämlich in Sri Lanka. Die Einheit der Welt, die in der erfahrbaren Wirklichkeit so schwer herzustellen ist, findet in unseren Gehirnen, in den Schichten der durcheinandergeratenen und verwirrten Erinnerung ihre Erfüllung.

Von Jaunde nach Bertua sind es dreihundertfünfzig Kilometer nach Osten, in Richtung Zentralafrikanische Republik und Tschad, auf einer Straße, die über sanfte, grüne Hügel führt, durch Kaffee-, Kakao-, Bananen- und Ananasplantagen. Unterwegs stoßen wir immer wieder, wie das in Afrika häufig ist, auf Polizeiposten. Stanisław hält den Wagen an, steckt den Kopf aus dem Fenster und sagt: *»Évêché Bertoua!«* (Bistum Bertua). Das wirkt augenblicklich und fast magisch. Alles, was mit der Religion zu tun hat, mit übernatürlichen Kräften, mit der Welt des Ritus und Geistes, mit etwas, was man nicht sehen und berühren kann, was aber doch existiert, und zwar realer existiert als alle gegenständliche Stofflichkeit – ruft in Afrika Achtung, Hochschätzung, Respekt und vielleicht auch ein wenig Furcht hervor. Wir wissen schließlich, wie das ausgeht, wenn wir mit einem höheren Wesen, das geheimnisvoll und unergründlich herrscht, unsere Scherze treiben – das geht immer schlecht aus. In Wahrheit geht es jedoch um mehr. Hier wird nämlich die Frage nach dem Ursprung und Wesen des Seins berührt. Das Denken der Afrikaner, denen ich in vielen Jahren begegnete, ist tief religiös: *»Croyez-vous en Dieu, monsieur?«* (Glauben Sie an Gott?) Diese Frage erwartete ich immer, ich wußte, daß sie kommen würde, weil sie mir schon so viele Male gestellt worden war. Und ich wußte, daß derjenige, der mir diese Frage stellte, mich in diesem Moment aufmerksam mustern, jedes Zucken in meinem Gesicht registrieren würde. Ich war mir der Bedeutung dieses Augenblicks, des ihm innewohnenden Sinnes sehr genau bewußt. Ich spürte, daß die Form meiner Antwort die gegenseitigen Beziehungen, auf jeden Fall aber die Beziehung zu dem, der mir die Frage stellte, entscheidend beeinflussen würde. Und wenn ich dann sagte: *»Oui, j'en crois.«* (Ja, ich glaube) – sah ich seinem Gesicht an, wie erleichtert er war, wie die Spannung und Sorge schwanden, die vorher dagewesen waren, weil ihn das mit mir verbrüderte und ihm erlaubte, die Barriere der Hautfarbe, des Status und Alters zu überwinden. Die Afrikaner schätzen und lieben es, einem anderen Menschen auf dieser höheren geistigen Ebene zu begegnen, die sich nicht in Worte fassen und definieren läßt, deren Existenz und Wert aber jeder instinktiv und spontan spürt.

Im allgemeinen muß das keine konkrete Gottheit sein. Eine, die man benennen, deren Aussehen und Merkmale man beschreiben kann. Es handelt sich eher um den ungebrochenen Glauben an die Existenz eines Höchsten Wesens, das erschafft und herrscht und auch den Menschen mit jener geistigen Substanz erfüllt, die ihn über die Welt der verstandlosen Tiere und toten Dinge erhebt. Dieser demütige und innige Glaube an das Höchste Wesen bewirkt, daß man seinen Gesandten und irdischen Vertretern besondere Hochachtung und Reverenz entgegenbringt. Dieses Privileg gilt im übrigen für die ganze, hier ungemein zahlreiche Schicht von Geistlichen der verschiedensten Glaubensrichtungen, Kirchen und Kongregationen, von denen die katholischen Missionare nur einen geringen Prozentsatz ausmachen. Die Scharen der islamischen

Mullahs und Marabuts, der Minister Hunderter Sekten und christlicher Splittergruppen, und schließlich auch der Kapläne afrikanischer Götter und Kulte sind nämlich gar nicht zu zählen. Trotz einer gewissen Konkurrenz untereinander ist die Toleranz in diesen Kreisen erstaunlich groß, und die gewöhnlichen Menschen begegnen ihnen allen voll Hochachtung.

Als daher Pater Stanisław den Wagen anhielt und zu den Polizisten sagte: »*Évêché Bertoua!*«, kontrollierten diese keine Dokumente, durchsuchten nicht den Wagen, verlangten kein Schmiergeld, sondern lächelten nur, machten eine zustimmende Handbewegung und ließen uns weiterfahren.

Nach einer Nacht, die wir im Gebäude der Kurie in Bertua verbrachten, fuhren wir gemeinsam zu einem Dorf, das Ngura heißt und hundertfünfundzwanzig Kilometer entfernt ist. Es ist in Afrika jedoch irreführend und hat wenig zu sagen, wenn man die Entfernung in Kilometern angibt. Wenn man auf einer guten Asphaltstraße reist, kann man diese Strecke in einer Stunde zurücklegen, doch wenn man in einer entlegenen, unwegsamen Gegend unterwegs ist, braucht man einen Tag, und in der Regenzeit sogar zwei oder drei. Daher fragt man in Afrika für gewöhnlich nicht: »Wieviel Kilometer?«, sondern: »Wie lange brauche ich?«, wobei ich in diesem Augenblick instinktiv in den Himmel hinauf schaue – wenn die Sonne scheint, genügen zum Beispiel drei, vier Stunden, doch wenn sich Wolken zusammenballen und wir in ein Unwetter geraten, kann man nicht wissen, wann man dort eintrifft.

Ngura ist die Pfarre des Missionars Stanisław Stanisławek, der jetzt mit seinem Wagen vor uns fährt, um uns dorthin zu geleiten. Wir können nur mit seiner Hilfe hinfinden. Wenn wir in Afrika eine der wenigen Hauptstraßen verlassen, sind wir sofort ohne Orientierung. Es gibt keine Wegweiser, Aufschriften, Zeichen. Es gibt keine genauen Karten. Und obendrein können dieselben Wege je nach Jahreszeit, Wetter, Wasserstand und Reichweite der hier immer wieder vorkommenden Buschbrände ganz unterschiedlich verlaufen.

Die einzige Rettung ist ein Einheimischer, der die Umgebung kennt, die Landschaft zu lesen versteht, die für uns nur eine nichtssagende Anhäufung von Symbolen und Zeichen darstellt, genauso unverständlich und geheimnisvoll wie chinesische Schriftzeichen. Denn: »Was sagt dir dieser Baum dort?« – »Nichts!« – »Nichts? Er sagt dir doch, daß du jetzt nach links abbiegen mußt, weil du sonst in die Irre fährst. Und dieser Stein?« – »Dieser Stein? Auch nichts!« – »Nichts? Siehst du denn nicht, daß dieser Stein das Zeichen ist, sich unverzüglich nach rechts zu wenden, scharf rechts, denn weiter ist nur mehr unwegsames, menschenleeres Gelände, lauert der Tod?«

Auf diese Weise wird der Einheimische, der unauffällige, bloßfüßige Kenner der Landschaftszeichen, der ihre geheimnisvollen Hieroglyphen flüssig zu lesen versteht, zu unserem Führer und Retter. Jeder einzelne dieser Menschen führt in seinem Gedächtnis seine eigene kleine Geographie, sein privates Bild der ihn umgebenden Welt mit, ein Wissen und eine Fertigkeit, die ihm während des schlimmsten Orkans, in der schwärzesten Finsternis ermöglichen, den Heimweg zu finden und sich damit zu retten.

Pater Stanisław ist schon seit Jahren hier, er führt uns daher mühelos durch das verschlungene Labyrinth dieser Gegend. Endlich kommen wir zu seiner Pfarrei. Es ist eine ärmliche, unscheinbare Baracke, in der die Dorfschule untergebracht war, die nun geschlossen ist, weil es keinen Lehrer gibt. Eine Klasse dient als Wohnung des Priesters: ein Bett und ein Tisch, ein Kocher, eine Petroleumlampe. In der nächsten Klasse ist die Kapelle. Neben der Baracke steht die Ruine einer kleinen, verfallenen Kirche. Es ist jetzt Aufgabe und wichtigstes Ziel des Missionars, eine neue Kirche zu bauen. Eine schreckliche Plackerei, eine Arbeit auf Jahre hinaus. Er hat kein Geld, keine Leute für die Arbeit, keine Materialien, keine Transportmittel. Die ganze Hoffnung ruht auf dem alten Auto des Priesters, darauf, daß es nicht auseinanderfällt. Denn dann käme alles zum Stillstand: der Kirchenbau, der Unterricht des Evangeliums, die Rettung der Seelen.

Dann fahren wir über die Kuppen von Hügeln (unter uns dehnt sich eine Ebene, überzogen mit dem grünen Geflecht dichten, undurchdringlichen Waldes, riesig, grenzenlos wie das Meer) bis zu einer Siedlung von Goldgräbern, die in dem in trägen Windungen dahinströmenden Ngabadi nach Reichtümern schürfen. Es ist bereits Nachmittag, und weil es hier keine Dämmerung gibt und die Dunkelheit in der nächsten Minute hereinbrechen kann, schauen wir zuerst zu der Stelle, wo die Schürfer arbeiten.

Am Grund einer tiefen Schlucht fließt der Fluß dahin. Sein seichter Boden ist mit Sand oder Schotter bedeckt. Jeder Zentimeter des Flußbodens wird umgewühlt, überall sieht man tiefe Trichter, Höhlen, Gruben und Löcher. Auf diesem Schlachtfeld wimmeln Massen schwarzer, halbnackter Menschen durcheinander, denen Schweiß und Wasser herunterrinnen und die sich in einem Zustand der Trance befinden. Denn dieser Ort hat sein eigenes Klima, eine Atmosphäre der Erregung, der Habgier, der Begehrlichkeit, des Hasards, er hat etwas von einem düsteren Spielkasino an sich. Als drehte sich hier irgendwo ein unsichtbares, doch deutlich spürbares Roulette, das seine kapriziöse Scheibe tanzen läßt. Doch vor allem ertönen aus der Schlucht das dumpfe Geräusch der Hauen, die den Schotter umwühlen, das Scharren des Sandes, der durch Handsiebe geworfen wird, und das monotone Geraune – keine Rufe und kein Gesang – der unten in der Schlucht arbeitenden Menschen. Es sieht nicht so aus, als würden die Goldgräber viel finden, sich große Reichtümer erschürfen. Sie graben einen Kanal, gießen Wasser hinein, sieben den Sand, schauen ihn auf der Handfläche gegen das Licht durch und werfen dann alles in den Fluß zurück.

Und doch finden sie manchmal etwas. Man braucht nur auf die Höhe über der Schlucht zu blicken, auf die Kuppen der Hügel. Dort stehen im Schatten von Mangobäumen, unter den durchscheinenden Schirmen von Akazien und ausgefransten Palmen die Zelte von Arabern. Das sind die Goldhändler aus der Sahara, aus dem benachbarten Niger, aus N'Djamena und aus Nubien. Gekleidet in helle Galabijas, mit schneeweißen, sorgfältig geknoteten Turbanen sitzen sie untätig am Eingang ihrer Zelte, trinken Tee und rauchen verzierte Nargilehs. Von Zeit zu Zeit klettert einer der erschöpften Gräber vom Grund der menschengefüllten Schlucht zu ihnen hinauf. Er kauert sich vor dem Araber nieder, holt ein Stück Papier heraus und entfaltet es. Auf dem zerknitterten Blatt liegen ein paar Körnchen Goldsand. Der Araber betrachtet sie gleichgültig, überlegt, rechnet. Er sagt einen Preis. Der schwarze, schmutzige Kameruner, der Gebieter dieses Bodens und Flusses, denn schließlich ist das hier sein Land und auch sein Gold, kann sich nicht dagegen auflehnen, kann nicht um einen besseren Preis feilschen. Ein anderer Araber würde ihm genauso wenig geben. Und der nächste ebenfalls. Der Preis ist überall gleich. Hier herrscht ein Monopol.

Die Dunkelheit bricht herein, die Schlucht leert sich und es wird still, man sieht nicht mehr bis hinunter, dort ist nur noch ein schwarzes, erloschenes Loch. Wir gehen zur Siedlung, die Colomine heißt. Ein eilig zusammengebautes Städtchen, so provisorisch und billig, daß es den Bewohnern nicht leid tun wird, es zu verlassen, wenn das Gold im Fluß versiegt. Hütte steht eng neben Hütte, Bude an Bude – so ziehen sich die Straßen der Slums dahin, alle auf die Hauptstraße mit ihren Bars und Läden ausgerichtet, in denen das Abend- und Nachtleben wogt. Überall brennen Lampen, Funzeln, Öllichter und Kerzen, und auf der Erde glosen Holzkloben und Scheite. Was ihr Schein aus der Dunkelheit holt, sind flackernde Momentaufnahmen. Hier huschen ein paar Silhouetten vorüber, dort taucht ein Gesicht aus dem Dunkeln, blitzt ein Auge auf, streckt sich eine Hand aus. Dieser Streifen Blech ist ein Dach, was dort aufblinkt, ist ein Messer, und dort sieht man ein Stück Brett, von dem man nicht weiß, wozu es dient. Nichts verbindet diese Dinge miteinander, es entsteht kein Gesamtbild, kein Ganzes. Wir wissen nur, daß sich die Dunkelheit um uns herum bewegt, daß sie Gestalten in sich birgt und Stimmen. Daß wir mit Hilfe des Lichts diese Welt hervorholen und betrachten können, doch sobald das Licht erlischt, entgleitet uns alles und verschwindet wieder. Ich habe in Colomine Hunderte von Gesichtern gesehen, Dutzende von Gesprächen gehört, bin an zahlreichen Menschen vorübergekommen, die herumschlenderten, geschäftig herumrannten, irgendwo hockten. Doch weil diese Bilder im flackernden Schein der Lampen immer nur kurz aufblitzten, nur fragmentarisch und rasch auftauchten und wechselten, konnte ich keines der Gesichter mit einer Gestalt und auch keine Stimme mit einem konkreten Menschen in Verbindung bringen, den ich dort getroffen habe.

Am Morgen fuhren wir nach Süden, zum Großen Wald. Doch zuerst kamen wir zum Fluß Kadei (ein Nebenfluß des Sangha, der auf der Höhe von Yumba und Bolobo in den Kongo mündet), der sich seinen Weg durch den Dschungel bahnt. In Bestätigung des hier geltenden Prinzips, wonach ein Ding, das kaputtgeht, nie repariert wird, schaute unsere Fähre aus, als besäße sie nur mehr Schrottwert. Doch auf ihr turnten drei kleine Jungen herum, die es zuwege brachten, dieses Monstrum in Bewegung zu setzen. Die Fähre war eine riesige, quadratische, flache Metallschachtel, über der ein Stahlseil über den Fluß gespannt war. Indem sie eine quietschende Kurbel drehten, wobei sie sich eine Technik von Anspannen und Nachlassen zunutze machten, bewegten die Jungen – langsam, ganz langsam – die Fähre (mit uns und dem Auto darauf) von einem Ufer zum anderen. Natürlich kann diese Operation nur gutgehen, wenn das Wasser träge und schläfrig dahinfließt. Es hätte genügt, daß sich die Strömung belebte, rascher bewegte, und wir wären, mitgerissen von Kadei, Sangha und schließlich Kongo, im Atlantik gelandet.

Die Weiterfahrt ist ein Eintauchen in den Großen Wald, ein Untertauchen, ein bis zum Grund Hinuntertauchen in die Labyrinthe, Gänge und Unterwelten einer fremden, grünen, düsteren, undurchdringlichen Welt. Der tropische Große Wald läßt sich mit keinem Wald in Europa oder dem Dschungel des Äquators vergleichen. Die Wälder Europas sind schön und vielfältig, doch sie sind von durchschnittlicher Größe und ihre Bäume von mäßiger Höhe – wir können uns vorstellen, auf den Wipfel sogar der höchsten Esche oder Eiche zu klettern. Der Dschungel wiederum ist eine Zusammenballung, ein zu einem einzigen gigantischen Knoten verschlungenes Gewirr von Zweigen, Wurzeln, Büschen und Lianen, er ist die reine Biologie, die sich in der Schwüle und Dichte vermehrt, ein grüner Kosmos.

Der Große Wald ist anders. Er ist monumental, seine Bäume ragen dreißig und fünfzig Meter und noch höher empor, sie sind gigantisch, stehen kerzengerade und frei, halten eine deutliche Distanz zueinander, wachsen faktisch ohne Unterholz aus dem Boden. Als ich nun in diesen Großen Wald fahre, in diese himmelhoch ragenden Sequoien, Mahagonibäume, Sapelli und Iroken, habe ich das Gefühl, über die Schwelle einer großen Kathedrale zu treten.

Die Fahrt auf den Straßen, die hier hindurchführen, ist oft eine Tortur. Es gibt Stellen, die so löchrig und wellig sind, daß man gar nicht richtig fahren kann, der Wagen schaukelt wie ein vom Sturm gebeuteltes Schiff, jeder Meter ist eine Qual. Die einzigen Wagen, die mit diesen Fahrbahnen leicht fertig werden, sind riesige Lastwagen mit Motoren, so groß wie die Leiber von Dampflokomotiven, mit denen Franzosen, Italiener, Griechen und Holländer die Bäume von hier wegschaffen. Denn der Große Wald wird Tag und Nacht abgeholzt, seine Fläche schrumpft, die Bäume verschwinden. Immer wieder kamen wir zu großen, leeren Lichtungen, auf denen frische, riesige Baumstümpfe aus dem Boden ragten. Das durchdringende Kreischen der Motorsägen war kilometerweit zu hören.

Irgendwo in diesem Wald, in dem wir alle so winzig wirken, leben Menschen, noch kleiner als wir – seine ständigen Bewohner. Man bekommt sie nur selten zu Gesicht. Unterwegs kamen wir an ihren Strohhütten vorüber. Ringsum war niemand zu sehen. Die Besitzer waren irgendwo in der Tiefe des Waldes. Sie jagten nach Vögeln, sammelten Beeren, lauerten Echsen auf, suchten Honig. Vor jedem Haus hingen, an einem Stock oder auf eine Sehne gefädelt, Eulenfedern, die Krallen eines Ameisenbären, der hintere Teil eines Skorpions oder ein Schlangenzahn. Das Geheimnis besteht darin, wie diese Kleinigkeiten angeordnet sind.

Aus der Nacht tauchte eine einfache Dorfkirche und daneben ein ärmliches Haus – die Pfarrei. Wir waren am Ziel. In einem der Zimmer brannte eine Petroleumlampe, der fahle, flackernde Schein fiel durch die offene Tür in den Gang. Wir gingen hinein. Es war dunkel und still. Erst nach einer Weile kam ein großgewachsener, hagerer Mann in weißem Habit heraus. Pater Jan aus Südpolen. Er hatte ein abgezehrtes, verschwitztes Gesicht und große, brennende Augen. Er litt an Malaria, offensichtlich hatte er Fieber, man konnte sich vorstellen, daß in diesem Moment Schauer und Krämpfe durch diesen Körper jagten. Gepeinigt, erschöpft und apathisch, sprach er mit leiser Stimme. Er wollte uns irgendwie angemessen begrüßen, uns etwas anbieten, doch seinen verstörten Gesten, seinem ziellosen Herumgetrippel war zu entnehmen, daß er nichts hatte und nicht wußte, wie er uns einen Empfang bereiten sollte. Aus dem Dorf kam eine alte Frau und wärmte Reis für uns auf. Dazu tranken wir Wasser, später brachte ein Junge eine Flasche Bananenbier. »Warum sitzen Sie hier?« – fragte ich. »Warum fahren Sie nicht weg?« Er machte den Eindruck eines Menschen, in dem bereits ein Teil erloschen ist. Dem etwas verlorengegangen ist. »Ich kann nicht«, antwortete er. »Jemand muß die Kirche beaufsichtigen.« Und er deutete mit der Hand auf die schwarzen Umrisse vor dem Fenster.

Ich legte mich im Nebenzimmer nieder. Ich konnte nicht einschlafen. Plötzlich begannen mir die Worte des ehemaligen Ministrantendienstes durch den Kopf zu gehen. *Pater noster, qui es in caeli … Fiat voluntas tua … sed libera nos a malo …*

Am Morgen schlug der Junge, den ich am Abend gesehen hatte, mit einem Hammer gegen eine an einem Draht hängende verbeulte Felge. Die Felge ersetzte eine Glocke. Stanisław und Jan lasen in der Kirche die Frühmesse. Eine Messe, an der nur der Junge und ich teilnahmen.

MADAME DIUF KEHRT NACH HAUSE ZURÜCK. Anfangs weist nichts auf das hin, was später geschehen wird. Der Bahnhof von Dakar liegt menschenleer im Morgengrauen. Auf den Geleisen steht nur ein Zug, der am Vormittag nach Bamako fährt. Hier verkehren nur wenige Züge. In ganz Senegal existiert nur eine internationale Linie – nach Bamako, die Hauptstadt Malis, und nur eine kurze Inlandslinie – nach Saint Louis. Der Zug nach Bamako verkehrt zweimal in der Woche, der nach Saint Louis einmal am Tag. Meist ist daher am Bahnhof kein Mensch. Es ist sogar schwierig, den Kassierer aufzutreiben, der angeblich gleichzeitig Stationsvorsteher ist.

Erst als die Sonne schon über der Stadt steht, tauchen die ersten Passagiere auf. Gemächlich nehmen sie die Plätze in den Abteilen ein. Die Waggons sind kleiner als in Europa, die

Gleise schmäler, die Abteile enger. Doch anfangs ist genug Platz. Noch auf dem Perron traf ich zwei junge Menschen, Schotten aus Glasgow, die durch Westafrika reisen, von Casablanca nach Niamey. – Warum ausgerechnet von Casablanca nach Niamey? Es fällt ihnen nicht leicht, das zu beantworten. Sie haben das einfach so beschlossen. Sie sind beisammen, das scheint ihnen zu genügen. Was sie in Casablanca gesehen haben? Eigentlich nichts. Und in Dakar? Eigentlich auch nichts. Sie interessieren sich nicht dafür, etwas zu besichtigen. Sie wollen nur fahren. Fahren und fahren. Wichtig ist für sie der ungewöhnliche Weg und das Erlebnis dieses Weges zu zweit. Sie sind einander sehr ähnlich – beide haben eine helle Haut, die in Afrika beinahe durchsichtig wirkt, helle, brünette Haare, zahlreiche Sommersprossen. Ihr Englisch ist sehr schottisch, das heißt – daß ich nicht viel verstehe. Einige Zeit sitzen wir zu dritt im Abteil, doch knapp vor Abfahrt gesellt sich eine dicke, energische Frau in einem weiten, bauschigen, grellbunten Bou-bou (ein einheimisches, bis zu den Knöcheln reichendes Kleid) zu uns. – »Madame Diuf!« – stellt sie sich vor und macht es sich auf der Bank bequem.

Wir fahren los. Der Zug fährt zuerst am alten kolonialen Dakar entlang. Eine schöne Stadt am Meer, pastellfarben, malerisch auf einer Halbinsel zwischen Strand und Terrassen gelegen, ein wenig an Neapel erinnernd, ein wenig an die Villenviertel von Marseille, an die kunstvollen Vorstädte Barcelonas. Palmen, Gärten, Zypressen, Bougainvilleen. Gassen, die eigentlich nur aus Stufen bestehen, Hecken, Rasenflächen, Springbrunnen. Pariser Boutiquen, italienische Hotels, griechische Restaurants. Der Zug beschleunigt das Tempo und läßt diese Ausstellungsstadt, diese Stadt-Enklave, diese Traumstadt hinter sich, da wird es plötzlich, von einer Sekunde zur anderen, finster im Abteil und von draußen ist Lärm zu hören, Kreischen und durchdringende Schreie. Ich stürze ans Fenster, das Edgar (der junge Schotte) erfolglos zu schließen versucht, um die hereindrängenden Wolken von Schmutz, Staub und Unrat draußen zu halten.

Was ist geschehen? Ich sehe, daß die üppigen, blumigen Gärten verschwunden sind, als hätte sie der Erdboden verschluckt, und daß hier die Wüste beginnt, aber eine belebte Wüste, bedeckt mit erbärmlichen Hütten und Buden, ein

Sandmeer, über das sich ein Elendsviertel breitet, das chaotische Gewimmel eines Slums, eines typischen tristen Bidonville, wie sie die meisten afrikanischen Städte verunzieren. Und weil dieses Bidonville hier so eng ist, weil die Buden so knapp nebeneinanderstehen, daß sie geradezu ineinander übergehen, sind der Bahndamm und die Geleise die einzigen möglichen Orte für einen Markt. Daher herrscht hier seit dem Morgengrauen große Geschäftigkeit. Frauen haben in Schüsseln, auf Tassen und kleinen Tischen ihre Waren auf dem Boden ausgelegt: Bananen, Tomaten, Seifen und Kerzen. Sie drängen sich dicht, Ellbogen an Ellbogen, wie das in Afrika üblich ist. Und auf all das fährt der Zug los. Er fährt mit großer Geschwindigkeit, entfesselt, mit Getöse und Pfeifen. Nun greifen alle, mit wildem Geschrei, panisch nach allem, was ihnen unterkommt, was sie packen können, und rennen davon, so schnell ihre Beine sie tragen. Sie können den Platz nicht schon vorher räumen, weil man ja nie weiß, wann der Zug kommt, im übrigen kann man ihn auch nicht schon aus der Entfernung sehen, weil er hier plötzlich um die Kurve saust, so daß ihnen nur ein Ausweg bleibt: sich im letzten Augenblick in Sicherheit zu bringen, in derselben Sekunde, wo der zornfauchende Haufen Alteisen wie eine Rakete daherschießt, schon über ihnen ist.

Durch das Fenster sehe ich die Menge auseinanderstieben, Hände, instinktiv in schützenden Bewegungen hochgeworfen, sehe, wie die Menschen stürzen, den Bahndamm hinunterkollern, wie sie die Köpfe einziehen. Und das alles in Wolken von Staub, von wirbelnden Plastiksäcken, von Papier-, Stoff- und Kartonfetzen.

Es dauert lange, bis wir den Markt durchquert und das zertrampelte Schlachtfeld und die Staubwolken hinter uns gelassen haben. Und auch die Menschen, die nun gewiß versuchen, wieder etwas Ordnung in alles zu bringen. Jetzt fahren wir durch eine weite, ruhige, menschenleere Savanne mit Schirmakazien und Schlehdornbüschen. Madame Diuf sagt, daß der Moment, in dem der Zug den ganzen Markt durcheinanderwirbelt und gleichsam in die Luft jagt, eine ideale Gelegenheit für Diebe sei, die nur auf diesen Augenblick lauern. Die Verwirrung nützend, versteckt hinter dem Staubvorhang, den die Räder der Waggons hochfegen, stürzen sie sich auf die über den Boden verstreuten Waren und stehlen, was sie zu fassen kriegen.

»Ils sont malins, les voleurs!« ruft sie beinahe bewundernd.

Ich sage den jungen Schotten, die zum ersten Mal in diesem Kontinent sind, daß die afrikanischen Städte in den letzten zwei, drei Jahrzehnten ihren Charakter gründlich geändert haben. Was sie vor einem Augenblick sahen – das herrliche mediterrane Dakar und das schreckliche Dakar der Wüste –, illustriert sehr deutlich, was mit diesen Städten geschehen ist. Früher waren die Städte Zentren der Verwaltung, des Handels und der Industrie. Funktionelle Gebilde, die produktive und schöpferische Aufgaben erfüllten. In der Regel waren diese Städte nicht groß, und es wohnten dort nur die Menschen, die in ihnen Arbeit fanden. Das, was von diesen ehemaligen Zentren übriggeblieben ist, macht heute nur mehr ein Stück, einen Bruchteil, ein Fragment der neuen Städte aus, die sogar in kleinen und dünn besiedelten Ländern zu monströsen Ausmaßen angeschwollen sind, sich in gigantische Moloche verwandelt haben. Es stimmt schon, daß die Städte auf der ganzen Welt immer rascher wachsen, weil die Menschen ihre Hoffnung auf ein besseres und leichteres Leben mit der Stadt verknüpfen, doch in Afrika sind zusätzliche Faktoren dazugekommen, die diese Hyperurbanisierung noch verstärken. Der erste Faktor war die Dürrekatastrophe, die in den siebziger und dann auch in den achtziger Jahren den Kontinent heimsuchte. Die Felder sind verdorrt, das Vieh ist eingegangen. Millionen von Menschen sind verhungert. Millionen suchten ihre Rettung in den Städten. Die Städte boten mehr Möglichkeit zum Überleben, weil dort die ausländische Hilfe verteilt wird. Der Transport in Afrika ist zu schwierig und zu teuer, um das Dorf zu erreichen, daher müssen die Bewohner des Dorfes in die Stadt kommen, um in den Genuß von Hilfe zu gelangen. Doch ein Klan, der einmal seine Felder verlassen und seine Herden verloren hat, findet keine Möglichkeit mehr, sie wiederzugewinnen. Diese Menschen sind für immer zur ausländischen Hilfe verurteilt, sie werden nur so lange leben, als keiner diese Hilfe einstellt.

Die Stadt lockte auch mit dem Trugbild des Friedens, mit der Hoffnung auf Sicherheit. Vor allem in Ländern, die von Bürgerkriegen und dem Terror der Warlords heimgesucht wurden. Die Schwachen und Wehrlosen flohen in die Städte, weil sie meinten, dort hätten sie mehr Aussichten, zu überleben. Ich erinnere mich an Kleinstädte im Osten Kenias – Mandera, Garissa – zur Zeit des Krieges in Somalia. Wenn der Abend hereinbrach, kamen die Somalier mit ihren Herden von den Weiden und sammelten sich um diese Nester. In der Nacht leuchteten Feuerringe um diese kleinen Städte. Das waren die Ankömmlinge, die Lampen, Talglichter und Fackeln entzündeten. In der Nähe der Stadt fühlten sie sich besser, sicherer. Im Morgengrauen erlosch dieser Ring. Die Somalier zerstreuten sich und zogen mit ihren Herden zu den weit entfernten Weidegründen.

So haben Dürre und Kriege die Dörfer entvölkert und deren Bewohner in die Städte getrieben. Und dieser Prozeß dauerte jahrelang an. Er erfaßte Millionen, Dutzende Millionen von Menschen. In Angola und im Sudan, in Somalia und im Tschad. Eigentlich überall. Ziehen wir in die Stadt! In diesem Ruf schwang Hoffnung auf Rettung mit, aber auch viel Verzweiflung. Denn dort wurden diese Menschen schließlich von niemandem erwartet, keiner hatte sie gerufen. Sie zogen dorthin, getrieben von Angst, mit dem letzten Rest ihrer Kräfte, um nur irgendwo Unterschlupf zu finden, irgendwie zu überleben.

Ich denke an das Lager, an dem wir auf der Fahrt aus Dakar vorbeigekommen sind, an das Schicksal seiner Bewohner. An die Brüchigkeit ihrer Existenz, die Frage nach deren Ziel und Sinn, eine Frage, die sie im übrigen keinem stellen, nicht einmal sich selbst. Wenn der Lastwagen keine Lebensmittel bringt – verhungern sie. Wenn der Tankwagen kein Wasser bringt – verdursten sie. Es hat für sie keinen Sinn, in die Stadt zu gehen, und ins Dorf können sie nicht mehr zurückkehren. Sie bauen nichts an, sie halten kein Vieh, sie produzieren nichts. Sie lernen nichts. Sie haben keine Adresse, kein Geld, keine Dokumente. Alle haben ihre Häuser verloren, viele ihre Familie. Sie haben niemanden, zu dem sie gehen könnten, um sich zu beklagen, sie haben niemanden, von dem sie etwas erwarten dürften.

Eine immer wichtigere Frage in der Welt lautet nicht, wie man die Menschen ernähren kann, denn an Nahrungsmitteln fehlt es nicht (manchmal geht es nur um die Organisation und den Transport), sondern – was man mit den Menschen tun kann. Was soll man mit diesen vielen Millionen Menschen in der Welt machen? Mit ihren ungenützten Energien? Mit den Kräften, die sie besitzen, die aber keiner zu benötigen scheint? Welchen Platz nehmen diese Menschen in der menschlichen Familie ein? Den Platz vollwertiger Mitglieder? Benachteiligter Verwandter? Lästiger Eindringlinge?

Der Zug wurde langsamer, wir fuhren in eine Station ein. Ich sah, wie eine Menschenmenge auf den Zug zurannte, verzweifelt losstürmte, als handle es sich um eine Schar von Selbstmördern, die sich im nächsten Augenblick unter die Räder werfen wollten. Es waren Frauen und Kinder, die Bananen, Orangen, gebratenen Mais und Datteln verkauften. Sie drängten sich um die Waggonfenster, weil sie aber alle Produkte auf Tabletts feilboten, die sie hoch über ihre Köpfe hielten, konnte man weder die Verkäufer noch deren Gesichter sehen, nur hektisch ruckende Bananenbüschel, die Häufchen von Datteln und Pyramiden von Wassermelonen verdrängten und Orangen auseinanderrollen ließ.

Madame Diuf besetzte sofort mit ihrer ausladenden Figur die ganze Breite des Fensters. Sie suchte sich aus den über dem Perron hin und her wogenden Waren Früchte und Gemüse aus. Sie feilschte und zankte. Immer wieder wandte sie sich vom Fenster um und zeigte uns einmal ein Büschel grüne Bananen, dann eine reife Papaya. Sie wog die Beute in der molligen Hand und sagte triumphierend: *»À Bamako? Cinq fois plus chère! À Dakar? Dix fois plus chère! Voilà!«* Und sie legte die gekauften Früchte auf den Boden und ins Gepäcknetz. Doch es gab nicht viele Käufer. Der Obstbasar trieb beinahe unberührt an unserem Fenster vorüber. Ich zerbrach mir den Kopf, wovon die Menschen, die uns hier belagerten, eigentlich lebten. Der nächste Zug würde in ein paar Tagen durchkommen. In der Nähe war keine Ortschaft zu sehen. Wem verkauften sie etwas? Wer kaufte bei ihnen ein?

Der Zug ruckte und fuhr an, und Madame Diuf nahm zufrieden wieder ihren Platz ein. Doch sie setzte sich irgendwie so, als hätte sie an Umfang zugelegt. Sie setzte sich nicht, sondern sie breitete sich selbstherrlich aus, als hätte sie sich entschlossen, ihre Körpermassen aus dem unsichtbaren Korsett zu lösen, das diese bisher zusammengeschnürt hatte, ihren Körper durchatmen, ihn ins Freie zu lassen. Das Abteil füllte sich mit einer immer breiter werdenden, schnaufenden und schwitzenden Madame, deren Schultern und Hüften, Arme und Beine uns beherrschten und Edgar und Clare in die eine Ecke und mich in die andere drängten, so daß für mich kaum mehr Platz übrigblieb.

Ich wollte das Abteil verlassen, um mir die Füße zu vertreten, doch das erwies sich als unmöglich. Es war die Stunde des Gebets und der Gang war voller Männer, die auf ihren kleinen Teppichen knieten und sich im Rhythmus verneigten. Der Gang war der einzige Ort, wo sie beten konnten. Die Fahrt des Zuges beschwor auch so noch ein liturgisches Problem herauf: Unser Zug machte ständig Schleifen und Kurven und änderte seine Richtung, so daß er die Frommen in Gefahr brachte, ihre Verneigungen mit dem Rücken zu den heiligen Stätten zu verrichten.

Obwohl der Zug ständig kurvte und hin und her fuhr, blieb die Landschaft die ganze Zeit unverändert. Der Sahel: eine trockene, sandige, ockerfarbene, manchmal tiefbraune, von der Sonne verbrannte Ebene. Hier und dort wuchsen Büschel von trockenem, messerscharfem, strohgelbem Gras aus Sand und Geröll. Büsche von rosa Berberitzen und schlaffe, bläuliche Tamarisken. Vereinzelte blasse Schatten, die schmale, stachelige Akazien, die hier überall wachsen, auf die Büsche, das Gras und den nackten Boden warfen. Stille. Leere. Die zitternde, weiße Luft des heißen Tages.

In der großen Station Tambacounda ging die Lokomotive kaputt. Irgendein Ventil platzte, und ein Faden Öl rieselte auf den Bahndamm. Einheimische Jungen fingen ihn sofort in Flaschen und Büchsen auf. Hier geht nichts verloren. Wenn jemand etwas Getreide verschüttet, wird es sorgfältig zusammengeklaubt, wenn ein Wasserkrug zu Bruch geht, wird jeder Schluck gerettet und getrunken.

Es kündigte sich ein längerer Aufenthalt an. In kurzer Zeit versammelten sich zahlreiche Gaffer aus der Kleinstadt. Ich ermunterte die beiden Schotten, mit mir auszusteigen, sich umzusehen, mit den Leuten zu reden. Sie lehnten das entschieden ab. Sie wollten niemandem begegnen und sich mit niemandem unterhalten. Sie wollen niemanden kennenlernen und niemanden besuchen. Wenn sich ihnen jemand näherte, wandten sie ihm den Rücken zu und gingen weg. Am liebsten wären sie einfach davongelaufen. Diese Haltung war das Resultat kurzer, aber schlechter Erfahrungen. Sie hatten sich von einem überzeugt: Wenn sie sich in eine Unterhaltung mit jemandem einließen, dann wollte der Gesprächspartner am Ende immer etwas von ihnen haben. Das konnten verschiedene Dinge sein – entweder rechnete er damit, daß sie ihm ein Stipendium verschafften, einen Arbeitsplatz für ihn fanden, ihm Geld gaben. Immer hatte er kranke Eltern, jüngere Geschwister, die er erhalten mußte, und er selber hatte seit ein paar Tagen nichts mehr gegessen. Diese Beschwerden und Klagen wiederholten sich bei der nächsten Begegnung. Sie wußten nicht, wie sie darauf reagieren sollten. Sie waren ratlos. Schließlich hatten sie die Nase voll, sie waren enttäuscht und faßten gemeinsam den Beschluß: keine weiteren Kontakte mehr, keine Begegnungen, keine Gespräche. Und daran hielten sie sich nun.

Ich sagte den Schotten, daß diese Forderungen ihrer Gesprächspartner der Überzeugung vieler Afrikaner entspringe, ein Weißer habe alles. Jedenfalls besitze er viel, sehr viel mehr als der Schwarze. Wenn daher einem Schwarzen ein Weißer über den Weg läuft, sieht er in ihm ein Huhn, das ihm jetzt goldene Eier legen wird. Er muß die Chance nützen, darf sich nicht verzetteln, diese Gelegenheit nicht versäumen. Um so mehr, als tatsächlich viele dieser Menschen nichts besitzen, alles brauchen und von vielen Dingen träumen.

Doch hier kommen auch tiefe Gegensätze in den Sitten und völlig unterschiedliche Erwartungshaltungen zum Ausdruck.

Die afrikanische Kultur ist eine Kultur des Austausches. Du gibst mir etwas, und es ist meine Pflicht, mich dafür bei dir zu revanchieren. Nicht nur meine Pflicht. Das verlangt meine Würde, meine Ehre, mein Menschentum. In diesem Akt des Austausches liegt die höchste Form der zwischenmenschlichen Beziehungen. Die Verbindung zwischen zwei jungen Menschen, die durch ihre Nachkommen die Existenz des Menschen auf der Erde fortsetzen und dazu beitragen, daß wir weiter bestehen, daß das Leben ewig währt, diese Verbindung entsteht in genau so einem Akt des Austausches zwischen zwei Klans: Die Frau wird gegen verschiedene materielle Güter eingetauscht, die ihr Klan unbedingt braucht. In einer solchen Kultur nimmt alles die Form einer Gabe, eines Geschenkes an, das einer Vergütung bedarf. Ein Geschenk, für das man sich nicht revanchiert, belastet den, der es nicht zurückzahlt, es nagt an seinem Gewissen und kann sogar Unglück, Krankheit und den Tod über ihn bringen. Daher ist der Erhalt eines Geschenkes ein Signal, eine Aufforderung zum sofortigen Gegengeschenk, eine Aufforderung, unverzüglich das Gleichgewicht wiederherzustellen: Ich habe etwas bekommen? Das zahle ich zurück!

Es können sich zahlreiche Mißverständnisse ergeben, wenn eine der beiden Seiten nicht begreift, daß ganz unterschiedliche Werte getauscht werden können: Zum Beispiel kann man symbolische Werte gegen materielle und vice versa tauschen. Wenn ein Afrikaner sich den Schotten nähert, dann bedeutet das bereits, daß er sie mit den verschiedensten Gaben überschüttet: Er macht ihnen seine Person und Aufmerksamkeit zum Geschenk, er erteilt ihnen Informationen, warnt sie vor Dieben, sorgt für ihre Sicherheit usw. Es ist verständlich, daß dieser großzügige Mensch nun Gegenliebe, Erkenntlichkeit, eine Erfüllung seiner Wünsche erwartet. Statt dessen sieht er verblüfft, daß die Schotten eine saure Miene ziehen, ja ihm sogar den Rücken zuwenden und weggehen!

Am Abend fuhren wir weiter. Es wurde etwas kühler, man konnte wieder Atem schöpfen. Wir fuhren nach Osten, immer weiter in den Sahel hinein, ins Innere Afrikas. Die Eisenbahnstrecke führte über Gaudira, Dibola und Kayes, eine größere Stadt, die bereits in Mali liegt. In jeder Station machte Madame Diuf Einkäufe. Das Abteil quoll bereits über von Orangen, Wassermelonen, Papayas und sogar Weintrauben. Nun kaufte sie gedrechselte Tischchen, Kerzenleuchter aus Messing, chinesische Handtücher und französische Toiletteseifen zusammen. Und ständig rief sie triumphierend aus: *»Voilà, M'sieurs dames! Combien cela cout à Bamako? Cinq fois plus chère! Et à Dakar? Dix fois! Bon Dieu! Quel achat!«* Jetzt nahm sie schon die ganze Länge der Sitzbank ein. Ich war längst meinen Sitzplatz los, aber auch den Schotten war nur mehr ein kleines Eckchen auf der gegenüberliegenden Seite des Abteils geblieben, das bis zur Decke mit Früchten, Waschpulver, Blusen, Büscheln getrockneter Kräuter, Säcken mit Samen, Hirse und Reis vollgestopft war.

Ich war ein wenig schläfrig und spürte, daß ich fieberte, und dazu kam noch der Eindruck, daß Madame ständig wuchs, daß sie immer größer und breiter wurde. In ihrem weiten Bou-Bou fing sich der Wind, der beim offenen Fenster hereinblies, das Kleid bauschte und blähte sich wie ein Segel, es begann zu wogen und zu flattern. Sie kehrte nach Hause zurück, nach Bamako, stolz auf ihre billigen Einkäufe. Zufrieden und triumphgeschwellt füllte sie mit ihrer Person das ganze Abteil aus.

Als ich Madame Diuf so vor mir sah, ihre Allgegenwart, ihre dynamische Herrschaft, ihr Monopol und ihre unbarmherzige Verdrängungskraft, wurde mir bewußt, wie sehr sich Afrika verändert hatte. Ich erinnerte mich, wie ich vor Jahren mit diesem Zug gefahren war. Damals war ich allein im Abteil gesessen, keiner hatte es gewagt, die Ruhe eines Europäers zu stören und seine Bequemlichkeit einzuschränken. Und jetzt vertrieb die Besitzerin einer Verkaufsbude in Bamako, Herrin dieses Landes, ohne mit der Wimper zu zucken drei Europäer aus dem Abteil und zeigte ihnen, daß es hier keinen Platz für sie gab.

Um vier Uhr morgens kamen wir in Bamako an. Der Bahnhof war voller Menschen, die dichtgedrängt auf dem Perron standen. Eine Schar aufgeregter Jungen stürmte in unser Abteil. Das war Madames Mannschaft, die gekommen war, um ihre Einkäufe abzuschleppen. Ich stieg aus. Da hörte ich einen Mann schreien. Ich schob mich durch die Menge und sah einen Franzosen in zerrissenem Hemd, der auf dem Perron saß, stöhnte und fluchte. Beim Aussteigen war ihm in einem Moment alles gestohlen worden. Nur der Griff seines Koffers war ihm in der Hand geblieben, und nun drohte er der Welt mit diesem abgerissenen Stück Kunstleder.

SALZ UND GOLD. In Bamako wohne ich in einer Herberge, die *Centre d'Accueil* heißt. Sie wird von Klosterschwestern aus Spanien geführt. Man kann dort für wenig Geld ein kleines Zimmer mieten, in dem ein Bett mit einem

Moskitonetz steht. Dieses Moskitonetz ist das wichtigste, denn ohne es würden die Mücken jeden zu Tode stechen. (Wenn die Menschen an Afrika denken, stellen sie sich oft schaudernd Gefahren vor, wie eine Begegnung mit einem Löwen, einem Elefanten oder einer Schlange, dabei sind die wahren Feinde hier mit dem freien Auge kaum oder gar nicht auszumachen.) Die negative Seite des *Centre d'Accueil* besteht darin, daß auf zehn vermietete Zimmer nur eine Dusche kommt. Und die hat noch dazu dauernd ein junger Norweger mit Beschlag belegt, der hergekommen ist, ohne zu bedenken, daß es in Bamako entsetzlich heiß ist. In Wahrheit ist das ganze Innere Afrikas ständig bis zur Weißglut aufgeheizt. Es ist eine Hochebene, unausgesetzt in praller Sonne, die hier knapp über der Erde zu hängen scheint – man braucht nur eine unvorsichtige Bewegung zu machen und den Schatten zu verlassen, um auf der Stelle zu verglühen. Auf Ankömmlinge aus Europa wirkt dazu noch ein psychologisches Moment – sie wissen, daß sie sich im Inneren der Hölle befinden, weit weg vom Meer und von Gebieten mit milderem Klima, und dieses Gefühl der Entfernung, der Abgeschlossenheit, des Eingesperrtseins läßt sie ihr Schicksal noch schwerer ertragen. Jedenfalls beschloß dieser Norweger, der nach ein paar Tagen Aufenthalt halb gesotten und gebraten war, alles liegen und stehen zu lassen und nach Hause zurückzukehren, doch er mußte auf das Flugzeug warten. Und er war der Überzeugung, daß er diesen Moment nur erleben würde, wenn er nicht unter der Dusche hervorkam.

Tatsächlich ist die Hitze, die in der Trockenzeit herrscht, beklemmend. Die Straße, in der ich wohne, ist vom Morgen an wie ausgestorben. An den Hauswänden, in den Durchgängen, in den Toren kauern reglos Menschen. Sie sitzen im Schatten der Eukalyptusbäume und Mimosen, unter dem großen, ausladenden Mangobaum und unter der hohen, tiefrot leuchtenden Bougainvillea. Sie sitzen auf der langen Bank vor der Bar des Mauretaniers und auf den leeren Kisten, die vor dem Eckladen stehen. Obwohl ich sie ein paarmal geraume Zeit beobachtet habe, könnte ich nicht sagen, was sie machen, wenn sie so herumsitzen. Eigentlich machen sie gar nichts. Sie unterhalten sich nicht einmal. Sie erinnern an Menschen, die stundenlang im Wartezimmer eines Arztes hocken. Obwohl das ein schlechter Vergleich ist. Denn der Arzt kommt am Ende irgendwann doch. Während hier niemand kommt. Niemand kommt, niemand geht. Die Luft zittert, wogt, bewegt sich unruhig wie über einem Kessel siedenden Wassers.

Eines Tages kam zu den Schwestern ihr Landsmann aus Valencia, Jorge Esteban. Er besaß in Valencia ein Reisebüro und reiste durch Westafrika, um Material für Reklamebroschüren zu sammeln. Jorge war ein freundlicher, fröhlicher, energiegeladener Mensch. Der Typ des geborenen Alleinunterhalters. Er fühlte sich überall zu Hause und kam mit allen gut aus. Bei uns hielt er sich nur einen Tag auf. Die glühende Sonne beachtete er nicht weiter, die quälende Hitze schien ihm noch mehr Kraft zu verleihen. Er packte seine Tasche voller Fotoapparate, Objektive, Filter und Filmrollen aus. Dann schlenderte er durch die Straßen, plauderte mit den Leuten, die dort saßen, scherzte und machte ihnen Versprechungen. Schließlich baute er seine Canon mit Stativ auf. Er holte eine laute Fußballpfeife aus der Tasche und pfiff ein paarmal. Ich blickte aus dem Fenster und traute meinen Augen nicht. Die Straße füllte sich augenblicklich mit Menschen. In einer Sekunde bildeten sie einen großen Kreis und begannen zu tanzen. Ich weiß nicht, woher die Knirpse kamen. Sie hatten leere Büchsen dabei, auf denen sie den Rhythmus schlugen. Im übrigen schlugen alle den Rhythmus, indem sie in die Hände klatschten und im Takt mit den Füßen stampften. Die Menschen waren aufgewacht, ihr Blut begann zu kreisen, sie verspürten neue Energien. Es war zu sehen, daß dieser Tanz ihnen Freude bereitete, daß sie sich prächtig amüsierten. In der Straße, in ihrer Umgebung, in ihnen selbst geschah etwas. Die Wände der Häuser bewegten sich, die Schatten erwachten zum Leben. Mehr und mehr Menschen schlossen sich dem Reigen der Tänzer an, der weiter wurde, sich dehnte und immer rascher zu kreisen begann. Am Ende tanzten auch die Menge der Gaffer, die ganze Straße, alle. Bunte Bou-Bous, weiße Galabijas, blaue Turbane wiegten sich. Es gibt hier keinen Asphalt und kein Pflaster, daher wirbelten bald Staubwolken über den Köpfen hoch, und diese dunklen, dichten, heißen und stickigen Schwaden lockten, wie die Rauchsäulen von einem Feuer, Menschen aus der Nachbarschaft herbei, und auf einmal begann das ganze Viertel zu hopsen, zu tänzeln, sich zu vergnügen – in den ärgsten, heißesten, mörderischsten Mittagsstunden!

Sich zu vergnügen? Nein, hier ging es um etwas anderes, um mehr, um etwas Höheres und Wichtigeres. Man brauchte nur in die Gesichter der Tanzenden zu schauen. In diesen war eine Anspannung zu erkennen, das Bestreben, dem dröhnenden Rhythmus zu folgen, den die Kinder ihren Blechdosen entlockten, das Bemühen, ihre Schritte, die Schwingung der Hüften, das Schwenken der Schultern und die Bewegung der Köpfe dem Rhythmus anzupassen. Doch sie verrieten auch Entschlossenheit, Initiative und das Gefühl, daß dieser Augenblick wichtig war, in dem sie sich selbst ausdrückten, in dem sie ihre Existenz und ihre Teilnahme unter Beweis stellen konnten. Tagelang untätig und unnütz, gingen sie plötzlich aus sich heraus, wurden sie gebraucht, waren sie wichtig. Sie existierten. Sie unternahmen etwas.

Jorge fotografierte. Er brauchte Bilder, auf denen die Straße der afrikanischen Stadt sich vergnügte und tanzte, lockte und einlud. Bis er schließlich, selber schon ganz erschöpft, ein Ende machte und den Tänzern mit einer Handbewegung dankte. Diese blieben stehen, brachten ihre Kleidung in Ordnung und wischten sich den Schweiß ab. Sie plauderten und tauschten Bemerkungen aus. Sie lachten. Dann gingen sie langsam auseinander, suchten wieder den Schatten auf, verschwanden in den Häusern. Die Straße versank von neuem in unbeweglicher, glühender Leere.

Ich war in Bamako, weil ich hier den Krieg gegen die Tuaregs zu finden hoffte. Die Tuaregs sind ewige Herumtreiber. Kann man sie im übrigen so nennen? Ein Herumtreiber ist einer, der durch die Welt irrt, auf der Suche nach einem Platz für sich, nach einem Haus, einer Heimat. Der Tuareg hat sein Haus und seine Heimat, in der er seit Jahrtausenden wohnt – das Innere der Sahara. Denn sein Haus ist anders als unseres. Es besitzt keine Wände und kein Dach, keine Türen und keine Fenster. Es gibt keinen Zaun darum herum und keine Mauer, nichts, was abgrenzen und eingrenzen würde. Der Tuareg verachtet alles, was ihn begrenzt, er versucht jedes

Hindernis zu zerstören, jede Barriere niederzureißen. Seine Heimat ist unermeßlich, sie umfaßt Tausende und Abertausende Kilometer brennenden Sand und Felsen, eine weite, trügerische, unfruchtbare Welt, die alle anderen Menschen fürchten und meiden. Die Grenze dieser Wüstenheimat ist dort, wo Sahara und Sahel enden und die grünen Felder und Dörfer und Häuser der Stämme beginnen, die den Tuaregs feindlich gesinnt sind.

Diese beiden Parteien führen seit Jahrhunderten Kriege gegeneinander. Denn oft ist die Dürre in der Sahara so groß, daß alle Wasserstellen versiegen, und dann müssen die Tuaregs mit ihren Kamelen die Wüste verlassen und in grüne Gebiete ziehen, in Richtung des Niger und des Tschadsees, um ihre Herden zu tränken und weiden zu lassen und bei der Gelegenheit selbst etwas Nahrung aufzutreiben. Die ansässigen afrikanischen Bauern betrachten diese Besuche als Invasionen, als Überfälle, Aggressionen, Heimsuchungen. Der Haß zwischen ihnen und den Tuaregs ist unversöhnlich, weil diese nicht nur ihre Dörfer niederbrennen und das Vieh rauben, sondern auch noch die Bauern selbst zu ihren Sklaven machen. Die Tuaregs sind hellhäutige Berber und betrachten die schwarzen Afrikaner als niedrige und verächtliche Rasse erbärmlicher Untermenschen. Diese wiederum sehen in den Tuaregs Raubgesindel, Parasiten und Terroristen, die – möglichst für ewige Zeiten – die Sahara verschlingen möge. Die seßhaften Bantustämme in diesem Teil Afrikas hatten gegen zwei Formen des Kolonialismus zu kämpfen: gegen den französischen, der ihnen von außen, von Europa, von Paris aufgezwungen wurde, und gegen den innerafrikanischen, »eigenen« Kolonialismus der Tuaregs, der seit Jahrhunderten existiert.

Diese beiden Gesellschaften, die seßhaften, agrarischen Bantustämme und die wandernden Stämme der nomadenhaften Tuaregs besaßen von jeher zwei unterschiedliche Philosophien. Für die Bantus liegt die Quelle ihrer Kraft, ja die Quelle des Lebens, in der Erde – dem Sitz ihrer Ahnen. Die Bantus bestatten die Verstorbenen auf ihren Feldern, oft in der Nähe der Häuser oder sogar unter dem Boden der Hütten, in denen sie wohnen. Auf diese Weise nimmt der Verstorbene symbolisch weiterhin am Leben der Menschen teil, wacht über sie, berät sie, greift in ihre Angelegenheiten ein, segnet oder bestraft sie. Der Boden des Stammes, der Familie liefert nicht nur den Lebensunterhalt, er stellt auch einen heiligen Wert dar, jenen Ort nämlich, von dem der Mensch abstammt und zu dem er zurückkehrt.

Der Tuareg – ein Nomade, ein Mensch der offenen und grenzenlosen Weiten, der Lanzenreiter und Kosak der Sahara – hat eine andere Beziehung zu seinen Vorfahren. Wer gestorben ist, wird aus dem Gedächtnis der Lebenden getilgt. Die Tuaregs bestatten ihre Toten in der Wüste, an einem beliebigen Ort, und sie achten dabei nur auf eines – daß sie nie mehr dorthin zurückkehren.

In diesem Teil Afrikas gab es zwischen den Menschen der Sahara und den seßhaften Stämmen des Sahel und der grünen Savanne seit Jahrhunderten einen Warenaustausch, der stummer Handel genannt wurde. Die Menschen der Sahara verkauften Salz, für das sie Gold bekamen. Dieses Salz (ein unendlich wertvolles und begehrtes Produkt, vor allem in den Tropen) schleppten schwarze Sklaven der Tuaregs und der Araber auf den Köpfen aus dem Inneren der Sahara vermutlich an die Ufer des Niger, wo die Transaktion stattfand: »Wenn die Neger endlich zum Wasser kommen, machen sie folgendes« – erzählt der venezianische Kaufmann Alvise da Ca'da Mosto im 15. Jahrhundert – »jeder von ihnen schüttet das von ihm mitgebrachte Salz zu einem Haufen auf und bezeichnet diesen, worauf sie von den in einer Reihe liegenden Salzhügeln wegtreten und sich einen halben Tagesmarsch in jene Richtung zurückziehen, aus der sie gekommen sind. Dann kommen Menschen von einem anderen Negerstamm, die sich nie jemandem zeigen und nie mit jemandem sprechen: Sie kommen in großen Booten, vermutlich von irgendwelchen Inseln, gehen an Land, und wenn sie das Salz sehen, legen sie neben jeden Haufen eine bestimmte Menge Gold, und dann ziehen sie sich zurück, wobei sie das Salz und auch das Gold zurücklassen. Wenn sie fort sind, kehren jene zurück, die das Salz gebracht haben, und wenn sie die Menge Gold für ausreichend erachten, nehmen sie es und lassen das Salz zurück; wenn nicht, nehmen sie weder Gold noch Salz und ziehen sich neuerlich zurück. Dann kommen wieder die anderen und nehmen das Salz von jenen Haufen, bei denen kein Gold mehr liegt; zu den anderen legen sie mehr Gold, wenn ihnen das richtig erscheint, oder sie nehmen das Salz nicht mit. Auf eben diese Weise treiben sie miteinander Handel, ohne daß sie einander je zu Gesicht bekommen oder je miteinander sprechen. Das geht schon seit langer Zeit so, und obwohl das alles ganz kaum zu glauben sein mag, versichere ich euch, daß es doch der Wahrheit entspricht.«

Ich lese diese Erzählung des venezianischen Kaufmannes im Autobus, mit dem ich von Bamako nach Mopti reise. »Fahr nach Mopti!« hatten mir Bekannte geraten. Vielleicht könnte ich von dort nach Timbuktu gelangen, also in das Gebiet der Tuaregs, bereits an der Schwelle zur Sahara.

Die Tuaregs sterben aus, ihre Existenz neigt sich dem Ende zu. Aus der Sahara werden sie durch schreckliche und nicht enden wollende Dürren vertrieben. Darüber hinaus bestritt früher ein Teil von ihnen seinen Lebensunterhalt damit, Karawanen zu berauben, von denen es heute nur mehr wenige gibt, und die sind gut bewaffnet. Sie müssen daher in bessere Gebiete ausweichen, dorthin, wo es Wasser gibt, doch diese Gebiete sind schon alle besiedelt. Tuaregs leben in Mali, in Algerien, in Libyen, in Niger, im Tschad und in Nigeria, aber sie tauchen auch in anderen Ländern der Sahara auf. Sie betrachten sich nicht als Bürger irgendeines Staates, sie wollen sich keiner Regierung, keiner Staatsmacht unterordnen.

Es existieren noch ungefähr eine halbe, vielleicht auch eine Million. Niemand hat je diese unstete, geheimnisvolle, alle Kontakte meidende Gemeinschaft gezählt. Sie leben für sich, nicht nur physisch, sondern auch geistig in ihrer schwer zugänglichen Sahara abgeschottet. Sie interessieren sich nicht für die Außenwelt. Es kommt ihnen nicht in den Sinn, die Meere zu erobern wie die Wikinger, zu reisen, Europa oder Amerika zu besuchen. Als ihnen einmal ein europäischer Reisender, den sie gefangengenommen hatten, erzählte, er wolle bis zum Niger vordringen, glaubten sie ihm nicht – »Was willst du mit dem Niger? Gibt es denn in deinem Land keine Flüsse?« Obwohl die Franzosen die Sahara länger als ein halbes Jahrhundert okkupiert hatten, wollten die Tuaregs nie Französisch lernen.

Mein Nachbar im Autobus, ein Kaufmann aus Mopti namens Diawara, hat für die Tuaregs nicht viel übrig. Er hat sogar Angst vor ihnen und ist zufrieden, daß das Militär in Mopti mit ihnen fertig wurde. »Mit ihnen fertig werden« – das bedeutet, daß ein Teil der Tuaregs getötet wurde, die übrigen jagte man in eine Region der Wüste, wo sie wegen Wassermangels bald umkommen werden. Als wir nach Mopti kommen (die Fahrt dauert den ganzen Tag), ersucht Diawara seinen Cousin, einen gewissen Mohamed Koné, mir die Spuren der Tuaregs zu zeigen. Mopti ist ein großer Hafen am Niger, und der Niger ist (nach dem Nil und Kongo) der drittgrößte Fluß Afrikas. Zweitausend Jahre hat man sich in Europa darüber gestritten, in welche Richtung der Niger fließt und in welchen See, Fluß oder welches Meer er mündet. Grund für diese Kontroversen war der seltsame Verlauf des Niger, der nicht weit von der Westküste Afrikas, auf dem Gebiet Guineas, entspringt, ins Innere des Kontinents fließt, auf das Herz der Sahara zu, um dann plötzlich, als wäre er auf das unüberwindliche Hindernis der großen Wüste gestoßen, in die entgegengesetzte Richtung abzuschwenken – nach Süden, und im Gebiet des heutigen Nigeria, nahe der Grenze zu Kamerun, in den Golf von Guinea zu münden.

Wenn man den Niger von der Höhe des Ufers aus betrachtet, auf dem Mopti liegt, erscheint er als breiter, brauner, träg dahinfließender Strom. Dieser Anblick ist ungewöhnlich, vor allem weil sich ringsum verbrannte Wüste erstreckt – und hier plötzlich in einem steinigen Bett eine solche Unmenge von Wasser! Noch dazu trocknet der Niger – im Gegensatz zu anderen Flüssen der Sahara – nie aus. Dieses Bild des ewig dahinfließenden Stromes inmitten des uferlosen Sandmeeres erfüllt die Menschen daher mit Hochachtung und Andacht, so daß sie die Wasser des Stromes als wunderbar und heilig ansehen.

Mohamed Koné war ein junger Bursche, ohne bestimmten Beruf, ein typischer Bayaye, der von dem lebte, was sich ihm gerade bot. Er hatte einen Freund namens Thiema Djenepo, Besitzer eines Kahnes (er überreichte mir später seine Visitenkarte: Thiema Djenepo – Piroguer – BP 76 – Mopti – Mali), der uns, angestrengt rudernd, weil wir gegen die Strömung anfuhren, zu einer kleinen Insel übersetzte, auf der frische

Ruinen von zerstörten und verlassenen Lehmhütten standen: Spuren eines Überfalls der Tuareg auf ein Dorf malischer Fischer. *»Regardez, mon frère«*, sagte Mohamed vertraulich und erläuterte mit Pathos in der Stimme: *»Ce sont les activités criminelles des Tuaregs!«* Ich fragte, wo man diese antreffen könne, worauf Mohamed mitleidig auflachte, weil er der Ansicht war, das wäre genauso, als wollte ich mich erkundigen, wie ich hier am besten Selbstmord begehen könnte.

Am schwierigsten war es, von Mopti nach Timbuktu zu gelangen. Das Militär hatte die Straße durch die Wüste gesperrt, weil irgendwo im Inneren gekämpft wurde. Es war zwar möglich, irgendwie auf dem Landweg in dieses Gebiet vorzudringen, doch das würde Wochen dauern. Also blieb nur die kleine Maschine der Air Mali, die unregelmäßig verkehrte, von einer Gelegenheit zur nächsten, einmal in der Woche oder auch im Monat. In diesem Teil der Welt gibt es für die Zeit kein Maß, keinen Bezugspunkt, keine Gestalt und kein Tempo. Sie vergeht, verfließt, ist schwierig zu fassen, in eine Form zu bringen. Ich ergatterte einen Platz in der Maschine, indem ich den Leiter des Flughafens in Mopti bestach. Man fliegt über die Sahara, eine unwirkliche Mondlandschaft, übersät mit geheimnisvollen Linien und Zeichen. Die Wüste will uns offenbar etwas sagen, will uns etwas mitteilen, doch wie soll man sie verstehen? Was bedeuten diese beiden geraden Linien, die plötzlich im Sand auftauchen und dann, ebenso plötzlich, wieder verschwinden? Und dieses Zickzack, diese gebrochenen Dreiecke und Rhomben, dann die gewölbten und gebogenen Linien? Sind das Spuren verlorengegangener Karawanen? Menschliche Siedlungen? Lagerstätten? Aber wie kann man auf dieser glühenden Platte leben? Auf welchem Weg dorthin gelangen? Wie von dort entkommen?

Wir landeten in Timbuktu direkt vor den Läufen von Fliegerabwehrkanonen, die das Rollfeld schützten. Timbuktu ist heute eine kleine Stadt, bestehend aus Lehmhäusern, die in den Sand gesetzt wurden. Der Lehm und der Sand haben dieselbe Farbe, weshalb die Stadt aussieht wie ein organischer Teil der Wüste – ein in quadratische Schollen geformtes und aufgerichtetes Fragment der Sahara. Die Hitze ist so schlimm, daß man sich faktisch nicht bewegen kann. Die Sonne zerschneidet das Blut, lähmt, macht einen taub. In den engen, sandigen Gassen und Winkeln konnte ich keine lebende Seele entdecken. Doch ich fand ein Haus mit einer Tafel, die mich informierte, daß hier vom September 1853 bis Mai 1854 Heinrich Barth gewohnt hat. Barth, einer der größten Reisenden der Welt. Fünf Jahre lang zog er allein durch die Sahara, wobei er ein Tagebuch führte, in dem er die Wüste beschrieb. Ein paarmal schloß er mit seinem Leben ab. Als er einmal nahe dem Verdursten war, schnitt er sich die Adern auf und trank sein eigenes Blut, um nicht zu sterben. Er kehrte nach Europa zurück, wo keiner die einzigartigen Leistungen zu schätzen wußte, die er vollbracht hatte. Darüber verbittert und auch erschöpft von den Strapazen der Reisen, starb er im Jahre 1865 mit vierundvierzig Jahren, ohne zu begreifen, daß die menschliche Vorstellungskraft nicht imstande war, zu jener Grenze vorzustoßen, die er selbst in der Sahara überschritten hatte.

DER HERR FÄHRT EINHER AUF SCHNELLER WOLKE. Als ich ins Innere trat, war dort schon eine dichte Menge von Gläubigen. Alle knieten, jedoch mit dem Rücken zum Presbyterium, die reglosen Körper gegen einfache Bänke ohne Lesepulte gelehnt. Sie hielten die Köpfe gesenkt und die Augen geschlossen. Es herrschte völlige Stille.

»Sie bekennen im Geist die Sünden und erniedrigen sich vor Gott, um Seinen Zorn zu besänftigen«, flüsterte mir der zu, der mir vorher die Eintrittsgenehmigung verschafft hatte und mich nun begleitete.

Wir befanden uns in der Hafenstadt Port Harcourt, die im heißen, feuchten Delta des Niger liegt. Das Gotteshaus, das ich betrat, gehörte einer Gemeinde, die sich Kirche des Apostolischen Glaubens nennt. Sie ist eine von ein paar hundert christlichen Sekten, die es im südlichen Nigeria gibt. In Kürze sollte der Sonntagsgottesdienst beginnen.

Für eine unbeteiligte Person ist es nicht leicht, Zutritt zu einem solchen Gottesdienst zu erhalten. Ich hatte schon in anderen Städten und Kongregationen (ich verwende hier verschiedene Begriffe – Sekte, Gemeinschaft, Kongregation oder Kirche –, weil diese in Afrika so verwendet werden) erfolglos mein Glück versucht. Diese Sekten verfolgen eine widersprüchliche Politik: Auf der einen Seite versucht jede, so viele Anhänger wie möglich zu gewinnen, doch andererseits gibt es vor der Aufnahme eine langwierige und ernsthafte Prozedur, eine wachsame Selektion und vorsichtige Auslese. Das ist nicht nur auf eine besonders strenge Doktrin zurückzuführen. Wichtig sind auch materielle Gründe. Die meisten Sekten haben ihre Zentralen in den Vereinigten Staaten, auf den Antillen, in der Karibik oder in Großbritannien. Von dort fließen finanzielle Subventionen, medizinische Hilfe und Lernmittel in die afrikanischen Filialen und Missionen. Aus diesem Grund ist im armen Afrika die Zahl derer, die so einer Sekte beitreten wollen, beinahe unbegrenzt. Doch die Sekten sind darauf bedacht, daß ihre Bekenner entsprechende soziale und materielle Positionen vorweisen können. Arme und Hungerleider werden nicht aufgenommen. Ein Sektenmitglied zu sein bedeutet eine Nobilitierung. In Afrika gibt es viele tausend derartiger Vereinigungen, die Zahl ihrer Mitglieder geht in die Millionen.

Ich sah mich im Inneren des Gotteshauses um. Es war eine große, geräumige Halle, die an einen Flugzeughangar erinnerte. In den Wänden klafften breite Spalten, damit frische Luft ins Innere gelangte, und tatsächlich verschaffte einem diese Brise etwas Erleichterung angesichts der drückenden Hitze, die das von der Sonne bestrahlte Wellblechdach ausstrahlte. Nirgends konnte ich einen Altar entdecken. Es gab auch keine Figuren oder Bilder. Im Hintergrund des Altarraums war auf einer hohen Balustrade ein Orchester mit ein paar Dutzend Mitgliedern untergebracht, das in zwei große Gruppen zerfiel – Bläser und Trommler. Hinter dem Orchester stand, etwas erhöht, auf einer Rampe ein schwarzgekleideter gemischter Chor. In der Mitte des Proszeniums ragte eine mächtige, aus Mahagoni geschnitzte Kanzel auf.

Der Kaplan, der diese nun betrat, war ein graumelierter, dicker Nigerianer, wohl über fünfzig Jahre alt. Er stützte die Hände auf das Geländer der Kanzel und schaute auf die Gläubigen hinunter. Diese erhoben sich von den Knien, setzten sich und blickten ihn aufmerksam an.

Es begann damit, daß der Chor das Fragment der Prophezeiungen Jesajas sang, in der Gott ankündigt, daß er die Ägypter mit einer großen Dürre bestrafen wird:

Siehe, der Herr fährt einher auf schneller Wolke, und kommt nach Ägypten. Da erbeben vor ihm die Götzen Ägyptens...

Die Wasser im Strome werden versiegen und der Fluß bis auf den Grund austrocknen.

Und stinkend werden die Kanäle, seicht und trocken die Flüsse Ägyptens; Rohr und Schilf verwelken. Hin schwindet alles Riedgras, alle Saat am Nil verdorrt, wird verweht und ist nicht mehr. Die Fischer werden klagen und trauern, alle, die die Angel in den Nil werfen; und die das Netz ausbreiten über das Wasser, härmen sich ab.

Die Textstelle war geschickt ausgewählt, wenn es darum ging, die Gläubigen in einen Zustand von Angst und Schrekken, in apokalyptische Furcht zu versetzen. Denn sie waren Menschen von hier, Menschen dieser Region, wo der mächtige Niger sich in Dutzende kleine Flüsse teilt, in zahllose gewundene Nebenflüsse und Kanäle, die das größte Delta Afrikas bilden. Dieses Netz von Flüssen und Kanälen sichert ihnen seit Generationen ihren Lebensunterhalt – die biblische Vision, daß die Flüsse austrocknen und versiegen könnten, mußte in den Versammelten daher die schlimmsten Vorahnungen und Befürchtungen wecken.

Nun öffnete der Kaplan eine große, in rotes Leder gebundene Bibel, wartete einige Zeit und begann dann zu lesen:

Und es erging an mich das Wort des Herrn; Jeremia, was siehst du? Ich sprach: Einen Mandelzweig sehe ich ...

Er musterte die Versammelten und las weiter:

Und das Wort des Herrn erging an mich zum zweiten Male... Du aber gürte deine Lenden, mache dich auf und rede zu ihnen alles, was ich dir gebiete. Erschrick nicht vor ihnen, daß ich dich nicht vor ihnen erschrecken mache!

Er legte die Bibel weg, wies mit der Hand auf die Versammelten und rief: »Auch ich erschrecke nicht vor euch! Ich bin gekommen, nicht, um vor euch zu erschrecken, sondern um euch die Wahrheit zu sagen und euch zu reinigen!«

Vom ersten Moment seiner Predigt, von seinen ersten Worten und Sätzen an war er pathetisch, anklagend, zornig, ironisch und leidenschaftlich. Dann fuhr er fort: »Der Christ muß vor allem rein sein. Innerlich rein. Aber seid ihr rein? Bist du rein?« (Er zeigte irgendwohin in die Tiefe des Saales; weil er aber keinen konkret herausgriff, duckte sich die ganze Gruppe von Menschen, die dort stand, betreten, als habe man sie auf frischer Tat ertappt.) »Vielleicht bist ja du der Meinung, du seiest rein?« (Er wies mit dem Zeigefinger in eine andere Ecke des Saales, und sofort zuckten die Menschen dort zusammen und bargen verschämt ihre Gesichter.) »Nein, du bist nicht rein! Du bist weit davon entfernt, rein zu sein! Keiner von euch ist rein!« Das sagte er kategorisch, beinahe triumphierend. In diesem Augenblick dröhnte das Orchester los, Trompeten, Posaunen, Kornette und Hörner erschallten. Sie wurden begleitet vom dumpfen Wirbel der Trommeln und dem chaotischen Gejammer des Chores.

»Und sicher seid ihr sogar der Meinung, daß ihr Christen seid?!« sagte er nach einer Weile, diesmal mit Hohn in der Stimme. »Ich könnte beschwören, daß ihr das glaubt. Daß ihr dessen sicher seid. Jeder von euch stolziert mit stolzgeschwellter Brust herum und verkündet: ›Ich bin ein Christ! Ein echter Christ, so ein echter, daß es auf der ganzen Welt keinen echteren mehr gibt!‹ Genau das denkt ihr. Ich kenne euch gut. Christen! Ha, ha, ha, ha!« – er brach in lautes, gackerndes, giftiges Lachen aus, das so eindringlich war, daß auch ich von der Stimmung des Saales erfaßt wurde und spürte, wie mir kalte Schauer über den Rücken rannen.

Die Menschen standen verwirrt, verlegen, gespannt da. Wer waren sie dann, wenn sie nicht Christen genannt werden konnten? Was sollten sie mit sich beginnen, wohin sich wenden? Jeder Satz drückte sie immer tiefer zu Boden, zermalmte sie zu Staub. Als ich inmitten dieser andächtig lauschenden, aufmerksamen und verschreckten Masse stand, konnte ich mich nicht allzu auffällig und häufig im Saal umsehen. Es genügte, daß ich eine weiße Hautfarbe hatte, das allein zog Aufmerksamkeit auf sich. Doch aus dem Augenwinkel sah ich, daß den Frauen neben mir der Schweiß auf der Stirn stand und daß ihre vor der Brust gefalteten Hände zitterten. Am meisten Angst hatten sie vielleicht davor, daß der Kaplan eine von ihnen konkret herausgreifen, sie von Gottesdienst und Glauben ausschließen, ihr das Recht absprechen könnte, sich Christin zu nennen. Ich ahnte, daß der Kaplan auf der

Kanzel eine große hypnotische Macht über sie besaß und auch das Recht, die strengsten Verurteilungen und Strafen auszusprechen.

»Wißt ihr, was es bedeutet, ein Christ zu sein?« fragte er. Die Menschen, die bisher in den Staub getreten und gedemütigt worden waren, reckten die Köpfe in der Erwartung, eine Antwort zu vernehmen, einen Rat, ein Rezept. »Wißt ihr, was das bedeutet?« – wiederholte er, und man spürte, wie die Spannung unter den Gläubigen wuchs. Ehe sie jedoch die Antwort zu hören bekamen, hob das Orchester an. Tuben, Fagotte und Saxophone röhrten. Die Trommeln erzeugten ein ohrenbetäubendes Wummern und Grollen. Der Kaplan nahm in dem Lehnstuhl Platz, der neben der Kanzel stand, stützte den Kopf in die Hände und verschnaufte. Das Orchester wurde leiser, und der Kaplan erhob sich wieder und trat auf die Kanzel aus Mahagoni.

»Ein Christ zu sein«, sagte er, »das bedeutet, die Stimme des Herrn in seinem Inneren zu hören. Zu hören, wie der Herr fragt: ›Was siehst du, Jeremia?‹«

Nach dem Wort »Herr« begannen die Gläubigen zu singen.

O Herr,
Du bist mein Herr
O ja,
O ja, ja, ja,
O ja,
Du bist mein Herr.

Die Menge begann sich im Rhythmus zu wiegen und mit den Füßen zu stampfen, vom Boden wirbelten Wolken roten Ziegelstaubs auf. Dann sangen alle den Psalm *Lobet den Herren, den mächtigen König der Ehren …*

Die Erregung ließ etwas nach, die Atmosphäre beruhigte und die Menschen entspannten sich, sie atmeten auf, allerdings nur für einen Augenblick, weil der Kaplan sofort wieder loslegte:

»Aber ihr könnt die Stimme des Herrn nicht hören. Eure Ohren sind verstopft. Eure Augen sehen nichts. Denn in euch ist die Sünde. Und die Sünde macht euch taub und blind.«

Es herrschte absolute Stille. Die Menschen saßen reglos da, im ganzen Saal bewegte sich nur mehr eine Gruppe gutaussehender, athletisch gebauter junger Männer – aber ganz vorsichtig, gleichsam auf Zehenspitzen. Sie trugen alle dunkle Anzüge, weiße Hemden, schwarze Krawatten. Ich hatte sie schon vorher gezählt, es waren zwanzig. Zum erstenmal waren sie mir beim Tor aufgefallen, das in den Hof der Kirche führte: Sie hatten dort die Eintretenden kontrolliert. Dann waren sie kurz vor Beginn des Gottesdienstes durch den Saal gegangen und hatten so neben den Sitzreihen Aufstellung genommen, daß jeder einen anderen Sektor des Gotteshauses beobachten konnte. Beobachten, eingreifen, lenken. Ihre Bewegungen und ihr Verhalten waren überaus diskret, und trotzdem strahlten sie Entschlossenheit aus. Da war nichts von der typischen afrikanischen Schlamperei und Gleichgültigkeit zu bemerken, im Gegenteil – sie wirkten tatkräftig, wachsam und effektiv. Sie hatten die Situation im Griff, und man spürte, daß genau das ihre Aufgabe war.

Als der Kaplan davon sprach, daß der Weg zum Ideal des Christen durch die Sünde versperrt wird, die die Menschen in sich tragen und die allein durch ihre Anwesenheit auf Erden immer aufs neue entsteht, trat wieder tiefe Stille ein, die einen ganz bestimmten Grund hatte. Die Gläubigen in dem Saal gehörten dem Volk der Ibo an, und die traditionelle Religion der Ibo kennt, ähnlich wie die Religionen der meisten anderen afrikanischen Völker, keinen Begriff der Sünde. Das hängt mit einem unterschiedlichen Verständnis der Schuld in der christlichen Theologie und der afrikanischen Tradition zusammen. In der letzteren existiert kein Begriff des metaphysischen, abstrakten Bösen, des Bösen an sich. Das Verhalten nimmt nur dann den Charakter einer bösen Tat an, wenn es erstens überhaupt entdeckt wird, und wenn zweitens die Gesellschaft oder jedenfalls andere Personen darin etwas Schlechtes sehen. Wobei dieses Kriterium nicht axiologisch ist, sondern praktisch, konkret: Böse ist, was anderen Schaden zufügt. Es gibt keine böse Absicht (Denken, Wünschen), weil das Böse nicht böse ist, solange es sich nicht verwirklicht, keine aktive Form annimmt. Es gibt nur böse Handlungen.

Wenn ich meinem Feind eine Krankheit an den Hals wünsche, dann begehe ich damit noch keine böse Tat, keine Sünde. Erst wenn der Feind tatsächlich erkrankt, kann ich einer bösen Tat geziehen werden – weil ich ihm diese Krankheit gewünscht habe. Ich kann mit gutem Gewissen so lange betrügen, bis mir jemand auf die Schliche kommt und mit dem Finger auf mich zeigt. In der christlichen Tradition wird die Schuld verinnerlicht: Die Seele leidet, das Gewissen zwickt, der Kummer quält uns. Das ist der Zustand, in dem wir die Last der Sünde verspüren, ihre peinigende Aufdringlichkeit, ihre brennende Existenz. Anders in Gesellschaften, in denen das Individuum nicht für sich selbst existiert, sondern nur als Element der Gemeinschaft. Die Gemeinschaft nimmt die private Verantwortung von uns, es gibt keine individuelle Schuld und damit auch kein Gefühl der Sünde. Das Gefühl der Sünde hat eine zeitliche Komponente: Ich habe etwas Böses getan, ich spüre, daß ich eine Sünde begangen habe, das quält mich, und nun suche ich nach einer Möglichkeit, mich zu reinigen, Buße zu tun, das zu tilgen, zu beichten usw. Das alles ist ein Prozeß, es braucht Zeit. Im afrikanischen Verständnis dieses Problems gibt es diese Zeit nicht, im afrikanischen Zeitbegriff ist kein Platz für die Sünde. Denn entweder habe ich nichts Böses getan, weil nichts entdeckt wurde, oder aber das Böse wird, wenn es ans Tageslicht kommt, im selben Moment bestraft – und damit wieder aufgehoben. Schuld und Sühne gehen nämlich Hand in Hand einher, bilden ein unlösliches Junktim, es gibt keinen Freiraum zwischen diesen beiden. In der afrikanischen Tradition ist kein Platz für die Zerrissenheit und das Drama Raskolnikows.

»Die Sünde macht euch taub und blind«, wiederholte der Kaplan mit Nachdruck. Seine Stimme begann leicht zu zittern. »Aber wißt ihr, was jene erwartet, die nicht hören und nicht schauen? Die glauben, sie könnten weit entfernt vom Herrn leben?»

Er griff neuerlich zur Bibel und hob sie mit einer Hand hoch empor, als wäre sie eine Antenne, über die er vom Himmel die Worte des Herrn empfing, und rief:

Und der Herr sprach zu mir: Wenn gleich Mose und Samuel vor mich träten, mein Herz würde sich diesem Volke nicht zuwenden. Schicke es hinweg aus meinen Augen, sie sollen gehen! Und wenn sie dich fragen: Wo sollen wir hingehen? So antworte ihnen: So spricht der Herr: Was der Pest gehört – zur Pest; was dem Schwert – zum Schwerte; was dem Hunger – zum Hunger;

was der Gefangenschaft – in die Gefangenschaft! Vier Sippen biete ich wider sie auf, spricht der Herr: das Schwert, um zu morden, die Hunde, um fortzuschleppen, die Vögel des Himmels und die Tiere des Feldes, um zu fressen und zu vertilgen.

Die Trommeln begannen dumpf zu grollen. Doch Chor und Orchester schwiegen. Dann trat wieder Stille ein. Alle standen da, die Gesichter nach oben gewandt. Ich sah Schweiß über die Gesichter rinnen. Und ich sah die angespannten Gesichtszüge, die gedehnten Hälse, die Hände in dramatischen Gesten erhoben – ein Flehen um Rettung, aber auch eine instinktive Abwehrbewegung von jemandem, der erwartet, daß ihn im nächsten Moment ein riesiger Felsblock zermalmt.

Ich dachte, daß die Menschen in dieser Versammlung einen inneren Konflikt durchmachten, vielleicht sogar ein Drama, das sie möglicherweise selbst gar nicht richtig verstanden. Sie waren in der Mehrzahl junge Menschen aus einer afrikanischen Industriestadt, die neue nigerianische Mittelklasse. Sie gehörten einer Schicht an, die sich nach den europäischen und amerikanischen Eliten orientiert, deren Kultur ihrem Wesen nach christlich ist. Das akzeptierten sie, und sie wollten diese Kultur und diesen Glauben kennenlernen, sich in ihn hineinversetzen, mit ihm identifizieren. Aus diesem Grund traten sie einer der christlichen Kongregationen bei, die sie aufnahm, gleichzeitig allerdings doktrinäre und ethische Anforderungen an sie stellte, die in ihrer heimischen Kultur unbekannt waren. Eine davon war die Lehre von der Sünde, also von einer Verfehlung und Last, die sie zuvor nicht gekannt hatten. Und nun sollten sie als Jünger des neuen Glaubens die Existenz der Sünde anerkennen, das heißt, diese bittere, eklige Substanz hinunterschlucken. Und sie sollten auch gleich einen Weg suchen, um die Sünde radikal zu überwinden, das heißt, echte, reine Christen zu werden. Der Kaplan rief ihnen immer wieder den hohen und schmerzlichen Preis ins Bewußtsein, den sie dafür zu entrichten hatten. Und genau das war der Sinn seiner Predigt: Sie zu erniedrigen. Sie aber akzeptierten demütig ihren Zustand tiefer Sünde und waren jederzeit bereit, sich das härene Sündergewand überzustreifen.

Sie nahmen alle Beschimpfungen, Beschuldigungen und Anklagen in Kauf, weil ihnen dieser Preis angemessen erschien für das Recht, in dieser Kirche sein und an Riten teilnehmen zu dürfen, die den Gläubigen ein Gefühl der Gemeinschaft und Zugehörigkeit verliehen. Und die Mitgliedschaft in der Sekte bietet ihnen noch etwas anderes: Zahlreiche afrikanische Gesellschaften hatten ihre eigenen Geheimbünde, Formen einer ethnischen Freimaurerei – geheime, in sich geschlossene und dabei wichtige und einflußreiche Gruppen. Die Sekten in Afrika versuchen oft, an diese Traditionen anzuknüpfen, eine Atmosphäre der Geheimniskrämerei und Exklusivität zu schaffen, eigene Alphabete von Zeichen und eigene Losungen einzuführen, spezielle Liturgien.

Mein direktes Blickfeld erfaßte nur die nächsten Umstehenden. Die anderen Menschen konnte ich nicht beobachten, aber ihre Anwesenheit war für mich beinahe zu greifen. Denn die Versammlung atmete eine so dichte Atmosphäre, war so erfüllt mit lebendigen, ekstatischen Emotionen, mit einem allgegenwärtigen Gefühl der Andacht, daß das jeden packen und durchdringen mußte. Diese Menschen brachten so viel Spontaneität, Ungestüm und Hingabe, so viel Spannung und freigesetzte Gefühle zum Ausdruck, daß man auch alles aufnahm und erfaßte, was hinter seinem Rücken, weit weg von einem geschah.

Als ich nach Beendigung der Zeremonie in den Hof trat, mußte ich meine Schritte vorsichtig setzen, weil die Menge wieder niederkniete, die Gesichter vor den Blicken der anderen verborgen, die Rücken zum Altarraum. Es war ganz still. Der Chor sang nicht, das Orchester spielte nicht. Der Kaplan stand auf der Kanzel, müde und erschöpft, hatte die Augen geschlossen und schwieg.

EIN LOCH IN ONITSHA. Onitsha! Schon immer wollte ich Onitsha sehen. Es gibt magische Namen, die verlockende, farbige Vorstellungen wecken – Timbuktu, Lalibela oder Casablanca. Zu diesen gehört auch Onitsha. Onitsha ist eine Kleinstadt in der Ostregion Nigerias, in der sich der größte Markt Afrikas, vielleicht sogar der größte Markt der Welt befindet.

In Afrika unterscheidet man ganz deutlich zwischen einem Markt, der auf einem Platz abgehalten wird, und dem, was wir ein Handelszentrum oder eine Markthalle nennen würden. Das Handelszentrum ist ein ständiges Objekt, etwas, das eine architektonische Form besitzt, halbwegs nach Plan erbaut wurde, eine Gruppe gleichbleibender Verkäufer hat und eine relativ stabile Kundschaft. Hier gibt es fixe Orientierungspunkte – die Schilder bekannter Firmen, Tafeln mit den Namen großer Läden, bunte Reklamen, kunstvoll gestaltete Verkaufsausstellungen. Der Markt ist etwas ganz anderes. Er ist ein Element der Spontaneität, der Improvisation. Ein Volksfest, ein Konzert unter freiem Himmel. Der Markt ist in erster Linie die Domäne, das Königreich der Frauen, die ständig an den Markt denken. Schon zu Hause – im Dorf oder in der Kleinstadt – denken sie daran, daß sie sich zum Markt aufmachen wollen. Um etwas einzukaufen oder zu verkaufen. Oder sowohl das eine wie auch das andere. Für gewöhnlich ist der Markt weit entfernt, und der Weg dorthin und später der Rückweg bieten Gelegenheit zum Plaudern (denn man geht in der Gruppe hin), man kann Beobachtungen austauschen und tratschen.

Und der Markt selber? Er ist ein Ort des Handels, aber auch der Begegnung. Er ist eine Flucht aus der Monotonie des Alltagslebens, ein Moment des Verschnaufens, ein gesellschaftliches Ereignis. Wenn sie zum Markt gehen, ziehen die Frauen ihre besten Kleider an, und vorher legen sie einander noch sorgfältig neue Frisuren. Denn gleichzeitig mit den Einkäufen findet dort auch eine permanente Modenschau statt, diskret, spontan, improvisiert. Wenn man beobachtet, was viele dieser Frauen verkaufen oder einkaufen, kann man sich nur schwer des Eindrucks erwehren, daß die Waren hier nur ein Vorwand sind, um neue Kontakte zu knüpfen und alte zu pflegen. Denn hier verkauft eine Frau drei Tomaten. Oder ein paar Kolben Mais. Oder einen Topf Reis. Welchen Gewinn hat sie davon? Was kann sie sich dafür kaufen? Und doch hockt sie den ganzen Tag auf dem Markt. Schauen wir ihr einmal aufmerksam zu. Sie sitzt da und unterhält sich die ganze Zeit mit ihren Nachbarinnen, sie zanken sich über etwas, dann beobachten sie die umgebende Menge, äußern ihre Meinung zu etwas, kommentieren etwas. Wenn sie Hunger verspüren, tauschen sie Speisen, die sie zum Verkauf mitgebracht haben, um dann alles gleich an Ort und Stelle zu verzehren.

Ein großer Markt, das ist eine unüberschaubare Menschenmenge, dichtes Gedränge. Die Menschen pressen sich aneinander, einer rempelt den anderen, sie quetschen sich, können kaum atmen. Und in dieses Gemenge fährt ein Lastwagen. Ja, denn die Waren werden mit Lastwagen gebracht. Die Regel, wonach diese Fahrzeuge so gelenkt werden müssen, daß sie keinen Menschen überfahren und nichts zerstören, sind in einem traditionellen Kodex festgelegt. Der Lastwagen fährt also zunächst einen Meter weit in die Menge hinein. Er schiebt sich ganz langsam vorwärts, Zentimeter um Zentimeter, Schritt um Schritt. Die Frauen, die dem Lastwagen im Weg stehen oder sitzen, packen ihre Ware in Körbe, Schüsseln und ihre gerafften Kleider, drücken die hinter ihnen stehende oder sitzende Nachbarin zur Seite und machen wortlos und gefügig der Stoßstange des heranschiebenden Wagens Platz, um in der nächsten Sekunde, wie eine Welle, die vom Bug eines Schiffes zerschnitten wurde, auf ihren alten Platz zurückzufluten.

Ein afrikanischer Markt ist eine riesige Ansammlung von Billigkeiten und Krimskrams. Eine Fundgrube von Schund und Tand. Berge von Tinnef. Am einen Ende des Marktes türmen sich Säulen einheitlich großer gelber und roter Plastikeimer, am anderen Ende liegen Stöße mit Tausenden von Unterhemden und Stoffschuhen, alle gleich aussehend, hier wachsen Pyramiden verschiedenfarbigen Kattuns in den Himmel, dort glänzen lange Reihen von Nylonkleidern und -sakkos. Erst an einem solchen Ort erkennt man, wie die Welt von zehntklassiger Ware überschwemmt wird, wie sie versinkt in einem Ozean von Kitsch, wertlosem Plunder, geschmacklosem Zeug und Mist.

Und da bot sich mir endlich die Möglichkeit, nach Onitsha zu fahren. Als ich schon im Auto saß, versuchte ich mir vorzustellen, wie das dort alles aussehen mußte – monströs vervielfältigt, ins Unendliche vergrößert, zu den Ausmaßen des größten Marktes der Welt aufgeblasen. Mein Fahrer hieß Omenka und gehörte zu den schlauen und durchtriebenen

Leuten, die im Schatten des Reichtums des hiesigen Ölgebietes aufgewachsen sind und genau wissen, was Geld bedeutet und wie man es seinen Passagieren am besten aus der Tasche lockt. Am ersten Tag unserer Bekanntschaft gab ich ihm nichts, als wir uns trennten. Er ging, ohne sich auch nur zu verabschieden. Es tat mir sofort leid, weil ich mit anderen Menschen nicht gern kühl und formell verkehre. Beim nächsten Mal gab ich ihm daher 50 Naira (die lokale Währung). Er verabschiedete sich und lächelte sogar ein wenig. Ermutigt gab ich ihm beim nächsten Mal 100 Naira. Er verabschiedete sich, lächelte und gab mir die Hand. Bei der nächsten Trennung gab ich ihm daher 150 Naira. Er verabschiedete sich, lächelte, verneigte sich und drückte meine Hand herzlich mit beiden Händen. Beim nächsten Mal überbot ich noch einmal den Einsatz und zahlte ihm 200 Naira. Er verabschiedete sich, lächelte, umarmte mich, trug mir die besten Grüße an meine Familie auf und erkundigte sich mit sorgenvoller Stimme nach meiner Gesundheit. Ich will diese Geschichte nicht weiter auswalzen, aber am Ende überhäufte ich ihn derartig mit Nairas, daß wir uns am Ende gar nicht mehr voneinander trennen konnten. Omenka hatte stets eine vor Rührung zitternde Stimme und versicherte mir unablässig mit Tränen in den Augen seine ewige Hingabe und Treue. Ich hatte erreicht, was ich wollte, und das im Übermaß – Herzlichkeit, Wärme und Zuneigung.

Also fuhr ich nun mit Omenka nach Onitsha, das heißt nach Norden (wenn man den Golf von Guinea als Ausgangspunkt nimmt), vorbei an Aba, Oweri und Ihiala. Das Land hier ist überall grün, von Malaria verseucht, sumpfig und dicht besiedelt. Ein Teil der Menschen ist in der Erdölförderung beschäftigt, ein Teil bestellt die kleinen Felder mit Maniok und Kassawa, ein Teil erntet und verkauft Kokosnüsse, andere brennen illegal Schnaps aus Bananen und Hirse. Und alle handeln. Es stimmt schon, daß es in Afrika eine Teilung in Farmer und Viehhirten, Soldaten und Beamte, Schneider und Mechaniker gibt, doch wichtiger ist etwas anderes, nämlich die Gemeinsamkeit, die alle verbindet – daß nämlich alle Handel treiben.

Der Unterschied zwischen der afrikanischen und der europäischen Gesellschaft besteht unter anderem darin, daß in letzterer eine Arbeitsteilung besteht: Es gilt das Gesetz der Spezialisierung in bestimmte Fachgebiete, genau umschriebene Berufe. Dieses Prinzip hat in Afrika keine Gültigkeit. Hier übt der Mensch, vor allem in unseren Tagen, Dutzende Berufe aus, macht zahlreiche verschiedene Dinge, meist nicht für lange Zeit und oft auch nicht wirklich ernsthaft. Jedenfalls ist es nicht leicht, jemanden zu finden, der nicht irgendwie mit dem wichtigsten Element, der wichtigsten Passion Afrikas zu tun hat – mit dem Handel.

Und der Markt von Onitsha ist genau der Punkt, an dem alle Handelswege und Handelspfade Afrikas zusammenlaufen – hier treffen und kreuzen sie sich.

Onitsha faszinierte mich auch deshalb, weil es der einzige mir bekannte Fall eines Marktes ist, der seine eigene Literatur hervorbringt und entwickelt: die *Onitsha Market Literature*. In Onitsha leben und wirken Dutzende nigerianische Schriftsteller. Ihre Werke werden von ebenso vielen lokalen Verlagen herausgegeben, die auf dem Markt eigene Druckereien und Buchhandlungen unterhalten. Diese Literatur ist unterschiedlich – es gibt leichte Romane, Gedichte und Sketches (die dann von den zahlreichen am Markt wirkenden Theatergruppen aufgeführt werden), Boulevardkomödien, Volksstücke und Vaudevilles. Es gibt jede Menge didaktischer Geschichtchen, eine Unzahl lokaler Ratgeber von der Art »Wie kann man sich verlieben?« oder »Wie kann man sich entlieben?«, zahllose Schundromane mit Titeln wie »Mabel, oder der süße Honig, der spurlos verschwand«, oder »Liebesspiele, und dann die Enttäuschung«. Alles ist darauf ausgerichtet, die Menschen zu rühren, aber auch, sie zu belehren und kostenlos zu beraten. Die Autoren von Onitsha sind der Ansicht, die Literatur müsse dem Menschen Nutzen bringen, und tatsächlich finden sie auf dem Markt ein breites Publikum. Wer kein Geld hat, um eines dieser Meisterwerke in Broschürenform zu erwerben (oder, noch öfter, gar nicht lesen kann), der kann sie für wenige Groschen hören, denn soviel kostet der Eintritt zu einem Autorenabend, die hier gern im Schatten der Verkaufsbuden abgehalten werden.

Ein paar Kilometer vor Onitsha macht die Straße einen leichten Bogen. Schon bei dieser Kurve standen Autos, es war offensichtlich, daß wir einen Stau vor uns hatten und warten mußten, weil das die einzige Zufahrt zur Stadt aus dieser Richtung war. Wir befanden uns auf der Oguta Road, die in den berühmten Markt mündet, allerdings erst in großer Entfernung von hier. Einstweilen standen wir hinter ein paar Lastwagen in einem langen Stau. Es verging eine halbe Stunde, dann eine Stunde. Die hiesigen Fahrer waren offenbar mit der Situation vertraut, denn sie machten es sich sorglos im Straßengraben bequem. Aber ich war in Eile, ich mußte noch am selben Tag ins dreihundert Kilometer entfernte Port Harcourt zurückkehren. Die Straße war eng, einspurig, unser Wagen stand eingekeilt zwischen anderen Fahrzeugen und es gab keine Möglichkeit, dem Stau zu entkommen. Ich ging daher allein zu Fuß los, um die Ursache für den Stillstand herauszufinden. Es war heiß, wie immer zur Mittagszeit in Afrika, ich setzte daher mühevoll einen Fuß vor den anderen. Schließlich gelangte ich ans Ziel. Beide Seiten der Straße säumten gemauerte, niedrige Wohnhäuser, gedeckt mit rostigem Wellblech, und ebenerdige Läden; im Schatten breiter Veranden saßen Schneider an ihren Maschinen, Frauen wuschen und hängten Wäsche auf. An einer Stelle gab es einen Auflauf, es herrschten nervöse Betriebsamkeit und Lärm, man hörte Motoren aufheulen, laute Stimmen und Rufe. Als ich mich durch die Menge gekämpft hatte, sah ich ein riesiges Loch, das mitten in der Straße gähnte. Groß, breit, ein paar Meter tief. Seine Ränder fielen steil und schroff ab, und am Grund war eine trübe, schlammige Pfütze. Die Straße war an dieser Stelle so eng, daß man das Loch nicht umfahren konnte. Jeder, der mit dem Auto in die Stadt wollte, mußte zuerst in diesen Abgrund hinunter und durch das schlammige Wasser, in der Hoffnung, daß man ihn hochziehen würde.

Und genau das war gerade im Gange. Am Grund des Loches stand, zur Hälfte im Wasser versunken, ein riesiger Lastwagen, beladen mit Säcken voll Erdnüssen. Eine Gruppe halbnackter Jungen entlud den Wagen und kletterte mit den Säcken nach oben, zur Straße hinauf. Eine andere Mannschaft hatte ein Seil am Lastwagen befestigt, um zu versuchen, das Ungetüm aus der Grube zu ziehen. Wieder andere stapften im Wasser herum und bemühten sich, Bretter und Balken unter die Räder zu schieben. Wenn einer keine Kraft mehr hatte, kletterte er aus dem Loch, um zu verschnaufen. Oben erwarteten ihn schon Frauen, die heiße Speisen verkauften – Reis mit gewürzter Soße, Pfannkuchen aus Kassawa, gebratene Jamswurzeln, Erdnußsuppe. Jungen hielten Zigaretten und Kaugummi feil. Als schließlich alles vorbereitet und die Erdnüsse entladen waren, machten sich alle Mannschaften daran, gemeinsam den Wagen hinaufzuhieven. Einige Burschen zogen, durch Rufe angefeuert, an den Stricken, andere schoben von hinten mit den Schultern an. Der Lastwagen wollte nicht nachgeben und blieb eine Zeitlang wie festgewachsen stehen. Doch endlich gelang es ihnen, den Wagen mit vereinten Kräften aus dem Loch zu bekommen, und er stand oben auf dem Asphalt. Die Gaffer applaudierten, hieben einander vor Freude auf die Schultern, und die Kinder tanzten herum und klatschten in die Hände.

Im nächsten Moment dümpelte schon der nächste Wagen, der in der Reihe gewartet hatte, am Grund des gähnenden Loches. Ich konnte beobachten, daß nun ganz andere Leute damit beschäftigt waren, das Fahrzeug zu bergen. Sie brachten ihre eigenen Stricke, Ketten, Bretter und Schaufeln mit. Die Hilfsmannschaft des ersten Wagens hatte sich längst zerstreut. Für die nächsten war die Aufgabe noch schwieriger und anstrengender, weil ihnen ein besonders schwerer Lastwagen zugefallen war – ein riesiger Bedford. Sie mußten ihn etappenweise, in Raten, heraufzuholen. Bei jeder Pause wurde lange darüber diskutiert, welche Methode des Heraufziehens wohl am erfolgversprechendsten wäre. Der Bedford rutschte, der Motor brüllte wie besessen, die Ladefläche neigte sich gefährlich zur Seite.

Mit jedem Wagen wurde das Loch tiefer. Der Boden war nur mehr eine feuchte, klebrige Masse, in der die Räder auf der Stelle durchdrehten, wobei sie Schlamm und Kiesfontänen auf die Umstehenden spritzten und schleuderten. Ich rechnete mir aus, daß wir hier zwei, drei Tage stehen würden, bevor wir endlich an die Reihe kämen, in das Schlammloch hinunterzutauchen. Ich hätte gerne gewußt, wieviel die Retter für das Hochziehen unseres Wagens verlangen würden. Doch wichtiger war in diesem Moment die Frage, wie wir jetzt aus dieser Falle entkommen konnten. Ich dachte schon gar nicht mehr an den Markt von Onitsha, an sein buntes Treiben, an die Jahrmarkt- und Budenliteratur. Ich wollte von hier weg, ich mußte umkehren. Doch zuerst zog ich los, um die Umgebung der löchrigen und verstopften Oguta Road zu erforschen. Ich wollte mich ein wenig umschauen. Die Leute ausfragen. Hören, was sie sagten.

Es war nicht zu übersehen, daß sich die Umgebung in ein Zentrum städtischen Lebens verwandelt hatte, das die Menschen anzog, ihre Aufmerksamkeit, Initiative und Aktivität weckte. An dieser Stelle, für gewöhnlich ein verschlafener Winkel der Vorstadt, wo Scharen von Arbeitslosen auf der Straße vor sich hin dösten und Horden herrenloser, an Schlafkrankheit leidender Hunde herumstreunten, hatte sich unerwartet und spontan, dank diesem unglückseligen Loch, ein dynamisches, geschäftiges und lärmendes Viertel gebildet. Das Loch verschaffte den Beschäftigungslosen Arbeit, weil sie Rettungsmannschaften formieren und daran verdienen konnten. Es versorgte die Frauen mit ihren mobilen Garküchen mit Kundschaft. Und diesem Loch, das den Verkehr zum Erliegen brachte und die Straße blockierte, war es auch zu verdanken, daß in den meist leeren Läden in der Umgebung plötzlich unfreiwillige Kundschaft auftauchte – die Passagiere und Fahrer der Wagen, die auf die Weiterfahrt warteten. Und auch die Straßenverkäufer von Zigaretten und Erfrischungsgetränken fanden Abnehmer für ihre Produkte.

Mehr noch – an den umliegenden Häusern sah ich frisch mit der Hand gemalte Schilder mit der Aufschrift »Hotel«, ein Angebot für diejenigen, die hier die Nacht zubringen mußten, weil es so lang dauerte, bis sie beim Loch an die Reihe kamen. Auch die Autowerkstätten in der Umgebung erfuhren eine Umsatzbelebung – die Chauffeure nützten die Stehzeit und ließen Reparaturen durchführen, Reifen aufpumpen, Akkumulatoren aufladen. Die Schneider und Schuster bekamen Arbeit, es tauchten Friseure auf, ich sah Kräuterdoktoren, die sich herumtrieben und ihre Medizin, Schlangenhäute und Hahnenfedern, anboten – sie waren offenbar bereit, jeden an Ort und Stelle zu heilen. In Afrika werden alle diese Berufe von Menschen ausgeübt, die ständig in Bewegung sind, die auf der Suche nach Klienten herumziehen, und wenn sich eine Gelegenheit bietet, wie dieses Loch in

Onitsha, dann strömen dort sofort Massen zusammen. Auch das gesellschaftliche Leben blühte auf: Die Umgebung des Loches wurde zu einem Ort der Begegnung, der Gespräche und Diskussionen, und zu einem Spielplatz für die Kinder.

Der Fluch für die Fahrer, die nach Onitsha kommen wollten, war für die Bewohner der Oguta Road, für ein ganzes Viertel, dessen Namen ich nicht kenne, zu einer Wohltat geworden. Es bestätigte sich einmal mehr, daß jedes Übel stets auch seine Verteidiger findet, weil es immer Menschen gibt, die von diesem Übel leben, für die dieses Übel eine Chance darstellt, ja sogar – eine Existenzberechtigung.

Die Menschen wehrten sich lange dagegen, daß das Loch ausgebessert wurde. Das weiß ich, weil mir, als ich Jahre später in Lagos angeregt von meinem Abenteuer in Onitsha erzählte, mit gleichgültiger Stimme geantwortet wurde: »Onitsha? In Onitsha hat sich nichts verändert.«

SZENEN AUS ERITREA. Asmara, fünf Uhr morgens. Dunkel und kalt. Plötzlich sind gleichzeitig zwei Töne über der Stadt zu hören – die mächtige, tiefe Stimme der Glocke der Kathedrale an der Via Independencia, und der langgezogene, singende Ruf des Muezzin von der Moschee, nicht weit von der Kathedrale. Diese beiden Klänge erfüllen für ein paar Minuten die Luft, sie verbinden sich und verstärken einander, sie werden zu einem einigen und triumphierenden ökumenischen Duett, das die Stille der Gassen verscheucht und ihre Bewohner aus dem Schlaf weckt. Die Stimme der Glocke, die sich erhebt und dann wieder fällt, ist so etwas wie eine weithin hörbare Begleitung, ein erhabenes und frisches Allegro zu den inbrünstigen Koransuren, mit denen der im Dämmerlicht verborgene Muezzin die Gläubigen zum ersten Gebet ruft, das den Tag einleitet und Salad As-Subh genannt wird.

Betäubt von dieser morgendlichen Musik, gehe ich frierend und hungrig durch die leeren Gassen zum Autobusbahnhof, weil ich heute nach Massaua fahren möchte. Selbst auf großen Karten von Afrika ist die Entfernung zwischen Asmara und Massaua sehr gering, und sie ist ja tatsächlich nicht bedeutend – hundertzehn Kilometer, doch der Autobus benötigt für diese Strecke fünf Stunden, wobei er aus einer Höhe von 2500 Metern bis zum Meeresspiegel hinunterfährt, bis zum Roten Meer, an dem Massaua liegt.

Asmara und Massaua sind die wichtigsten Städte Eritreas, und Eritrea ist der jüngste Staat Afrikas, ein kleiner Staat mit nur drei Millionen Einwohnern. In der Vergangenheit war Eritrea nie ein eigener Staat gewesen. Zuerst war es eine Kolonie der Türkei, dann Ägyptens, und im 20. Jahrhundert der Reihe nach Italiens, Englands und Äthiopiens. Im Jahre 1962 wurde Eritrea von Äthiopien, das es schon seit zehn Jahren mit Waffengewalt besetzt hielt, zur Provinz erklärt, worauf die Eritreer mit Krieg antworteten, dem anti-äthiopischen Befreiungskrieg, dem längsten in der Geschichte des Kontinents, der dreißig Jahre dauerte. Als Haile Selassie in Addis Abeba regierte, unterstützten die Amerikaner seinen Kampf gegen die Eritreer, und als der Kaiser von Mengistu gestürzt wurde, der selber die Macht übernahm – unterstützten die Russen den Kampf gegen die Befreiungsbewegung. Die Relikte dieser Geschichte kann man in einem großen Park in Asmara sehen, in dem das Kriegsmuseum liegt. Sein Direktor ist der junge Dichter und Gitarrist Aforki Arefaine, ein ehemaliger Partisan und ein sehr sympathischer und gastfreundlicher Mann. Aforki zeigte mir zuerst die amerikanischen Mörser und Geschütze und dann eine Kollektion sowjetischer Maschinenpistolen, Minen, Katjuschas und MiGs. »Das ist noch gar nichts!« sagte er. »Du müßtest einmal Debre Zeit sehen!«

Das war nicht leicht, denn man bekommt nur schwer die Genehmigung, doch am Ende gelang es mir, Debre Zeit zu besuchen. Es liegt ein paar Dutzend Kilometer außerhalb von Addis Abeba. Man fährt auf Feldwegen dorthin, an einer Reihe von Militärposten vorbei. Die Soldaten des letzten Postens öffnen das Tor zu einem Platz, der auf der Kuppe eines flachen Hügels liegt. Der Blick von dieser Stelle ist einzigartig. So weit das Auge reicht, dehnt sich eine baumlose Ebene bis zum fernen, in Dunst gehüllten Horizont. Die ganze Ebene ist übersät mit Militärgerät. Kilometer um Kilometer stehen Feldgeschütze verschiedenen Kalibers, dehnen sich endlose Alleen mittlerer und schwerer Panzer, ganze

Wälder von Fliegerabwehrkanonen und Mörsern, Hunderte Panzerwagen, leichte gepanzerte Kampfwagen, motorisierte Funkanlagen und Amphibienfahrzeuge. Und auf der anderen Seite des Hügels liegen riesige Hangars und Magazine – die Hangars bergen die Rümpfe noch nicht montierter MiGs, und in den Magazinen stapeln sich Kisten mit Munition und Minen.

Was einen am meisten überrascht und bestürzt, sind die unvorstellbaren Mengen an Rüstungsmaterial, diese unwahrscheinliche Anhäufung Hunderttausender Maschinengewehre, Gebirgshaubitzen, Kampfhubschrauber. Das alles ist im Verlauf von Jahren als Geschenk Breschnews für Mengistu von der Sowjetunion nach Äthiopien geschickt worden. Nur, daß es in Äthiopien gar nicht genug Menschen gab, die imstande gewesen wären, auch nur zehn Prozent dieser Waffen zu bedienen. Mit einer solchen Unzahl von Panzern könnte man ganz Afrika erobern, mit der Feuerkraft dieser Geschütze und Katjuschas den Kontinent in Schutt und Asche legen. Als ich durch die ausgestorbenen Straßen dieser Stadt aus unbewegtem Stahl wanderte, wo mich aus allen Ecken dunkle, oxydierte Läufe anstarrten und überall Panzerketten ihre Zähne wetzten, dachte ich an den Menschen, der davon geträumt hatte, Afrika zu unterwerfen, auf diesem Kontinent einen Blitzkrieg zu entfesseln, der diese militärische Nekropolis – Debre Zeit – errichtet hatte. Wer konnte das gewesen sein? Der Botschafter Moskaus in Addis Abeba? Marschall Ustinow? Breschnew persönlich?

»Und hast du Tira Avolo gesehen?« hatte mich Aforki einmal gefragt. Ja, ich habe Tira Avolo gesehen. Es ist ein Weltwunder. Asmara ist eine schöne Stadt mit italienischer, mediterraner Architektur und einem herrlichen Klima ewigen, warmen, sonnendurchfluteten Frühlings. Und Tira Avolo ist das luxuriöse Villenviertel von Asmara. Die prächtigen Villen hier versinken in Blumengärten. Königliche Palmen, hohe Hecken, Schwimmbassins, üppige Rasenflächen und reich geschmückte Beete, eine endlose Parade von Pflanzen, Farben und Gerüchen – ein regelrechtes Paradies auf Erden. Als die Italiener in den Kriegsjahren aus Asmara wegzogen, besetzten die äthiopische und die sowjetische Generalität das Viertel

Tira Avolo. Kein Sotschi, Suchumi oder Gagra konnte sich in Hinblick auf Klima oder Komfort mit Tira Avolo messen. Daher verbrachte auch die Hälfte des Generalstabes der Roten Armee, dem der Zutritt zur Côte d'Azur oder Capri verwehrt war, den Urlaub in Asmara, wo sie gleichzeitig Mengistu in seinem Kampf gegen die eritreischen Partisanen berieten.

Die äthiopischen Streitkräfte setzten überall Napalm ein. Um sich davor in Sicherheit zu bringen, gruben die Eritreer unterirdische Bunker, getarnte Gänge und Schlupfwinkel. Im Verlauf der Jahre bauten sie ein zweites, unterirdisches Land, unterirdisch im wahren Sinn des Wortes, für Fremde unzugänglich, ein geheimes, verstecktes Eritrea, in dem sie von einem Ort zum anderen gelangen konnten, ohne vom Feind gesehen zu werden. Der Krieg in Eritrea war keineswegs – wie die Eriteer selbst stolz betonen – ein gewöhnlicher *bush-war*, ein zerstörerischer, räuberischer Feldzug von Warlords. In ihrem unterirdischen Staat besaßen sie Schulen und Spitäler, Gerichte und Waisenhäuser, Werkstätten und Waffenfabriken. In einem Land von Analphabeten mußte jeder Kämpfer lesen und schreiben können.

Was einst die Errungenschaft und den Stolz der Eritreer ausgemacht hatte, ist nun zu ihrem Problem und Drama geworden. Denn der Krieg ging 1991 zu Ende, und zwei Jahre später wurde Eritrea unabhängig.

Dieses kleine Land, eines der ärmsten Länder der Welt, besitzt eine Armee von hunderttausend jungen, verhältnismäßig gut ausgebildeten Menschen, und keiner weiß, was man mit ihnen anfangen soll. Das Land hat keinerlei Industrie, die Landwirtschaft liegt am Boden, die Städte sind zerbombt, die Straßen zerstört. Hunderttausend Soldaten erwachen am Morgen und haben nichts zu tun, vor allem aber haben sie nichts zu essen. Und es geht nicht nur um die Soldaten. Denn das Schicksal ihrer zivilen Kollegen und Brüder ist nicht viel besser. Man braucht nur zur Essenszeit durch die Straßen von Asmara zu gehen. Die Beamten der noch spärlichen Institutionen des jungen Staates eilen in die umliegenden kleinen Restaurants und Bars, um etwas zu essen. Doch Massen junger Menschen wissen nicht, wohin sie sich wenden sollen – sie haben keine Arbeit, sie haben nicht einen einzigen Cent. Sie lungern herum, betrachten die Schaufenster, stehen an den Straßenecken, sitzen auf den Bänken – untätig und hungrig.

Die Glocken der Kathedrale verklingen und die Stimme des Muezzin verstummt, hinter den Bergen des Jemen taucht feurig und blendend die Sonne auf, und unser Autobus, ein uralter Fiat, dessen Farbe sich nicht mehr feststellen läßt, so oft wurde die Karosserie ausgeklopft und so zerfressen ist sie vom Rost, stürzt sich holterdiepolter von der zweieinhalbtausend Meter hoch liegenden Ebene in die Tiefe. Ich will nicht den Versuch machen, die Straße zu beschreiben. Der Chauffeur hatte mir als einzigem Europäer den Platz neben sich angewiesen. Er ist jung, aufgeweckt und ernsthaft. Er weiß, was es bedeutet, auf dieser Straße zu fahren, er kennt ihre lebensgefährlichen Fallen. Auf einer Strecke von hundert Kilometern gibt es ein paar hundert Kehren – eigentlich besteht die ganze Straße nur aus Kehren, wobei die schmale Fahrbahn, bedeckt mit losem Schotter und Split, die ganze Zeit ohne Barrieren und Schutzmauern am Abgrund entlangläuft.

In vielen Kurven kann man, wenn man nicht unter Höhenangst leidet und es wagt hinunterzuschauen, am Grund der Schlucht Wracks von Autobussen, Lastwagen und Panzerwagen liegen sehen, aber auch die Überreste verschiedener Tiere – meist wohl von Kamelen, vielleicht auch von Maultieren und Eseln. Einige sind schon sehr alt, doch andere – und die ängstigen uns mehr – sind noch ganz frisch. Der Chauffeur und die Passagiere sind aufeinander eingespielt, sie bilden offensichtlich ein gut aufeinander abgestimmtes Team: Wenn wir in eine Kehre fahren, ruft der Fahrer langgezogen – yyyaaahhh! –, und auf diesen Rufen hin lehnen sich die Passagiere auf die der Kehre abgewandte Seite, wodurch sie dem Autobus etwas Gegengewicht verleihen – sonst würde er zweifellos in den Abgrund stürzen.

In einigen Abständen stehen in den Kurven schreiend bunte koptische Altäre, geschmückt mit Bändern, bombastischen Kunstblumen und im Stil naiver Realisten gemalten Ikonen, um die ein paar dürre, vertrocknete Mönche wuseln. Wenn der Autobus sein Tempo verlangsamt, strecken sie tönerne Schüsseln zu den Fenstern hinauf, damit die Passagiere ein paar Groschen als Opfergabe hineinwerfen – die Mönche werden nämlich für eine glückliche Weiterfahrt der Menschen beten, glücklich zumindest bis zur nächsten Kehre.

Jeder Kilometer enthüllt eine neue Aussicht, hinter jedem Berg tun sich andere Landschaften auf, während der Fahrt können wir beobachten, wie vor unseren Augen immer neue Panoramen komponiert werden, wie die Erde uns ihre vielfältige Pracht vorführt. Denn der Weg ist schrecklich und schön zugleich. Dort unten liegt eine Siedlung, in Sträuchern vergraben, und da ein Kloster – seine hellen Mauern lodern vor dem Hintergrund der schwarzen Berge wie weiße Flammen. Dort ein riesiger Felsen, hundert Tonnen schwer, in der Mitte gespalten – aber von was für einem Blitz! – und in die grüne Almwiese gerammt, und anderswo eine Geröllhalde, unordentlich durcheinandergeworfen; doch an einer anderen Stelle bilden die Steine ein Muster, liegen dichter und ordentlicher beieinander – ein Zeichen, daß es sich um einen islamischen Friedhof handelt. Hier blitzt, wie in einer klassischen gemalten Landschaft, silbern ein Fluß auf, dort bilden aufgetürmte Felsen ein himmelhohes Tor, verschlungene Labyrinthe, pathetische Säulen.

Je länger wir fahren und je tiefer wir kommen, ständig durch das verrückte Karussell der Kehren kreiselnd, pausenlos an der Grenze zwischen Leben und Tod entlang, um so deutlicher spüren wir, daß es wärmer wird, dann, daß es schon sehr warm wird und sogar heiß, bis wir am Ende, wie von einer großen Schaufel geworfen – in einen Hochofen hinauffahren. In einen brennenden Martinsofen – das heißt nach Massaua.

Ein paar Kilometer vor der Stadt enden die Berge, und die Straße läuft gerade und eben dahin. Als wir diesen Abschnitt erreichen, verändert sich der Chauffeur, seine sehnige Gestalt wird schlaff, die Gesichtsmuskeln geben nach und werden sanfter. Er lächelt. Er greift zu einem Stoß mit Kassetten neben sich und steckt eine in das Magnetophon. Von einem abgespielten, zerkratzten Band ist die heisere Stimme eines lokalen Sängers zu hören. Die Melodie ist östlich, es gibt darin zahlreiche hohe und sehnsuchtsvolle, sentimentale Töne. »Er sagt, sie habe Augen wie zwei Monde«, übersetzt mir der Fahrer das Gehörte. »Und daß er diese Mondaugen liebt.«

Wir fahren in die zerstörte Stadt hinein. Auf beiden Seiten der Straße Berge von Artilleriegeschoßhülsen. Die Wände ausgebrannter Häuser, umgestürzte, zersplitterte Baumstämme. Eine Frau wandert durch die leere Straße, zwei Jungen spielen im Führerhaus eines zerstörten Lastwagens. Wir kommen zu einem sandigen, quadratischen Platz in der Innenstadt. Ringsum ärmliche, ebenerdige Häuser, grün, rosa und gelb bemalt. Die Wände sind rissig, die Farbe schuppt und blättert ab. In einem Winkel mit ein wenig Schatten dösen drei alte Männer vor sich hin. Sie sitzen auf der Erde, ihre Turbane in die Augen gezogen.

Eritrea besteht aus zwei Höhen- und Klimazonen, aus zwei Religionen. In der Höhe, dort wo Asmara liegt und wo es kühler ist, lebt das Volk der Tigrinja. Ihm gehört die Mehrheit der Einwohner des Landes an. Die Tigrinja sind Christen, Kopten. Den zweiten Teil Eritreas macht die heiße, wüstenähnliche Tiefebene aus – der Küstenstreifen am Roten Meer, zwischen Sudan und Djibouti. Hier siedeln verschiedene islamische Hirtenvölker (das Christentum scheint die Tropen weniger gut zu ertragen, der Islam ist dort eher zu Hause). Massaua – Hafen und Stadt – gehören dieser Welt an. Diese Region des Roten Meeres, wo Massaua und Assab liegen und der Golf von Aden, mit Djibouti, Aden und Berbera, ist der heißeste Punkt unseres Planeten, eine richtige Hölle auf Erden. Als ich aus dem Autobus stieg, schlug mir eine derartige Gluthitze entgegen, daß es mir den Atem nahm, ich spürte, daß mich das Feuer um mich herum ersticken würde, und wußte, daß ich irgendwo Zuflucht finden müßte, weil ich sonst im nächsten Augenblick zusammenzuklappen drohte. Ich schaute mich in der ausgestorbenen Stadt um, suchte nach einem Zeichen, einer Spur von Leben. Doch ich konnte nirgends ein Schild entdecken und zog verzweifelt los. Ich war mir bewußt, daß ich nicht weit kommen würde, und schleppte mich trotzdem vorwärts, mühsam einen Fuß vor den anderen setzend, als stapfte ich durch einen grundlosen, klebrigen Sumpf. Schließlich sah ich eine Bar, in die ein mit einem Kattunvorhang verdeckter Eingang führte. Ich schlug den Vorhang zurück, ging hinein und warf mich auf die nächste Bank. In meinen Ohren dröhnte es, denn die Hitze war zuletzt noch drückender und schlimmer geworden.

Im Halbdämmer, in der Tiefe der leeren Bar, sah ich eine vor Schmutz klebende, abgestoßene Theke, auf der zwei Köpfe lagen. Aus der Entfernung sahen sie aus wie zwei abgeschnittene Köpfe, die jemand hier abgelegt hatte. Ja. So war das offensichtlich, denn die Köpfe regten sich nicht, gaben kein Lebenszeichen von sich. Ich war jedoch nicht fähig, darüber nachzudenken, wer diese Köpfe hergebracht und warum er sie zurückgelassen haben könnte. Meine Aufmerksamkeit wurde jetzt völlig durch eine neben der Theke stehende Kiste mit Wasserflaschen in Anspruch genommen. Ich schleppte mich mit letzter Kraft dorthin und begann eine Flasche nach der anderen zu leeren. Erst in diesem Moment öffnete einer der Köpfe ein Auge, das schaute, was ich da machte. Doch sonst gab es nach wie vor keine Bewegung; die beiden Barfrauen verharrten in der Hitze regungslos wie zwei Eidechsen.

Weil ich jetzt schon Wasser und einen etwas kühleren Platz hatte, wartete ich in Ruhe ab, bis das Feuer der Mittagsstunden erloschen war, dann machte ich mich auf die Suche nach einem Hotel. Man konnte sehen, daß die reichen Viertel Massauas einmal eine reizvolle Mischung tropischer, arabisch-italienischer Architektur gewesen sein mußten. Doch ein paar Jahre nach dem Krieg lagen die meisten Häuser immer noch in Trümmern, die Gehsteige waren übersät mit Ziegelbrocken, Unrat und Glas. Auf einer der großen Kreuzungen in der Stadtmitte stand ein gigantischer, ausgebrannter russischer Panzer vom Typ T-72. Offensichtlich hatten sie nichts, um ihn wegzuschaffen. In Eritrea gab es keinen Kran, groß genug, um ihn zu heben. Es gab keinen Tieflader, um ihn wegzuführen. Und keine Eisenhütte, um ihn einzuschmelzen. Man konnte in ein Land wie Eritrea einen gigantischen Panzer bringen, man konnte damit schießen, aber wenn er kaputtging oder ausbrannte, dann wußte eigentlich keiner, was man mit seinem Wrack anfangen sollte.

IM SCHATTEN EINES BAUMES IN AFRIKA. Das ist bereits das Ende der Reise. Auf jeden Fall das Ende jenes Abschnittes, den ich bisher beschrieben habe. Jetzt noch – auf dem Rückweg – eine kurze Rast im Schatten eines Baumes. Der Baum steht in einem Dorf, das Adofo heißt und nicht weit vom Blauen Nil liegt, in der äthiopischen Provinz Wollega. Es ist ein riesiger, dicht belaubter, ewig grüner Mangobaum. Wer über die Hochebenen Afrikas fährt, durch die endlosen Weiten von Sahel und Savanne, der hat ein sich oft wiederholendes, erstaunliches Bild vor Augen: Auf weiten, sandbedeckten, von der Sonne verbrannten Flächen, in Ebenen mit dürrem, gelbem Gras und vereinzelten verdorrten Dornbüschen, taucht hier und da ein einsam stehender Baum mit ausladenden Ästen auf. Sein Grün ist üppig und frisch, so intensiv, daß es schon von weitem auf der Linie des Horizontes einen deutlichen satten Fleck bildet. Obwohl keine Brise zu spüren ist, bewegen sich seine Blätter und zittern. Wie kommt der Baum in diese tote Mondlandschaft? Warum steht er gerade an dieser Stelle? Warum nur einer? Woher bezieht er seine Säfte? Manchmal müssen wir viele Kilometer weit fahren, bevor wir zum nächsten Baum kommen.

Vielleicht gab es hier früher viele Bäume, einen ganzen Wald, doch der wurde umgehackt und niedergebrannt, und nur dieser eine Mangobaum blieb stehen. Alle Menschen in der Umgebung waren darauf bedacht, ihn zu retten, weil sie wußten, wie wichtig es ist, daß er am Leben bleibt. Denn um jeden solchen Baum herum liegt ein Dorf. Eigentlich können wir jedesmal, wenn wir in der Entfernung einen Mangobaum sehen, darauf zusteuern, im Wissen, daß wir dort Menschen antreffen, ein wenig Wasser und vielleicht sogar etwas zu essen bekommen werden. Diese Menschen haben den Baum erhalten, weil sie ohne ihn nicht leben können. Unter dieser Sonne braucht der Mensch Schatten, und der Baum ist der Verwalter und Spender des Schattens.

Wenn es im Dorf einen Lehrer gibt, dann dient der Platz unter dem Baum als Klassenzimmer. Am Morgen kommen hier die Kinder des ganzen Dorfes zusammen. Es gibt keine Klassen und Altersstufen, wer kommen will, der kommt. Die Lehrerin oder der Lehrer heftet ein Stück Papier mit dem Alphabet an den Stamm. Dann zeigen sie mit einem Stock hin, und die Kinder schauen und sagen es nach. Sie müssen es auswendig lernen – sie haben kein Schreibgerät und nichts, worauf sie schreiben könnten.

Wenn die Mittagsstunden anbrechen und der Himmel weiß zu glühen beginnt, versteckt sich jeder, der kann, im Schatten des Baumes: Kinder und Ältere, und wenn es im Dorf Vieh gibt, dann auch dieses – Rinder, Schafe und Ziegen. Die Mittagshitze wartet man besser unter dem Baum ab als in seiner Lehmhütte. In der Lehmhütte ist es eng und stickig, unter dem Baum hingegen luftig, und es besteht sogar Hoffnung auf eine leichte Brise.

Die Nachmittagsstunden sind am wichtigsten – die Alten kommen unter dem Baum zur Beratung zusammen. Der Mangobaum ist der einzige Ort, wo man sich treffen und unterhalten kann, denn im Dorf gibt es nirgends einen größeren Raum. Die Menschen hier gehen eifrig und gern zu den Beratungen, weil die Afrikaner ihrer Natur nach kollektivistisch sind und ein Bedürfnis haben, an allem teilzunehmen, was das Gemeinschaftsleben betrifft. Alle Entscheidungen werden kollektiv gefällt, Konflikte und Streitigkeiten gemeinsam beigelegt, und gemeinsam wird beschlossen, wer wieviel Boden zum Bearbeiten bekommt. Es entspricht der Tradition, daß jede Entscheidung einstimmig getroffen werden muß. Wenn jemand anderer Meinung ist, versucht die Mehrheit, so lange auf ihn einzureden, bis er seine Ansicht ändert. Das dauert oft viele Stunden, weil diese Diskussionen unendlich geschwätzig sind. Wenn sich im Dorf zwei Menschen zanken, dann wird das unter dem Baum tagende Gericht nicht etwa versuchen, die Wahrheit zu ergründen und festzustellen, welche der beiden Seiten recht hat, sondern es wird sich nur damit beschäftigen, den Konflikt beizulegen und beide Seiten zu versöhnen, indem es beiden gleicherweise recht gibt.

Wenn sich der Tag dem Ende zuneigt und die Dämmerung hereinbricht, beenden die Versammelten ihre Beratung und gehen nach Hause. In der Dunkelheit kann man nicht streiten, eine Debatte erfordert, daß man das Gesicht dessen sieht, der spricht, daß man sieht, ob seine Worte und seine Augen dasselbe sagen.

Jetzt kommen die Frauen unter dem Baum zusammen, es kommen die Alten und die Kinder, die überall dabeisein wollen. Wenn die Menschen Holz haben, machen sie ein Feuer. Wenn sie Wasser und Minze haben, brühen sie dicken, starken Tee auf. Nun beginnen die angenehmsten Stunden, die ich am meisten liebe – die Stunden, in denen die Ereignisse des Tages erzählt werden, Geschichten, in denen sich Tatsachen und

Phantasien vermischen, lustige Anekdoten mit solchen, die unsere Ängste wecken. Was hat am Morgen in den Büschen gelärmt, so dunkel und zornig? Was für ein seltsamer Vogel ist da am Morgen vorübergeflogen und dann verschwunden? Die Kinder haben einen Maulwurf bis zu seinem Loch verfolgt. Sie haben das Loch aufgegraben – doch der Maulwurf war weg. Wo ist er hin? Im Verlauf dieser Erzählungen erinnern sich die Menschen daran, daß früher einmal, vor langer Zeit, die Alten von so einem seltsamen Vogel berichteten, der vorüberflog und dann verschwand, und einer entsinnt sich, daß bereits sein Urgroßvater von etwas Dunklem erzählte, das von jeher in den Büschen rumort. Seit wann? So weit die Erinnerung zurückreicht. Denn die Grenze der Erinnerung ist hier das Ende der Geschichte. Vorher war nichts. Ein Früher existiert nicht. Die Geschichte ist das, woran man sich erinnert.

Afrika kannte, mit Ausnahme des islamischen Nordens, keine Schrift, die Geschichte war hier immer eine mündliche Überlieferung, eine Legende, die von Mund zu Mund weitergereicht wurde, ein kollektiver Mythos, spontan geschaffen am Fuß eines Mangobaumes, in der tiefen Abenddämmerung, in der sich nur die zittrigen Stimmen der Alten zu Wort melden, während Frauen und Kinder gebannt lauschen. Aus diesem Grund ist der Abend so wichtig, weil das die Stunden sind, in denen die Gemeinschaft darüber nachdenkt, wer sie ist und woher sie kommt, in der sie sich ihrer Verschiedenheit und Andersartigkeit bewußt wird, ihre Identität findet. Es sind die Stunden der Gespräche mit den Ahnen, die fortgegangen, aber gleichzeitig auch da sind, die uns weiter durchs Leben geleiten und vor dem Übel bewahren.

Die abendliche Stille unter dem Baum ist nur scheinbar. In Wirklichkeit ist sie erfüllt von verschiedenen Stimmen, Tönen und Geraune. Diese Geräusche kommen von überall her – aus den hohen Zweigen, aus den umliegenden Büschen, unter der Erde hervor, vom Himmel herab. Es ist besser, daß wir einander in diesen Stunden nah sind, die Anwesenheit der anderen spüren, denn das verleiht Zuversicht und Mut. Auf diesem Kontinent trägt die Natur so monströse und aggressive Züge, setzt sie eine so bedrohliche und furchteinflößende Maske auf, hält sie für den Menschen so viele Fallen und

Schlingen bereit, daß er in ständiger Furcht und Angst lebt, in dauernder Sorge vor dem Morgen. Alles hier nimmt riesenhafte Formen an, ist aufgebläht und wahnwitzig übertrieben. Wenn es ein Gewitter gibt – erschüttern die Blitze den ganzen Planeten, reißen den Himmel in Fetzen; und wenn ein Wolkenbruch niedergeht, dann fällt eine solide Wasserwand vom Himmel, die uns im nächsten Moment in den Boden hämmern und ersäufen kann; wenn es eine Dürre gibt, dann ist sie so, daß sie keinen Tropfen Wasser übrigläßt und wir verdursten müssen. In den Beziehungen zwischen Natur und Menschen gibt es nichts, was die Natur sanfter erscheinen ließe – keine Kompromisse, kein Mittelmaß, keine Abstufungen. Die ganze Zeit über nur äußerste Anstrengung, Kampf, eine Auseinandersetzung auf Leben und Tod. Der Afrikaner ist ein Mensch, der vom Moment seiner Geburt an bis zu seinem Tod an der Front steht, sich gegen die feindliche Natur seines Kontinents zur Wehr setzen muß, und allein die Tatsache, daß er lebt und überhaupt existieren kann, ist sein größter Sieg.

Es ist also Abend, wir sitzen unter einem großen Baum, ein Mädchen reicht mir ein Glas Tee. Ich höre Menschen, deren Gesichter, kräftig und glänzend, wie aus Ebenholz geschnitten, in der unbewegten Dunkelheit verschwimmen. Ich verstehe nicht viel von dem, was sie sagen, aber ihre Stimmen sind ernst und eindringlich. Während sie sprechen, fühlen sie die Verantwortung für die Geschichte ihres Volkes. Sie müssen diese bewahren und weiterführen. Niemand kann sagen, lest unsere Geschichte in den Büchern nach. Denn diese Bücher hat keiner geschrieben, es gibt sie nicht. Diese Geschichte existiert nicht, mit Ausnahme jener, die sie hier erzählen können. Es wird nie eine Geschichte in der Art entstehen, die in Europa wissenschaftlich und objektiv genannt wird, weil die afrikanische Geschichte keine Dokumente und Aufzeichnungen kennt und weil jede Generation, die eine ihr überlieferte Version gehört hat, diese immer verändert hat und weiter verändert, umformt und koloriert. Doch dadurch, daß sie frei ist von der Gewichtigkeit der Archive, von den starren Regeln der Fakten und Daten, erlangt die Geschichte hier ihre reinste, kristallklare Form – die Form des Mythos.

In diesen Mythen nehmen Beschreibungen, wie »vor langer Zeit«, »vor sehr langer Zeit«, »vor so langer Zeit, daß sich keiner mehr erinnern kann«, den Platz von Daten und mechanischen Zeitrechnungen in Tagen, Monaten und Jahren ein. Alles läßt sich in diesen Begriffen ausdrücken und in eine zeitliche Ordnung bringen. Nur daß sich diese Zeit nicht linear entwickelt und darstellen läßt, sondern sich so bewegt wie die Erde – in gleichförmigen Drehungen. In einer solchen Vorstellung von der Zeit gibt es keinen Begriff für die Entwicklung, dieser wird ersetzt durch den Begriff der Dauer. Afrika, das ist ewiges Dauern.

Es ist spät geworden, und alle gehen nach Hause. Die Nacht bricht herein, und die Nacht gehört den Geistern. Wo versammeln sich zum Beispiel Zauberer und Hexen? Es ist bekannt, daß sie ihre Zusammenkünfte und Sitzungen auf Zweigen abhalten, eingetaucht und verborgen im Blattwerk. Es ist besser, sie dabei nicht zu stören und den Platz unter dem Baum zu verlassen – sie mögen es nicht, wenn man sie bespitzelt und belauscht. Sie können rachsüchtig sein und einen verfolgen, können einem Schmerzen zufügen, Krankheiten schicken und den Tod.

Der Platz unter dem Mangobaum bleibt also bis zum Morgengrauen leer. Im Morgengrauen erscheinen gleichzeitig die Sonne und der Schatten des Baumes auf der Erde. Die Sonne weckt die Menschen, die sich sofort vor ihr zu verbergen suchen, in den Schutz des Schattens flüchten. Es ist seltsam und doch wahr, daß das menschliche Leben von etwas abhängen kann, das so flüchtig und unbeständig ist wie der Schatten. Daher ist der Baum, der diesen spendet, mehr als ein Baum, er ist – das Leben selber. Wenn ein Blitz in seinen Wipfel schlägt und der Mangobaum niederbrennt – haben die Menschen keinen Platz mehr, um sich vor der Sonne zu schützen oder ihre Beratungen abzuhalten. Wenn sie keine Beratungen abhalten können, dann können sie keine Entscheidungen treffen, nichts mehr beschließen. Vor allem aber können sie nicht mehr ihre Geschichte erzählen, die nur in der Weitergabe von Mund zu Mund während der abendlichen Versammlungen unter dem Baum existiert. Daher büßen sie rasch das Wissen um das Gestern ein, verlieren ihre Erinnerung. Sie werden zu Menschen ohne Vergangenheit, das bedeutet – zu Niemanden. Ihnen geht das verloren, was sie miteinander verbindet, sie zerstreuen sich, jeder geht einsam seiner Wege. Doch die Einsamkeit ist in Afrika unmöglich, einsam kann der Mensch keinen Tag überleben, ist er zum Tode verurteilt. Wenn daher ein Blitz in den Baum schlägt, kommen auch die Menschen um, die in seinem Schatten lebten.

Der zweite höchste Wert neben dem Schatten ist das Wasser.

»Das Wasser ist alles«, sagt der Weise des in Mali lebenden Volkes der Dogona, Ogotemmeli. »Die Erde kommt vom Wasser. Das Licht kommt vom Wasser. Und das Blut.«

»Die Wüste lehrt dich eines«, sagte mir ein wandernder Kaufmann der Sahara in Niamey. »Es gibt etwas, was man mehr begehren und lieben kann als eine Frau. Das ist das Wasser.«

Schatten und Wasser – zwei fließende, unstete Elemente, die auftauchen und wieder verschwinden, niemand weiß, wohin.

Zwei Lebensformen, zwei Situationen: Jeder, der zum ersten Mal durch einen amerikanischen Supermarkt geht, eine jener gigantischen, endlosen Malls, ist entsetzt über die Fülle und Vielfalt der dort versammelten Waren, die Präsenz aller nur erdenklichen Dinge, die der Mensch erfunden und erzeugt, dann herangeschleppt, hineingestopft und aufgestapelt hat, so daß der Kunde an nichts mehr zu denken braucht – an alles ist schon vorher für ihn gedacht worden, und nun hat er alles fertig bei der Hand.

Die Welt des durchschnittlichen Afrikaners ist anders – es ist eine arme, simple, elementare, auf wenige Dinge reduzierte Welt: ein Hemd, eine Schüssel, eine Handvoll Körner, ein Schluck Wasser. Die Fülle und Vielfalt der Welt des Afrikaners drücken sich nicht in materieller, greifbarer und sichtbarer Form aus, sondern in den symbolischen Werten und Bedeutungen, die er ganz gewöhnlichen Dingen verleiht, die Nichteingeweihte gar nicht sehen, weil sie ihnen keinerlei Bedeutung beimessen. So kann eine Hahnenfeder als Laterne betrachtet werden, die den Weg in der Finsternis leuchtet, und ein Tropfen Öl als Schild, der die Kugeln abwendet. Die Dinge nehmen symbolische, metaphysische Bedeutungen an, weil der Mensch das so beschlossen hat, der sie durch seine Wahl veredelt, in eine andere Dimension, eine höhere Sphäre des Seins hebt – in die Transzendenz.

Im Kongo wurde ich einmal in ein Geheimnis eingeweiht: Ich durfte eine Schule für die Initiation von Burschen besuchen. Nach Beendigung dieser Schule sind sie erwachsene Männer und haben das Recht, bei der Versammlung des Klans mitzustimmen und eine Familie zu gründen. Wenn ein Europäer diese im Leben des Afrikaners so wichtige Schule sieht, ist er verblüfft und reibt sich die Augen. Wie ist das möglich?! Hier gibt es doch nichts! Keine Bänke, keine Tafel! Ein paar Dornbüsche, einige Büschel trockenes Gras, an Stelle eines Fußbodens – grauer, aschiger Sand. Das soll eine Schule sein? Und doch waren die jungen Menschen stolz und ergriffen. Sie hatten eine große Ehre erfahren. Denn hier kommt alles auf das Übereinkommen der Gemeinschaft an, das sehr ernst genommen wird, auf einen Akt tiefen Glaubens: Die Tradition hat den Ort, an dem diese Jungen zusammenkommen, zur Klanschule ernannt, die sie ins Leben einführt, und ihm damit einen privilegierten, erhabenen, ja heiligen Status verliehen. Unsere Phantasie hat diesen Ort nobilitiert und hervorgehoben.

Als gutes Beispiel für eine solche nobilitierende Transformation kann die Schallplatte der Leshina gelten. Die Frau mit Namen Leshina war in Sambia zu Hause. Sie war ungefähr vierzig Jahre alt. Sie war eine Hökerin in den Straßen der Kleinstadt Serenga. Sie zeichnete sich durch keine Besonderheit aus. Das war in den sechziger Jahren, und in manchen Winkeln der Erde konnte man damals noch Grammophone mit Kurbeln finden. Die Leshina besaß ein solches Grammophon und dazu eine einzige völlig abgespielte und zerkratzte Schallplatte. Auf dieser Platte war die Aufnahme einer Rede Churchills aus dem Jahre 1940 zu hören, in der er die Engländer zu Entbehrungen und Opfern im Krieg aufrief. Die Frau stellte das Grammophon in ihrem Hof auf und drehte die Kurbel. Aus dem metallenen, grün bemalten Trichter tönte ein heiseres, tiefes, dumpf rollendes Brummen und Grummeln, in dem das Echo einer pathetischen Stimme mitschwang, die allerdings nicht mehr zu verstehen war und keinen Sinn machte. Den Gaffern, die zusammenliefen und mit der Zeit immer zahlreicher wurden, erklärte die Leshina, das sei die Stimme Gottes, und der habe sie zu seiner Abgesandten ernannt, der sie bedingungslos gehorchen müßten. Massen strömten ihr zu. Ihre Anhänger, meist arme Teufel, die keinen Groschen ihr eigen nannten, errichteten in übermenschlichem Arbeitsaufwand im Busch ein Gotteshaus und begannen sie anzubeten. Vor jedem Gottesdienst wurden die Gläubigen durch den dröhnenden Baß Churchills in Ekstase und Trance versetzt. Doch die afrikanischen Führer schämen sich für derartige religiöse Manifestationen, weshalb Präsident Kenneth Kaunda gegen die Leshina seine Soldaten ausschickte, die am Ort ihres Kultes ein paar hundert unschuldige Menschen umbrachten und dann den aus Lehm erbauten Tempel mit Panzern zu Staub zermalmten.

Wenn sich ein Europäer in Afrika aufhält, sieht er nur einen Teil des Kontinents – für gewöhnlich nur die äußere Hülle, die im übrigen meist nicht besonders interessant und vielleicht sogar am unwichtigsten ist. Sein Blick gleitet an der Oberfläche ab, dringt nicht tiefer, als könne er nicht glauben, daß sich hinter jedem Ding ein Geheimnis verbergen kann und daß dieses Geheimnis auch in den Dingen selbst steckt. Doch die europäische Kultur hat uns auf diese Expeditionen in die Tiefe, zu den Ursprüngen anderer Welten und Kulturen, nicht vorbereitet. Das Drama einiger Kulturen – darunter auch der europäischen – beruhte nämlich in der Vergangenheit darin, daß die ersten Kontakte zu anderen Kulturen meist durch Menschen der übelsten Sorte hergestellt wurden – durch Söldner, Abenteurer, Kriminelle, Sklavenhändler usw. Es gab auch andere, allerdings selten – ehrliche Missionare, begeisterte Reisende und Forscher, doch den Ton, das Klima prägte diese Internationale des Raubgesindels. Natürlich dachten sie keinen Moment daran, andere Kulturen kennenzulernen, eine gemeinsame Sprache zu finden, diese Menschen zu achten. In der Mehrheit war das eine dumpfe Soldateska ohne Manieren und Einfühlsamkeit, oft waren sie überhaupt Analphabeten. Sie waren einzig daran interessiert, zu plündern, zu rauben und zu morden. Infolge dieser Erfahrungen standen die Kulturen einander – statt sich kennenzulernen, sich anzunähern und zu durchdringen – feindselig gegenüber, bestenfalls gleichgültig. Ihre Vertreter waren – mit Ausnahme jener Schurken – auf Distanz bedacht, mieden und fürchteten einander. Der Umstand, daß eine ganze Schicht primitiver Kerle die Beziehungen zwischen den Kulturen monopolisierte, erklärt deren schlechten Zustand. Die Beziehungen zwischen den Menschen wurden durch das primitivste Kriterium bestimmt – durch die Hautfarbe. Der Rassismus wurde zu der Ideologie, nach der die Menschen ihren Platz in der Ordnung der Welt einnahmen. Weiße – Schwarze: Oft fühlten sich beide Seiten in diesem Verhältnis nicht wohl. Im Jahre 1894 drang der Engländer Lugard an der Spitze einer kleinen Truppe in das Innere Westafrikas vor, um das Königreich Borgo zu erobern. Zunächst wollte er den König treffen. Doch es kam nur ein Gesandter des Königs, der ihm erklärte, der Herrscher könne ihn nicht empfangen. Während seiner Unterhaltung mit Lugard spuckte der Gesandte ständig in einen Bambusbehälter, den er um den Hals trug: Das Spucken war ein Schutz gegen die Folgen des Kontaktes mit dem weißen Mann, eine Reinigung.

Der Rassismus, der Haß gegen andere, die Verachtung und der Wunsch, sie auszumerzen, haben ihre Wurzeln in den kolonialen Beziehungen in Afrika. Dort wurde bereits alles erfunden und praktiziert, Jahrhunderte bevor die totalitären Systeme diese düsteren und schändlichen Erfahrungen ins Europa des zwanzigsten Jahrhunderts übertrugen.

Die Tatsache, daß die genannte Schicht primitiver Kerle ein Monopol auf die Kontakte zu Afrika besaß, hatte noch eine weitere Folge: In den europäischen Sprachen entwickelte sich kein entsprechendes Vokabular, um andere, nichteuropäische Welten zu beschreiben. Das ganze riesige Gebiet des afrikanischen Lebens wird aufgrund der Armut der europäischen Sprachen nur oberflächlich gestreift, ja es bleibt oft unberührt. Wie kann man das dunkle, grüne, drückend schwüle Innere des Dschungels beschreiben? Jene Hunderte von Bäumen und Büschen – wie heißen die? Ich kenne Namen, wie »Palme«, »Baobab«, »Euphorbia«, doch diese Bäume wachsen nicht im Dschungel. Und diese riesigen, zehn Stockwerke hohen Bäume im Gebiet von Ubangi und Ituri – wie heißen die? Wie nennt man diese verschiedenartigsten Insekten, denen wir überall begegnen, die uns ständig attackieren und beißen? Manchmal kann man vielleicht einen lateinischen Namen für sie finden, doch was erklärt der dem durchschnittlichen Leser? Und das sind nur die Probleme mit der Botanik und Zoologie. Aber das ganze riesige Gebiet der Psyche, des Glaubens, der Mentalität dieser Menschen? Jede europäische Sprache ist reich, aber reich, was die Beschreibung der eigenen Kultur, die Darstellung der eigenen Welt angeht. Wenn sie sich dem Gebiet einer anderen Kultur zuwenden und diese beschreiben will – zeigt sich ihre Beschränktheit, ihre mangelnde Entwicklung, semantische Ratlosigkeit.

Afrika, das sind Tausende von Situationen. Verschiedenste, unterschiedlichste, völlig gegensätzliche Situationen. Jemand sagt: »Dort herrscht Krieg.« Und er hat recht. Ein anderer sagt: »Dort ist es friedlich.« Und er hat auch recht. Denn alles hängt davon ab – wo und wann.

In den Zeiten vor dem Kolonialismus – also vor gar nicht so langer Zeit – gab es in Afrika mehr als zehntausend Kleinstaaten, Königreiche, ethnische Verbände, Föderationen. Der Historiker der University of London, Ronald Oliver, verweist in seinem Buch *The African Experience* (New York 1991) auf ein weit verbreitetes Paradoxon: Es hat sich nämlich eingebürgert zu sagen, die europäischen Kolonialisten hätten die Teilung Afrikas herbeigeführt. »Eine Teilung?« fragt Oliver verwundert. »Das war eine brutale, mit Feuer und Schwert durchgesetzte Vereinigung! Die Zahl von zehntausend wurde auf fünfzig reduziert.«

Doch vieles von dieser Verschiedenartigkeit, von diesem Mosaik, diesem aus Steinen, Knochen, Muscheln, Holzsplittern, Plättchen und Blättern zusammengesetzten Bild, das sich ständig unter dem Blick ändert, ist geblieben. Je aufmerksamer wir dieses Bild betrachten, um so deutlicher sehen wir, wie seine einzelnen Teile vor unseren Augen ihre Position, Gestalt und Farbe verändern, bis sich ein Anblick bietet, der uns durch seine Vielfalt, seinen Reichtum und seine Farbenfülle verwirrt.

Vor ein paar Jahren verbrachte ich den Weihnachtsabend mit Bekannten im Nationalpark Mikumi im Busch von Tansania. Der Abend war warm, angenehm, es war windstill. Auf einer

Lichtung im Busch standen ein paar Tische unter dem freien Himmel. Auf den Tischen – gebratene Fische, Reis, Tomaten, das lokale Bier Pombe. Es brannten Kerzen, Ölfunzeln, Petroleumlampen. Es herrschte eine angenehme, lockere Atmosphäre. Wie in Afrika bei solchen Anlässen üblich, wurde viel erzählt, gescherzt und gelacht. Dort waren Minister der Regierung von Tansania, Botschafter, Generäle, Klanchefs. Es war schon nach Mitternacht. Plötzlich spürte ich, wie die undurchdringliche Finsternis, die gleich hinter den beleuchteten Tischen einsetzte, zu schwanken und zu dröhnen begann. Es dauerte nicht lange, der Lärm wurde immer lauter, und dann tauchte direkt hinter uns ein Elefant aus der Tiefe der Nacht. Ein einsamer Elefant, getrennt von der Herde, ist oft ein Tier im Zustand des Amok, ein entfesselter Angreifer, der sich auf Dörfer stürzt, die Lehmhütten niederwalzt, Mensch und Vieh tötet.

Dieser Elefant war unglaublich groß, er hatte einen durchdringenden, stechenden Blick und gab keinen Ton von sich. Wir wußten nicht, was sich in seinem riesigen Kopf abspielte, was er in der nächsten Sekunde machen würde. Er stand einen Augenblick still, und dann begann er zwischen den Tischen auf und ab zu gehen. Es herrschte Totenstille, alle saßen starr vor Angst – wie gelähmt. Wir konnten uns nicht bewegen, denn das hätte die Furie in ihm wecken können, und ein Elefant ist blitzschnell, vor ihm kann man nicht einfach davonlaufen. Wenn man andererseits ruhig sitzen bleibt, bietet man ein gutes Ziel für seine Attacke: Die Füße dieses Riesen können einen Menschen mit Leichtigkeit zermalmen.

Der Elefant spazierte also herum, schaute auf die gedeckten Tische, die Lichter, die erstarrten Menschen. Man konnte es seinen Bewegungen, dem Wackeln seines Kopfes ansehen, daß er zögerte, sich nicht entschließen konnte. Das dauerte und dauerte, unendlich lang, eine ganze eisige Ewigkeit lang. Irgendwann fing ich seinen Blick auf. Er musterte uns aufmerksam, nachdenklich, in seinem Blick war eine tiefe, starre Düsternis.

Nachdem er ein paarmal um die Tische und um die Lichtung gewandert war, verließ uns der Elefant endlich, ging seiner Wege und verschwand in der Dunkelheit. Als das

Dröhnen des Bodens verstummt und die Finsternis wieder still geworden war, fragte mich einer der Tansanier neben mir: »Hast du das gesehen?«

»Ja«, erwiderte ich, immer noch halb tot. »Ein Elefant.«

»Nein«, sagte er. »Der Geist Afrikas nimmt immer die Gestalt eines Elefanten an. Weil kein Tier den Elefanten besiegen kann. Kein Löwe, kein Büffel, keine Schlange.«

Schweigend gingen wir zu unseren Lehmhütten, und die Burschen löschten die Lichter auf den Tischen. Es war noch Nacht, doch der schönste Augenblick in Afrika war schon nah – der Augenblick des anbrechenden Morgens.

Ryszard Kapuściński wurde am 4. März 1932 in der ostpolnischen, heute zu Belarus gehörenden Stadt Pińsk geboren. Im Frühjahr 1945 übersiedelte die Familie nach Warschau. Kapuściński studierte Geschichte an der Universität Warschau und begann im Jahre 1955 an der Jugendzeitung *Sztandar Młodych* zu arbeiten, für die er Reportagen über die Aufbauphase Polens schrieb. Noch in den fünfziger Jahren wurde er zum ersten Mal als Korrespondent nach Asien (Indien, Pakistan, Afghanistan) und in den Mittleren Osten entsandt. Später verbrachte er lange Jahre als Korrespondent in Afrika und Lateinamerika. Kapuściński ist auch als Fotograf tätig.

Bibliographie: *Busz po polsku* (Busch auf polnische Art) 1962; *Czarne gwiazdy* (Schwarze Sterne) 1963; *Kirgiz schodzi z konia* (Der Kirgise steigt vom Pferd) 1968; *Gdyby cała Afryka* (Wenn ganz Afrika) 1971; *Dlaczego zginał Karl von Spreti* (Warum Karl von Spreti ums Leben kam) 1970; *Chrystus z karabinem na raminieniu* (Christus mit dem Karabiner über der Schulter) 1975; *Jeszcze dzień zycia* (Wieder ein Tag Leben, dt. 1994) 1976; *Wojna futbolowa* (Der Fußballkrieg, dt. 1990) 1978; *Cesarz* (König der Könige, dt. 1984) 1978; *Szachinszach* (Schah-in-schah, dt. 1986) 1982; *Notes* (Notizen, Gedichte) 1987; *Lapidarium* (dt. 1992) 1990; *Imperium* (dt. 1993) 1993; Kapuścińskis gesammelte Werke erscheinen in Einzelausgaben bei Eichborn.

Inhalt

AFRIKANISCHES FIEBER, ein Buch von Ryszard Kapuściński, in dem der Autor seine Erfahrungen aus vierzig Jahren zusammenfaßt, ist im September 1999 als einhundertsiebenundsiebzigster Band der ANDEREN BIBLIOTHEK im Eichborn Verlag, Frankfurt am Main, erschienen. Die Originalausgabe trägt den Titel *Hebanu*; sie wurde 1998 in Warschau bei Czytelnik verlegt (Copyright © bei Ryszard Kapuściński). Die Übersetzung aus dem Polnischen stammt von Martin Pollack. Das Lektorat besorgte Roswitha Gerlach.

DIESES BUCH wurde in der Borgis Bembo von Wilfried Schmidberger in Nördlingen gesetzt und bei der Fuldaer Verlagsanstalt auf holz- und säurefreies mattgeglättetes 100 g/m^2 Bücherpapier der Papierfabrik Schleipen gedruckt. Den Einband besorgte die Buchbinderei G. Lachenmaier in Reutlingen. Ausstattung & Typographie von Franz Greno, Mainz.

1. bis 7. Tausend, September 1999. – Von diesem Band der ANDEREN BIBLIOTHEK gibt es eine handgebundene Lederausgabe mit den Nummern 1 bis 999; die folgenden Exemplare der limitierten Erstausgabe werden ab 1001 numeriert. Dieses Buch trägt die Nummer: 5542

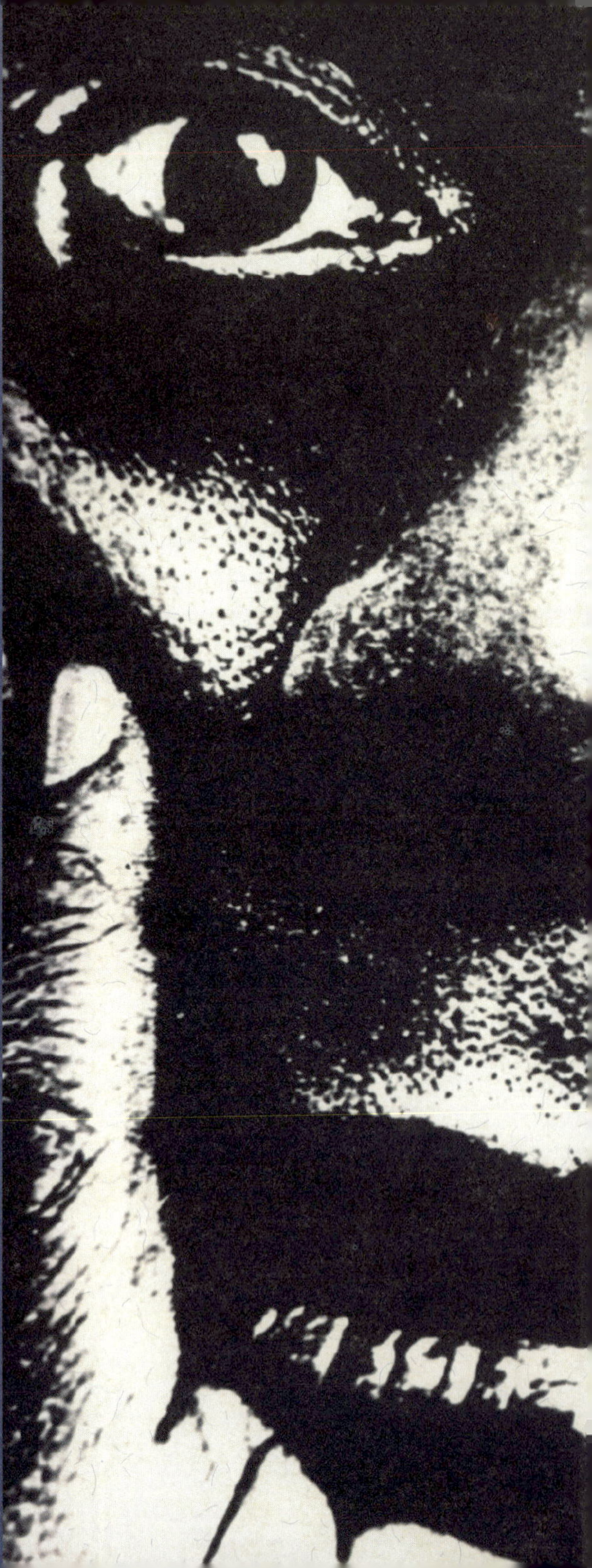